BoD

Peter Strobach

The Documents of Mister P.

In den Fängen der akademischen Inquisition

> I was born here and I'll die here against my will
> It looks like I'm moving, but I'm standing still
> Sometimes my burden is more than I can bear
> It's not dark yet, but it's getting there
>
> - Bob Dylan-

27. November 2015

BoD - Books on Demand, Norderstedt

Bibliografische Information der Deutschen Nationalbibliothek:
Die Deutsche Nationalbibliothek verzeichnet diese Publikation
in der Deutschen Nationalbibliografie; detaillierte bibliografische
Daten sind im Internet über http://dnb.dnb.de abrufbar.

© 2015 Prof. Dr.-Ing. Peter Strobach

Herstellung und Verlag

BoD - Books on Demand, Norderstedt

ISBN: 978-3-7392-1525-9

*Meinen lieben Eltern in treuem
Gedenken gewidmet*

Warum schrieb ich dieses Buch?

Dieses Buch zeichnet ein Bild meines Lebensweges, der ganz maßgeblich durch den Ausgang eines Habilitationsverfahrens geprägt wurde, welches ich im Sommer 1990 an der Universität Erlangen durchgeführt habe.

Im Rahmen dieses Habilitationsverfahrens wurde ich für *pädagogisch ungeeignet* erklärt, womit mir die Fähigkeit, das Amt eines Professors auszuüben, auf Lebenszeit abgesprochen wurde.

Von einem Mangel an pädagogischer Eignung konnte allerdings keine Rede sein. In Wirklichkeit war die Begründung der mangelnden pädagogischen Eignung nur ein billiger Vorwand, den die Professoren der Universität Erlangen benutzten, um meine Habilitation zur Ablehnung zu bringen. Es waren allein niedrige persönliche Beweggründe, die ausschlaggebend für die Ablehnung meiner Habilitation waren.

In diesem Buch stelle ich die gesamte Akten- und Faktenlage dar, aus der hervorgeht, dass es einen Mangel an pädagogischer Eignung *niemals* gegeben hat. Die an dieser Stelle an verantwortlicher Position stehenden Professoren der Universität Erlangen handelten *wissenschaftskriminell*, da sie wesentliche, gutachtlich belegte Fakten unterschlugen und stattdessen niedrige persönliche Motive in den Vordergrund ihres Handelns stellten.

Trotz der erdrückenden Beweislage war es mir nicht möglich, diesen Fall einer rechtlichen Aufarbeitung zuzuführen, da der Vorsitzende Verwaltungsrichter der Kammer am Verwaltungsgericht Ansbach, welche diesen Fall zu verhandeln hatte, *selbst ein Absolvent und Doktorand der Universität Erlangen war.* Er wurde an dieser Stelle installiert, um sämtliche gegen die Universität Erlangen gerichteten Klagen nach Möglichkeit abzuweisen. Ein in einem Rechtsstaat völlig unvorstellbarer Zustand war hier die Wirklichkeit! Selbst der Bayerische Innenminister, dem diese Verwaltungsgerichte unterstehen, ist der Sohn eines ehemaligen Rechtsprofessors der Universität Erlangen!

Aus dieser Konstellation erstarkt die Universität Erlangen zu einer absolutistischen Macht, die keinerlei Kontrolle mehr unterliegt, und die machen kann und auch macht, was sie will.

Dem ist es auch geschuldet, dass ich im Jahre 2012 aufgrund des ablehnenden Bescheids der Universität Erlangen vom 3.8.1990 sogar *rechtskräftig und bestands-*

kräftig pädagogisch ungeeignet erklärt wurde, obwohl ich von 1993 bis 2015 als lebenslang verbeamteter Professor des Bundeslandes Baden-Württemberg an der Fachhochschule Furtwangen unterrichtet und in diesem Amt meine pädagogische Eignung über die vielen Jahre vollumfassend und nachvollziehbar unter Beweis gestellt habe.

Damit enthüllt dieser Fall den ganzen Irrwitz der deutschen Habilitation und das Wesen der Institutionen dieses Staates, welche diesem Irrwitz zur vollen Entfaltung verhelfen. Mit Hilfe der deutschen Habilitation wurde mir ein gigantischer Lebensschaden zugefügt, der sich in Worten nicht fassen lässt. Die Parallelen der Habilitation mit der Inquisition des Mittelalters sind offensichtlich. In diesem Buch lege ich alle Fakten und Beweise auf den Tisch.

Röhrnbach, im November 2015 *Peter Strobach*

Vorwort

*Am deutschen Habilitationswesen
wird die Hochschulwelt genesen*

Guten Tag! Ich begrüße Sie als Leserin oder Leser dieses Buches. Zuerst einige Informationen über mich: Mittlerweile vollendete ich mein 60. Lebensjahr. 22 Jahre lang war ich Professor. Jetzt bin ich beurlaubt - auf eigenen Wunsch. Es wird Zeit für einen Rückblick.

Warum wurde ich eigentlich Professor? Weil ich *pädagogisch ungeeignet* bin! Sie werden sagen: Das ist doch paradox! Die pädagogische Eignung ist schließlich die wichtigste Voraussetzung für jedes Lehramt und damit auch für das Professorenamt, denn schließlich wird ein Professor an allererster Stelle die Fähigkeit besitzen müssen, Vorlesungen zu halten und Studenten zu unterrichten.

Um festzustellen, ob jemand pädagogisch geeignet ist oder nicht, gibt es in Deutschland die *Habilitation*, einen akademischen Grad, vergleichbar einem Doktorgrad. Den Habilitationsgrad oder genauer ausgedrückt den Grad eines habilitierten Doktors kann man an einer Universität erwerben, sofern man gewisse Eingangsvoraussetzungen erfüllt.

Am Ende eines Habilitationsverfahrens wird bestätigt, ob jemand *wissenschaftlich* und *pädagogisch* für das Professorenamt geeignet ist, oder eben nicht. Dieses lebenswegentscheidende "Urteil" wird von der *Habilitationskommission* gefällt, einer Art Tribunal, bestehend aus Professoren des Fachgebiets, auf dem man sich habilitieren, das heißt, auf dem man die wissenschaftliche und pädagogische Eignung zum Professor bestätigt haben will.

Solche Habilitationsverfahren unterliegen der *Hoheit* der Universitäten. Das bedeutet, innerhalb eines solchen Habilitationsverfahrens kann jede Universität machen was sie will. Es gibt keinerlei Möglichkeit der äußeren Einflussnahme. Es gibt keine Berufung und es gibt keine Kontrollinstanz. Die Parallelen zu *Inquisition* des Mittelalters sind unverkennbar.

Insbesondere gibt es bei der Habilitation auch einen Prüfer, der dem Kandidaten unbekannt ist. Dieser spielt die Rolle eines *akademischen Oberinquisitors.* Er fällt in der Regel das Urteil über den Kandidaten und die Habilitationskommission stimmt zu.

Dieses Urteil wird ganz wesentlich bestimmt von den wissenschaftlichen Thesen und den Überzeugungen des Kandidaten, und ob sich diese mit den Ansichten des akademischen Oberinquisitors decken. Decken sie sich nicht oder missfällt der

Kandidat dem akademischen Oberinquisitor persönlich, wird dieser Möglichkeiten finden, um den Kandidaten zu Fall zu bringen, und zwar ganz gleich, ob die Thesen des Kandidaten richtig oder falsch, innovativ oder rückständig sind. Gleichfalls ist es für das Bestehen oder Nichtbestehen ganz unwesentlich, ob der Kandidat nun pädagogisch geeignet ist oder nicht.

Der akademische Oberinquisitor hat die Möglichkeit, die wissenschaftlichen Thesen des Kandidaten zum "Hexenwerk" und den Kandidaten zum Unmenschen zu erklären. Das kommt einem Gottesurteil gleich. Der Kandidat ist lebenslang gebrandmarkt. Alle Türen bleiben ihm fortan verschlossen.

In diesen Fällen werden sich die Mitglieder der akademischen Inquisition nicht selten auch in eine Art *akademischen Blutrausch* hineinsteigern, in dem sie jeden Bezug zur Wirklichkeit verlieren und es als ihre Hauptaufgabe erkennen, den Kandidaten ein Leben lang zu verfolgen und zu verunglimpfen, um diesen als Menschen und als Wissenschaftler vollkommen zu vernichten.

Zwischen der Habilitation und der Inquisition des Mittelalters gibt es daher nur zwei wesentliche Unterschiede:

1. Die Inquisition konnte einen Delinquenten zum unmittelbaren leiblichen Tod verurteilen, während die Habilitation einen Kandidaten lediglich zum wissenschaftlichen Absterben und zum Ausschluss aus dem Hochschuldienst als Professor verurteilen kann. Aber auch dieses hat in der Regel weitreichendste, lebensumfassende Folgen, bis hin zum möglichen mittelbaren Tod des Kandidaten.
2. Es ist mir kein Fall bekannt, in dem sich jemals ein Mensch freiwillig in die Hände der Inquisition begeben hat. In die Hände der Habilitation oder akademischen Inquisition begibt man sich jedoch immer freiwillig, getrieben von der jugendlichen Überzeugung des eigenen Könnens und dem eigenen Ehrgeiz, bei gleichzeitiger Unkenntnis der Heimtücke und der Hinterlist, welche der Institution der Habilitation als akademische Inkarnation der Inquisition anhaftet.

Diesen Umständen ist es geschuldet, dass praktisch alle jüngeren Menschen, die sich in die Fänge der akademischen Inquisition begeben, Schüler von akademischen Inquisitoren (Professoren) sind. Damit haben sie die Thesen der akademischen Inquisitoren verinnerlicht. Sie gleichen ihnen praktisch wie ein Ei dem anderen. Schließlich sollen auch sie einmal solche akademischen Inquisitoren werden.

Der betreuende akademische Inquisitor, der sie durch das akademische Inquisitionsverfahren geleitet, sitzt selbst in der akademischen Inquisitionskommission (Habilitationskommission), dem Tribunal, das schließlich das Urteil fällt. Der betreuende akademische Inquisitor kennt somit den akademischen Oberinquisitor. Damit ist sichergestellt, dass die "Schäflein" eines solchen akademischen Inquisitors das akademische Inquisitionsverfahren unbeschadet überstehen können, und am Ende ihren angestrebten Habilitationsgrad erhalten und zwar weitgehend *unabhängig* davon, ob sie nun tatsächlich pädagogisch geeignet sind oder nicht. Und auch weitgehend unabhängig davon, ob sie wissenschaftlich geeignet sind oder nicht.

Ja - es geht sogar so weit, dass pädagogisch ungeeignete Schäflein der akademischen Inquisitoren durch die akademische Inquisition für pädagogisch geeignet erklärt werden können. Dies ist einfach dem praktischen Zwang geschuldet, dass der Zeitvertrag eines solchen Schäfleins irgendwann ausläuft und dieses Schäflein dann anderweitig innerhalb des deutschen Hochschulsystems untergebracht werden muss in den Fällen, in denen ein solches Schäflein wirklich für sonst nichts mehr zu gebrauchen ist, oder das Schäflein ein Söhnchen oder Töchterchen eines bekannten und anerkannten akademischen Inquisitors ist.

Genauso gibt es auch den umgekehrten Fall, dass ein pädagogisch begnadeter Mensch durch die akademische Inquisition für *pädagogisch ungeeignet* erklärt werden kann, indem man sein Habilitationsverfahren zum Scheitern bringt und ihn vielleicht auch noch auf persönlicher Ebene verunglimpft. Ein solcher armer Mensch ist dann für den Rest seines Lebens gebrandmarkt.

Sein Leben wird zu einer einzigen Hetzjagd, in der ihn die Häscher der akademischen Inquisition verfolgen, bis er gestorben oder in Rente gegangen ist.

Ich bin einer dieser Menschen. Einer, der durch großes Geschick und Können, aber auch durch eine gehörige Portion Glück den Häschern der akademischen Inquisition in einer über 25 Jahre dauernden Hetzjagd immer wieder entkommen ist.

Sie werden sich jetzt fragen, wie ich als so geächteter und pädagogisch ungeeignet erklärter Mensch trotzdem Professor werden konnte. Lesen Sie meine Geschichte, dann werden Sie es erfahren!

Röhrnbach, im November 2015 *Peter Strobach*

Inhaltsverzeichnis

1 Das Studium an der Fachhochschule Regensburg (1974-1978) 1
   1.1   Der Anlauf zum Ing. "grad noch" 1
   1.2   Wie ich lernte zu lernen 2
   1.3   Das Praxissemester im CERN 2
   1.4   Ein Studium mit Defiziten 3
   Literatur 3

2 Meine erste Anstellung als Ingenieur und der Rückblick auf die Fachhochschule (1978) 5
   2.1   Die erste Enttäuschung 5
   2.2   Wachsende Zweifel 6
   2.3   Das Märchen vom praxisorientierten Fachhochschulstudium 6
   2.4   Die Erfahrung mit den Wegweisern 7
   2.5   Die Verlegenheitsstelle bei MBB-Apparate in Ottobrunn 7
   2.6   Die Initialzündung 8
   2.7   Ein schwerer Entschluss 8

3 Das Studium an der Technischen Universität München (1978-1983) .. 9
   3.1   Der erste Tag an der TU 9
   3.2   Die Abiturienten als Konkurrenten 10
   3.3   Die Einführung in die höhere Mathematik von Josef Heinhold ... 10
         3.3.1   Die Atmosphäre in den Vorlesungen am Mathematischen Institut 11
         3.3.2   Die Besseren und die Schlechteren 12
         3.3.3   Der Übungsbetrieb 12
         3.3.4   Die Gruppe der Leistungsträger 13
         3.3.5   Eine eindrucksvolle Erinnerung 13
   3.4   Die Vorlesungen von F.L. Bauer und R. Bulirsch 14
   3.5   Bei Lindermayers in Neubiberg 14
   3.6   Der Sohn des Professors 14

	3.7	Die befristeten Beschäftigungsverhältnisse als Entwicklungsingenieur bei MBB-UF	16
	3.8	Mein Besuch bei Gerd Hauske	16
	3.9	Meine Aufnahme als Stipendiat der Friedrich-Ebert-Stiftung	18
	3.10	Das Studium nach dem Vordiplom	19
		3.10.1 Auf einen Sprung in die Vorlesungen des Hauptdiploms	20
	3.11	Die Diplomarbeit	24
	3.12	Das Wiedersehen mit Georg Fischer	27
	3.13	Der doppelt genähte Ingenieur	27
	3.14	Die Suche nach einer Promotionsgelegenheit	28
	Literatur		31
4	**Die Zeit als wissenschaftlicher Mitarbeiter an der UniBw München (1983-1985)**		**33**
	4.1	Wissenswertes über die UniBw	33
	4.2	Warum ich wissenschaftlicher Mitarbeiter an der UniBw wurde	34
	4.3	Das Institut für Mathematik und Datenverarbeitung (WE 1)	36
		4.3.1 Professor Neuburger	36
		4.3.2 Die Arbeitsgruppe um Werner Wolf	36
		4.3.3 Die Begegnung mit Achim von Brandt	38
	4.4	Die Arbeit am Signalprozessor	39
	4.5	Der Oberschnee und der Unterschnee	41
	4.6	Die ICASSP-84 in San Diego	41
	4.7	Die Methode der verallgemeinerten Residualenergien	42
	4.8	Die Lehrverpflichtungen	43
	4.9	Die Offenbarung	43
	4.10	Der AEG-Schock	47
	4.11	Die Doktorprüfung	49
	4.12	Die ICASSP-86 Tokyo	51
	Literatur		53
5	**Die Siemens ZFE und meine Habilitation in Erlangen (1986-1992)**		**55**
	5.1	Mein erster Eindruck von Siemens	55
	5.2	Warum ich trotzdem zu Siemens ging	56
	5.3	Erste Eindrücke von der Siemens ZFE	57
	5.4	Die Arbeiten zur 64 kBit Videocodierung	58
	5.5	Das QSDPCM-Verfahren	60
	5.6	Das Höllenrennen	62
		5.6.1 Zu Besuch bei David Staelin am MIT	63
		5.6.2 Eine Vorlesung mit Bede Liu in Princeton	63
		5.6.3 Die Auszeichnungen der Jahre 1987 und 1988	63
		5.6.4 Die erste Begegnung mit Alfred Fettweis	65
		5.6.5 The Documents of Mister P.	65
		5.6.6 Das Wissenschaftsreferat	66
		5.6.7 Wie man mir den Johann-Philipp-Reis-Preis wegnahm	67

		5.6.8 Haben Sie ein kleines Auto? 69

5.6.8 Haben Sie ein kleines Auto? 69
5.6.9 Die innere Stimme 69
5.7 Der Anfang vom Ende 70
5.8 Der Realisierungsversuch der ZFE 70
5.9 Meine Bewerbung im IBM Forschungslabor Rüschlikon 71
5.10 Meine Habilitation an der Universität Erlangen.................. 72
    5.10.1 Wie wird man Professor?............................. 72
    5.10.2 Mein Buch *Linear Prediction Theory* 74
    5.10.3 Die Kontaktaufnahme mit den Professoren 75
    5.10.4 Die Prüfung des Habilitationsantrags 79
    5.10.5 Die ICASSP-90 in Albuquerque 82
    5.10.6 Die Vorlesungen im Sommersemester 1990 82
    5.10.7 Meine Bewerbung um die Professur (C4) für Bildverstehen an der Universität Stuttgart 85
    5.10.8 Der Crash vom 13. Juli 1990........................... 86
    5.10.9 Das Stolpern über die eigenen Theoriefüße 89
    5.10.10 Die Konstruktion der Ablehnung 94
    5.10.11 Die schwebende Habilitation 95
5.11 Die Kesselschlacht von Neuperlach 97
    5.11.1 Die Bewerbung an der TU Clausthal 100
    5.11.2 Der Alltag im Kessel von Neuperlach 102
    5.11.3 Der Besuch von Carl Camenish 105
    5.11.4 Das MED-Projekt 106
    5.11.5 Die Ernennung zum Fachgruppenleiter 108
    5.11.6 Das Himmelfahrtskommando 113
    5.11.7 Die Bewerbung um die Nachfolge von Alfred Fettweis..... 117
    5.11.8 Der Besuch von Josef Hohnerkamp 125
    5.11.9 Die Rufe nach Kiel und Furtwangen 126
Literatur 129

6 Die Zeit als Professor an der Fachhochschule Furtwangen (1993-2015) 131
6.1 In der Stunde der Enttäuschung 131
6.2 Die Schlacht um den befristeten Dienstvertrag 131
6.3 Der Fuß in der Tür... 133
    6.3.1 Die Professoren-Dienstbesprechung..................... 134
    6.3.2 Die Vorlesung "Elektrotechnik 1" 135
    6.3.3 Die schlechten Verlierer............................... 138
    6.3.4 Der Pädagogikpabst 142
    6.3.5 Die New York Academy of Sciences 142
    6.3.6 Der Signalprozessor-Spielbaukasten 144
    6.3.7 Die Diplomarbeit in Freiburg 144
6.4 Die allgemeinen Rahmenbedingungen 146
    6.4.1 Das Zimmerl in Neukirch 146
    6.4.2 Die Fahrten nach Furtwangen 148
6.5 Der Antrag auf Wiederaufnahme des Habilitationsverfahrens 150

6.6 Die Zeit von 1995 bis 2008 152
    6.6.1 Die ICIP-96 in Lausanne 152
    6.6.2 Das Listing in Who's Who in the World 153
    6.6.3 Die ICASSP-97 in München 154
    6.6.4 Die Begegnung mit Billy the Kid 155
    6.6.5 Der Einäugige und die Blinden 156
    6.6.6 Das Schifferlprojekt 158
    6.6.7 Das Fortbildungssemester an der Universität Passau 161
    6.6.8 Der Vorstoß von Murat Kunt 163
    6.6.9 Die Master-Vorlesung "Signal Processing" 165
    6.6.10 Der Tod meines Vaters 165
    6.6.11 Der Anruf von Jakob Schillinger 166
    6.6.12 Die Suche nach dem Sohn des Professors 167
6.7 Die Klage gegen die Universität Erlangen 168
    6.7.1 Die Verhandlung vor dem Verwaltungsgericht Ansbach 168
    6.7.2 Der Berufungsantrag vor dem Bayerischen
           Verwaltungsgerichtshof 172
    6.7.3 Die erste Verfassungsbeschwerde 173
    6.7.4 Der zweite Habilitationsantrag 173
    6.7.5 Die zweite Klage gegen die Universität Erlangen 174
    6.7.6 Die Konsequenzen 175
6.8 Der Beurlaubungsantrag 176
6.9 Meine letzte Fahrt nach Hause 177

A Dokumente, Kommentare und Analysen 181
A.1 Die Schule und die Lehre - Wie alles begann 181
    A.1.1 Abschlusszeugnis der Realschule Freyung (21.07.1971) 181
    A.1.2 Die Zeit in der Lehrwerkstatt (01.09.1971 - 31.08.1972) 181
A.2 Wie entfesselt - Meine Tätigkeit als freier Mitarbeiter bei
     MBB-UF (30.04.1980) 182
A.3 Von ganz unten nach ganz oben - Das Gutachten von Professor
     Josef Heinhold 184
A.4 Get Grants or get out - Nicolaus-Fonds (1980) 186
A.5 Die beginnende Demontage - Das Zeugnis von Ulrich Appel,
     Professor (C3), vom 07.01.1986 186
A.6 Ein Zwischenhoch - Dokumente aus der Zeit bei Siemens ZFE
     (1986 - 1992) 186
A.7 Das Gutachten des Professors Rolf Unbehauen aus Erlangen
     (04.07.1990) 190
A.8 Die Stellungnahme des Rechtsvertreters der Universität vom
     20.07.1990 196
A.9 Pädagogisch ungeeignet! - Der Ablehnungsbescheid vom
     03.08.1990 205
A.10 Die Versetzung der Habilitation in den "Schwebezustand" 207
A.11 Die Weihnachtsgrüße von Alfred Fettweis (Dezember 1990) 211

A.12 Die Bewerbung um den Lehrstuhl für Nachrichtentechnik der TU
München (August 1991) 213
A.13 Die Ernennung zum Senior Member IEEE (August 1991) 213
A.14 Die Vertretung des Abteilungsleiters (05.06.1992) 215
A.15 Dokument einer verlorenen Schlacht - Das Siemens-Zeugnis vom
31.12.1992 218
A.16 Die "Didaktik Hitline" und das Inversionsgesetz der deutschen
Habilitation 219
A.17 Das Trojanische Pferd - Die Ernennung zum Professor auf
Lebenszeit (29.10.1993) 221
A.18 Mein Antrag auf unbefristete Freistellung von den Lehraufgaben
(15.04.2012) 221
A.19 Die letzten Evaluationen 224
A.20 Der Brief an einen Toten (18.05.2015) 227
A.21 Die letzte studentische Mail (19.05.2015) 229

Kapitel 1
Das Studium an der Fachhochschule Regensburg (1974-1978)

Meinen ersten berufsbefähigenden Abschluss erwarb ich im Februar 1978 an der Fachhochschule Regensburg. Der ausgehändigten Ingenieur-Urkunde ist zu entnehmen, dass ich fortan den akademischen Grad eines »INGENIEUR (GRAD.)« führen durfte.

1.1 Der Anlauf zum Ing. "grad noch"

Mein Studienfreund Johann Steckenbiller hatte sich im Verlauf des Studiums oft ironisch über diesen Grad geäußert und meinte, damit wolle man wohl zum Ausdruck bringen, dass ein Absolvent seinen Ingenieurabschluss "grad noch" (gerade noch) erreicht hatte, was mir gelegentlich schon zu denken gab. Denn schließlich war der Johann deutlich älter als ich, schon so um die 30. Wegen des beträchtlichen Altersunterschieds nannte ich ihn manchmal auch den "Opa". Die meiste Zeit des Studiums verbrachte ich in seinem "Windschatten". Er hatte einige Jahre Berufspraxis als Fernmeldemechaniker bei der Post hinter sich und war im Studium sehr fleißig. Er war der Beste im Semester. Wir wohnten beide im J.M. Sailer-Haus Studentenwohnheim in der Lessingstraße, nur einige hundert Meter von der Fachhochschule entfernt.

So ergab es sich zwangsläufig, dass wir auch außerhalb der Vorlesungszeiten regen Kontakt pflegten. Für mich war das nun eine ganz andere Situation als in der Schule, wo ich sofort nach Schulschluss nach Hause fuhr. Zuhause war die Schule vergessen und es gab eine Menge anderer Dinge, die mich viel mehr interessierten. Daher waren meine schulischen Resultate auch kaum mehr als mittelmäßig ausgefallen. Die Hausaufgaben, die ich während meiner gesamten Schulzeit wirklich selbst gemacht habe, konnte man wahrscheinlich an den fünf Fingern einer Hand abzählen. Für das alltägliche schulische Überleben hatte mir allein der gesunde Menschenverstand schon genügt. Meine Mathematiklehrer von damals würden es wahrscheinlich für die größte Lüge der Menschheitsgeschichte halten, wenn ihnen heute jemand erzählen würde, dass ich später im Vordiplom Mathematik an der Technischen Universität München die Bestnote 1.0 erzielte.

1.2 Wie ich lernte zu lernen

Zu Beginn des Studiums an der Fachhochschule war ich von solchen Ergebnissen jedenfalls noch meilenweit entfernt. Hier hat mir die Arbeitsgemeinschaft mit Johann Steckenbiller enorm auf die Beine geholfen. Ich beobachtete ihn, wie er selbständig mathematische Formeln entwickelte und lernte es von ihm. Damals trug ich kein "Alfa-Gen" in mir, d.h., ich wäre niemals auf den Gedanken gekommen, dass ich es einmal besser könnte als er. Er war ganz selbstverständlich der Boss gewesen.

Ausgehend von meinen schulischen Leistungen dachte ich mir zu Anfang, ich könnte schon zufrieden sein, wenn ich die Fachhochschule überhaupt erfolgreich abschließen würde. Doch schon während der ersten beiden Semester hatten die neuen Rahmenbedingungen und auch mein Abstand von zuhause ihre deutlichen Auswirkungen, als ich in der Physik-Vorprüfung nach dem zweiten Semester mit der Note 1.0 das beste Ergebnis des Semesters erzielte.

Die Fächer Physik und Chemie hatten mir schon immer gut gefallen, aber während der Schulzeit hatte ich mich zuhause nie damit beschäftigt. Umso größer war nun die Steigerung gewesen, nachdem ich nun erstmals ein Buch in die Hand genommen hatte, um daraus zu lernen. Es war das Buch »Dobrinski, Krakau, Vogel: *Physik für Ingenieure*« gewesen, das heute noch als Standard-Lehrbuch im Handel erhältlich ist [1]. Professor Dr. Krakau hatte auch die Vorlesung gehalten und ich hatte die Prüfung bei ihm abgelegt. Dies war wohl die einzige Vorlesung an der Fachhochschule gewesen, die man mit einer Universitätsvorlesung vergleichen oder sogar gleichsetzen konnte.

1.3 Das Praxissemester im CERN

Das 6. Semester an der Fachhochschule war ein Praxissemester. Es sollte in einem Industriebetrieb abgeleistet werden. Doch Professor Krakau sandte mich nach Genf, in das Europäische Kernforschungszentrum CERN. Dort wurde ich in eine Arbeitsgruppe eingegliedert, welche die Experimente in den Intersecting Storage Rings (ISR) betreute.

Bei den Intersecting Storage Rings handelt es sich um eine riesige unterirdische Anlage, in der hochenergetische (also auf hohe Geschwindigkeit beschleunigte) Elementarteilchen in evakuierten Aluminiumröhren auf gegenläufigen Kreisbahnen bei jedem Umlauf mehrere Kollisionsstellen (sogenannte Intersection Points) passierten, wo sie kollidieren konnten. Durch diesen Zusammenprall wurden die Teilchen in ihre Bestandteile zerlegt. Für diese Bestandteile der Materie interessierte man sich. Deshalb war jeder dieser Kollisionspunkte von einer Unmenge von Detektoren umgeben, welche diese Bruchstücke der Materie messtechnisch erfassen sollten, damit man ihre Eigenschaften untersuchen konnte. An der Entwicklung und Weiterentwicklung dieses riesigen Detektorsystems durfte ich nun mitarbeiten.

Als ich nach sechs Monaten aus Genf zurückkam, sah ich die Welt mit anderen Augen, angesichts der vielen Eindrücke, die ich dort gesammelt hatte und angesichts dessen, was ich dort gelernt hatte.

Am Ende meines Studiums an der Fachhochschule kehrte ich noch einmal für weitere zwei Monate ins CERN zurück, um meine Abschlussarbeit dort anzufertigen, die ebenfalls extern von Professor Krakau betreut wurde. Rückblickend war das CERN die einzige individuelle Förderung, die mir über meine gesamte Ausbildung hinweg, einschließlich meines späteren Universitätsstudiums und einschließlich meiner späteren Promotion, zuteil wurde.

1.4 Ein Studium mit Defiziten

Und nun hielt ich meine Ingenieururkunde in Händen. Wir - der Johann und ich - trafen uns ein letztes Mal im Sailer-Haus um unsere Zimmer zu räumen. Da kam uns ganz beiläufig und fast gleichzeitig auf einmal der Satz *"jetzt wär's eigentlich recht, Elektrotechnik zu studieren!"* über die Lippen. Natürlich war das irgendwo Unsinn, denn wir hatten ja gerade eben ein Studium der Elektrotechnik abgeschlossen. Aber es zeigte doch, dass wir beide das Gefühl teilten, ein *Studium mit Defiziten* absolviert zu haben.

Im CERN hatte sich dieses Gefühl bei mir schon breit gemacht. Die anderen Studenten, auch aus anderen Ländern wie England und Frankreich, kamen alle von Universitäten. Ich bemerkte, diese Studenten hatten viel bessere Kenntisse als ich, insbesondere in Mathematik.

Bei einer Feier sprach mich einer der Physiker an und wir unterhielten uns über die spätere Perspektive einer Promotion. Ich staunte nicht schlecht. Für mich als zukünftiger Absolvent einer Fachhochschule stand dieser Weg ja gar nicht offen.[1] Aber in dieser wissenschaftlichen Welt des CERN war die Fachhochschule ja auch gänzlich unbekannt gewesen und meinem Gesprächspartner war gar nicht bewusst gewesen, dass ich mich auf einem derart beschränkten Ausbildungsweg - effektiv in einer akademischen Sackgasse - befand.

Literatur

1. P. Dobrinski, G. Krakau und A. Vogel, *Physik für Ingenieure*, 11. Auflage, Teubner, Wiesbaden, 2006.

---

[1] Mittlerweile können Absolventen von Fachhochschulen bzw. deren Nachfolgeeinrichtungen direkt promovieren, vorausgesetzt sie finden einen Betreuer an einer Universität, die am Ende auch den Doktorgrad verleiht. Denn ebenso wie die früheren Fachhochschulen haben auch deren Nach-

folgeeinrichtungen kein eigenes Promotionsrecht.

Kapitel 2
Meine erste Anstellung als Ingenieur und der Rückblick auf die Fachhochschule (1978)

Kaum hatte ich meinen Ingenieur in der Tasche, da ging es auch schon darum, eine erste Anstellung zu finden. Hier dachte ich natürlich zu allererst an CERN. Dort waren immer wieder Stellen für Ingenieure ausgeschrieben und die waren deutlich besser dotiert als in der deutschen Industrie. Tatsächlich hatte ich Glück und es war gerade eine Stelle freigeworden, die vom Profil und von den Anforderungen her gut zu meinen Themen im Praxissemester und in der Abschlussarbeit passte. Also bewarb ich mich um diese Stelle und wurde auch bald zu einem Vorstellungsgespräch eingeladen. Dieses fand vor einem richtigen Auswahlausschuss statt und verlief sehr positiv, da ich mich im CERN ja schon auskannte.

2.1 Die erste Enttäuschung

Der Wermutstropfen kam dann am Ende, als man mir erläuterte, dass ich mit meinem Ing.(grad.) von der Fachhochschule die Einstellungsvoraussetzungen nicht erfüllte. Denn Ingenieur bedeutete im CERN Diplomingenieur (Universität). Ein "Fachschulingenieur" wie ich konnte im CERN allenfalls als Techniker eingestellt werden. Als solchen hätte man mich gerne genommen.

Aber ich war natürlich enorm enttäuscht. Schließlich hatte ich mich während meiner Zeit im CERN schon zugehörig gefühlt und nun zeigte sich, wie es sich in der Wirklichkeit verhielt. Verbittert fuhr ich nach Hause. Techniker im CERN wollte ich nicht werden. Schließlich war es mein Jugendtraum gewesen, einmal Ingenieur zu sein. Auf meiner Urkunde von der Fachhochschule stand ja auch zu lesen, dass ich ein Ingenieur war. Und nun wurde es nicht anerkannt. Also war es eine Lüge gewesen.

Ich fühlte mich vom deutschen Hochschulsystem betrogen und hintergangen. Immer wieder dachte ich an die Worte von Johann Steckenbiller, mit denen er den Ingenieursgrad von der Fachhochschule zynisch in die Ecke gestellt hatte. Wie wahr seine Worte doch gewesen waren. Er hatte eben viel mehr Erfahrung als ich gehabt, auch bezüglich der realistischen Einschätzung unseres Abschlusses.

2.2 Wachsende Zweifel

Er hatte in diesem Zusammenhang auch oft von dem Diplomstudium an der Technischen Universität München gesprochen. Er kannte die Tochter eines Dozenten an der Fachhochschule Regensburg. Sie war nach dem 2. Semester bereits an die "TU"[1] nach München gewechselt.

Der Vater predigte in Regensburg gegenüber den Studenten die hohen Werte der "praxisorientierten" Fachhochschulausbildung, während die Tochter bei der erstbesten Gelegenheit an die TU wechselte. Langsam begriff ich: Da stimmt was nicht. Wir werden verschaukelt. Der Johann hatte das - auch aufgrund seiner Reife und seiner Erfahrung - schon viel früher gemerkt.

Ich habe mich oft gefragt, warum er diesen Schritt an die TU nicht auch gemacht hat. Wir hatten nie offen darüber gesprochen. Vielleicht fühlte er sich schon zu alt, oder er wollte eine Familie gründen. Für mich war ein solcher Wechsel nach dem 2. Semester kein Thema gewesen. Ich hätte nicht geglaubt, dass ich die TU schaffen könnte, in Anbetracht der abenteuerlichen Geschichten, die man sich an der Fachhochschule von den enormen Anforderungen an dieser "Eliteschmiede" allenthalben erzählte.

Die abenteuerlichsten Geschichten dieser Art wurden von einem Lehrbeauftragten Diplomingenieur namens Kaunzner verbreitet, der an die Fachhochschule gekommen war, um Hochfrequenztechnik zu unterrichten. Er meinte, nur einer aus unserem Semester könnte die TU vielleicht schaffen, und das war der Johann.

2.3 Das Märchen vom praxisorientierten Fachhochschulstudium

In unserem Semester hatte es überhaupt nur einen einzigen Studenten gegeben, der von einem Gymnasium gekommen war und ein "richtiges" Abitur besaß. Es war Georg Fischer, genannt "Schorschi" aus Cham. Ein Dozent [2] namens Breitbeil, der uns in Grundlagen der Elektrotechnik unterrichtete, fragte ihn einmal, weshalb er nicht an die TU gegangen war. Schließlich hätte er sich mit seinem Abitur gleich dort einschreiben können. Der Schorschi antwortete, er wäre an die Fachhochschule gekommen, weil man ihn an seiner früheren Schule dahingehend beraten hatte, dass dies die praxisorientierte Ingenieurausbildung[3] sei. Daran war er interessiert

---

[1] Heute lautet die offizielle Bezeichnung TUM. Damals sprachen wir nur von der TU.

[2] Damals war der Begriff des Professors für einen Lehrenden an der Fachochschule nicht durchgängig gebräuchlich. Die Mehrzahl von ihnen besaß nicht einmal einen Doktorgrad und wissenschaftlich ausgewiesen waren sie schon gleich gar nicht. Wir nannten sie "Dozenten".

[3] Das Argument der besonderen Praxisorientierung wird von den Fachhochschulen bis heute in Anspruch genommen, um Studenten anzulocken. In Wirklichkeit ist jedes Ingenieurstudium praxisorientiert, ganz gleich ob es an einer Fachhochschule oder an einer technischen Universität durchgeführt wird. Daher handelt es sich bei dem Argument der besonderen Praxisorientierung der Fachhochschulen um unlautere, irreführende Werbung.

gewesen. Auf diese Weise hatte man ihn dazu überredet, an der Fachhochschule anstatt an der TU zu studieren.

Der sogenannte Praxisbezug wurde an der Fachhochschule wirklich an allen Ecken und Enden hervorgehoben. Dies lässt sich vielleicht am Beispiel des Faches "Messtechnik" am Besten verdeutlichen, das in unserem Semester von einem verschlafenen Dozenten namens Weinbuch vertreten wurde. Ich erinnere mich noch gut an einen Tag, an dem er besonders verschlafen wirkte. Eigentlich war er überhaupt nicht in der Verfassung, um einen Unterricht durchzuführen. Also sprach er: "Heute machen wir eine praktische Übung: Stellen Sie sich vor, Sie betreten ein Labor und finden dort eine Batterie, ein Kabel, einen Schalter und eine Lampe. Was können Sie daraus bauen? - Eine Stunde Bearbeitungszeit...". Das war der "Praxisbezug" an der Fachhochschule.

2.4 Die Erfahrung mit den Wegweisern

Als ich damals aus dem CERN zurückgekommen war, musste ich etwas mit meinem Bafög regeln. Also fuhr ich zum Studentenwerk, das in einem anderen Stadtteil an die Uni Regensburg angegliedert war. Dort hatte man an der Eingangstür einen Wegweiser angebracht. Dieser zeigte rechts ab für Uni-Studenten und links ab für Fachhochschüler. Wir wurden also offiziell nicht einmal als Studenten wahrgenommen, sondern nur als Schüler - als Fachschüler. Irgendwo beschlich mich damals schon ein mulmiges Gefühl. Wir wurden doch da irgendwie grob verschaukelt.

2.5 Die Verlegenheitsstelle bei MBB-Apparate in Ottobrunn

All das war mir wieder durch den Kopf gegangen, als ich schließlich im April 1978 eine Stelle als Entwicklungsingenieur bei Messerschmitt-Boelkow-Blohm (MBB) und hier im Unternehmensbereich Apparate in München-Ottobrunn annahm. Es handelte sich um eine "Verlegenheitsstelle", d.h., man nimmt sie an, weil man nichts Besseres gefunden hat.

Bei den Apparaten handelte es sich effektiv um wehrtechnisches Gerät. Ich wurde einem alten Fachhochschulingenieur zugeordnet, dem Meindl Franz, der auch aus Niederbayern kam, so wie ich. Wir hätten uns verstehen sollen. Aber ich war das CERN-Klima gewöhnt und das war eine ganz andere "Hausnummer" gewesen. Ich wurde von Tag zu Tag unglücklicher auf dieser MBB-Stelle.

Auch war es schwer gewesen, eine Wohnung in Ottobrunn zu finden. Der Meindl Franz hatte eine alte, leerstehende Wohnung in der Schellingstraße ausgemacht, in der ich vorübergehend unterkommen konnte. Das war insgesamt schon eine traurige Situation. Als ich eines Abends in der Umgebung spazieren ging, stand ich plötzlich vor einem Gebäude mit der Aufschrift "Technische Universität München". An diesem Abend hätte ich niemals geglaubt, dass ich noch im selben Jahr hier ein Studium beginnen würde, und zwar im ersten Semester!

2.6 Die Initialzündung

In dieser Phase erhielt ich eines Tages Post vom Johann. Er war wieder in den Fernmeldedienst eingetreten und hatte sich nun entschlossen, den Diplom-Ingenieur (Universität) über ein Fernstudium nachzuholen. Er fragte mich, ob ich da nicht mitmachen wollte, wo wir doch immer so gute Partner gewesen waren.

Das wirkte auf mich wie eine Initialzündung auf eine Stange Dynamit. Es war eine Idee, wie ich mich vielleicht aus der beklemmenden Lage auf meiner ungeliebten MBB-Stelle befreien konnte. Ich besprach das Ganze mit meinem Vater. Die Geschichte mit der Fernuniversität gefiel meinem Vater nicht. Wenn schon - denn schon, meinte er. Dann sollte ich es doch gleich "richtig" machen, womit ein reguläres Studium an der TU gemeint war.

2.7 Ein schwerer Entschluss

Doch dabei ging es nicht zuletzt auch um's Geld. Ich war inzwischen "schon" 23 geworden und mein Vater war nur ein armer Arbeiter gewesen. Ich fühlte die Verpflichtung, nun endlich selbst Geld zu verdienen. Aber mein Vater ermutigte mich und sprach "wir machen das richtig!". Dabei kam uns die damalige Bafög-Regelung entgegen, wonach für ein Zweitstudium wenigstens ein Darlehen gewährt wurde. Das war der entscheidende Punkt und ich entschloss mich zu dem Schritt. Ohne das Darlehen hätte ich es wahrscheinlich nicht gemacht, auch wenn mein Vater es bezahlt hätte. Ich hätte ihm das nicht zumuten können.

So schrieb ich an den Johann, dass ich es direkt über die TU machen würde. Meine MBB-Stelle kündigte ich im Spätsommer 1978 und schrieb mich an der TU für das kommende Wintersemester ein.

Einerseits war es eine Befreiung, andererseits war es ein sehr schmerzlicher Schritt. Nicht nur wegen der finanziellen Situation, sondern auch deshalb, weil ich wieder im 1. Semester anfangen musste. Ich hatte effektiv vier Jahre verloren.

# Kapitel 3
Das Studium an der Technischen Universität München (1978-1983)

Nach einem Traumsommer, den ich mit meinen Eltern am Waginger See verbracht hatte, kehrte ich im Herbst 1978 wieder nach München zurück, um das Studium der Elektrotechnik an der TU aufzunehmen. Und zwar im 1. Semester. Von der Fachhochschulausbildung wurden nur die Industriepraktika angerechnet. Also - das ganze Studium nochmal von vorne!

3.1 Der erste Tag an der TU

Ich erinnere mich noch gut an meinen ersten Tag an der TU, als alle Anfänger im großen Physikhörsaal versammelt waren, um eine Einführung in das Studium zu erhalten. Es waren mindestens 500 Anfänger hier anwesend. Sie warfen mit Papierfliegern umher. Ich blickte an die Decke des Hörsaals. Dort sah ich ein grobmaschiges Gitter, welches einen großen Lüftungsschacht verschloss. Darin steckten jede Menge von diesen Papierfliegern, die hier überall herumschwirrten, gebastelt und auf ihre Flugbahn gebracht von den flinken Fingern der "kleinen Kinder", die hier auf ihre Einführung warteten.

Ich dachte an die Zeit im CERN zurück und fragte mich: Was hat dieses Deutschland nur aus dir gemacht und womit hast du es verdient, hier unter diesem Haufen kleiner Kinder wieder ganz von vorne beginnen zu müssen?

Meine innere Antwort auf diese Frage hätte Resignation sein können. Bei der Einschreibung an der TU war mir noch ein anderer Bekannter aus meiner Zeit an der Fachhochschule Regensburg aufgefallen. Ich schaute mich um, ob er nun auch zu dieser Einführungsveranstaltung gekommen war. Aber er war nirgendwo zu entdecken. Wahrscheinlich hatte er den Gedanken, alles noch einmal ertragen zu müssen, nicht ausgehalten und hatte schon an dieser Stelle das Handtuch geworfen.

Bei mir führte diese Situation zu einer ganz anderen Einstellung. Ich fragte mich, ob es denn wirklich gerechtfertigt war, mich auf eine Stufe mit den frischgebackenen Abiturienten zu stellen. Schließlich hatte ich nie ein Gymnasium besucht, sondern war über die Realschule, eine berufliche Ausbildung, die man damals "Lehre"[1] nannte und die Fachoberschule an die Fachhochschule gekommen. Und nun hatte mich dieses Bildungssystem nach diesem langen Weg und einer bereits begonnenen beruflichen Tätigkeit als Ingenieur auf eine Stufe mit den frischgebackenen Abiturienten gestellt, die rund 4 Jahre jünger waren als ich. Es ergab sich ganz von selbst, dass ich mit einigen von ihnen ins Gespräch kam. Sie erschienen mir ganz schön "grün".

3.2 Die Abiturienten als Konkurrenten

Dann begann der reguläre Vorlesungsbetrieb. Die Abiturienten betrachtete ich als Konkurrenten und wollte wissen, wie ich im direkten Vergleich mit ihnen abschneiden würde. Allein dieses Moment gab mir schon einen enormen Auftrieb. Ich wollte es ihnen zeigen. Als primäres Motivationsmoment stand an dieser Stelle aber der Wunsch, meine Defizite in den Grundlagenfächern, allen voran in Mathematik, nun endlich auszugleichen.

Wenn ich diese Grundlagen einmal verinnerlicht hätte, so dachte ich mir, könnte ich mir alles andere leicht selbst erarbeiten. Dieses Prinzip hatte ich damals bereits erkannt und ich habe es auch später, als ich selbst Professor geworden war, in den Mittelpunkt meiner Lehre gestellt.

Dies war auch im CERN schon deutlich zu Tage getreten, dass es zu allererst auf eine Festigung dieses elementaren theoretischen Fundaments ankam, das an der Fachhochschule nicht systematisch und nicht korrekt aufgebaut worden war. Denn an der Fachhochschule mangelte es an der nötigen Zeit und vor allem mangelte es auch an hinreichend qualifiziertem Lehrpersonal. Im Rückblick konnte allein der Professor Krakau einen Vergleich mit dem Lehrpersonal im Grundlagenbeich an der TU aushalten. Alle anderen Dozenten, die mich an der Fachhochschule unterrichtet hatten, konnte man im Vergleich dazu direkt vergessen.

3.3 Die Einführung in die höhere Mathematik von Josef Heinhold

Das galt insbesondere für die "Einführung in die Höhere Mathematik", die in meinem Anfangssemester an der TU im Herbst 1978 von Josef Heinhold gehalten wurde, der damals Ordinarius und Leiter des Instituts für Statistik und Unternehmensforschung an der TU war. Er wirkte auf die Studenten so, wie man sich einen richtigen Professor vorstellte. Beginnend bei seinem ganzen äußeren Erscheinungsbild, natürlich immer korrekt gekleidet, gewählt im sprachlichen Ausdruck und dem Habitus eines Gelehrten im fortgeschrittenen Alter.

---

[1] Siehe dazu die Hintergrundinformationen im Anhang A.1.2

3.3 Die Einführung in die höhere Mathematik von Josef Heinhold   11

Die Vorlesungen fanden in den großen Hörsälen des mathematischen Instituts statt und liefen immer exakt nach demselben Schema ab. Kurz vor Beginn der Vorlesung stand Professor Heinhold mit seinem Oberassistenten bereits vor dem Seiteneingang des Hörsaals und betrat diesen exakt und beinahe sekundengenau zu Vorlesungsbeginn. Man hätte es sich nicht vorstellen können, dass er einmal zu spät kommen könnte. Auch war sein Auftreten von Anfang an vor einer besonderen Frische und von einer Leichtigkeit gekennzeichnet, die eben auch zum Ausdruck brachte, wie spielend er den Stoff beherrschte.

Er hängte sich das Mikrofon um und schon begann die Vorlesung, in deren zügigem und bestimmten Ablauf er regelmäßig genau 9 große Tafeln vollschrieb, die aus 3 nebeneinander angeordneten Tafelsätzen bestanden, deren Einzeltafeln elektrisch in die Höhe gefahren werden konnten. So war am Ende der Vorlesung immer die ganze vordere Wand des Hörsaals vollgeschrieben. Daraus konnte man sich am Schluss jeder Vorlesung durchaus ein Bild davon machen, welches Pensum er im wahrsten Sinne des Wortes abgearbeitet hatte. Das war natürlich mit einer Fachhochschulvorlesung, so wie ich sie erlebt hatte, in keiner Weise vergleichbar.

3.3.1 Die Atmosphäre in den Vorlesungen am Mathematischen Institut

Diese Hörsäle waren auch unvergleichlich größer und sie waren ausgelegt wie überdimensionale Kinosäle. Hunderte von Studenten konnten darin Platz finden. Sie zwängten sich in enge Reihen, in denen man nur ein kleines Schreibbrett vor sich hatte, dann begann schon die nächste Reihe. Trotz dieses Fassungsvermögens waren die Hörsäle überfüllt. Wenn man zu spät kam, musste man mit einer Stufe im linken oder rechten Seitengang, oder gar nur mit einem Stehplatz in der Nähe der Eingangstüren vorlieb nehmen.

Da herrschte natürlich eine ganz andere Atmosphäre als in den seminaristischen Lehrveranstaltungen an der Fachhochschule, wo man jederzeit problemlos eine Zwischenfrage stellen konnte. Hier war es praktisch gar nicht möglich, Zwischenfragen aus dem Hörerkreis zuzulassen, wenn man nicht den regulären Ablauf der Vorlesung gefährden wollte.

In seltenen Fällen gab es dennoch Momente, in denen man spüren konnte, dass etwas nicht richtig rübergekommen war und der gesamte Zuhörerkreis ein Problem hatte. Dann meldete sich vielleicht einer der Topstudenten (manchmal war ich das...) und formulierte eine Frage. In so einer Situation konnte man schon vorhersehen, wie Professor Heinhold reagieren würde. Er wandte sich an seinen Oberassistenten: "Wollen wir eine Zwischenfrage zulassen?" Der Oberassistent nickte in solchen Fällen immer und Professor Heinhold beantwortete die Frage ausführlichst auf seine eigene, väterliche Art.

Einmal passierte mir das Missgeschick, dass ich ihn bei einer solchen Fragestellung mit "Herr Heinhold" ansprach. Es war mir einfach so rausgerutscht. Im ganzen Hörsaal wurde es sofort mucksmäuschenstill. Es folgte eine spannungsgeladene Pause. Danach hatte Professor Heinhold es "verdaut" und beantwortete die Frage auf die gewohnte Weise, aber man hatte schon deutlich gemerkt, wie sehr ihm mein Lapsus Linguae zu schaffen gemacht hatte.

3.3.2 Die Besseren und die Schlechteren

Diejenigen, die sich getraut hatten den Vorlesungsfluss mit einer solchen Frage zu unterbrechen, wurden schnell im Semester bekannt. Man konnte sich schon denken, dass es die Besseren waren, die solche Fragen stellten. Denn die Schlechteren hatten den doch recht abstrakten Vortrag ja gar nicht soweit verstanden, dass sie überhaupt in der Lage gewesen wären, eine Frage zu formulieren.

Es gab dementsprechend auch viele, die in diesen Vorlesungen total "abgehängt" wurden. Das war eben eine ganz andere Situation als in der Schule.

Begleitend zur Vorlesung gab Professor Heinhold zu dieser Zeit auch eine Buchreihe "Einführung in die höhere Mathematik" heraus. Auch hier gab es genügend Anfänger, die vom Niveau dieser Bücher überfordert waren. Ich kann mich noch gut an die Ausgabe einer Studentenzeitung aus dieser Zeit erinnern, die auf der Titelseite die Abbildung eines aufgeschlagenen Buches zeigte, in der Gestalt eines weit aufgerissenen Haifischmauls mit scharfen Zähnen und darauf prangte der Titel: "Reingold - Einführung in die Höhere Mathematik".

Das brachte die ganze Frustration eines Teils der Hörer zum Ausdruck, von Schülern, die den Übergang von der schulischen Welt in diese weitaus fordernde Welt in den Anfangssemestern an der TU einfach intellektuell nicht verkrafteten. Sie hatten nicht die nötige "Power" und gaben auf. Ich sah darin einen durchaus wünschenswerten und notwendigen Selektions- und Abhärtungsprozess.

3.3.3 Der Übungsbetrieb

Dabei gab es neben der abstrakten Vorlesung auch einen regelmäßigen, sehr gut organisierten Übungsbetrieb. In diesen Übungen wurde das große Semester in einzelne Gruppen von höchstens 30 Teilnehmern aufgespalten. Hier wurden die Aufgabenblätter, die regelmäßig eine Woche zuvor zur Bearbeitung ausgegeben worden waren, von Assistenten vorgerechnet. Natürlich gab es hier auch die Möglichkeit, leicht jederzeit Zwischenfragen zu stellen.

Es gab also konkrete Aufgaben, und man hatte eine realistische Chance, den Stoff zu verarbeiten. Darüber hinaus gab es auch umfangreiche Sammlungen von Prüfungen früherer Semester. Man konnte sich also ein Bild davon machen, was im Vordiplom verlangt werden würde und es stand damit hinreichend Übungsmaterial zur Verfügung. Daneben wurden die Lösungen zu den Übungen in jeder Woche auch noch in einem eigens dafür vorgesehenen Schaukasten im mathematischen Institut ausgehängt und man hatte obendrein die Möglichkeit, seine eigenen Lösungen einige Tage vor dem Besprechungstermin zur Korrektur abzugeben. In den Übungen erhielt man sie dann korrigiert zurück.

Das war schon ein beeindruckender Aufwand und eine sagenhafte Ordnung, die da herrschte. Kein Vergleich mit den schlampigen Verhältnissen an der Fachhochschule. Organisiert hat das der Übungsleiter oder Oberassistent Konrad Leufer, ein Oberstudienrat im Hochschuldienst. Er war die pädagogische Eignung in Person.

3.3.4 Die Gruppe der Leistungsträger

Konrad Leufer leitete selbst eine dieser Übungsgruppen, die er ausdrücklich als die Leistungsgruppe des Semesters bezeichnete. Durchschnittliche Studenten, die Schwierigkeiten mit dem Stoff hatten waren aufgefordert, nicht in diese Leistungsgruppe zu gehen.

Diese war für die Topleute des Semesters vorgesehen, die mit den ausgegebenen Übungsaufgaben keine Schwierigkeiten hatten und diese schon locker zuhause gelöst hatten. In der Übung hatten sie dann die Gelegenheit, ihre Lösungen selbst vorzurechnen und so bereits Erfahrungen mit der Präsentation ihrer Ergebnisse vor einem Auditorium zu sammeln.

Oft kam es in dieser Gruppe auch soweit, dass ganz neue Aufgaben oder Lösungen vorgeschlagen und diskutiert wurden. Das sagte mir sehr zu und bald wurde ich ein Hauptakteur in dieser Spitzengruppe. Alle vier Semester des Vordiploms liefen auf diese Weise ab. Die Topleute kannten sich bald und tauschten sich untereinander aus. An der Fachhochschule war ich nur eine graue Maus gewesen. Jetzt wurde ich allmählich zu einem Alfatier.

Eines Tages schlug ich sogar eine neue Übungsaufgabe zum Thema der partiellen Differentialgleichungen vor. Diese Aufgabe war so elegant, dass sie in das reguläre Übungsprogramm des mathematischen Instituts aufgenommen wurde.

3.3.5 Eine eindrucksvolle Erinnerung

In den späten 90er Jahren, als ich selbst schon Professor geworden war, lief ich eines Abends durch das mathematische Institut, wo immer viele Aufgabenblätter zu den laufenden Übungen auf den Arbeitstischen vor den Hörsälen von den Studenten liegen gelassen wurden. Ich nahm ein solches Aufgabenblatt in die Hand und erkannte darauf zu meinem großen Erstaunen meine Aufgabe zu den Differentialgleichungen, die ich damals als Student vorgeschlagen hatte. Die Aufgabe hatte all die vielen Jahre am mathematischen Insititut unverändert überlebt. Ich war beeindruckt.

3.4 Die Vorlesungen von F.L. Bauer und R. Bulirsch

In den ersten vier Semestern verbrachte ich viel Zeit am mathematischen Institut. Dort gab es auch eine Ecke, wo die Informatik-Studenten ihre ALGOL-Programme abgeben konnten. Bald kam ich mit ihnen ins Gespräch. Sie nahmen mich in eine ihrer Vorlesungen mit, die von einem kauzigen Professor gehalten wurde. Sein Name war - F.L.Bauer.

Damals hätte ich es mir nicht träumen lassen, dass ich später einmal eine der frühen Arbeiten von F.L. Bauer über die Eigenwertberechnung von Matrizen mit Hilfe der sogenannten Treppeniteration in einem wichtigen Punkt generalisieren würde. Nämlich in dem Punkt der Schätzung und Verfolgung der Eigenwerte und Eigenvektoren von zeitvarianten symmetrischen Matrizen, sowie der Singulärwerte und Singulärvektoren zeitvarianter nichtsymmetrischer Matrizen. Diese Generalisierungen veröffentlichte ich in meinen Aufsätzen "Low Rank Adaptive Filters" von 1996 [1] und "Bi-Iteration SVD Subspace Tracking Algorithms" von 1997 [2], sowie einer Reihe weiterer Beiträge[2] zu diesem Thema.

Daneben besuchte ich gelegentlich auch noch andere Vorlesungen am mathematischen Institut, vorrangig die Vorlesungen von R. Bulirsch, dessen äußeres Erscheinungsbild durch eine eigenwillige Modelfrisur geprägt war. Er hatte einen fähigen Assistenten namens Dr. Seidel, der es sich in seinem Büro gerne bequem einrichtete.

3.5 Bei Lindermayers in Neubiberg

Gegen Ende meiner Zeit bei MBB-Apparate war ich in ein möbliertes Zimmer in Neubiberg eingezogen. Dieses Zimmer wurde zu meiner Bleibe, während der gesamten Zeit an der TU und darüber hinaus. Die tägliche Fahrt von Neubiberg ins Stadtzentrum war mit einem erheblichen Zeitverlust verbunden. Ich versuchte einen Platz in einem Studentenwohnheim zu bekommen, um eine Umgebung herzustellen, wie sie in Regensburg bestanden hatte. Aber in München herrschten ganz andere Verhältnisse. Hier existierten ellenlange Wartelisten für einen Heimplatz. Irgendwann gab ich es auf und nahm die lange S-Bahn-Fahrt in Kauf.

3.6 Der Sohn des Professors

Bei diesen täglichen S-Bahn-Fahrten fiel mir ein Student auf, der denselben Weg hatte wie ich. Wir lernten uns bald kennen. Es war Martin Lange, der Sohn von

---

[2] Eine vollständige Zusammenstellung meiner sämtlichen wissenschaftlichen Beiträge findet man unter

    `https://scholar.google.de/citations?user=XpfQ9hkAAAAJ&hl=de`

sowie unter

3.6 Der Sohn des Professors

Professor Lange, dem Inhaber des Lehrstuhls für Hochfrequenztechnik an der Universität der Bundeswehr in Neubiberg. Er studierte ebenfalls Elektrotechnik an der TU im 1. Semester.

Auf diese Weise hatte ich wieder einen Partner gewonnen, zumindest für die Zeit bis zum Vordiplom, wo sich unsere Wege dann trennten. Nun war ich der Ältere, denn der Martin war natürlich auf dem direkten Weg über das Abitur an die TU gekommen. Anders als die anderen Abiturienten hatte er bereits einen beachtlichen Wissensvorsprung. Kein Wunder, wo sein Vater doch Professor für Hochfrequenztechnik war.

Oft staunte ich nicht schlecht über die Tricks, die er schon so drauf hatte. Beispielsweise die Berechnung des Gesamtwiderstands eines an diametral gegenüberliegenden Ecken kontaktierten Widerstandswürfels, bestehend aus gleichen Kantenwiderständen. Er kannte schon den Lösungsansatz über die Äquipotentialflächen. Nebenbei las er regelmäßig den Scientific American. Ich war beeindruckt.

Im Vordiplom erzielten wir beide fast dieselben Ergebnisse, wobei er im Schnitt eine Idee besser war. Bald bemühte er sich um eine Werkstudentenstelle am Lehrstuhl für Mikrowellentechnik von Professor Groll. Er sprach oft davon und insbesondere von "seinem" Dr. Detlefsen. Das war sein Betreuer. Und er hatte auch schon ein aufregendes Arbeitsgebiet zugeteilt bekommen: Radar-Abstandsmessung.

Offenbar hatte sein Vater all diese Dinge in die Wege geleitet. Ich zweifelte nicht eine Sekunde daran, dass er ebenfalls einmal Professor für Hochfrequenztechnik werden würde, wie sein Vater, denn er arbeitete auch mit dem entsprechenden Einsatz. Ich erinnere mich noch gut daran, wie er eines Tages zu mir sagte: "Du, Peter, ich habe wieder ein Kilo abgenommen!" Da staunte ich nicht schlecht. Ich hatte noch nie so intensiv gearbeitet, dass ich dabei abnahm. Das hätte ich mir in den kühnsten Träumen nicht vorstellen können. Vielleicht war ich körperlich auch robuster. Er war ein "70-Kilo-Mann", wohingegen ich ein schlanker "85-Kilo-Mann" war.

Schließlich ermahnte er mich noch, ich sollte mich doch auch beizeiten nach einer solchen Werkstudentenstelle umsehen, um mich an einem Lehrstuhl bekannt zumachen. Damit ich später auch eine Assistenstelle bekäme.

Aber ich dachte natürlich nicht im Traum daran, mich für einen lächerlichen Werkstudenten-Hungerlohn an einem Lehrstuhl einzureihen. Schließlich war ich ein Ingenieur mit Berufserfahrung gewesen und schließlich gab es da noch meine Kontakte zu MBB. Und dort benötigte man oft sehr gute, selbständig arbeitende Ingenieure für dringende Entwicklungsaufgaben.

---

https://www.researchgate.net/profile/Peter_Strobach

3.7 Die befristeten Beschäftigungsverhältnisse als Entwicklungsingenieur bei MBB-UF

So fand ich gleich für die ersten Semesterferien eine Springerstelle[3] bei MBB-UF (Unternehmensbereich Flugzeuge), wo zu dieser Zeit gerade die ersten Tornados zusammen genietet wurden. Dort gab es eine Riesen-Testumgebung für die Mapper- und TF (Tiefflug) Radarsysteme des Tornado-Jets. Hier häuften sich eine Menge dringender Entwicklungsarbeiten, die vom Hauptprojekt abgespalten und einem guten Mann oder einer guten Frau zur weitgehend selbständigen Bearbeitung übergeben werden konnten.

Das war nun meine Aufgabe und es war ein Glücksfall, denn es war anspruchsvoll und interessant. Obendrein erhielt ich ein gutes Ingenieursgehalt, denn hier ging es wirklich um was. Ich verdiente fast doppelt soviel wie ein Berufsanfänger. Das war natürlich mit einer Werkstudentenstelle an der TU nicht zu vergleichen.

Der Zeitdruck hinter diesen Projekten machte mir nichts aus. Ich nahm jedenfalls dadurch nicht ab. Meine finanziellen Sorgen, die mich bei der Entscheidung für dieses Zweitstudium noch so gedrückt hatten, waren mit einem Mal verschwunden, nachdem ich auf dieser Springerstelle in zwei Monaten locker soviel verdienen konnte, wie ich das ganze Jahr über brauchte.

Zu dem regulären Gehalt erhielt ich jedes Mal sogar noch eine extra Prämie, da die Arbeiten am Ende immer zur besonderen Zufriedenheit des Arbeitgebers ausgefallen waren. Dabei profitierte ich ganz klar davon, dass hier konkrete Ziele erreicht werden mussten und dass das Erreichen dieser Ziele wichtig war für den Erfolg eines übergeordneten Gesamtprojekts.

Insgesamt war ich dreimal auf diese Weise für MBB-UF befristet tätig gewesen[4]. In Abb. A.2 sieht man das Zeugnis, das mir MBB-UF für meinen letztmaligen Einsatz vom 1.3.-30.4.1980 ausgestellt hat, sowie in Abb. A.3 das zugehörige Anschreiben über die Gewährung einer Prämie für herausragende Leistungen. Dies ist auch ein Beispiel für ein Industriezeugnis, wie es besser nicht ausfallen könnte. Der erste Unterzeichner dieses Zeugnisses in Abb. A.2 ist der damalige Bereichsleiter Avionik und Bewaffnung Kuny, also nicht nur ein gewöhnlicher Abteilungsleiter.

3.8 Mein Besuch bei Gerd Hauske

Obwohl ich finanziell nun eigentlich abgesichert war, bezog ich weiterhin noch das Bafög Darlehen, das ja zinslos war. Zu Beginn des 3. Semesters musste ich eine Verlängerung beantragen. Dabei wurde auch ein Nachweis meiner bisherigen Studienleistungen im Vordiplom I verlangt, der beim zuständigen Bafög-Beauftragten

---

[3] Als "Springer" bezeichnet man einen Ingenieur, der in einem Projekt einspringt, um in einem befristeten Zeitraum eine dringliche Aufgabe zu lösen.

[4] Nähere Informationen dazu findet man im Anhang A.2

3.8 Mein Besuch bei Gerd Hauske

der TU vorgelegt werden sollte. Dieses Amt hatte damals Gerd Hauske inne, ein C2-Professor am Lehrstuhl für Nachrichtentechnik von Professor Marko.

Also begab ich mich an den Lehrstuhl für Nachrichtentechnik und fand dort bald das Büro von Gerd Hauske. Bei meinem Eintreten fiel mir gleich eine ganze Kiste voller Apfelsinen auf, die da auf dem Boden stand. Es war schon Winter geworden und dies war vielleicht der Vitaminvorrat, der vor einer Erkältung schützen sollte.

Ich brachte mein Anliegen vor und legte meinen Bafög-Verlängerungsantrag, sowie den geforderten Nachweis über die Ergebnisse im Vordiplom I auf den Tisch. Da stand: Mathematik 1.0 und Physik 1.0. Als Gerd Hauske auf diese Noten blickte, entfuhr ihm spontan dieser Satz: *"Sind sie verrückt?"*. Ich war ganz schön überrascht, angesichts dieser Reaktion.

Aber diese Notenkombination war wirklich relativ unwahrscheinlich. Legt man einmal zugrunde, dass nur 3 bis 4 von hundert Studenten in einem dieser Fächer eine 1.0 erzielen konnten, dann kommt man unter der Annahme der statistischen Unabhängigkeit der beiden Notenprozesse zu dem Ergebnis, dass nur etwa jeder tausendste Student die 1.0 in beiden Fächern gleichzeitig erzielen konnte. Also war die Reaktion von Gerd Hauske aus dieser Sicht vielleicht nachvollziehbar. Möglicherweise hatte er noch nie zuvor einen solchen Fall erlebt.

Damals interessierte ich mich auch dafür, woran Gerd Hauske arbeitete. Es waren Themen aus dem damals sehr im Mittelpunkt des Forschungsinteresses stehenden Fachgebiets der Kybernetik. Es ging darum, Methoden der Nachrichtentechnik, und hier insbesondere Methoden der Systemtheorie auf die Beschreibung der Signalübertragungsvorgänge in biologischen Systemen anzuwenden. Also beispielsweise die Signalverarbeitung des visuellen Systems des Menschen zu studieren.

Dieses Thema war naturgemäß sehr experimentierlastig. Die Theorien mussten ja anhand realer Daten überprüft werden, die in Testreihen mit Versuchspersonen gewonnen wurden.

Für die Kybernetik konnte ich mich nicht erwärmen, sah aber später eher zufällig einige Arbeiten von Gerd Hauske, welche in ein paar kleinen deutschen Fachzeitschriften erschienen waren. Im Laufe meiner späteren Publikationstätigkeit hätte ich niemals in einer dieser Zeitschriften veröffentlicht. Da hätte ich meine Manuskripte eher weggeworfen. In dieser Beziehung war ich später ziemlich rigoros.

Als Beispiel dafür kann man auch einen Fall erwähnen, als ich später einmal ein Manuskript für die Fachzeitschrift *IEEE Transactions on Signal Processing* im Review-Verfahren[5] locker hätte durchbringen können, wenn ich mich nur kompromissbereit gegenüber den Gutachtern (den "Reviewern" oder "Referees") gezeigt hätte. Aber die Begleitumstände waren von einer Art, dass ich es nicht über mich brachte. Stattdessen zog ich es vor, die Reviewer zu crashen[6] und warf das Manuskript anschließend in den Papierkorb. Manch anderer hätte alles dafür getan, wenn er nur ein einziges Manuskript einmal in dieser Fachzeitschrift durchgebracht hätte.

Dies zeigt schon: Sowohl auf der fachlichen, als auch auf der persönlichen Ebene war ich ganz anders "gestrickt" als beispielsweise ein Mensch wie Gerd Haus-

---

[5] Begutachtung eines wissenschaftlichen Aufsatzes durch Experten.
[6] einem drohenden Konflikt nicht aus dem Wege gehen.

ke. Auch konnte man mich leicht unterschätzen. Dazu muss man sich nur einmal vergegenwärtigen, wie ich damals herumlief: Mit langen, fettigen blonden Haaren, einem verschlissenen alten Bundeswehr-Parka, geflickten Jeans und indianischen Mokassin-Schuhen aus Wildleder. Dazu noch meine unverwechselbare niederbayerische Mundart.

Dieses Erscheinungsbild ließ sich nur schwer zur Deckung bringen mit einem Studenten, der gerade eben im Mathematik und Physik Vordiplom jeweils die Bestnote 1.0 abgeliefert hatte. Auf der anderen Seite war mein Selbstbewusstsein inzwischen soweit gereift, dass ich mir nicht mehr leicht etwas gefallen ließ. Ein falscher Kommentar konnte schon einen saftigen Rüffel von meiner Seite zur Folge haben, und zwar weitgehend ungeachtet der Person, die mir gegenüberstand. Gerd Hauske hatte schon Glück gehabt, dass ich zunächst eine Weile brauchte, um seine Bemerkung zu verdauen. Vielleicht empfand ich es spontan auch als Kompliment.

3.9 Meine Aufnahme als Stipendiat der Friedrich-Ebert-Stiftung

Um meine finanzielle Situation noch weiter zu verbessern, nahm ich auch individuelle Hochbegabtenförderungen in Anspruch. Zu nennen ist hier der *Nicolaus-Fonds* der TU-München, aus dem ich zweimal einen Zuschuss bezog. Siehe dazu die Details im Anhang A.4 mit Abb. A.5.

Gegen Ende des 3. Semesters begann ich schließlich darüber nachzudenken, wie ich das Bafög-Darlehen durch eine richtige Förderung ablösen konnte. In einem Studentenführer hatte ich gelesen, dass es in Deutschland politische Stiftungen gab, welche Hochbegabtenstipendien vergeben. Unter diesen Stiftungen passte die Friedrich-Ebert-Stiftung am besten zu meiner politischen Grundeinstellung. Also bewarb ich mich um das Stipendium.

Im Rahmen dieser Bewerbung benötigte ich auch 3 Gutachten von Professoren, die sich zu meiner persönlichen und fachlichen Eignung äußern sollten. Die erste Adresse für ein solches Gutachten war natürlich Professor Heinhold. Da dieser die Studenten nicht persönlich kannte, nahm mich Konrad Leufer einmal mit und stellte mich dem Professor vor. Er hatte ihm sicherlich im Vorfeld bereits von mir erzählt und Professor Heinhold hatte daraufhin wohl schon eine gewisse Vorstellung von mir entwickelt.

Und nun sah er mich zum ersten Mal, mit meinen langen Haaren, dem Bundeswehr-Parka, den geflickten Jeans und den Mokassin-Schuhen. Ein konservativer Professor wie Josef Heinhold hatte sich einen Studenten, der eine solche Papierform abgeliefert hatte wie ich, sicherlich ganz anders vorgestellt. Er schluckte schon zweimal, bevor wir überhaupt ins Gespräch kamen! Schließlich stellte er mir das im Anhang Abb. A.4 gezeigte Gutachten aus.

Damit wurde ich am Ende des 4. Semesters als Stipendiat in die Grundförderung der Friedrich-Ebert-Stiftung aufgenommen. Meine finanziellen Probleme waren damit endgültig gelöst, denn dieses Stipendium war kein Darlehen mehr, sondern ein reguläres Stipendium ohne Rückzahlung. Der monatliche Fördersatz für einen Stipendiaten der Friedrich-Ebert-Stiftung lag obendrein sogar noch etwas über dem regulären Bafög-Satz.

Mit einer derart positiven Entwicklung hatte ich damals bei der Entscheidung für das TU-Studium auf gar keinen Fall gerechnet. Ich konnte die Ferienarbeit bei MBB damit aufgeben und etwas entspannter leben.

Mit der Aufnahme als Stipendiat begann auch eine Verbindung zur Friedrich-Ebert-Stiftung, die viele Jahre überdauert hat. Im Jahre 1997 wurde ich Vertrauensdozent der Stiftung. Mit dem Erscheinen dieses Buches lege ich dieses Amt nieder.

3.10 Das Studium nach dem Vordiplom

Mit dem Übergang in das Hauptdiplom ab dem 5. Semester änderte sich der Charakter des Studiums grundlegend. Die Zeit am mathematischen Institut war vorbei und wir befanden uns nun in den Vorlesungen der Professoren des Elektrotechnischen und Informationstechnischen Fachbereichs. Viele dieser Professoren waren aus der Industrie an die TU berufen worden.

Insgesamt war ein deutliches Absinken des allgemeinen Niveaus der Veranstaltungen zu beobachten, was auch die Übungen betraf, wobei natürlich schon noch differenziert werden muss. Aber in der Summe war es ganz klar eine Abwärtsentwicklung, die sich da plötzlich auftat, und nicht die erwartete weitere Steigerung. Wir befanden uns nun in der "Siemens-Kanonenfutter-Ausbildung". So nannten wir das damals.

Heute würde ich sagen: An dieser Stelle hätte ich die TU verlassen müssen. Eine erstklassige Adresse in den USA, wie beispielsweise MIT[7], Princeton, Berkeley oder Stanford hätte es mir ermöglicht, meinen Weg meinem Leistungsvermögen entsprechend weiter fortzusetzen und eine moderne Ausbildung zu erhalten. Doch ich hatte keine Kontakte. Es gab schlicht niemanden, der das erkannt und mich auf einen solchen Weg gebracht hätte.

So setzte ich mein Studium an der TU-München fort. Im Nachhinein gesehen war dies für mich fundamental hinderlich und abträglich. Es markierte auch den Beginn einer Entwicklung weit unterhalb meiner Möglichkeiten, bis hin zum erzwungenen totalen Abstieg, wie an späterer Stelle noch gezeigt werden wird.

Die meisten Abiturienten haben diesen Übergang ins Hauptdiplom aber ganz anders empfunden. Ihnen erschien vieles positiv und erleichternd. Denn nun war der Abstraktionsgrad, der Vorlesungen wie der von Professor Heinhold anhaftete, urplötzlich einer Einfachheit und einer Simplifizierung gewichen, wie man es in dieser Deutlichkeit gar nicht hätte erwarten können.

Irgendwie unterhielt ich auch Kontakte zu den schwächeren Studenten. Hier erinnere ich mich noch sehr gut an einen von ihnen namens Dahms. Er war mit viel Glück gerade noch mal so durch das Vordiplom gerutscht. Bei einer zufälligen Begegnung sagte er mir den folgenden Satz: *"Hallo, Peter, stell' dir mal vor, ich habe*

---

[7] Massachusetts Institute of Technology

das Vordiplom hier bestanden! - und mein Lehrer an der Schule hat immer zu mir gesagt: Mensch, Dahms, geh'n sie doch auf'n Bau!". Er war nun glücklich über die eher anschauliche Art, wie sich das Studium im Hauptdiplom entwickelte.

Aber ich wurde langsam nervös und fand, dass es für mich allmählich zur Zeitverschwendung wurde. Denn nun hörte ich in den Fachvorlesungen viele Dinge, die ich aus dem Studium an der Fachhochschule schon kannte. Dieses einfache "Kanonenfutter-Wissen" hatte keinen Neuigkeitswert mehr für mich. Ich befand mich nicht mehr auf dem richtigen Weg.

In manchen Vorlesungen wurde ich sogar etwas aufsässig und forderte von den Professoren offen eine anspruchsvollere Gangart, was mir prompt die herbe Kritik der Mehrheit der Studenten einbrachte, denn für die war die lasche Art, die sich nun in vielen Vorlesungen breitgemacht hatte, ja gerade angenehm.

3.10.1 Auf einen Sprung in die Vorlesungen des Hauptdiploms

Bleibt noch der Rückblick auf einige Vorlesungen des damaligen Elektrotechnischen Fachbereichs, die mir als besonders gut oder auf der anderen Seite als besonders schlecht in Erinnerung geblieben sind.

Als besonders negativ bleibt die Vorlesung "Maschinen- und Feingerätebau für Elektroingenieure" des Professors Heinzl in Erinnerung, der kurz zuvor erst von Siemens an die TU berufen worden war. Diese Vorlesung fand zwar schon während des Vordiploms statt, war aber ganz charakteristisch für viele der Vorlesungen des späteren Hauptdiploms. Ein "Vorgeschmack", sozusagen, auf die "Sitten und Gebräuche" im Elektrotechnischen Fachbereich.

In seiner ersten Vorlesung, die ich als Hörer in der ersten Reihe erleben durfte, stand dieser Professor Heinzl schweißüberströmt vor der Tafel, kaum imstande, ein Wort herauszuwürgen. Das war natürlich kein Vergleich mit den Vorlesungen von Professor Heinhold, oder auch den Vorlesungen in Experimentalphysik gewesen. Man wurde unmittelbar an die Verhältnisse an der Fachhochschule erinnert. Das hat mich schon sehr geärgert, denn ich hatte geglaubt, das nun endlich hinter mir gelassen zu haben.

Die Berufung des Professors Heinzl konnte man sicherlich als eine Folge des in der Geschichte des deutschen technischen Universitätssystems verhafteten Bestrebens sehen, das Know-How der Großindustrie durch die Berufung solcher Personen an die Hochschule zu holen. Das ergibt natürlich nur dann einen Sinn, wenn in der Großindustrie an dieser Stelle tatsächlich ein nennenswertes Know-How vorhanden ist!

Bei der Berufung von Rudolf Saal, dem Professor für Netzwerktheorie und Schaltungstechnik, der aus dem AEG-Telefunken Forschungslabor an die TU gekommen war, konnte man das - zu seiner Zeit - sicherlich annehmen. In anderen Fällen ging es aber oft gründlich daneben, denn weit weniger an der Spitze stehende, aber infolge ihrer Größe einflussreiche Industrieunternehmen missbrauchten diese Schiene, um "ausrangierte" Abteilungsleiter auf Professorenstellen zu befördern,

3.10 Das Studium nach dem Vordiplom

um sie auf diese Weise zu "entsorgen" und Einfluss an der Hochschule zu gewinnen. Die Berufung des Professors Heinzl war wohl der erste Fall, bei dem mir das ganz deutlich aufgefallen ist.

Der Professor Saal hingegen war sicherlich ein Gegenstück dazu und einer der Besten, wenn nicht überhaupt der beste Professor des Hauptdiploms gewesen. Sein Auftreten in der Vorlesung war stets souverän und der präsentierte Stoff war in sich schlüssig, aber auch nicht mehr als elementar.

Die zugehörigen Übungen waren hingegen eine Katastrophe. Da stand ein wahrhaft unfähiger Assistent vor einem Overhead-Projektor und pinselte seine Musterlösung unbeholfen auf eine Folie. Das konnte man sich schenken. Kein Vergleich mit den Übungen am mathematischen Institut.

Noch ein Blick auf die Vorlesung im Fach "Nachrichtentechnik". Schließlich hatte ich an der Fachhochschule mit Schwerpunkt Nachrichtentechnik studiert und so stand diese Vorlesung natürlich im Mittelpunkt meines Interesses.

In der ersten Vorlesung "Nachrichtentechnik 1" erschien ein kauziger Professor namens Hans Marko und begann recht unbeholfen, seine Formeln nacheinander an die Tafel zu kritzeln, wobei er ab und zu auf ein paar kleine Kärtchen blickte, die wohl seine Gedächtnisstütze bildeten. Im ersten Moment dachte ich ganz spontan: "Das ist ein Halblegasteniker!". Diesen ersten Eindruck werde ich nie vergessen.

Kurt Antreich, ein Professor für rechnergestütztes Entwerfen, sagte einmal in einer Vorlesung, er könne sich nur noch an einen einzigen seiner früheren Professoren erinnern, und das war einer, der in seiner ersten Vorlesung eine kleine Kanone abgefeuert hatte. Das zeigte schon, wie wichtig und nachhaltig prägend der erste Eindruck war.

Hans Marko war also auf gar keinen Fall jemand gewesen, der irgendeine Anziehungskraft auf mich ausüben konnte. Vielleicht habe ich trotzdem viel von der nachrichtentechnischen Systemtheorie mitgenommen, die er vertrat. Aber ich habe mir auch viele andere Quellen erschlossen. Beispielsweise die Vorlesungen, welche zu diesem Thema an der RWTH[8] Aachen gehalten wurden.

Schließlich rechnete ich vieles bald einfach selbst aus. Langsam begann ich so zu werden wie Enrico Fermi, auch genannt "der Boss", der immer alles alleine ausrechnete, anstatt sich die Mühe zu machen, die Literatur anderer zu wälzen. So wurde ich immer selbständiger und bald hatte ich das Gefühl, gar keinen Professor mehr zu benötigen. Ich konnte es alleine!

Die Übungen im Fach "Nachrichtentechnik 1" wurden von einem Menschen namens J. Hofer-Alfeis gehalten, der offenbar eine Art Oberassistentenstelle am Lehrstuhl von Hans Marko innehatte. Diese Übungen konnte man getrost als ideenlos und katastrophal bewerten. Hier war alles schlecht: Sowohl die Inhalte als auch die Fähigkeiten des Vortragenden selbst.

An der Stelle sollte ich auch erwähnen, dass ich selbst später 22 Jahre lang Vorlesungen in Systemtheorie an der Fachhochschule Furtwangen gehalten habe. Meine Vorlesungen wurden regelmäßig in vielschichtigen Evaluationen von den Studenten bewertet. Siehe dazu auch im Anhang A.19 das in den Abb. A.35 und A.36 gezeigte

---

[8] Rheinisch-Westfälische Technische Hochschule

Beispiel. Auch alle von mir abgehaltenen Prüfungen in diesem Fach sind erhalten, elektronisch archiviert und zugänglich. Ich verfüge also durchaus über das nötige Maß an Kompetenz, um mir rückblickend ein Urteil erlauben zu dürfen.

Später kam J. Hofer-Alfeis zu Siemens. Ich war damals auch dort und sehe ihn heute noch vor mir. Man hatte ihn gleich als Abteilungsleiter eingestellt, oder er war kurze Zeit nach seinem Eintritt bei Siemens sofort zum Abteilungsleiter befördert worden.

Das ist wohl dem großen Einfluss geschuldet, den Hans Marko aufgrund seiner frühen Arbeiten und letztendlich aufgrund seiner "wissenschaftlichen Abstammung" aus der "Feldkellerschen Linie" in der Industrie genoss. Hans Marko selbst schätzte Siemens sicherlich ziemlich zutreffend ein. So hat er wissenschaftlich aussichtsreiche Schützlinge niemals zu Siemens geschickt, sondern er sandte diese in das IBM Forschungslabor Rüschlikon in Zürich. Die wissenschaftlich oder insgesamt schwachen Schützlinge schickte er zu Siemens, wo man sie als Anführer für das "Kanonenfutter" einsetzte.

Noch ein Wort zum Thema der Evaluation von Lehrveranstaltungen. Das war zu meiner Zeit an der TU noch weitgehend unbekannt, ja vielleicht direkt unvorstellbar in den Gehirnen der meisten Professoren. Wahrscheinlich hätten manche eine empfindliche Verbiegung ihrer Selbstwahrnehmung in Kauf nehmen müssen, wenn es solche Evaluationen gegeben hätte.

Allerdings muss an dieser Stelle auf einen Fall verwiesen werden, bei dem ein Professor selbst eine Art Evaluation initiierte. Es war Kurt Antreich gewesen, der neben seinen Vorlesungen zum rechnergestützten Entwerfen auch eine Vorlesung "Mathematische Methoden der Elektrotechnik" ins Leben gerufen hatte, die in der Endphase des Vordiploms stattfand.

Das Ziel dieser Vorlesung war es, die allgemeine Mathematik Grundlagenvorlesung etwas zu konkretisieren, im Hinblick auf den Bedarf in der Elektrotechnik. Daher sollte diese Vorlesung sehr in Richtung numerische Mathematik tendieren, was sie aber nur bedingt tat. So wurden beispielsweise Themen der Konditionsanalyse und Rechengenauigkeit betont, während andere Themen der numerischen Mathematik, wie beispielsweise elementare Faktorisierungen von Matrizen, oder Eigenwerte, Singulärwerte und insbesondere deren Schätzung mittels numerischer Verfahren, eher stiefmütterlich behandelt wurden. In Summe war die Vorlesung aber ein Gewinn.

Am Ende veranstaltete Kurt Antreich im Folgesemester immer eine Art "Kaffeekränzchen" für eine ausgewählte Gruppe von Studenten, die in der Prüfung zu diesem Fach eine sehr gute Note erzielt hatten. Diese Studenten erhielten das Privileg, mit Kurt Antreich über die Vorlesung diskutieren zu dürfen. Ein interessanter Ansatz der Kommunikation zwischen Student und Professor!

Man konnte vielleicht damit rechnen, schriftlich zu dem Kaffekränzchen eingeladen zu werden, wenn man eine Note besser als 1.7 erreicht hatte. Die genaue obere Grenze für eine Teilnahme ist mir heute aber nicht mehr bekannt.

Bei dem Kaffeekränzchen für unser Semester war ich auch eingeladen. Jeder Teilnehmer erhielt einen niedlichen kleinen Siemens Taschenrechner als Geschenk. Ein nettes Andenken!

3.10 Das Studium nach dem Vordiplom

Später sah ich Kurt Antreich einmal vertieft durch das ZFE-Gebäude in der Siemens-"Denkfabrik" in Neuperlach laufen, auf dem Weg zum Büro des Bereichsleiters Heinz Schwärtzel. Seine Augen zeigten einen seltsamen Schimmer, wie zwei Golddollars eben, die im Mondschein einer dunklen Nacht glänzen.

Es gab also engste Kontakte zwischen der TU und Siemens, das kann man sich denken. Ich hatte das Glück, immer irgendwo an der Quelle zu sitzen, und all diese Dinge aus nächster Nähe mit eigenen Augen sehen zu können, und keiner sah mich!

Bei dem Kaffeekränzchen, an dem ich teilgenommen hatte, traf ich auch meinen Studienfreund Peter H. Bauer, der später Professor in den USA wurde. Rudolf Saal prägte in einer seiner Vorlesungen einmal den Spruch: *"Erfolg ist Glück mal Können"*. Wie weise. Wenn ich heute meinen Lebensweg mit dem meines damals 4 Jahre jüngeren Studienfreundes Peter H. Bauer vergleiche, dann erkenne ich die Richtigkeit der "Saalschen Formel". Wenn das Glück gleich Null ist, kommt es auf das Können nicht mehr an.

Rudolf Saal hat ein paar von uns Studenten einmal zur Seite genommen und hat uns gefragt, wie es denn so sei mit Kurt Antreich. Insbesondere, wie er sich gegenüber den Studenten so gibt. Es war ihm wohl bekannt gewesen, dass Kurt Antreich ein recht ruppiger Typ war und Rudolf Saal war ja der Förderer von Kurt Antreich gewesen. Ich sagte damals: *"Na ja, 's geht grad so mit ihm...!"*

Noch ein Wort zu den Übungen in "Mathematische Methoden der Elektrotechnik". Diese wurden von drei Assistenten bzw. festen Mitarbeitern des Lehrstuhls abwechselnd durchgeführt. So konnte man jede Woche gespannt sein, wer jeweils zur Übung erscheinen würde. Der Jüngste von ihnen war der Beste. Er war vielleicht der beste Assistent, den ich im Hauptdiplom erlebt habe. Sein Name war Sorin Huss. Kürzlich fand ich heraus, dass er zusammen mit mir den ITG[9]-Preis 1988 erhalten hat, der in Mannheim vergeben wurde. Aber ich habe ihn damals dort nicht gesehen. Später wurde er Professor in Darmstadt.

Zu Beginn des Hauptdiploms erhielt ich eines Tages überraschend Post von den ehemaligen Studienkollegen aus Regensburg. Sie wollten ein Semestertreffen veranstalten. Also fuhr ich nach Regensburg, wo wir einen schönen Abend verbrachten.

Auch einer unserer ehemaligen Dozenten war vorbeigekommen. Es war Dipl.-Ing. Lenz Haggenmiller, der sich auch noch gut an mich erinnern konnte. Im Grunde hatten diese Dozenten eine schöne Zeit. Gemessen an dem Aufwand, den sie in ihrem Leben betrieben hatten, war auch ihr Einkommen relativ hoch. Kein Vergleich mit dem heutigen relativen Einkommen[10] und den heutigen Arbeitsbedingungen eines Professors an der Fachhochschule oder einer ihrer Folgeeinrichtungen.

Wir kamen ins Gespräch und ich erzählte ihm von der Vorlesung "Mathematische Methoden der Elektrotechnik" und überhaupt von all den Dingen, die ich in der Zwischenzeit gelernt hatte. Er war sehr interessiert und ich habe ihm auf seinen ausdrücklichen Wunsch hin entsprechendes Lehrmaterial gesandt, für die Vorlesungen in angewandter Mathematik für die Elektroingenieure. Ich denke, diesen Dienst

---

[9] Informationstechnische Gesellschaft

[10] relativ gemessen am Durchschnittseinkommen der erwerbstätigen Bevölkerung

hat mir Lenz Haggenmiller so schnell nicht vergessen, wie sich später noch zeigen sollte.

3.11 Die Diplomarbeit

Aufgrund des abgeschlossenen Fachhochschulstudiums waren mir alle praktischen Studienleistungen erlassen worden. Daher konnte ich das Studium in der Mindeststudienzeit von 8 Semestern abschließen. Im 8. Semester hatte ich nur noch zwei oder drei Prüfungen abzuleisten und so entschloss ich mich, die Diplomarbeit vorzuziehen und diese bereits während des 8. Semesters anzufertigen, was für mich locker machbar war.

Es galt nun, ein Thema zu finden. Das gestaltete sich alles andere als einfach, denn ich hatte mich für einen sogenannten "freien" Studienplan entschieden, in dem ein Student die Fächerkombination des Hauptdiploms in Grenzen selbst bestimmen konnte.

Ich wollte mich in Richtung digitale Filter und digitale Signalverarbeitung spezialisieren. Dieses Fachgebiet war aber an der TU nur schwach vertreten. Im Grunde gab es nur eine Vorlesung über digitale Filter, und die wurde von dem Oberingenieur Wolfgang Hess am Lehrstuhl für Datenverarbeitung angeboten. Dabei handelte es sich um eine Wahlpflichtvorlesung. In meinem freien Studienplan hatte ich sie als Hauptfach gewählt. Diplomarbeiten zu diesem Thema waren keine ausgeschrieben.

Also ging ich zuerst einmal zum Lehrstuhl von Professor Saal, um mich dort nach einer Diplomarbeit umzusehen. Ich kam ganz unangemeldet in das Sekretariat des Lehrstuhls und traf dort auf Professor Saal, der sich gerade locker und gut gelaunt mit einer Sekretärin unterhielt. Im weißen Hemd mit offenem Kragen, wie üblich. Als er mich sah, kam er sofort freundlich auf mich zu und fragte mich mit der ihm eigenen Frische, ob ich denn nicht das Dickschichtschaltungslabor sehen wolle? Er würde mir gleich einen Assistenten holen, der es mir zeigen könnte.

Ich war im Grunde ganz beeindruckt. Schließlich war ich wieder mit meinen langen Haaren, dem zerlumpten Bundeswehr-Parka, den alten Jeans und den Mokassinschuhen erschienen. Obendrein hatte ich meine Noten nicht vorgelegt. In der Masse der Studenten hatte er mich sicherlich vorher noch nie gesehen. Trotzdem musste er nicht zweimal schlucken, als er mich sah, so wie Josef Heinhold damals anlässlich der Erstellung meines Gutachtens. Die Äußerlichkeiten beeindruckten ihn überhaupt nicht.

Als ich später Professor wurde dachte ich immer daran und machte es auch zu meinem Prinzip, mich im Umgang mit Studenten niemals von Äußerlichkeiten leiten zu lassen.

Einerseits hätte ich seinen Vorschlag, das Dickschichtschaltungslabor zu besichtigen gerne angenommen, andererseits war ich längst nicht mehr an den Dickschichtschaltungen interessiert gewesen. Das hatte ich ja sogar in der Lehrwerkstatt als 17-jähriger schon gesehen. Das war für mich eine alte Technik und lag mittlerweile weit außerhalb meines Interessenshorizonts. Man muss sich vorstellen, dass

3.11 Die Diplomarbeit

ich zu dieser Zeit schon begann, Veröffentlichungen zu lesen. Beispielsweise die Arbeiten vor Larry Rabiner und Ronald Crochiere bei AT&T Bell Laboratories, oder die Arbeiten von John Makhoul zur linearen Prädiktion.

Also bedankte ich mich auf die höflichste Art und verließ den Lehrstuhl, ohne jemals wieder zurückzukommen[11].

In dieser Notlage ging ich wieder zurück zu Wolfgang Hess und schilderte ihm, dass ich kein Diplomarbeitsthema gefunden hatte. Er war zu dieser Zeit sehr beschäftigt, denn er schrieb im Rahmen seines Habilitationsverfahrens gerade ein Buch über die Grundfrequenzbestimmung von Sprachsignalen. Trotzdem erklärte er sich bereit, mir ein Diplomarbeitsthema zu geben. Das war schon sehr anerkennenswert, angesichts seiner Arbeitsbelastung. Außerdem hatte er noch einen zweiten Diplomanden namens Jordi Romano, mit dem ich mich bald anfreundete.

In dieser Phase war mir anzumerken, dass ich Zeit aufholen wollte. Schließlich hatte ich aufgrund des vorausgegangenen Fachhochschulstudiums einen zeitlichen Rückstand von rund vier Jahren gegenüber den Abiturienten. Wolfgang Hess sagte: *"Ich will sie nicht aufhalten"*.

Nachdem er damals auch ein DFG[12]-Projekt über die Grundfrequenzbestimmung von Sprachsignalen bearbeitete bot es sich an, ein Thema aus diesem Bereich für die Diplomarbeit zu wählen.

Im Rahmen dieses DFG-Projekts ging es etwas vereinfacht ausgedrückt darum, die Grundfrequenzperiode aus dem Sprachsignal zu schätzen. Um die Güte und Leistungsfähigkeit von Programmen zur Grundfrequenzbestimmung aus dem Sprachsignal messen und bewerten zu können, benötigte man eine Referenz, also im Idealfall das wahre Signal der Stimmbandschwingung. Um dieses zu erfassen, brachte man eine Art Kehlkopfmikrofon, den sogenannten Laryngographen, im Halsbereich einer Versuchsperson an. Mit dem zeitgleich zum Sprachsignal aufgezeichneten Laryngographensignal hatte man im Grunde die gewünschte Referenzinformation. Es ging nun darum, dieses Laryngographensignal geeignet auszuwerten, um daraus möglichst genau die Zeitpunkte der Anregung des Vokaltrakts zu bestimmen.

Die Diplomarbeit bestand somit aus zwei Teilen:

1. Dem Aufbau einer Hardware-Umgebung zu Erfassung des Laryngographensignals mit dem am Lehrstuhl vorhandenen Prozessrechner PDP 11, sowie
2. der Entwicklung eines geeigneten Verfahrens zur Bestimmung des Anregungszeitpunktes des Vokaltrakts aus dem Laryngographensignal.

Das Thema der Diplomarbeit lautete schließlich: "Der Laryngograph als Messnormal für den Vergleich von Grundfrequenzbestimmungsalgorithmen". Der erste Teil der Arbeit entsprach in etwa den Aufgabenstellungen, wie ich sie zuvor bei MBB-UF schon bearbeitet hatte. Also einer Hardware-Entwicklungsaufgabe.

Hier hatte ich viel mit dem Personal am Lehrstuhl zu tun, da es ja um Bauteilebeschaffung ging und auch um die Anpassung an die PDP 11. Dabei merkte ich aber bald, dass das Klima am Lehrstuhl für Datenverarbeitung ein ganz anderes war, als

---

[11] An diesem Lehrstuhl wurden später Arbeiten aus meinem Interessensbereich durchgeführt, aber eben erst nach meiner Zeit.

[12] Deutsche Forschungsgemeinschaft

bei MBB-UF. Ein Diplomand war hier eine Art Mensch zweiter Klasse, erst recht dann, wenn sein äußeres Erscheinungsbild so war wie in meinem Fall. Im Gegensatz dazu stand meine zu diesem Zeitpunkt schon recht beachtliche Industrie- und Praxiserfahrung, sowie die Position, die ich bei MBB-UF schon erreicht hatte.

Unter diesen Umständen waren Spannungen zwischen mir und dem Lehrstuhlpersonal direkt vorprogrammiert. Denn die waren die Art, wie ich die Dinge voranzutreiben pflegte, einfach nicht gewöhnt.

An diesem Lehrstuhl für Datenverarbeitung war es üblich, dass die Assistenten möglichst viele Jahre am Lehrstuhl verblieben, dann am Ende eine Dissertation mit trivialem Inhalt ablieferten und danach auf eine Stelle wechselten, bei der es wieder um nichts ging, also zur Bahn oder zur Post, üblicherweise. Es war bald klar, dass ich in einer solchen Umgebung nicht glücklich werden könne.

So ging es mir bald nur noch darum, meine Arbeit so schnell wie möglich fertigzustellen. Im zweiten Teil der Arbeit stieß ich dann auf ein interessantes Problem des Entwurfs digitaler Interpolationsfilter. Ein solches Filter benötigte ich, um die Abtastrate des Laryngographensignals nachträglich um den Faktor 16 zu erhöhen.

Hier konnte ich zunächst zeigen, dass ein konventioneller Filterentwurf bei der Interpolation von schmalbandigen Signalen, wie den Laryngographensignalen, auf ein suboptimales Ergebnis führen musste. In der Folge entwickelte ich ein nichtlineares, iteratives Verfahren zur Anpassung eines konventionell entworfenen Interpolationsfilters in einer Weise, so dass Optimalität bei der Interpolation im Sinne der Minimierung eines Fehlerkriteriums im Spektralbereich erreicht wurde. Um auf sowas zu kommen, musste man schon fundierte Kenntnisse in Systemtheorie und in Optimierungstheorie mitbringen.

Wolfgang Hess staunte nicht schlecht. Schließlich war nicht er es gewesen, der mir einen solchen Ansatz vorgeschlagen hatte, sondern ich war selbst und von ganz alleine draufgekommen. Wolfgang Hess sagte in diese Phase einmal zu mir: *"Ich bewundere ihre Lernfähigkeit."* Er konnte mich wohl recht zuverlässig einschätzen.

Später sagte er mir einmal beiläufig: *"Aus dieser Diplomarbeit hätte man einen Tagungsbeitrag machen können."* Das ist wohl wahr. Aber ich wusste das damals nicht, denn ich hatte ja noch nie zuvor jemals etwas veröffentlicht. Und Wolfgang Hess war viel zu beschäftigt, um mich auf einen solchen Weg bringen zu können.

Aus heutiger Sicht betrachtet hätte ich sogar noch viel mehr aus dieser Diplomarbeit machen können, wenn ich nachher bei der Bestimmung des Anregungszeitpunkts aus dem hochinterpolierten Signal die Hilbert-Transformation eingesetzt hätte. Diese Idee hatte ich damals nicht. Auch Wolfgang Hess hatte sie wohl nicht, sonst hätte er es sicherlich ins Gespräch gebracht.

Insgesamt waren diese mathematisch-theoretischen Themen nicht gerade seine große Stärke gewesen, woraus er auch nie ein Hehl gemacht hat. Ich erinnere mich noch gut an eine seiner Vorlesungen zu den digitalen Filtern, als er die Normalengleichungen der linearen Prädiktion erklärte. Die Hälfte der Studenten haben damals kopfschüttelnd den Hörsaal verlassen. Er brauchte wahrhaftig eine Habilitation, damit man seine pädagogische Eignung nicht mehr anzweifeln konnte.

Wenn ich die Normalengleichungen in meinen späteren Vorlesungen als Professor an der Fachhochschule auch auf diese Weise erklärt hätte, dann hätten man mich dafür sicherlich an die Wand genagelt, denn ich hatte ja keine Habilitation, die mich davor bewahrt hätte.

So kam ich mit der Diplomarbeit rasch zum Abschluss. Zusammen mit Jordi Romano, der gleichzeitig mit mir fertig geworden war, organisierten wir eine Abschiedsfeier am Lehrstuhl, bei der ich sehr glücklich war über das Erreichte.

3.12 Das Wiedersehen mit Georg Fischer

In dieser Zeit im 8. Semester besuchte ich nur noch wenige Vorlesungen. Als ich einmal im Nordbau der TU aus einem Hörsaal kam, sah ich ein bekanntes Gesicht in der Menge. Es war der Fischer Schorschi aus meinem Semester an der Fachhochschule Regensburg. Der einzige Student unseres damaligen Semesters, der ein Abitur besessen hatte. Wir erkannten uns gleich wieder und er erzählte mir, dass er im ersten Semester sei. Mich traf fast der Schlag!

Er war nach seinem natürlich hervorragenden Abschluss an der Fachhochschule in Regensburg in das Nachrichtentechnische Zentrallabor von Siemens in München eingetreten. Dort hatte man ihm erzählt, dass ein so guter Mann wie er alles erreichen könnte, genauso wie ein Diplom-Ingenieur von der TU. Also hatte er Jahre in Siemens verbracht. Und nun tauchte er, jetzt schon im Alter von rund 29 Jahren, hier an der TU im ersten Semester auf. Mir kamen fast die Tränen. Was hatten sie nur mit diesem armen, leichtgläubigen Menschen gemacht!

Jahre später erfuhr ich, dass er es bis zum Assistenten bei Hans Marko gebracht hatte. Aber ob er schließlich mit einer Promotion von dort wegging, könnte ich heute nicht sagen. Man erzählte mir, er hätte irgendwann vorher aufgegeben und wäre an eine einsame Erdefunkstelle der Post in der Nähe von Cham gewechselt. Gesichert sind meine Informationen über seinen weiteren Werdegang allerdings nicht, da der Kontakt mit meinem Studienabschluss an der TU abbrach.

3.13 Der doppelt genähte Ingenieur

Für meine Diplomarbeit bekam ich schließlich einen Einser. Eine Eins stand auch vor den meisten Noten im Hauptdiplom. Aber längst nicht vor allen. Im Vordiplom hatte ich bewiesen, was zu beweisen war. Danach war die Motivation doch deutlich geschrumpft. Da wollte ich nur noch zum Abschluss kommen. Die Eindrücke aus dem Hauptdiplomstudium hatten mein Bild von der TU doch deutlich entzaubert.

Es verhielt sich fast so wie im Fußball: Wenn der FC Bayern den deutschen Meister nach der halben Saison schon in der Tasche hat, dann lässt der Einsatz eben schon mal etwas nach. Dann gehen schon mal Spiele verloren, weil die Profis die Gänge herausgenommen haben. So war es auch hier.

Am Ende erreichte ich im Hauptdiplom genau den gleichen Notendurchschnitt, wie zuvor schon an der Fachhochschule. Und zwar auf das Zehntel genau! Ich dachte zurück an die Fachhochschule und die vielen Schauermärchen, die man uns über die TU, über diese "Eliteschmiede der Menschheit" erzählt hatte - und jetzt kannte ich die Wirklichkeit. Jetzt war ich ein "doppelt genähter" Ingenieur, mit zwei Abschlüssen.

3.14 Die Suche nach einer Promotionsgelegenheit

Es war bald klar, dass es am Lehrstuhl für Datenverarbeitung für mich nach der Diplomarbeit nicht weitergehen würde. Es hatte ja diese Reibereien mit der "alteingesessenen Assistentenfamilie" gegeben. Aber ich hatte es da auch gar nicht so sehr auf eine Assistentenstelle abgesehen.

Meine Idee war es, über ein Stipendium zu promovieren. Über die Friedrich-Ebert-Stiftung hätte ich leicht ein Promotionsstipendium bekommen können. Dann hätte ich mich unabhängig von einer Assistentenstelle nur meiner Promotion widmen können. Diesen Weg wollte ich einschlagen. Damit hätte ich auch den unnötigen Reibereien mit dem esoterischen Lehrstuhlpersonal aus dem Weg gehen können.

Also sandte ich bereits während der Diplomarbeit Bewerbungsschreiben an verschiedene Lehrstühle an der TU. In diesen Schreiben schilderte ich meine Idee, die Promotion auf dem Weg eines Stipendiums anzustreben. Ich suchte also nur einen Lehrstuhl, der meine Promotion betreuen würde. Wegen meines sehr selbständigen Arbeitsstils wäre die Betreuung sowieso nur eine formale Angelegenheit gewesen.

Mit diesem Konzept, das ich bei anderen Stipendiaten der Friedrich-Ebert-Stiftung, beispielsweise im Bereich der Geisteswissenschaften schon gesehen hatte, wäre es mir möglich gewesen, gleichzeitig zwei Probleme zu umschiffen:

1. Es hätte keine Reibereien mit dem trägen Lehrstuhlpersonal gegeben und
2. ich hätte voll konzentriert an meiner Promotion arbeiten können. Auf diese Weise hätte ich auch einen Teil der aufgrund des Fachhochschulstudiums verlorenen Zeit wieder aufholen können.

Also wartete ich darauf, wie die Lehrstühle auf meine Bewerbungsschreiben und die darin unterbreitete Idee antworten würden. Ich wartete und wartete - und erhielt keine Antworten. Insgesamt hatte ich 4 Lehrstühle angeschrieben:

1. Den Lehrstuhl für Prozessrechentechnik (Professor Färber),
2. den Lehrstuhl für Regelungstechnik (Professor Schmidt),
3. den Lehrstuhl für Rechnergestütztes Entwerfen (Professor Antreich),
4. den Lehrstuhl für Datenverarbeitung (Professor Einsele).

Am Lehrstuhl für Prozessrechentechnik konnte man sich auf Anfrage nicht einmal mehr an mein Schreiben erinnern.

Auch der Professor Einsele, Inhaber des Lehrstuhls für Datenverarbeitung, an dem ich ja die Diplomarbeit anfertigte, konnte sich bei meiner persönlichen Rückfrage gar nicht mehr an mein Schreiben erinnern: *"Ach ja ... das muss da wohl irgendwo liegengeblieben sein..."* lautete die lakonische Antwort. Ich war schon ganz

3.14 Die Suche nach einer Promotionsgelegenheit

schön platt angesichts dieses Ausmaßes an Schlamperei und das konnte man mir wohl auch anmerken.

Mein Schreiben war konstruktiv verfasst gewesen, wie ich es eben von Bewerbungsschreiben in der Industrie gewohnt war und aus diesem Bereich war ich auch gewöhnt gewesen, eine konstruktive Antwort zu erhalten. Aber hier an der TU galten wohl ganz andere Gesetze.

Schließlich kam es dann doch noch zu einem Gespräch mit Professor Einsele in dem dieser mir vorschlug, auf dem Thema der Assoziativspeicher zu arbeiten. Das war sein Spezialgebiet. Aber Assoziativspeicher interessierten mich überhaupt nicht. Ich wollte auf dem Thema der adaptiven Filter arbeiten und hatte in der Zwischenzeit schon einige Veröffentlichungen zu dem Thema gelesen, die von Autoren stammten, die an der Stanford-Universität arbeiteten.

Das war ein interessantes neues Gebiet, auf dem man meiner Einschätzung nach noch etwas erreichen konnte. In Deutschland gab es gar keine Arbeiten dazu und die deutsche Forschung hatte sich mit perfektem Schweigen auf diesem Gebiet "ausgezeichnet".

Das erläuterte ich dem Professor Einsele und machte gleichzeitig deutlich, dass ich an den Assoziativspeichern kein Interesse hatte. Er war zuvor wahrscheinlich noch nie jemandem begegnet, der mit so konkreten Vorstellungen an ihn herangetreten war. Das Gespräch endete ergebnislos.

Eines Tages stand ich mit einer Gruppe von Mitstudenten vor einem Hörsaal, in dem in wenigen Minuten eine stundenplanmäßige Vorlesung des Professors Antreich zum Thema des rechnergestützten Entwerfens beginnen sollte. Der Professor erschien pünktlich mit einem seiner langjährigen Mitarbeiter. Als er mich in der Gruppe der Studenten erblickte blieb er stehen, deutete mit dem Finger auf mich und fragte seinen Assistenten laut und deutlich hörbar für alle Umstehenden: *"Derda..."* und dabei zeigte er ganz deutlich auf mich: *"ist das der, der uns dieses Schreiben geschickt hat ...?"*.

Ich stand da wie eine Salzsäule. Die umstehenden Studenten blickten mich alle verdutzt an. Es wirkte so, als hätte ich etwas im Verborgenen gemacht, um mich an den Anderen vorbei in eine bessere Position zu mogeln. Er bezog sich offenbar auf meine Bewerbung, obwohl Bewerbungen streng vertraulich zu handhaben sind.

Mir blieb die Luft weg. Das war eine Form der Kompromittierung, wie ich sie im Leben noch nie zuvor erlebt hatte. Von meinen Mitstudenten wurde ich von diesem Moment an immer misstrauisch beäugt. Der Professor Antreich hatte mit diesem Auftreten das Vertrauensverhältnis zwischen mir und meinen Komilitonen untergraben. Nachträglich würde ich nur allzugerne wissen, was Rudolf Saal darüber gedacht hätte, wenn er es erfahren hätte!

Nach der Vorlesung hat mich der Professor Antreich zusammen mit seinem Mitarbeiter dann noch an den Lehrstuhl mitgenommen. Dort setzten sie mich in die Mitte eines langen Tisches, an dessen jeweils gegenüberliegenden langen Enden auf der einen Seite der Professor Antreich und auf der anderen Seite der Mitarbeiter Platz nahmen. Damit konnte ich jeweils nur einen von beiden sehen. Das waren direkte Verhörbedingungen, denen ich da ausgesetzt wurde. Mir kam es vor wie ein böser Traum. Die Atmosphäre war kühl und unfreundlich, direkt total abweisend und geringschätzig. Ich fragte mich - warum? Schließlich hatte ich in meinem Anschreiben einen ganz konkreten, vernünftigen Vorschlag unterbreitet.

Später erfuhr ich, dass der Professor Einsele sich nach dem Gespräch mit mir an alle Lehrstühle gewandt hatte, damit diese mir kein Thema und keine Stelle anbieten sollten. Denn er wusste, dass ich mich mit meinem Anliegen auch an andere Lehrstühle gewandt hatte. Vielleicht habe ich ihm das in unserem Gespräch sogar selbst erzählt.

Ein oder zwei Jahre später traf ich den Professor Einsele noch einmal zufällig auf einer Fachtagung für Rechnerarchitektur in Karlsruhe. Er blickte mich im Vorübergehen total hasserfüllt an. Ich fragte mich: Was ist das für ein komischer Mensch und was habe ich ihm angetan?

Der einzige Professor, der sich in diesem Zusammenhang formal korrekt verhielt, war der Professor Schmidt, der den Lehrstuhl für Regelungstechnik innehatte. Er war einer der autoritärsten Professoren des Fachbereichs. Die Studenten nannten ihn den "Regelschmidt".

Ich kann mich noch lebhaft an eine seiner Vorlesungen in dem elementaren Fach Regelungstechnik erinnern, an dem alle Studenten der Elektrotechnik teilnehmen mussten. Dementsprechend groß war das Auditorium. Der Regelschmidt war mit zwei Assistenten erschienen. Einer von ihnen löschte gelegentlich die Tafel, der Zweite bereitete einen Versuch vor.

Schließlich war es soweit und der Versuch sollte gestartet werden. Aber es wollte nicht gelingen. Da wurde der Regelschmidt ungeduldig oder besser gesagt ungehalten und schnauzte den Assistenten an: *"Na, Herr Lappus* (so hieß dieser Assistent), *nun machen sie schon!"*. Ich rieb mir die Augen: Was war das für eine Tonlage? Wenn er das mit mir gemacht hätte, dann hätte er von mir einen "asynchronen Reset" erhalten. So nannten wir bei MBB einen harten Rüffel. Ich habe die Szene bis heute nicht vergessen, als dieser Assistent namens Lappus wie ein geprügelter Hund vor dem gesamten Semester diesen Versuch zum Laufen bringen musste.

Und dennoch war es nun der Regelschmidt, der sich korrekt verhielt und mich schriftlich zu einem Gespräch einlud. In dem Gespräch, das er sehr selbstbewusst führte, kam er sofort auf meine Zeit im CERN zu sprechen. Das war ihm in meinen Bewerbungsunterlagen besonders aufgefallen, um nicht zu sagen, es war ihm missfallen. Er kleidete das dann in einen Satz, den ich nie vergessen werde: *"Die Industrie verdient's* (das Geld) *und CERN gibt's aus !"*. Darin spiegelte sich wohl das größte Ausmaß an Vermessenheit wieder, das mir jemals an der TU begegnet ist.

Ich weiß heute nicht einmal, ob der Regelschmidt jemals einen nenenswerten Teil seines Lebens in der Industrie verbracht hat. Meiner Kenntnis nach war er über die deutsche Habilitation in seine Lehrstuhlposition gelangt. Dies könnte auch die absolute Weltfremdheit erklären, die sich in diesem Satz wiederspiegelte. Damit waren wir mit unseren Gemeinsamkeiten rasch am Ende. Ich verließ den Lehrstuhl und nahm meine Unterlagen gleich mit.

Meine Idee mit dem Promotionsstipendium hatte sich damit an der TU als nicht umsetzbar erwiesen. Wolfgang Hess sprach: *"Gehen sie erstmal in die Industrie!"*, was nicht zielführend war, denn auf diese Weise hätte ich ja meine Promotionsabsichten nicht verfolgen können.

Literatur

1. P. Strobach, "Low-rank adaptive filters", IEEE Transactions on Signal Processing, Vol. 44, No. 12, pp. 2932-2947, Dec. 1996.
2. P. Strobach, "Bi-iteration SVD subspace tracking algorithms", IEEE Transactions on Signal Processing, Vol. 45, No. 5, pp. 1222-1240, May 1997.

Kapitel 4
Die Zeit als wissenschaftlicher Mitarbeiter an der UniBw München (1983-1985)

Ein paar Tage später trat Wolfgang Hess dann doch noch einmal an mich heran und sagte mir, er wüsste da noch von einer offenen Stelle eines wissenschaftlichen Mitarbeiters an der Universität der Bundeswehr (UniBw) in Neubiberg. Und zwar in einer Arbeitsgruppe eines Professors (C3) namens Ulrich Appel.

Diese Arbeitsgruppe war Teil des Instituts für Mathematik und Datenverarbeitung unter der Leitung von Professor Neuburger. Dieses Institut wiederum war Teil des Elektrotechnischen Fachbereichs an der UniBw.

4.1 Wissenswertes über die UniBw

Die Institute oder Lehrstühle des Fachbereichs wurden in der Bundeswehrverwaltung auch als "wissenschaftliche Einrichtungen" (WE's) bezeichnet. Das Institut für Mathematik und Datenverarbeitung war die WE 1. Daneben gab es noch weitere WE's, wie beispielsweise die WE für Nachrichtentechnik (Professor Tröndle), die WE für Messtechnik (Professor Tränkler), und eben auch die WE für Hochfrequenztechnik (Professor Lange), die der Vater meines Bekannten aus dem Vordiplom, Martin Lange, innehatte. Die WE's entsprachen den Lehrstühlen an der TU und die Leiter dieser WE's waren auch in die Gehaltsgruppe C4 eingestuft. Die ganze Struktur des Fachbereichs war ein Spiegelbild der TU, von der auch die meisten der Professoren stammten.

Die Neuerrichtung einer Hochschule der Bundeswehr in Neubiberg im Jahre 1973 stellte für viele Angehörige des akademischen Mittelbaus an der TU einen äußerst glücklichen Umstand dar. Schließlich gab es mit einem Mal eine Menge neuer Stellen, die besetzt werden mussten.

Hier bildeten sich natürlich die entsprechenden Seilschaften, welche die Berufungen dominierten. In diesem Zusammenhang erinnere ich mich an eine besondere Überraschung, die mir zuteil wurde, nachdem ich schon eine Weile als wissenschaftlicher Mitarbeiter an der UniBw beschäftigt war.

Eines Abends benötigte ich etwas aus dem Schreibbüro. Als Mitarbeiter hatte ich natürlich einen Schlüssel. Auf der Suche nach der gewünschten Utensilie öffnete ich die Schublade eines Schreibtischs und fand darin eine Audiokassette. Ich legte sie in ein Wiedergabegerät ein. Da erklang die Stimme des Professors Neuburger beim Diktat.

Heute tippt wohl jeder seine Briefe selbst in den Rechner rein. Das geht, jedenfalls bei mir, viel schneller, als die Briefe einer Sekretärin zu diktieren. Deshalb machte es mir später gar nichts aus, keine Sekretärin zu haben. Aber damals war das Diktat offenbar noch üblich. Und jetzt hielt ich eine solche Diktatkassette des Professors Neuburger in Händen.

Vielleicht hätte ich die Kassette zurücklegen sollen, ohne sie abzuhören. Aber, ehrlich gesagt, wer hätte sich an so einer Stelle schon diese einmalige Gelegenheit entgehen lassen, einmal einen Blick "hinter die Kulissen" werfen zu können? Ich behielt es ja für mich, was auf dieser Kassette gespeichert war. Jedenfalls war es sehr aufschlussreich für mich. Das Schicksal setzte mich oft an eine interessante Quelle, und so hatte ich im Hintergrund ein Insiderwissen, das man mir gar nicht zugetraut hätte!

Noch ein Wort zu dem allgemeinen Umfeld an der UniBw. Außenstehende glauben oft, dass es sich hier um eine militärische Einrichtung handelt und dementsprechend müsste man hier mit einem Klima wie in einer Kaserne rechnen. Das ist aber keineswegs so. Es ist eine vollkommen zivil erscheinende Einrichtung. Die Offiziersanwärter, die hier studieren, kommen meist in Zivil in die Vorlesungen. Nur in den seltensten Fällen erscheinen sie in Uniform, wenn sie unmittelbar vor oder nach der Vorlesung eine dienstliche Aufgabe oder einen Termin wahrnehmen müssen.

Eine Besonderheit und ein wesentlicher Unterschied zur TU zeigt sich jedoch in der Gliederung des Studiums in *Trimester*, also drei übergeordnete Lehreinheiten pro Jahr, im Gegensatz zu den bei öffentlichen Hochschulen gebräuchlichen zwei übergeordneten Lehreinheiten pro Jahr in Gestalt der bekannten *Semester*.

Mir ist es nie gelungen herauszufinden, welchen Nutzen und Zweck es hat, ein Studium nach Trimestern einzuteilen. Es war eben - und ist vielleicht immer noch - so.

4.2 Warum ich wissenschaftlicher Mitarbeiter an der UniBw wurde

Nachdem ich meine ursprünglichen Absichten, die Promotion an der TU unter Inanspruchnahme eines Stipendiums der Friedrich-Ebert-Stiftung nach dem unverträglichen Ausgang mit den Professoren nicht verfolgen konnte, kam mir der Vorschlag mit der wissenschaftlichen Mitarbeiterstelle an der UniBw gelegen. Zu dem Zeitpunkt hatte ich ja keine andere Option, die es mir ermöglicht hätte, meine Promotionsziele zu verfolgen.

Diese Stelle war auch ausdrücklich mit einer Promotionsgelegenheit ausgestattet. Also begab ich mich zum ersten Mal an die UniBw, die mit ihrem Standort in

4.2 Warum ich wissenschaftlicher Mitarbeiter an der UniBw wurde

Neubiberg nur etwa eine Viertelstunde von meinem Zimmer in der Brunhildenstraße entfernt war.

Dort traf ich zum ersten Mal den Professor Ulrich Appel, einen damals 42 Jahre jungen Menschen, der mir auf den ersten Blick sympathisch erschien. Ich dachte mir im ersten Moment: Der sieht ein wenig aus wie Peter Fonda! Er hatte eine Professur (C3) für Datenverarbeitung. Vielleicht hatte er an der TU, wo er herkam, mit dem Professor Einsele zu tun gehabt. Jedenfalls hatte er ein kleines Büchlein zum Thema Datenverarbeitung geschrieben.

Das ist ja oft so: Wenn man jemanden auf einen Lehrstuhl oder auf eine Professur berufen möchte, der ansich nichts Großartiges auf diesem Gebiet zuvor veröffentlicht hat und auch keine Erfindungen vorweisen kann, und nicht einmal eine Zeit in der Industrie verbracht hat, dann lässt man ihn ein kleines Büchlein schreiben, in dem er mit eigenen Worten nochmals wiedergibt, was in anderen Büchern schon drinsteht. Ein kleines Lehrbüchlein eben, dann muss er nicht einmal einen neuen Beitrag zu dem Gebiet geleistet haben[1]. Obendrein schickt man ihn noch ein Jahr in die USA. Dann kommt er "aufgewärmt" wieder zurück, erhält den Stempel "deutscher Forscher" und kann dann wie gewünscht berufen werden. Das habe ich oft erlebt. In diesem Fall war wohl auch so gewesen.

Vor unserer ersten Besprechung besuchte ich eine seiner Vorlesungen in "Digitaler Signalverarbeitung". Er gab sich sichtlich Mühe, da er ja wusste, dass ich mich im Auditorium befand. Die Vorlesung war gut, wirklich einwandfrei. Ich war wieder in meinem üblichen Outfit erschienen, mit meinem alten Bundeswehr Parka. Irgendwie sah ich damit mehr nach Bundeswehr aus, als die anwesenden Offiziersanwärter selbst, mit diesem Parka, auf dem sogar noch das Hoheitsabzeichen prangte.

Als wir danach auf meine zukünftigen Aufgaben zu sprechen kamen erläuterte er mir, dass ich einen großen Signalprozessor unter Verwendung einer neuen Serie von Bitslice-Prozessoren zu bauen hätte. Mit einem Motorola-68000 Mikroprozessor als Steuerrechner. Das wäre meine Aufgabe, die in der Tätigkeitsbeschreibung auch so festgeschrieben würde.

Ich war darüber natürlich nicht glücklich. Das war schon wieder eine Aufgabe von der Art, wie ich sie bei MBB zuvor immer bearbeitet hatte. Also eine reine Entwicklungsaufgabe. Der Unterschied zu den Arbeiten bei MBB bestand darin, dass diese Aufgabe an der UniBw keinen praktischen Hintergrund besaß. Es gab also keine Anwendung, welche die Entwicklung eines solchen Prozessors erfordert hätte. Es war eine reine Spielaufgabe, ohne jeglichen praktischen Hintergrund. Das war ein entscheidender Unterschied zu meinen Arbeiten in der Industrie, wo es immer einen realen Anwendungshintergrund gegeben hatte.

Diese Spielaufgabe, die ich jetzt an der UniBw bearbeiten sollte, hielt mich nur auf und trug zu meiner weiteren Qualifikation reine gar nichts bei. Das habe ich erkannt, aber ich musste es "schlucken", da ich keine andere Stelle mit Promotionsgelegenheit in Aussicht hatte. So willigte ich ein und unterschrieb einen Vierjahresvertrag.

---

[1] Kurt Antreich sagte bei einem ähnlichen Anlass einmal zu mir: "Da lesen die Leute drei Bücher und schreiben ein Neues...!"

4.3 Das Institut für Mathematik und Datenverarbeitung (WE 1)

Am 1. Februar 1983 trat ich dann meinen Dienst an der UniBw an. Zunächst wurde ich mit der Struktur der WE 1 vertraut gemacht. An diesem Institut waren drei Professoren beschäftigt. Professor Neuburger (C4) als Institutsleiter, Professor Appel (C3) als Leiter der Arbeitsgruppe Datenverarbeitung und schließlich noch Professor Pilzweger (C2), der anscheinend keine Arbeitsgruppe führte, sondern lediglich Lehraufgaben wahrnahm.

4.3.1 Professor Neuburger

Professor Neuburger war kaum an der UniBw anzutreffen, da er nebenher noch ein privates Institut betrieb, in dem Themen der Versicherungsmathematik, wohl für die Versicherungswirtschaft, bearbeitet wurden. Gelegentlich gab es gemütliche Institutsbesprechungen, die von Professor Neuburger geleitet wurden. Er sorgte für eine angenehme Atmosphäre. Er war etwas beleibt. Wie die meisten Menschen sich einen Professor eben so vorstellen. Das verkörperte er. In seinem persönlichen Erscheinungsbild erkannte ich vielleicht sogar einige Gemeinsamkeiten mit Josef Heinhold.

Aber wir kannten uns zunächst nicht. Ich war ja eine graue Anfängermaus an diesem Institut gewesen. Es gab auch Betriebsausflüge. Bei diesen Betriebsausflügen konnte Professor Neuburger ebenfalls für eine recht zwanglose Atmosphäre sorgen. Einmal beobachtete ich, wie er anlässlich eines solchen Ausflugs eine Unmenge Würstchen aß. Ich habe ihn viel später einmal darauf angesprochen und wir haben uns köstlich darüber amüsiert. Zu den Mitarbeitern von Professor Neuburger hatte ich kaum Kontakt. Ebenso hatte ich kaum Kontakt zu dem Professor Pilzweger, der wohl hauptsächlich Lehraufgaben in den Grundlagen der Mathematik wahrnahm.

4.3.2 Die Arbeitsgruppe um Werner Wolf

Die Arbeitsgruppe des Professors Appel umfasste damals noch eine kleine Untergruppe unter der Leitung des Oberassistenten Werner Wolf, der vom Lehrstuhl für Nachrichtentechnik der TU an die UniBw gekommen war. Werner Wolf ist als der letzte Assistent von Hans Marko in die "Geschichte" eingegangen und als derjenige, der den berüchtigten und in Insiderkreisen allseits bekannten Markoschen Umdruck zur z-Transformation an der TU überarbeitet und auf diese Weise etwas entschärft hatte. In meinen Augen ist das der größte Verdienst, den Werner Wolf sich jemals erworben hat.

An der UniBw befasste er sich mit Themen der medizinischen Signalverarbeitung und arbeitete auch mit einer Universitätsklinik zusammen. Er lag also auf einer ähnlichen Linie wie Gerd Hauske an der TU. In mathematischen und algorith-

4.3 Das Institut für Mathematik und Datenverarbeitung (WE 1)

mischen Fragestellungen war Werner Wolf kein Naturtalent. Also musste er sich zwangsläufig mehr experimentellen Themen zuwenden. Er robbte[2] sich auf dieser Stelle an der UniBw so langsam an seine Habilitation heran. Er hatte eine Dauerstelle und die Habilitation würde man ihm irgendwann geben müssen, das war so sicher wie das Amen in der Kirche.

Daneben war Werner Wolf an diesem Institut so etwas wie "das Mädchen für alles". Das bedeutet: Sämtliche Fragen betreffend der Rechner und der für die Experimente benötigten Mikrocomputer wurden an ihn herangetragen. Er gab auch viele Diplomarbeiten im Bereich Mikroprozessortechnik heraus und betreute diese Arbeiten. Insgesamt schaffte er eine Menge weg. Solche Leute werden an den Lehrstühlen gebraucht. Am Ende erhalten sie immer ihre Habilitation. Schließlich arbeiten sie deshalb so hart, weil ihnen das - implizit oder explizit - in Aussicht gestellt wird und weil es in anderen Fällen vor ihnen auch schon so gelaufen ist. Werner Wolf war von seinem Wesen her ein Butler-Typ und deshalb als Assistent bestens geeignet.

Als ich in die Arbeitsgruppe kam, haben Werner Wolf und ich sehr schnell gemerkt, dass wir aus vollkommen verschiedenen Hölzern geschnitzt sind. Trotzdem hat es nie einen Zwist oder eine Auseinandersetzung zwischen uns jemals gegeben. Mit Werner Wolf konnte man sich schlichtweg nicht streiten. Allenfalls frotzelten wir uns gegenseitig ein wenig an.

Er verglich mich oft mit einem früheren Mitarbeiter namens Masur, der nichts getaugt hatte. Dieser Herr Masur hatte offenbar das Institut erfolglos verlassen. Ich bin Werner Wolf so erschienen, wie dieser Herr Masur. Das zeigt schon, dass Werner Wolf nicht im Mindesten in der Lage war, mich zutreffend einzuschätzen. Das unterschied ihn beispielsweise ganz deutlich von Wolfgang Hess.

In der Gruppe von Werner Wolf arbeitete ein Doktorand namens Hans Rauner aus Regensburg, der ein Einser-Abiturient gewesen war. Hans Rauner meinte manchmal, wenn jemand so ein Einser Abitur abgeschlossen hat, dann sollte er für den Rest seines Lebens schon ausgesorgt haben, angesichts dieser Leistung. Ich staunte nicht schlecht, denn ich hatte noch nie im Leben ein Gymnasium von innen gesehen, und trotzdem konnten sich die allermeisten Abiturienten an der TU nicht mit mir messen.

Hans Rauner ging die Dinge immer sehr gelassen an. Er musste ja nicht das Gefühl haben, dass man ihn irgendwo schon mal massiv aufgehalten hatte auf seinem Weg. Bei mir war das ganz anders.

Werner Wolf umgab sich gelegentlich auch noch mit einigen Werkstudenten, die er von irgendwoher anheuerte. Experimentelle Aufbauten konnten in einer kleinen Werkstatt angefertigt werden, von zwei Mechanikern oder Elektromechanikern, die dort beschäftigt waren. Ich verstand mich von Anfang an sehr gut mit ihnen. Schließlich war ich selbst einmal ein Elektromechaniker-Lehrling gewesen und daher kannte ich ihre Sprache.

---

[2] auf dem Bauch liegend vorwärts kriechen.

Einmal sagte mir einer von ihnen spontan, sie seien so arm wie Kirchenmäuse. Das hat mich tief getroffen und ich habe es bis heute nicht vergessen. Sie halfen mir später beim Bau des ungeliebten "Spielrechners" (des Signalprozessors).

Neben der Werkstatt befand sich noch ein großer Praktikumsraum für Mikroprozessortechnik. Dort habe ich an dem Signalprozessor gearbeitet.

Es gab auch einen Raum, in dem die Terminals des Hochschul-Zentralrechners der exotischen Marke "Burroughs" standen. Das war zunächst nicht mein Metier, es sollte sich aber bald zeigen, dass es dazu wurde.

4.3.3 Die Begegnung mit Achim von Brandt

Ulrich Appel betreute selbst einen weiteren wissenschaftlichen Mitarbeiter namens Achim von Brandt, der damals bereits drei oder vier Jahre an dem Institut verbracht hatte. Mir war bekannt, dass er von der TU gekommen war. Hier hatte er offenbar versucht, eine Assistentenstelle bei Hans Marko zu bekommen, war aber anscheinend nicht genommen worden.

Später sagte mir Ulrich Appel einmal über ihn, er sei "zu langsam" in der wissenschaftlichen Arbeit. Da merkte man schon: Den wissenschaftlichen Mitarbeitern an der UniBw haftete der Makel der Schwächeren, der Schlechteren an. Die man an der TU nicht genommen hatte.

Aber das war ein Schuh, den ich mir nun wirklich nicht anziehen lassen wollte. Schließlich war ich in der Heinholdschen Leistungsgruppe einer der Besten gewesen. Ich war nur aufgrund der Unverträglichkeit mit den Professoren des Hauptdiploms zu keiner Assistentenstelle gekommen und diese Unverträglichkeit hatte bei genauer Betrachtung als Ursache, dass die Forschung an der TU keine Spezialisierung auf dem für mich interessanten Gebiet vorweisen konnte. Daher konnte ich an der TU keine Bezugspunkte finden. Ich war meiner Zeit voraus gewesen.

Ulrich Appel bemerkte bald den hohen Grad an Motivation, der aus meinen Augen herausleuchtete. Er sagte einmal zu mir:

"Die Besten bleiben an der TU, die Nächstbesten gehen zu Siemens und werden dort Direktoren und die, die dann noch übrig bleiben, kommen an die UniBw und werden hier wissenschaftliche Mitarbeiter."

Diese moraluntergrabende Aussage war extrem demotivierend und belastete mich sehr. Ich wurde langsam nervös. Ich dachte mir: Hier kannst du definitiv nichts werden. Hier bist du am *****[3] der Welt. Von diesem Moment an legte sich ein dunkler Schatten auf die Beziehung zwischen Ulrich Appel und mir.

Zunächst aber ging es darum, in welchem Büro ich unterkommen sollte. Achim von Brandt arbeitete in einem Zweimann-Büro, in dem noch ein Platz frei war. Dies war fortan mein Platz.

---

[3] nicht zur Veröffentlichung geeignet

In der Folge bekam ich natürlich aus nächster Nähe mit, an welchen Themen Achim arbeitete. Er befand sich mit seiner Doktorarbeit auf der Zielgeraden. In dieser Doktorarbeit beschäftigte er sich mit einem Verfahren zur Änderungsdetektion bei zeitvarianten stochastischen Prozessen.

Insbesondere hatte er ein Verfahren mit der Bezeichnung "Generalized Likelihood Ratio Test" untersucht. Die Idee dazu konnte man wohl einer früheren Arbeit von Alan Willsky entnehmen, der ein berühmter Professor am MIT war.

Dieses Verfahren benötigt als Eingangsinformation die Residualenergien verschiedener adaptiver Filter, welche den beobachteten stochastischen Prozess modellierten. Das Besondere daran war, dass diese adaptiven Filter ihre Eingangsinformationen aus endlichen Beobachtungszeiträumen des stochastischen Prozesses beziehen sollten und dass man lediglich die Residual*energien* benötigte und nicht die Residualsignale selbst. Das war ein spezielles Anforderungsprofil. Man hätte gerne einen cleveren adaptiven Filter-Algorithmus für diesen Spezialfall gefunden.

Ulrich Appel kam gelegentlich vorbei. Er hing dann lässig im Türrahmen des Büros und sie unterhielten sich über die Details. Sie hatten auch schon ausgiebig darüber veröffentlicht. Ich blickte etwas neidisch auf dieses Treiben, denn ein Thema dieser Art, das wäre es gewesen, was ich mir eigentlich gewünscht hätte.

Umgekehrt ging Achim auch mal in das Büro von Ulrich Appel, wo sie etwas besprachen. Eines Tages kam er etwas aufgewühlt von einer dieser Besprechungen zurück und erzählte mir, sie hätten einen Aufsatz in der Fachzeitschrift "Signal Processing" eingereicht. Die Ergebnisse der Begutachtung seien nun zurückgekommen und einer der Gutachter hätte geschrieben: *"I recommend it reluctantly for publication ..."*.

4.4 Die Arbeit am Signalprozessor

All diese Dinge bekam ich nur so nebenbei mit, da ich ja voll mit der Konstruktion des Signalprozessors beschäftigt war. Ulrich Appel hatte mich zu Anfang auch mal in die Stadt geschickt, wo die Herstellerfirma der Bitslice-Prozessoren eine Informationsveranstaltung für Applikationsingenieure ausrichtete. Ich sagte mir: Jetzt bist du wieder ein Entwicklungsingenieur, wie du es vor deiner TU-Zeit schon gewesen bist. In diesem Land kommst du einfach nicht weiter, da kannst du machen was du möchtest!

Die Konstruktion des Signalprozessors als Ganzes nahm langsam Gestalt an. Die Schaltpläne der einzelnen Baugruppen zeichnete ich auf doppelseitige DIN A4 Blätter. Um den Überblick zu behalten, heftete ich diese Einzelschaltpläne an die Bürowand hinter meinem Schreibtisch. Vor einer Hälfte der Wand stand ein Bücherregal, die andere Hälfte der Wand war komplett von dem Schaltplan bedeckt. Ulrich Appel kam rein, sah es und lächelte milde.

Dieser Signalprozessor war für komplexe Rechnung ausgelegt. Für eine möglichst effiziente Berechnung einer FFT[4], beispielsweise. Das interne Maschinenwort hatte eine Breite von 128 Bit. Ich hätte mir das Leben sehr erleichtern können, wenn ich den Rechner einfach nur mit einem linearen Programmspeicher ausgestattet hätte. Damit hätten nur Programme mit endlich vielen Rechenschritten implementiert werden können. Für die Signalverarbeitung wäre das aber voll ausreichend gewesen, da in jedem Zeitschritt in Anwendungen der Signalverarbeitung ohnehin nur endlich viele Rechenschritte auszuführen sind.

Aber ich hielt mich nicht an diese einfache und sichere Lösungsmöglichkeit, sondern sah eine hardwaremäßige Adressmodifikation vor. Um diese ohne Geschwindigkeitsreduktion in dem eigentlichen Rechenteil realisieren zu können, musste ich in dem Bereich, in dem die Adressmodifikation berechnet wurde, eine *doppelte* Taktrate vorsehen. Dadurch habe ich mir viele unnötige Probleme eingehandelt, welche die Arbeiten an dem Signalprozessor wesentlich erschwerten. Denn mit der doppelten Taktrate befand ich mich an der Grenze des elektrisch Machbaren und an der Grenze der Werte, für die die Chips[5] ausgelegt waren. Es war insgesamt eine zu verwegene Konstruktion, die niemals langzeitstabil gelaufen ist.

Als der Signalprozessor fertig war, teilte mir Ulrich Appel einen Diplomanden namens Winzler zu. Dieser Diplomand sollte eine 1024-Punkte FFT auf dem Signalprozessor implementieren. Dazu musste der Diplomand das 128-Bit Maschinenwort des Signalprozessors verstehen, sowie die gesamte Kommunikation zwischen dem Signalprozessor und dem MC-68000 Steuerrechner, der den Signalprozessor mit Daten belieferte und die Ergebnisse zur Ausgabe abholte.

Dieser Diplomand war wirklich sehr gut. Er hat diese anspruchsvolle Aufgabe problemlos bewältigt, ohne dass ich ihm viel dabei helfen musste. Ich war beeindruckt. Wir schalteten einen Sinusgenerator an den Eingang des Steuerrechners mit A/D[6]-Schnittstelle. Der Signalprozessor berechnete das Spektrum in Echtzeit aus überlappenden, zeitlich aufeinanderfolgenden Segmenten des Signals und gab es in Form des Leistungsspektrums über eine D/A-Schnittstelle aus, wo wir es in Echtzeit mit einem Oszillografen beobachten konnten.

Das sah beeindruckend aus. Allerdings hatten wir immer wieder Abstürze, wegen der elektrischen Instabilität der Adressmodifikation, die mit der doppelten Taktrate lief. Das hätte man in einem Redesign überarbeiten müssen. Am Besten hätte man die Adressmodifikation durch einen schlichten linearen Programmspeicher ersetzt - ganz einfach! Aber dazu kam es nicht mehr.

---

[4] Fast Fourier Transform
[5] integrierter Schaltkreis
[6] Analog-zu-Digital

4.5 Der Oberschnee und der Unterschnee

In dieser Zeit erschien eines Tages ganz unerwartet Martin Lange in meinem Büro. Wir hatten uns eine ganze Weile nicht mehr gesehen, seit unserer gemeinsamen Zeit während des Vordiploms. Er war inzwischen Assistent am Lehrstuhl für Mikrowellentechnik (Professor Groll) an der TU geworden. Wie angestrebt, sozusagen. Bei ihm lief alles nach Plan. Er strotzte nur so vor Selbstbewusstsein und hatte sich sogar eine neue Frisur zugelegt. Ich zweifelte nicht im Geringsten daran, dass er selbst auch eines Tages Professor für Hochfrequenztechnik werden würde, wie sein Vater.

Während eines Besuchs bei seinem Vater hatte er wohl auch erfahren, dass ich als wissenschaftlicher Mitarbeiter an der UniBw "angeheuert" hatte. Meine Anwesenheit auf dieser Stelle kommentierte er nur ganz lapidar mit den Worten: *"hier gibt's ja viele Stellen...!"*.

Ich dachte mir: Der Martin gehört jetzt zum Oberschnee[7] und du gehörst zum Unterschnee.

Es gab auch immer mal einzelne Fachvorträge an der UniBw, die ich gelegentlich besuchte. An einen dieser Fachvorträge kann ich mich noch gut erinnern. Man hatte uns auf diesen Vortrag hingewiesen, da es unsere Themengebiete tangierte. Also ging ich dahin und nahm auf der linken Seite im Auditorium Platz.

Separiert auf der rechten Seite saß eine andere Gruppe von Personen. Darin erkannte ich J. Hofer-Alfeis, den Oberassistenten von Hans Marko, der diese schlechten Übungen an der TU gehalten hatte. Er war mit einer Gruppe von Assistenten erschienen, die er anscheinend anführte. Ich blickte zu ihnen hinüber und dachte mir: Das ist der Oberschnee und du bist der Unterschnee!

4.6 Die ICASSP-84 in San Diego

Inzwischen war über ein Jahr vergangen und es kam die Zeit der ICASSP[8]-84, der größten Fachtagung der Welt auf dem Gebiet der digitalen Signalverarbeitung, die im März 1984 in San Diego stattfand. Jeder der auf diesem Gebiet Rang und Namen hatte, reiste dahin um seine Forschungsergebnisse zu präsentieren. Sicherlich reisten auch viele dahin, die keinen Rang und keinen Namen hatten.

Jedenfalls reisten Ulrich Appel, Werner Wolf und Hans Rauner dahin, ebenso wie mein ehemaliger Betreuer Wolfgang Hess. Dort trafen sie sich und sie amüsierten sich bei dieser Gelegenheit köstlich und über diesen "niederbayerischen Holzfällerjungen", der da zuhause geblieben war, um an seinem Signalprozessor herumzubasteln. Sie amüsierten sich so köstlich, dass ich es über 9680,76 km bis nach Neubiberg hören konnte!

Nun war dieser "Holzfällerjunge" in seiner Diplomarbeit schon zu keinem Tagungsbeitrag gekommen, weil sein Betreuer ihn einfach nicht auf diesen Weg ge-

---

[7] erhabene Oberschicht (österreichische Umgangssprache)
[8] International Conference on Acoustics, Speech and Signal Processing

bracht hatte. Und nun war erneut über ein Jahr verstrichen, in dem der "Holzfällerjunge" wieder zu nichts gekommen war.

Ich dachte zurück an meine Kindheit in den 60er Jahren, als die bayerische Staatsregierung den allseits bekannten Werbespruch herausgegeben hatte: *"Bayern fördert Begabte"*, um damit die armen Arbeiterkinder an die Schulen und Hochschulen zu locken. Die Realität hat das wahrhaftig nicht bestätigt, jedenfalls nicht in meinem Fall.

4.7 Die Methode der verallgemeinerten Residualenergien

Bei all dieser euphorischen Belustigung, der sie sich damals in San Diego hingegeben hatten übersahen sie allerdings, dass dieser kleine niederbayerische "Holzfällerjunge" in der Zwischenzeit mehr getan hatte, als nur an dem Signalprozessor zu arbeiten.

Er (ich) hatte nämlich in der Zwischenzeit über diese noch offene Fragestellung eines geeigneten Adaptivfilters für diese Aufgabenstellung der Schätzung der Residualenergien aus endlichen Beobachtungszeiträumen nachgedacht.

Im Büro hatte ich einen unscheinbaren Konferenzbeitrag eines italienischen Wissenschaftlers namens Aldo Cumani gefunden. Achim und Ulrich Appel hatten diesen Konferenzbeitrag beschafft und gelesen, dem Inhalt aber nichts Wesentliches abgewinnen können. Dann hatten sie diesen Konferenzbeitrag einfach wieder zur Seite gelegt.

Als ich diesen Konferenzbeitrag las erkannte ich sofort, dass sich aus einer Generalisierung gewisser Hilfsgrößen, die in diesem Beitrag eingeführt wurden, ein Konzept für ein Adaptivfilter der gewünschten Art gewinnen ließ, das noch dazu nach dem exakten Kleinste-Quadrate-Fehlerkriterium (Least Squares) adaptiert werden konnte. Diese Hilfsgrößen nannte ich später die *verallgemeinerten Residualenergien*. Aus ihnen konnte man genau die Residualenergien gewinnen, die man in Achim's Detektionsprogramm benötigte.

Ich hatte im Handumdrehen die Lösung gefunden, nach der Achim und Ulrich Appel so lange und so fieberhaft gesucht hatten. Aus der Tatsache, dass sie mit dem Tagungsbeitrag von Aldo Cumani den entscheidenden Hinweis in der Hand gehabt hatten, und beide es nicht erkannten konnte man sehen, wie schwach sie wirklich waren. Denn obwohl ich ja erst frisch dazugekommen war und keinerlei Erfahrung mitbrachte, erkannte ich das Potenzial in Aldo Cumani's Arbeit sofort.

Natürlich behielt ich striktes Stillschweigen über diese Entdeckung. Jetzt verbrachte ich immer mehr Zeit in dem Terminalraum des Burroughs-Zentralrechners, auf dem ich die ersten Experimente um ein neues Adaptivfilter durchführte, welches aus zeitrekursiv geschätzten Autokorrelationsparametern initialisiert wurde. Genauso, wie es in Problemstellungen, wie Achim sie untersuchte, gebraucht würde. Und dieses Adaptivfilter basierte auf einer geschlossenen Herleitung auf der Grundlage des exakten Kleinste-Quadrate-Fehlerkriteriums unter Nutzung dieser neuen verallgemeinerten Residualenergien. Damit hatte ich nun mein U-Boot[9].

4.8 Die Lehrverpflichtungen

Neben dem Signalprozessor und dem U-Boot musste ich aber auch noch meinen Lehrverpflichtungen nachkommen. Ich hatte einen Fortran-Kurs zu betreuen. Dieser fand auf der Burroughs statt. Von daher besaß ich auch eine Kennung auf dieser Rechenanlage. Als zweite Lehrverpflichtung oblag mir die Durchführung der begleitenden Übungen zur "Digitalen Signalverarbeitung".

Da ich von Natur aus in diesen Lehraufgaben sehr geschickt war, was sich ja auch schon in der Lehrwerkstatt und in der Heinholdschen Leistungsgruppe gezeigt hatte, belasteten mich diese Aufgaben überhaupt nicht. Sie machten mir sogar viel Freude. Auch die Klausuren habe ich entworfen. Es bereitete mir Freude, sie durchzuführen. Ulrich Appel war die ersten Male dabei und bemerkte, wie gerne ich das alles organisierte und zu Beginn der Klausuren diese obligatorischen Ansagen machte. Er lächelte in sich hinein, angesichts meines Eifers.

Einmal kam es soweit, dass Ulrich Appel verreist war und ich in Vertretung die Vorlesung "Programmieren in Fortran" übernehmen musste. Das war ein relativ großer Kurs, so um die hundert Hörer, etwa. Je mehr Hörer es waren, desto aufregender war es. Die Vorlesung wurde ein richtiges Happening. Am Ende jubelten die Studenten und fragten, ob denn nicht fortan immer ich die Vorlesung halten könnte.

Leider konnte ich den Studenten diesen Wunsch nicht erfüllen, aber ich beschloss an dieser Stelle im Alter von 28 Jahren, dass es mein Weg sein sollte, einmal Professor zu werden. Aber gleich ein "richtiger" Professor, also ein Institutsdirektor (C4). Nicht C3, das war mir zu wenig. Ich hatte gemerkt, dass ich es besser konnte als ein C3.

4.9 Die Offenbarung

Inzwischen war Achim mit seiner Doktorarbeit fertig geworden. Es kam der Tag seiner Doktorprüfung. Alle waren sehr aufgeregt, obwohl sie wussten, dass es auf jeden Fall als großer Erfolg gefeiert werden würde. Die Noten dieser Doktorarbeiten standen in solchen Fällen von vornherein fest. Alle wussten, dass es bei Achim "mit Auszeichnung", also mit einem Einser enden würde. So kam es dann auch.

Alle am Institut erhielten natürlich ein Exemplar seiner Doktorarbeit und deshalb erhielt ich auch eines. Ich begann, es durchzulesen. Dabei stellte ich fest, dass Achim darin auch so ein Adaptivfilter mit den besagten Eigenschaften entwickelt

---

[9] Geheimprojekt

hatte. Das war sogar als der große "Clou" in der Arbeit besonders herausgestellt worden.

Ich ging sofort an die Burroughs und implementierte den Algorithmus. Die Insider auf diesem Gebiet wissen, dass es bei solchen Algorithmen einen sehr einfachen Test gibt, mit dem man sofort prüfen kann, ob der Algorithmus dem exakten Kleinste-Quadrate-Fehlerkriterium genügt, oder eben nicht.

Ich wendete diesen Test auf Achim's Algorithmus an - und siehe da: Der Algorithmus genügte dem Kleinste-Quadrate-Fehlerkriterium **nicht**, obwohl in der Doktorarbeit glasklar behauptet wurde, er würde diesem Kriterium genügen.

Weder Achim noch Ulrich Appel hatten das durchschaut. Anscheinend verfügten sie nicht einmal über die notwendigen Kenntnisse um zu wissen, wie man hier sehr einfach allein schon experimentell den Nachweis der Kleinsten-Quadrate-Optimalität führen kann. Das war schon ein Schock, denn es war elementar schwach. Und ich, der dumme kleine motorradfahrende "Holzfällerjunge" mit dem alten Bundeswehr-Parka hatte das gewusst, obwohl ich erst ein Jahr zuvor zu der Gruppe dazugestoßen war und mit ganz anderen Aufgaben ausgelastet gewesen war und es mir zuvor niemand gelehrt hatte. Ich benötigte schon längst keine Lehrer mehr, denn ich konnte es *alleine*.

Vielleicht hatte Ulrich Appel doch Recht gehabt, als er damals zu mir sagte, dass nur die Schlechtesten an die UniBw kommen. Da musste er sich, angesichts dieses Resultats, wohl auch selbst mit eingeschlossen haben. Denn schließlich war er der Betreuer der Arbeit gewesen und der Prüfer, der die Arbeit für eine Bewertung mit der Bestnote "mit Auszeichnung" vorgeschlagen hat, weil er den Fehler in der Herleitung des Adaptivfilters in Achim's Arbeit nicht erkannte.

Daher führte mich mein nächster Weg schnurstracks zu Ulrich Appel. Ich präsentierte ihm mein Ergebnis. Jetzt musste ich mein U-Boot auftauchen lassen. Denn ich zeigte Ulrich Appel nicht nur die Ergebnisse der Tests mit Achim's Algorithmus, sondern parallel dazu auch gleich die Ergebnisse meines eigenen Algorithmus, den ich in der Zwischenzeit schon fertig entwickelt hatte.

Das war natürlich eine phänomenale Überraschung, die mir da gelungen war. Ich hatte das Glück und den Verstand. Obendrein war ich sehr schnell gewesen. Das war ja kein Wunder. Darauf hätte man in meinem Fall schon gefasst sein können.

Ulrich Appel war vollkommen platt, angesichts dieser Offenbarung. Das hätte er mir niemals zugetraut. Weil er nicht im Mindesten die Fähigkeit besaß, mich zutreffend einzuschätzen. Bald wurde die Geschichte am Institut bekannt. Für Achim war das nicht so toll.

Auf der anderen Seite war klar, dass ich mit meinem Algorithmus den Doktor praktisch schon in der Tasche hatte. Ich musste es nur noch im Detail ausarbeiten.

Auf der anderen Seite war ich in dieser Sache niemandem verpflichtet. Man hatte mir ja nicht einmal ein Arbeitsgebiet aus diesem Themenkreis übertragen. Daher hatte ich auch nicht die geringste Absicht, hier noch irgendjemanden an diesen Ergebnissen zu beteiligen.

Die Türen waren zu, der Zug war abgefahren und niemand kam da mehr rein. Denn alles verdankte ich nur mir selbst und ihnen verdankte ich reine gar nichts. Sie

4.9 Die Offenbarung

hatten mich ja faktisch nur als Entwicklungsingenieur eingestellt. Und jetzt erlebten sie das "blonde Wunder".

Werner Wolf war auch ganz zerknittert. Im Vorbeigehen bemerkte er etwas bitter, es wäre eben den glücklichen Umständen zuzuschreiben, dass ich gerade im richtigen Moment an der richtigen Stelle gewesen war.

Neben einigen Tagungsbeiträgen begann ich bald, ein Manuskript für die *IEEE Transactions on Acoustics, Speech and Signal Processing* zu schreiben. Das war die renommierteste Fachzeitschrift auf diesem Gebiet. Kurz zuvor war ich bereits Mitglied des *IEEE*[10] geworden.

Als wir einmal Mittags von der Kantine zum Hirschkäfer[11] zurückgingen, sprach mich Werner Wolf darauf an. Er sagte: *"Nehmen Sie doch den Herrn Appel mit drauf"*. Damit war gemeint, ich sollte Ulrich Appel als Zweitautor auf dem Manuskript angeben.

Aber ich dachte natürlich nicht im Entferntesten daran. Bei mir galt das Prinzip: Wer sich nichts verdient hat, der kriegt auch nichts. Ohne Ansicht der Person.

Also reichte ich das Manuskript als Alleinautor ein. Das Manuskript war katastrophal schlecht geschrieben. Schließlich tat ich es zum ersten Mal. Sowas schlechtes könnte man sich heute nicht einmal mehr vorstellen. Aber das war ja auch kein Wunder. Ich hatte niemanden, von dem ich es hätte lernen können. Von Ulrich Appel fand ich nur einen Kurzaufsatz in den Transactions - sonst nichts. Von so jemandem kann man auch nichts lernen.

Der Associate Editor meines Manuskripts war Sun-Yuan Kung, der damals der Direktor des Signal and Image Processing Institute der University of Southern California in Los Angeles war. Das waren für mich "Leute". Die Deutschen gab es für mich gar nicht.

Meine Meinung von den deutschen Professoren auf meinem Fachgebiet sank immer tiefer. Denn ich hatte die Entwicklungen auf der ganzen Welt im Auge. Und gemessen daran erschienen mir die Leistungen der deutschen Professoren und ihrer Mitarbeiter einfach zu minimal. Sie dominierten hier einfach gar nichts. Sie saßen hinter verschlossenen Türen zuhause, wo sie sich von ihren Untergebenen bejubeln ließen als gäbe es kein Ausland. Sie waren Akribiker, die jeden Buchstaben zehnmal umdrehten, aus Angst sich zu blamieren, bevor sie sich trauten, diesen Buchstaben einmal auf's Papier zu schreiben. Das waren für mich keine Leute, die in meinen Augen eine Vorbildfunktion hätten einnehmen können. Ihre Assistenten waren Büttel, die sich nicht einmal trauten, einen eigenen Gedanken zu denken.

Nach einigen Monaten erhielt ich einen Brief von Sun-Yuan Kung. Das gelbe Briefpapier der University of Southern California. Sowas hatte ich zuvor noch nie gesehen. Das hat mich fasziniert. Ich hatte es völlig alleine soweit geschafft.

Das Manuskript war katastrophal schlecht gewesen, aber die Idee war interessant. Später fand ich heraus, dass John Makhoul, Chief Scientist von Bolt Beranek & Newman Inc. in Boston, der Hauptgutachter gewesen war. Er empfahl das Manuskript zur Überarbeitung.

---

[10] Institute of Electrical and Electronics Engineers, Inc.
[11] so nannte man das zentrale Bürogebäude der UniBw

Ich habe mich später oft gefragt, wie es mit mir weitergegangen wäre, wenn ich damals eine glatte Ablehnung erhalten hätte. Das Manuskript war schlecht gewesen. Es hätte abgelehnt werden können. Vielleicht hätte ich bei einem solchen Ausgang resigniert und hätte nie wieder im Leben etwas veröffentlicht.

Aber irgendwie stand das Glück damals noch an meiner Seite und ich bekam die Chance, das Manuskript überarbeitet nochmal einzureichen.

Ich überarbeitete es in der Folgezeit noch einmal sorgfältig und auf einmal konnte ich es viel besser als beim ersten Mal. Das Manuskript ging beim zweiten Mal durch. Es wurde mein erster Aufsatz in den IEEE Transactions on Acoustics, Speech and Signal Processing und erschien im August 1986 [1].

Früher hatte ich immer bewundernd auf die Autoren solcher Aufsätze geschaut, deren Fotos mit Kurzbiografie im Anhang der Aufsätze mit veröffentlicht wurden. Ich dachte mir es wäre schon schön, wenn ich nur einmal im Leben einen solchen Aufsatz in dieser Zeitschrift, von der ich eine extrem hohe Meinung hatte, würde schreiben können. Und nun hatte ich kaum angefangen und schon hatte ich einen Aufsatz!

In dieser Phase begann ich, mich immer mehr zu verselbständigen. Der Signalprozessor war links liegen geblieben. Eines Tages kam ein Dozent der Fachhochschule München vorbei um anzufragen, ob Ulrich Appel vielleicht einen Assistenten hätte, der gerne einen Lehrauftrag über Programmieren in Fortran an der Fachhochschule annehmen würde. Ulrich Appel schlug es mir vor. Aber dieser Dozent von der Fachhochschule war in meinen Augen ein Clown und das Angebot ein Witz. Ich lehnte ab und arbeitete konzentriert an den Algorithmen weiter. Ich wertete es als ein Ablenkungsmanöver.

Bei irgendeiner Gelegenheit traf ich damals auch meinen früheren Betreuer Wolfgang Hess wieder. Er blickte mich nachdenklich an und sprach: *"Für Sie ist dieses Land zu klein!"*.

Bald darauf erschien Ulrich Appel in meinem Büro und legte mir den Entwurf einer Doktorarbeit auf den Tisch, die am Institut für Messtechnik von Professor Tränkler angefertigt worden war. Es war die Doktorarbeit von Jakob Schillinger.

Ulrich Appel meinte, ich sollte diese Arbeit, bei der er auch Zweitprüfer war, doch mal durchsehen. Es stünde aber bereits fest, dass die Arbeit "mit Auszeichnung" bewertet werden würde. Das machte mich schon stutzig. Weshalb sollte ich die Arbeit eigentlich noch durchsehen, wenn ohnehin schon feststand, dass sie mit Auszeichnung bewertet werden würde?

Ich sah die Arbeit trotzdem durch. Die Arbeit war trivial. Eine Abhandlung über schnelle Wägung, aber im Kern beinhaltete das nichts weiter als die Betrachtung des Schwingungsverhaltens eines gedämpften Feder-Masse-Systems. Verglichen damit war Achim's Doktorarbeit trotz des Fehlers bei dem Adaptivfilter direkt noch reines Gold gewesen.

Jetzt begann es mir langsam so richtig auf die Nerven zu gehen. Ich wollte die Stelle sofort kündigen um mich irgendwo anders an einem qualifizierteren Institut zu bewerben, um meine Arbeiten dort fortzusetzen. Ich dachte an Kristian Kroschel, dessen Bücher ich gelesen hatte und der wohl damals Professor in Karlsruhe war.

Ich besprach es mit meinem Vater. Doch mein Vater, obwohl nur ein einfacher Arbeiter, sagte sofort: Der hat dir das doch bloß auf den Tisch gelegt weil er wusste, dass es dich total frustrieren würde, wenn so ein *******[12] mit Auszeichnung bewertet wird. Deshalb hat er dir das auch gesagt, damit bei dir die Sicherungen durchbrennen und du das Institut verlässt. Dann reißt er sich deine Ergebnisse unter den Nagel, verunglimpft dich an anderer Stelle, du wirst nirgendwo mehr genommen und kriegst im Leben keinen Doktor mehr!

Meinem Vater habe ich es zu verdanken, dass es Ulrich Appel damals nicht gelang, mich soweit zu frustrieren, dass ich die Stelle sofort kündigte. Ich dachte nach: Was soll ich machen? Ich entschloss mich, unverzüglich mit dem Schreiben meiner Doktorarbeit zu beginnen. Eigentlich war ich noch längst nicht soweit und hätte es bestimmt noch viel besser und viel fundierter ausarbeiten können.

Doch jetzt hatte ich genug und wollte nur noch weg. Aber mit meinem Doktor in der Tasche und nicht ohne. Es folgte ein höllisches Rennen um die Fertigstellung der Doktorarbeit. Im Herbst 1985 war ich schon fertig und reichte die Doktorarbeit unverzüglich beim Prüfungsamt ein.

4.10 Der AEG-Schock

Meine Absicht war es, nach bestandener Doktorprüfung die Stelle zu kündigen, um mich nach einer anspruchsvolleren Stelle umzusehen. Dabei orientierte ich mich an dem, was ich bis dahin wusste und beobachtet hatte. Ganz dominant war dabei der Eindruck, dass man nur dann ein richtiger Professor werden konnte, wenn man vorher in der Industrie gewesen war.

Die augenfälligsten Beispiele hierfür waren natürlich Rudolf Saal und Kurt Antreich. Aber auch viele andere Lehrstühle waren von Professoren besetzt, die aus der Industrie gekommen waren.

Also orientierte ich mich an diesem Beispiel Saal/Antreich und bewarb mich im AEG-Forschungslabor in Ulm. Bald erhielt ich eine Einladung zu einem Vorstellungsgespräch. Hoffnungsvoll fuhr ich nach Ulm.

Dort traf ich Jürgen Schürmann, der wohl eine höhere Abteilungsleiterstelle innehatte. Er war sehr blass. Vielleicht war er zu diesem Zeitpunkt schon krank. Ansonsten verhielt er sich auffallend pampig und begegnete mir in einer betont herablassenden Art.

Dabei hatte ich gewiss keine schlechten Unterlagen eingereicht, und war bei MBB mit mehreren Prämien ausgezeichnet worden. Ich war also kein Anfänger. Trotzdem behandelte er mich so, als würde ich keinen Blick für die Realitäten haben, als würde ich mich total überschätzen, ja direkt so als ob ich ein enttarnter Hochstapler wäre. Dem standen meine Zeugnisse aus der Zeit bei MBB vollkommen konträr gegenüber.

---

[12] nicht zur Veröffentlichung geeignet

Ich war sprachlos angesichts dieser unerwarteten Situation. Wir sprachen nicht miteinander, sondern Jürgen Schürmann sprach ganz alleine. Wie ein Tonband, sozusagen. Vielleicht hatte er sich das alles schon vorher überlegt.

Ständig hieß es: *"Sehen Sie, Herr Strobach, die Aspekte, die Aspekte..."*. Unablässig versuchte er, mich irgendwie kleinzumachen, mich zu einem kleinen Wurm zu reduzieren. Wir standen auf dem Gang. Da kroch ein anderer Mensch unterwürfig an uns vorüber. Er zeigte mit dem Finger auf diesen armen Menschen und sprach: *"Sehen Sie, das ist sogar ein Habilitierter!"*.

Ich bin vielleicht selbst ein ruppiger Typ. Aber diese Art, in einer solchen Situation mit dem Finger auf einen Menschen zu zeigen, das ist nach meinem Verständnis eine Herabsetzung der anderen Person. Das ist ein vollkommen *inakzeptabeles* Verhalten.

Irgendwie erinnerte mich das voll und ganz an Kurt Antreich, wie der damals vor versammelter Mannschaft mit dem Finger auf mich gezeigt hatte, anlässlich meiner Bewerbung um ein Dissertationsthema. Das war jetzt dasselbe Verhalten.

Vielleicht war es dieses AEG-Labor, das Menschen wie Jürgen Schürmann und Kurt Antreich zu dem gemacht hatte was sie waren - auch in dieser Beziehung. Dem standen allerdings meine Erfahrungen mit Rudolf Saal entgegen.

Also was war dann die Ursache gewesen? Im Falle von Kurt Antreich war ich sicherlich zuvor von Professor Einsele verunglimpft worden. So ähnlich muss es nun auch hier gewesen sein. Ich wurde hintenrum verunglimpft. Aber von wem? Natürlich nur von meinem Doktor"vater" Ulrich Appel. Andere Möglichkeiten gab es ja gar nicht. Man hatte dort nachgefragt, denn man wusste ja, wo ich herkam.

Interessant daran war wie beide, sowohl Kurt Antreich als jetzt auch Jürgen Schürmann, sich voll und ganz auf die Aussage eines anderen Menschen stützten. Sie ließen sich sogar derart vereinnahmen, dass sie das Gesprächsklima mit dem Bewerber von Anfang an vergifteten. Damit nahmen sie sich selbst die Möglichkeit, sich eine eigene Meinung über den Bewerber bilden zu können. Sie hatten sich zum Werkzeug einer dritten Person machen lassen, ohne es zu bemerken!

Ich staunte auch später noch oft über dieses ausgeprägte Maß an Dummheit, das hier zutage trat. Da stand ein Mensch wie Jürgen Schürmann, der auf der einen Seite fachlich so gescheit und auf der anderen Seite im Umgang mit Menschen dümmer als der einfachste Hilfsarbeiter war.

Damit war AEG für mich gestorben. Im November hatte ich dann meine Doktorprüfung, die ich natürlich auch bestand. Kurz darauf erhielt ich ein Schreiben von AEG. Darin fragten sie ganz komisch nach, ob ich nicht doch zu AEG kommen wolle. Das war doppelt dumm. Denn sie hätten sich denken können, dass sie so ein Spielchen mit einem Menschen wie mir nicht durchziehen konnten. Ich war mit AEG fertig - für immer.

Zum Ende des Jahres 1985 kündigte ich meine Stelle an der UniBw, ohne irgendeine andere Beschäftigung in Aussicht zu haben. Ich hatte nicht die geringsten Hemmungen diesbezüglich. Ich meldete mich arbeitslos und bezog Arbeitslosenhilfe[13].

---

[13] vergleichbar mit dem heutigen Hartz IV.

4.11 Die Doktorprüfung

Im November 1985 kam der Tag meiner Doktorprüfung. Ich hatte mir eigens dafür einen schönen neuen Anzug gekauft. Nun gingen wir zum Vortragsraum. Es war einer der großen Hörsäle. Als ich eintrat, standen sie alle da, die anderen Assistenten und Mitarbeiter. Auch der Achim war gekommen. Unsere Blicke streiften sich. Es war ein beklemmendes Gefühl.

Doch dann trat ich an den Projektor heran und hielt meinen Vortrag, so engagiert wie immer. Mitarbeiter machten Fotos davon. An den Frageteil danach kann ich mich nicht mehr erinnern. Jedenfalls gab es keine Unklarheiten.

Dann gingen wir ins Hauptgebäude zurück. Zur "wissenschaftlichen Aussprache". Ich sah, die Mitarbeiter hatten schon einiges vorbereitet, für die zu erwartende Feier danach. So ein kleines Siegertreppchen. Ein paar Luftballons. Sekt und was sonst noch so dazugehört. In der Werkstatt lag schon mein fertiger Doktorhut. Unsere beiden Mechaniker hatten sich wirklich Mühe gemacht.

Professor Tränkler war der Zweitprüfer. Wir begaben uns also in den Raum, der für die wissenschaftliche Aussprache vorgesehen war. Dort sollte mich Professor Appel ja irgendwie ausfragen und der Professor Tränkler als Zweitprüfer führte das Protokoll.

Als Erstes sollte ich den Zusammenhang zwischen dem Kalman-Filter-Algorithmus und dem RLS[14]-Algorithmus erläutern, und wie dieser sich aus den Kalman-Gleichungen darstellen ließ. Das war mir total geläufig. Ich erläuterte es, aber Professor Appel hatte Einwände. Ich war mit den Einwänden nicht einverstanden und begann, diese zu widerlegen. Professor Appel war darüber nicht sehr erfreut. Es entwickelte sich langsam eine konträre Debatte, in der Professor Appel mehr und mehr in die Defensive geriet. Ich begann ihm verschiedene Fragen zu stellen. Am Schluss stellte ich ihm mehr Fragen als er mir.

Professor Tränkler hatte das Ganze zunächst unbeteiligt verfolgt. Doch je mehr sich die Debatte drehte, desto mehr verfärbte sich das Gesicht von Professor Tränkler. Es wurde rot und immer röter. Bis es schließlich blaurot angelaufen war. Dann platzte es aus ihm heraus: *"Sie sind hier nicht der Prüfer, sondern der Prüfling!"*. Dann brach er das Ganze ab und die mündliche Doktorprüfung war beendet.

Sie schickten mich hinaus, da sie beraten mussten. Nach einer Weile holten sie mich wieder herein und eröffneten mir, dass ich mit dem Prädikat "sehr gut" bestanden hatte. Das entsprach einem Zweier.

Das war die schlechteste Note, die man einem Mitarbeiter mit dem TU-Profil, wie ich es hatte, überhaupt geben konnte. Alles andere wäre angesichts meiner "TU-Form" nicht vertretbar gewesen.

Damit war ich nicht zufrieden und ich protestierte auf der Stelle energisch dagegen. Die Situation drohte zu eskalieren. *Absolut* gesehen war die Entscheidung richtig. Denn ich hatte wirklich nicht viel Zeit und Aufwand in meine Arbeit investiert. Schließlich wollte ich nur noch weg. Ich hätte es unter anderen Umständen sehr viel besser machen können. Aber wieso hätte ich es besser machen sollen, wo

---

[14] Recursive Least Squares

doch sogar eine Trivialleistung wie die von Jakob Schillinger hier mit einer Eins durchgegangen war.

Deshalb war die Benotung meiner Arbeit *relativ* gesehen falsch. Denn wenn ein Jakob Schillinger für sein lächerliches Pamphlet eine Eins bekommen hatte, dann hätte ich für meine Arbeit sogar das Eiserne Kreuz[15] bekommen müssen und nicht nur eine Eins in einer gewöhnlichen Doktorprüfung - und schon gar keine Zwei.

Ich war außer mir vor Zorn und lief die Treppen hinauf. Da standen schon die Mitarbeiter und da war auch das kleine Siegertreppchen, das sie für mich aufgebaut hatten. Sie waren in Erwartung einer fröhlichen Feier gekommen.

Doch ich lief an ihnen vorbei, aus dem Gebäude hinaus zu meinem Auto, ohne noch einmal zurückzublicken. Ich hatte sie alle alleine zurückgelassen. Das tat mir danach schon sehr leid für die armen Mitarbeiter. Dass es so traurig zuende gegangen war. Ich war richtig aufgelöst. Die Erlangung des Doktorgrades sollte doch eine Erinnerung für das ganze Leben sein. Man sollte stolz drauf sein können. Aber nichts von alledem traf auf mich zu.

Ich wollte nicht einmal den Doktorhut nehmen, der noch in der Werkstatt lag. Dann telefonierte ich mit meinen Eltern. Die waren sehr traurig. Mein Vater sagte mir, ich sollte doch wenigstens den Doktorhut nehmen, als Andenken für später. Also kehrte ich Nachts, als alle schon weg waren noch einmal zurück, um den Doktorhut aus der Werkstatt zu holen. Das war ein richtig hartes Gefühl.

Einige Tage darauf holte ich dann auch meine Promotionsurkunde bei der Verwaltung ab. Ich kann mich noch heute daran erinnern, als ich mit der Urkunde in der Hand im Schneetreiben nach Hause stapfte. Die Stelle an der UniBw war von Anfang an eine einzige Schieflage gewesen. Aber ich hatte wenigstens meinen Doktor noch mitgenommen.

Irgendwie ging es dann die nächsten Tage noch weiter am Institut. Es waren ja nur noch wenige Tage bis Weihnachten und ich kann mich heute nicht mehr erinnern, ob ich danach überhaupt nochmal zurückkehrte.

Ich erinnere mich daran, dass in diesen Tagen der Professor Neuburger vorbeikam und wir sprachen darüber. Er versuchte es nochmal zu glätten. Aber das war aussichtslos. Wenn der Krug einmal gebrochen ist, dann ist er gebrochen.

Eines Abends wollte ich einmal zu Fuß zur S-Bahn-Station Neuperlach gehen. Da kam zufällig der Professor Tränkler mit seinem Auto angefahren. Er blieb stehen und fragte mich, ob er mich denn ein Stück mitnehmen könnte. Ich willigte ein und so nahm er mich mit, bis zur Station Neuperlach. Als wir schon fast angekommen waren sagte er: *"machen Sie Ihren Eltern eine Freude!"*. Ich erwiderte: *"das ist mir leider nicht möglich."*. Dann waren wir auch schon am Ziel und unsere Wege trennten sich - für immer.

---

[15] militärische Auszeichnung der Wehrmacht im zweiten Weltkrieg

4.12 Die ICASSP-86 Tokyo

Neben dem Transactions-Aufsatz entstanden damals auch einige Tagungsbeiträge. Der wichtigste davon war der Beitrag für die ICASSP-86, die im April 1986 in Tokio stattfand. Dazu mussten schon im Sommer die Vorschläge eingereicht werden. Ich wartete gespannt auf das Ergebnis. Mein Beitrag wurde angenommen, und zwar als Vortrag. Es war unglaublich. Obwohl ich keinerlei Erfahrung hatte gelang es mir, völlig alleine einfach alles durchzubringen. Die Benachrichtigung hatte ich auch etwa in dieser Phase Ende 1985 erhalten.

Ich ging zu Ulrich Appel und erzählte es ihm, nachdem ich bereits gekündigt hatte. Er erwiderte mir: *"da kommen SIE nicht hin!"*. Er wusste ja, dass ich ansich aufgeschmissen war. Ich hatte zwar noch meinen Doktor herausgeholt, aber das würde mir kaum etwas nützen, wenn ich keine Nachfolgestelle finden würde, auf der ich wissenschaftlich weiterarbeiten konnte.

Inzwischen hatte er mein Talent erkannt und gleichzeitig auch gewusst, dass ich vor die Hunde gehen musste, denn in Deutschland gab es kaum Arbeitsmöglichkeiten, auf denen ich hätte weiterarbeiten können. Alle Stellen, bei denen ich mich bewerben könnte, würden zuerst bei ihm nachfragen. Er würde mich verunglimpfen. Ich würde nicht genommen. Bei AEG war es ja schon so gelaufen. Kenner dieses Systems hätten keinen Penny mehr auf meinen Kopf gewettet.

Mir war das damals gar nicht bewusst gewesen. Dazu war ich viel zu euphorisch in meine Arbeiten vertieft. Ich dachte nicht großartig an die Zukunft, dazu war ich viel zu sehr mit der Gegenwart beschäftigt. Ich kaufte mir sogar eine eigene Schreibmaschine, um nach meinem Ausscheiden aus dem Institut zuhause damit Veröffentlichungen schreiben zu können.

Damals war man ja vollkommen isoliert, sobald man aus dem Institut ausgeschieden war. Heute kann man in einer Blockhütte oder in einem Indianerzelt genausogut arbeiten wie an dem berühmtesten Stanford-Institut, sofern man nur einen handelsüblichen 1000-Euro-Laptop und einen Internetanschluss hat und mit diesen Instrumenten entsprechend umgehen kann. Aber damals gab es all das nicht.

Zunächst ging es darum, die Reise nach Tokio zu organisieren. Ich musste das nun aus eigener Kraft "stemmen". Ich wollte Ulrich Appel beweisen, dass ich es alleine konnte. Also beantragte ich bei der DFG[16] einen Reisekostenzuschuss. Normalerweise ist das unvorstellbar. Nur Universitätsprofessoren reichen Anträge bei der DFG ein. Ich hatte gerade eben meinen Doktor in Empfang genommen und reichte schon einen DFG-Antrag ein!

Der Antrag wurde genehmigt und ich erhielt meinen Zuschuss. Das ermöglichte mir die Reise nach Tokio im April 1986. Ich musste den billigsten Flug buchen. Es war ein Flug mit der Korean Air über die Bangkok-Dschidda-Route. Die Reise dauerte 26 Stunden. Und das in einer DC-10, die schon Moos angesetzt hatte.

Die Tagung war riesig, aber ich kam mit der Umgebung auf Anhieb zurecht. Primär interessierten mich natürlich die Sitzungen über adaptive Filter. An meinen

---

[16] Deutsche Forschungsgemeinschaft

eigenen Vortrag kann ich mich heute gar nicht mehr erinnern. Ich erinnere mich allerdings noch daran, dass es kaum deutsche Beiträge gab.

In einer dieser Sitzungen entdeckte ich einen deutschen Beitrag eines Menschen namens Arild Lacroix. Es musste sich um einen deutschen Professor handeln. Ich besuchte diese Sitzung. Der Vortrag von Arild Lacroix war der Schlechteste in dieser Sitzung. Und zwar in jeder Beziehung. Ich dachte mir: Deutschland ist ein Car-Country (aber kein Adaptive-Filter-Country).

Rückblickend hatte ich mich vielleicht schlicht in das falsche Forschungsgebiet verrannt. Für deutsche Verhältnisse jedenfalls. Wenn jemand in Deutschland etwas werden wollte, dann arbeitete er am Besten auf einem Gebiet, auf dem ein alter deutscher Professor schon vorher gearbeitet hat. Man fügt der Arbeit des alten deutschen Professors einen kleinen Schnörkel hinzu, wobei man allerdings nicht versäumen sollte, die Leistungen des alten deutschen Professors in den höchsten Tönen zu loben.

Nachdem die Inhalte solcher Arbeiten den alten deutschen Professoren von Anfang an zu 95 Prozent oder mehr geläufig sind, können sie diese Arbeiten leicht lesen und verstehen. Auf diese Weise kann man - gewisse Persönlichkeitseigenschaften ebenfalls vorausgesetzt - zum Liebling eines alten deutschen Professors aufsteigen.

Wenn dann an einer deutschen Universität eine Professorenstelle zu besetzen ist, fragt man zuerst diesen berühmten alten deutschen Professor, wen er denn für diese Stelle vorschlagen könnte. Der Liebling wird vorgeschlagen und erhält die Stelle. Ob der Liebling ein zukunftsträchtiges Genie ist oder nicht, oder welche Themen dieser Liebling überhaupt vertritt, spielt da reine gar keine Rolle.

Natürlich findet formal noch eine Ausschreibung der Stelle statt, gefolgt von der Einladung verschiedener Mitbewerber. Aber die könnten im Grund gleich zuhause bleiben. Es sei denn, sie spielen gerne eine Statistenrolle. Denn die Stelle ist schon vergeben, bevor sie überhaupt ausgeschrieben wird.

Dieses "Insider-Wissen" in all seinen extremen Ausprägungen war mir damals natürlich noch nicht bekannt. Wenn mir dieses Insider-Wissen geläufig gewesen wäre, dann hätte ich die Situation auf der ICASSP-86 besser verstanden, jedenfalls was die deutschen Beiträge betraf.

Zwischen den Sitzungen gab es Gelegenheit zum Meinungsaustausch mit anderen Tagungsteilnehmern. Das eindrucksvollste Gespräch führte ich mit Dan Lee[17], der zu Anfang der 80er Jahre in Stanford eine beeindruckende Doktorarbeit über adaptive Lattice-Filter geschrieben hatte.

Er erzählte mir, er sei nun in einem japanischen Forschungslabor gelandet, wo er an "curved surfaces" arbeitete, also einem Thema der 3D-Modellierung. Das hatte nun nichts mehr mit den adaptiven Filtern zu tun. Er schilderte mir auch viel von dem Umfeld und den allgemeinen Gepflogenheiten in einem japanischen Forschungslabor. Daneben auch ein paar Hinweise, wie er überhaupt dahin gekommen war.

---

[17] Daniel Tai Lik Lee was born in Hong Kong in 1950.

Ansich hätte ich mir vorgestellt, dass er stattdessen locker ein hervorragender Professor hätte werden können. Aber man hatte ihm offenbar "Steine" in den Weg gelegt. Das muss ihn auch sehr mitgenommen haben, denn während der Unterhaltung lief ihm der Schweiß in Strömen von der Stirn. Er muss ja förmlich mit den Nerven am Ende gewesen sein. Angesichts dieser Erfahrung hätte ich mir damals schon denken können, dass es sehr gefährlich sein konnte, sich in die Forschung zu begeben, wenn selbst ein so befähigter Mensch wie Dan Lee in eine solche Situation geraten konnte.

Während wir uns so unterhielten, kam auch Teresa Meng hinzu, die damals wohl eine Doktorandin war, oder eine kleine Assistentenstelle innehatte. Sie hatte auch einen Vortrag gehalten oder ein Poster vorgestellt, ich wüsste das heute nicht mehr genau. Jedoch verglichen mit der Genialität, die in Dan Lee's Arbeiten steckte, waren die Arbeiten von Teresa Meng direkt oberflächlich, ja geradezu garnichts.

Dan Lee machte sie noch auf einen Punkt in ihrer Arbeit aufmerksam, der ihm aufgefallen war. Was sie offenbar noch nicht beachtet hatte. Verglichen mit den Fähigkeiten, die in Dan Lee steckten, war Teresa Meng ein kleines Würmchen - sonst nichts.

Trotzdem wurde sie später Professor an der Stanford-Universität, während Dan Lee meines Wissens nie mehr in die Hochschulwelt zurückkehrte. Es war direkt die Inversion dessen, wie es sein sollte. Ich habe das nie verstanden. In meinem späteren Leben sollte ich noch öfter die Gelegenheit erhalten, ähnliche und sogar noch wesentlich extremere Erfahrungen sammeln "zu dürfen". Die Befähigung eines Menschen war anscheinend nur eine Dimension, in der sich dieses Spiel der Forschung bewegte, und zwar die eher *kleinere* Dimension!

Literatur

1. P. Strobach, "Pure order recursive least-squares ladder algorithms", IEEE Transactions on Acoustics, Speech and Signal Processing, Vol. 34, No. 4, pp. 880-897, Aug. 1986.

Kapitel 5
Die Siemens ZFE und meine Habilitation in Erlangen (1986-1992)

Nach meinem vorzeitigen Ausscheiden aus den Diensten der UniBw war ich zunächst arbeitslos. Irgendwie ergab sich ein Kontakt zu Siemens, wo damals eine große Aufbruchstimmung herrschte. Man hatte eine Zentralabteilung Forschung und Entwicklung (ZFE) aufgebaut, die von Karl Heinz Beckurts geleitet wurde. Zu dieser Zeit konnte man fast glauben, Siemens würde sich mit einem Mal in einen Hochtechnologiekonzern verwandeln, der auch selbst etwas erfinden könnte, anstatt immer nur die Ergebnisse anderer zu vermarkten.

5.1 Mein erster Eindruck von Siemens

Der erste Eindruck ist immer sehr prägend. Die Firma Siemens hat 1977 erstmals einen Eindruck bei mir hinterlassen. Ich stand damals am Anfang des 8. Semesters an der FH Regensburg. Wir Studenten begannen langsam darüber nachzudenken, wo wir später einmal unterkommen sollten. Heute gibt es in jedem Semester eine Jobbörse an den Hochschulen. Bei dieser Gelegenheit stellen sich viele Firmen vor. So etwas gab es damals noch nicht.

Deshalb waren wir recht dankbar, als wir von einer Informationsveranstaltung erfuhren, die Siemens-Erlangen bei uns an der FH in Regensburg durchführen wollte. Diese Veranstaltung fand schließlich in einer vorlesungsfreien Woche kurz vor Beginn der Lehrveranstaltungen im Herbst 1977 statt. Ich hatte meinen Vater besucht, der sich zur Kur in Tegernsee aufhielt. Danach fuhr ich eigens mit unserem Opel Kadett nach Regensburg, um diese Informationsveranstaltung miterleben zu können.

Lenz Haggenmiller hat die Veranstaltung moderiert. Da saßen sie nun, diese Siemens-Führungskräfte. Mit ihrem ganzen Erscheinen und dem was sie sprachen, stellten sie eine ganz eigene Kategorie von Menschen dar. Ganz spontan fühlte ich mich innerlich nicht zu ihnen hingezogen.

Die Eindrücke, die ich von dieser Veranstaltung mitgenommen habe, haben mein Bild von Siemens geprägt. Damals hätte ich allerdings nicht gedacht, dass sich dieses Bild Jahrzehnte später auf traurige Weise bestätigen sollte. Und zwar so voll und ganz, dass ich mich nur immer wieder darüber wundern kann, wie ein 22 Jahre junger Mensch in der Lage sein konnte, sich auf einen Blick ein derart zutreffendes Urteil zu bilden.

Viele meiner Studienkollegen von der Fachhochschule sind später zu Siemens gegangen. Sie alle haben ihre Stellen früher oder später gekündigt und haben Siemens den Rücken gekehrt.

Der Johann war auch in dieser Beziehung von Anfang an schlau: Er leistete sein zweites praktisches Studiensemester bei Siemens in der Hofmannstraße in München ab. Einfach um ganz unverbindlich mal reinzuschnuppern. Danach ging er lieber wieder zur Post, obwohl er dort einen Hungerlohn erhielt und sich gemessen an seinem Können gar nicht verwirklichen konnte.

Deshalb habe ich mich nach meinem FH-Studium auch gar nicht erst bei Siemens beworben, sondern nahm lieber die Stelle bei MBB an.

5.2 Warum ich trotzdem zu Siemens ging

Wenn Siemens nun doch wieder in mein Blickfeld geriet dann lag dies in erster Linie schlicht daran, dass es keine Alternativen gab. Den Weg zu AEG-Ulm hatte mir mein Doktor"vater" ja nachhaltig vergällt. Aber das war ihm ja auch nur aufgrund der Dummheit der AEG-Leute gelungen. Weitere nennenswerte Alternativen der Industrieforschung gab es in Deutschland schlicht und einfach nicht. Deutschland ist klein. Jedenfalls in dieser Beziehung.

So klein, dass viele gute Leute ins Ausland gegangen sind. Das war nie mein Ziel gewesen. Ich musste mich fragen: Was wolltest du, als du damals deine Lehrstelle gekündigt hast? Wolltest du eine Qualifikation erwerben, die du am Ende in diesem Land überhaupt nicht mehr umsetzen kannst, so dass du am Ende auswandern musst? Das war sicherlich nicht mein Ziel gewesen!

Vor diesem Hintergrund *musste* ich Siemens wieder in mein Blickfeld einbeziehen. Schließlich schien es zu der Zeit ja auch so, als hätte sich Siemens vollkommen verwandelt. Ich wurde zu einem Vorstellungsgespräch in die Siemens-"Denkfabrik"[1] in Neuperlach eingeladen. Wieder direkt vor meiner "Haustür", sozusagen.

Dort stellte man mich vor die Wahl, ob ich in einer Arbeitsgruppe für Bildverarbeitung, oder in einer Arbeitsgruppe für Sprachverarbeitung mitarbeiten wollte. Ich entschied mich für die Bildverarbeitung. Die Atmosphäre war zunächst gut. Nicht herablassend und entwürdigend wie bei AEG.

Achim hatte nach dem regulären Auslaufen seines befristeten wissenschaftlichen Mitarbeitervertrags an der UniBw vielleicht ein Jahr vor mir ebenfalls bei Siemens angefangen, und eben auch gerade in dieser Bildverarbeitungsgruppe. Ich

---

[1] Nickname "Legoland", wegen der von bunten Bauten bestimmten, eigenwilligen Architektur.

dachte mir: Die Welt ist nicht klein aber Deutschland ist klein: Da setze ich mich gleich dazu!

5.3 Erste Eindrücke von der Siemens ZFE

Am 1. Mai 1986 begann mein Arbeitsverhältnis als "Laboringenieur" bei Siemens ZFE in Neuperlach. Mein Arbeitsplatz war ein Großraumbüro, in dem neben mir noch der Laborleiter Walter Tengler und die Laboringenieure Dr. Achim von Brandt, Dr. Bernard Hammer, Dipl.-Ing. Herbert Hölzlwimmer, Dipl.-Ing. Michael Schielein und Dr. rer. nat. Robert Kuttka (kam etwas später erst dazu) untergebracht waren. Also insgesamt sieben Menschen in einem Raum!

Wenn man etwas am Rechner zu tun hatte, musste man in einen eigenen Rechnerraum gehen, der etwa 30 Meter von dem Großraumbüro entfernt war und in dem auch einiges Wiedergabe- und Simulationsgerät für die Bildverarbeitung untergebracht war.

Also insgesamt eine ganz schön beengte Umgebung. Nach Forschungslabor sah das nicht aus, denn man hatte effektiv keine Möglichkeit, sich zu konzentrieren. Daraufhin angesprochen erwiderte der damalige Abteilungsleiter und spätere TU-Professor Manfred K. Lang ganz lapidar, er habe als Anfänger auch in so einem Großraumbüro sitzen müssen, und alle um ihn herum hätten telefoniert!

Unser Großraumbüro befand sich im Erdgeschoss eines 6-stöckigen Gebäudes. Darin spiegelten sich auch die Hierarchieebenen wieder. Die Position, die jemand in der Hierarchie einnahm, konnte man in erster Näherung an dem Stockwerk ablesen, in dem sich sein Büro befand.

Der Organisationsplan sah zum Zeitpunkt meines Eintritts in die Firma folgendermaßen aus (wobei nur der Zweig gezeigt wird, an dessen Ende wir uns befanden):

1. Professor Karl Heinz Beckurts (Leiter der ZFE und Mitglied des Vorstands)
2. Dr. Heinz Schwärtzel (Bereichsleiter)
3. außerplanmäßiger Professor Dieter Schütt (Hauptabteilungsleiter Informationstechnische Grundlagen)
4. Dr. Manfred K. Lang (Abteilungsleiter Bild- und Sprachverarbeitung)
5. Dr. Eckart Hundt (Fachgruppenleiter Bildverarbeitung)
6. Dipl.-Ing. Walter Tengler (Laborleiter Bildcodierung) und die Laboringenieure ("wir", sozusagen)

Karl Heinz Beckurts Büro lag interessanterweise genau in unserem Gebäude. Ich kann mich noch gut erinnern an manch einen dieser Tage im Frühsommer 1986, als er Morgens mit seinem ganzen Gefolge eintraf, aus seinem großen BMW stieg, sich flugs die Anzugjacke überzog um sich an die Arbeit zu machen.

Dann gab es das Attentat und die Stelle war lange verwaist (wurde kommissarisch von forschungsunkundigen Siemens-Menschen verwaltet).

Fachliche oder wissenschaftliche Arbeiten wurde nur von den Laboringenieuren geleistet. Alle anderen in der Hierarchie betätigten sich nicht fachlich. Sie beteiligten sich nicht aktiv an den wissenschaftlichen Arbeiten. Das galt sogar schon für den Laborleiter, der kein eigenes fachliches Thema bearbeitete, sondern das Treiben um sich herum beobachtete und die Ergebnisse der anderen begutachtete. Was er sonst noch tat, blieb im Dunkeln.

Einmal musste ich längere Zeit an einem theoretischen Konzept arbeiten und ging daher einige Stunden nicht an den Rechner. Da sprach mich der Laborleiter Tengler von hinten an: *"Herr Strobach, gehen Sie doch mal an den Rechner!"*. Das erinnerte mich irgendwie an die Situation an der TU, als der Regelschmidt seinen Assistenten angeschnauzt hatte: *"na, Herr Lappus, nun machen Sie schon!"*. Aber die Professoren kommen ja aus der Industrie, und da ist das vielleicht normal, dachte ich zuerst. Dann kamen mir erste Zweifel und ich dachte mir: Hier bin ich vielleicht schon wieder auf dem falschen Dampfer!

5.4 Die Arbeiten zur 64 kBit Videocodierung

Zu jener Zeit bestand ein großes Interesse an der Datenkompression und Codierung von Videosequenzen für die Übertragung über eine 64 kBit Strecke. Dies erfordert sehr hohe Kompressionsraten. Die Bildqualität leidet erheblich darunter, abhängig vom Informationsgehalt der Bilder in der Videosequenz. Der Informationsgehalt wiederum ist abhängig vom Anteil der bewegten Objekte in einer Szene.

In der Gruppe, der ich nun angehörte, wurden bereits drei Verfahren zur Datenkompression solcher Videosequenzen untersucht. Herbert Hölzlwimmer arbeitete an dem DCT[2]-Verfahren, das damals bereits als Quasi-Standard galt. Dr. Hammer untersuchte das Prinzip der Vektorquantisierung und Achim arbeitete auf dem Prinzip der Subbandcodierung.

Diese Untersuchungen basierten allein auf der Simulationen der elementaren Kompressionsverfahren unter Nutzung von Testsequenzen. Man hatte keine Simulation der Übertragungsstrecke mit allem was dazugehört, wie Datenpufferregelung und Fehlerkorrektur. Erst recht nicht hatte man eine Echtzeit-Testumgebung, welche die Implementierung der Kompressionsverfahren in einem realen Coder mit Übertragung über eine reale 64 kBit Strecke ermöglicht hätte. Nur solche Tests hätten letztendlich einen zuverlässigen und aussagekräftigen Verfahrensvergleich ermöglicht.

Aber davon war Siemens weit entfernt. Jeder der drei Beteiligten führte lediglich eine grobe Abschätzung der bei seinem Verfahren auftretenden Bitrate durch. Wie realistisch diese Abschätzungen wirklich waren, wusste niemand. Nachdem es keine reale Übertragungsstrecke gab, war auch keine Kontrolle möglich.

Vor diesem Hintergrund lieferten sich die Beteiligten eine Art Rennen um das beste Verfahren und präsentierten fast täglich neue Ergebnisse. Aber niemand glaub-

---

[2] Discrete Cosine Transform

5.4 Die Arbeiten zur 64 kBit Videocodierung

te wirklich an diese Ergebnisse, denn sie waren ja nicht unter Einbeziehung einer realen 64 kBit Übertragungsstrecke erbracht worden.

Auf der anderen Seite hatte AEG in Ulm bereits ein fertiges Testgerät entwickelt, das auf dem Prinzip der DCT basierte. Dahinter stand ein Mensch namens May, der bei H.H. Nagel in Karlsruhe darüber promoviert hatte. Wir waren sogar einmal zu Besuch bei AEG und haben uns dieses Gerät angesehen. Siemens war davon meilenweit entfernt.

Das wohl fortschrittlichste Gerät jener Zeit aber besaß die Firma PictureTel in Boston, die heute noch existiert und die von Mitarbeitern und Absolventen des MIT-Professors David Staelin gegründet worden war. Dieses Gerät von PictureTel konnte man damals bereits auf dem Markt kaufen.

PictureTel stand somit an der Spitze, denn sie besaßen bereits ein Gerät, das man kaufen konnte. AEG hatte einen funktionsfähigen Prototypen, während man bei Siemens noch an den zugrundeliegenden Kompressionsverfahren herumbastelte.

Dies zeigt schon, wie abgeschlagen die Position bei Siemens seinerzeit auf diesem Gebiet war. Als großes Unternehmen musste der nachrichtentechnische Unternehmensbereich aber etwas Aktivität auf diesem Gebiet vorweisen können. Allein schon um bei möglichen Verhandlungen mit anderen, auf diesem Gebiet führenden Unternehmen nicht quasi nackt dazustehen.

Es war aber schon abzusehen, dass man bei Siemens auf gar keinen Fall mehr an eine Realisierung eines Coders dachte. Man wollte diese Untersuchungen an den Verfahren auf kleiner Flamme weiter schmoren lassen, bis man ein fertiges Gerät von einem der führenden Hersteller auf dem Markt kaufen konnte oder sich anderweitig ein Standard etablierte.

Die Entwickler bei Siemens waren in so einem Spiel letztlich immer die Dummen, denn die Verfahrensentwicklung wurde dann immer eingestellt mit dem Hinweis, die eigene Forschung hätte die Konkurrenz nicht schlagen können. In Wirklichkeit war man aber nicht rechtzeitig auf den Zug aufgesprungen und hatte die Entwicklung auch nur halbherzig verfolgt.

Unter diesen Umständen ist das Rennen für die Mitarbeiter in der eigenen Forschung schon gelaufen, bevor es überhaupt begonnen hat. Ein wissenschaftlich im Vorfeld beschäftigter Mitarbeiter konnte sich hier keine Verdienste erwerben. Diese Mitarbeiter wurden praktisch "verheizt". Ihre Arbeit landete im Papierkorb. Und das war von Anfang an abzusehen.

Selbst einen potenziellen Nobelpreisträger hätte man in diesem Umfeld spielend zum Deppen stempeln können und auch gestempelt. Deshalb haben Professoren wie Hans Marko wissenschaftlich aussichtsreiche Schützlinge niemals zu Siemens geschickt.

Es gab ja viele Kooperationen mit Hochschulen und Instituten. Ich erinnere mich noch gut an den Fall eines Professors Kübler aus der Schweiz, der einen sehr guten Mitarbeiter hatte, dessen Zeitvertrag auslief. Siemens hat alles darangesetzt, diesen Mitarbeiter zu gewinnen. Ich war sogar selbst bei einem Abendessen dabei, als diese Bemühungen ihren Gipfel erreichten.

Aber dieser Professor Kübler hat trotz des guten Siemens-Angebots seinen Mitarbeiter von einem Eintritt bei Siemens abgehalten, weil er wusste, dass dieser Mitarbeiter in einer Umgebung, wie sie bei Siemens bestand, zwangsläufig über kurz oder lang verheizt werden würde.

Dies war insgesamt die Situation, der ich mich zu Anfang meiner Tätigkeit bei Siemens im Frühsommer 1986 ausgesetzt sah. Die einzige Möglichkeit, hier noch irgendetwas bewegen zu können, bestand in der Entwicklung eines grundlegend eigenständigen, neuen Verfahrens. In Anbetracht der bereits weit fortgeschrittenen Verfahrensentwicklung auf diesem Gebiet, wo mit der DCT bereits ein Quasi-Standard existierte, erschien ein solches Unterfangen aber nahezu aussichtslos.

5.5 Das QSDPCM-Verfahren

Trotzdem begann ich nun, über die Möglichkeit der Entwicklung eines neuen Verfahrens nachzudenken. Alleine damit hätte man vielleicht noch Bewegung in das Projekt bringen und Siemens zu einer Realisierung eines echtzeitfähigen Prototypen bewegen können.

Ich analysierte also die existierenden Verfahren. Diese arbeiteten alle auf dem Prinzip der Codierung der bewegungskompensierten Differenzbilder. Bei der Bewegungskompensation versucht man, Ausschnitte in aufeinanderfolgenden Bildern einer Szene zur Deckung zu bringen. Typischerweise waren dies quadratische Bildausschnitte von 16x16 Bildpunkten. Wenn ein solcher Bildausschnitt über einem bewegten Objekt lag, konnte man die Bildinhalte der einander zugeordneten Ausschnitte in zwei aufeinanderfolgenden Bilder durch Verschiebung des Bildausschnitts im Vorgängerbild mit dem Bildausschnitt im aktuellen Bild weitgehend zur Deckung bringen. Zur Deckungsbildung verwendete man *Matching-Verfahren* der Bewegungsschätzung. Wenn man nun die Differenz zwischen dem aktuellen Bild und dem bewegungskompensierten Vorgängerbild betrachtete, so erkannte man, dass diese bewegungskompensierten Differenzbilder im Wesentlichen nur Konturbilder waren, in denen sich die Ränder der bewegten Objekte abzeichneten. Diese Ränder waren die Fehler, die bei der Bewegungskompensation auftraten. Allein diese Fehler musste man übertragen, solange keine neuen Bildinhalte hinzugekommen waren.

Diese bewegungskompensierten Differenzbilder besaßen somit ganz andere Korrelationseigenschaften als natürliche Bilder. Die Basisfunktionen der DCT sind an diese Differenzbilder weit weniger gut angepasst, als an natürliche Bilder. Sämtliche untersuchten Verfahren, auch die Subbandcodierung und die Vektorquantisierung, nutzten die besonderen Eigenschaften der bewegungskompensierten Differenzbilder nicht optimal aus, da sie ursprünglich genauso wie die DCT für natürliche Bilder entwickelt worden waren.

Ich fand heraus, dass es alleine schon genügt, eine konstante Basisfunktion anzunehmen, also einfach nur den Mittelwert des Differenzsignals zu bilden, allerdings eingebettet in eine automatische Segmentierung, eine Datenstruktur, welche sich an die Konturen im bewegungskompensierten Differenzbild anpasste.

5.5 Das QSDPCM-Verfahren

Aus den verschiedenen Möglichkeiten, die sich hier anbieten, wählte ich die *Quadtree-Datenstruktur* aus [1] und entwickelte auf dieser Basis das später als QSDP-CM[3] bekannt gewordene Verfahren. Dieses ist wesentlich einfacher zu realisieren als alle anderen Verfahren und ich erzielte damit auf Anhieb sehr gute Ergebnisse.

Als meine Arbeiten in der Gruppe bekannt wurden, beteiligte sich natürlich der Laborleiter Walter Tengler an der Debatte. Bald kam auch Dieter Schütt dazu, der außerplanmäßiger Professor an der Universität Erlangen war und sich damals bereits in der Position eines Hauptabteilungsleiters befand.

Wir alle dachten er sei ein "hohes Tier" in Erlangen, so wie er sich auf der einfachen Mitarbeiterebene aufspielte. In Wirklichkeit war er nur ein kleines *********[4] gewesen, das in Erlangen unter der Tür durchkriechen musste, damit man seine Märchenvorlesungen überhaupt zuließ. Zu Beginn eines jeden Semesters musste er deshalb den Inhaber des Lehrstuhls, dem er zugeordnet war, einmal feudal zum Abendessen ausführen, was er mir selbst später sogar erzählt hat. So eine richtige Vorlesung halten, das könne er überhaupt nicht mehr, hat er mir gegenüber später einmal geäußert.

Dieter Schütt war ebenfalls selbst nicht wissenschaftlich aktiv. Wir alle dachten, er sei in der Wissenschaft ein hohes Tier, so wie er sich aufspielte. Heute kann man sich über das Internet sehr schnell ein Bild von den Leistungen eines Menschen in der Wissenschaft bilden. Dazu gibt es Plattformen wie Google Scholar oder auch ResearchGate. Damals hatten wir kein Internet und keine Möglichkeit, uns umfassend zu informieren, wer uns da eigentlich gegenüberstand.

Nachdem Dieter Schütt selbst nicht wissenschaftlich aktiv war, aber auf dieser außerplanmäßigen Professorenstelle in Erlangen wohl einige wissenschaftliche Aktivität zeigen sollte, suchte er sich immer einen Mitarbeiter, zu dem er eine besondere Beziehung aufbaute, um auf dessen Veröffentlichungen als Mitautor zu erscheinen.

Nun war ich derjenige, auf den er es als nächstes abgesehen hatte. Als gewöhnlicher Mitarbeiter dachte ich: Oh, das ist bestimmt sehr förderlich für mich, wenn ich nun mit einem so einflussreichen Siemens-Professor zusammenarbeiten kann! Allerdings hätte mir dabei auffallen sollen, dass Dieter Schütt zuvor bereits eine ebensolche Beziehung zu einem Menschen namens Scherl aufgebaut hatte, der in dieser Zeit sogar bei Heinrich Niemann in Erlangen promoviert hatte.

Aber danach hatte Dieter Schütt diesen Mitarbeiter einfach "in die Wüste geschickt", also woanders hin versetzen lassen, ohne jede Aufstiegsmöglichkeit. Dieter Schütt förderte die Mitarbeiter also nicht, sondern er saugte sie nach Möglichkeit wissenschaftlich aus. Wenn er dann ein neues Gesicht sah, von dem er sich mehr versprach, dann ließ er den bisherigen Gefolgsmann einfach untergehen.

Das war die Art von Dieter Schütt. Und nun war ich dieser neue Gefolgsmann, von dem er glaubte, eine Weile auf der Welle neuer Ergebnisse schmarotzend mitschwimmen zu können. So entstand der erste Tagungsbeitrag, in dem das QSDPCM-Verfahren vorgestellt wurde [2].

---

[3] Quadtree Structured Difference Pulse Code Modulation
[4] nicht zur Veröffentlichung geeignet

5.6 Das Höllenrennen

Mit der Entwicklung des QSDPCM-Verfahrens stand ich natürlich auch in Konkurrenz zu den Mitarbeitern, die auf den anderen bekannten Verfahren arbeiteten. Es entwickelte sich eine Art Rennen um das beste Verfahren. Die Atmosphäre war dadurch natürlich auch gereizt, was man sich von Seiten der Führung direkt wünschte (Stichwort: *Reizatmosphäre*). Dadurch, so glaubte man, würden die Mitarbeiter zu höchsten Leistungen angespornt.

Allerdings konnte die Frage nach dem besten Verfahren nie wirklich schlüssig beantwortet werden, denn Siemens besaß keine Echtzeit-Testumgebung, auf der man die Verfahren in einem realen Coder unter Verwendung einer realen 64 kBit Übertragungsstrecke hätte testen können. Damit war man auch nach außen hin wenig glaubwürdig.

Alle anderen Vergleiche, die man anstellte, waren von vornherein Makulatur, da die Bitrate nur geschätzt war und jeder Mitarbeiter mit seinem Verfahren da schätzen konnte, wie er wollte.

Daher war es auch ein Ziel gewesen, vor dem Hintergrund dieser Aktivitäten um das neu entwickelte Verfahren den nachrichtentechnischen Unternehmensbereich endlich zum Aufbau einer echtzeitfähigen Testumgebung zu bewegen. Aber der nachrichtentechnische Unternehmensbereich hatte sich von dem Vorhaben einer Coderentwicklung inzwischen innerlich schon längst verabschiedet. Deshalb kamen meine Aktivitäten für den nachrichtentechnischen Unternehmensbereich höchst ungelegen.

Die Verantwortlichen dort hätten mich lieber auf dem Mond gesehen als in der ZFE. So ähnlich verhielt es sich auch mit den anderen Mitarbeitern. Ich war mindestens doppelt so schnell wie der Schnellste von ihnen und sie drohten neben mir unterzugehen. Obendrein veröffentlichte ich immer mehr: Tagungsbeiträge, Workshops, Transactions-Manuskripte, Patentanmeldungen. Alle diese Publikationen können heute leicht auf meiner Google Scholar Webseite aufgefunden werden. Es genügt, nur meinen Namen im Google Suchfenster einzugeben.

Das Ganze entwickelte sich zu einem wahren Höllenrennen, denn nebenbei arbeitete ich auch noch an meinem alten Thema aus den Zeiten an der UniBw weiter, nämlich den adaptiven Filtern. Auch hier stand ich vor einem Durchbruch, indem ich die klassischen Levinson und Schur Algorithmen plötzlich unter Nutzung von Zwischengrößen, die ähnlich definiert waren wie die verallgemeinerten Residualenergien aus meiner Doktorarbeit, auch hier einführte und auf dieser Basis die Levinson und Schur RLS Adaptivfilter erfand.

Nachdem ich allmählich soviel veröffentlichte wie der Rest der Gruppe zusammengenommen, beschwerten sich diese bei dem Bereichsleiter Heinz Schwärtzel. Bis dahin war das Schreiben von Veröffentlichungen für einen Siemens-Mitarbeiter eine recht lukrative Angelegenheit gewesen: Für jede Veröffentlichung einschließlich der Tagungsbeiträge erhielt man eine Extravergütung von 1000 Mark.

Nachdem ich nun so unverhältnismäßig viel veröffentlichte, strich Heinz Schwärtzel kurzerhand die 1000 Mark Prämie für alle. Damit waren wieder alle gleich, oder er hatte wieder alle gleich gemacht, könnte man auch sagen. Das war für den Erhalt des "Burgfriedens" auch wichtig: Dass alle gleich waren. Und die, die nicht gleich waren, wurden gleichgemacht. Für mich war das nicht so toll.

5.6.1 Zu Besuch bei David Staelin am MIT

In dieser Phase reiste ich mehrmals im Jahr in die USA. Bei einer dieser Reisen sollte ich David Staelin besuchen, der ein bekannter Professor am MIT war und eben auch der Initiator von PictureTel. Vermutlich hatte er einen Siemens-Beratervertrag. Wir unterhielten uns eine Weile. Dann nahm er mich mit in ein dunkles Labor. Darin arbeitete Bernd Girod an einem DCT-Coder. Wir kannten uns gut. Als Bernd mich sah, stand er gleich auf und wollte mir etwas an dem Coder erklären. Da fiel ihm David Staelin ins Wort: *"be careful - he is very good!"*. Bernd Girod erhielt ebenso wie ich den ITG-Preis 1988. Später wurde er Professor an der Stanford Universität, denn er hatte einen guten Promoter: H.G. Musmann aus Hannover. Siemens wollte auch Bernd Girod als Mitarbeiter gewinnen. Es gab entsprechende Verhandlungen. Aber er ging nicht zu Siemens, was sein Glück war und dem Verstand und dem Einfluss von H.G. Musmann zugeschrieben werden konnte.

Siemens respektierte diejenigen am meisten, die nicht zu Siemens gingen, weil sie bessere Optionen hatten. Umgekehrt - wenn jemand einmal zu Siemens gegangen war, wurde er ab diesem Moment nicht mehr respektiert, denn er war ja nur deshalb zu Siemens gegangen, weil sich ihm keine besseren Optionen erschlossen hatten. Am Beispiel von Bernd Girod zeigte sich das am allerdeutlichsten.

5.6.2 Eine Vorlesung mit Bede Liu in Princeton

In Princeton betrieb Siemens ein kleines Forschungslabor. Wenn sich die Gelegenheit bot, besuchte ich von dort aus die Princeton University. Einmal wandelte ich durch die Gänge, vorbei an der offenen Tür des Büros von Bradley Dickinson, als ich plötzlich vor einem kleinen Hörsaal stand, in dem Bede Liu vor ein paar Studenten eine seminaristische Vorlesung hielt. Es ging gerade um die Woodbury-Identität. Ich trat ein, spazierte vor bis zur Tafel und dann führten wir die Vorlesung gemeinsam zuende. Danach gingen wir noch in sein Büro und unterhielten uns eine Weile. Wir waren uns zuvor schon auf Tagungen begegnet.

5.6.3 Die Auszeichnungen der Jahre 1987 und 1988

Im Jahre 1987 erhielt ich dann eine firmeninterne Auszeichnung und eine Prämie für meine Erfindung des QSDPCM-Verfahrens. Siehe Anhang A.6 und die dort abgebildeten Dokumente. Im Herbst 1988 erhielt ich den Preis der ITG. Siehe Abb. A.10. Abb. 5.1 zeigt ein Bild von der anschließenden Feier.

Abbildung 5.1 Runde der ITG-Preisträger im Herbst 1988 in Mannheim. V.l.n.r.: Dipl.-Ing. Berthold Lankl, Dipl.-Ing. Georg Seebald, eine Mitarbeiterin des VDE, Dr.-Ing. Peter Strobach, Dr.-Ing. Johannes Huber.

Berthold Lankl hat mit mir an der TU studiert und war zu dieser Zeit Mitarbeiter im nachrichtentechnischen Unternehmensbereich von Siemens. Später wurde er der Nachfolger von Ulrich Appel an der UniBw.

Johannes Huber hatte zu meiner Zeit an der UniBw eine etwas höhere Assistentenstelle am Institut für Nachrichtentechnik (Prof. Tröndle) inne und bearbeitete Themen der Kanalcodierung für die sich auch Hans Marko interessierte. Daher wurde Johannes Huber bald danach in das IBM-Forschungslabor Rüschlikon nach Zürich geschickt. Vor dort wurde er auf einen Lehrstuhl der Universität Erlangen berufen.

Von der Zeit an der UniBw waren wir uns gut bekannt. Auf der Rückfahrt nach München saßen wir im selben Abteil. Allerdings nicht sehr lange. Dann verabschiedete sich Johannes Huber mit der Bemerkung, er müsse noch in das Abteil von seinem Promoter Hans Marko gehen, der mit demselben Zug nach München zurückfuhr.

5.6.4 Die erste Begegnung mit Alfred Fettweis

Neben der Verleihung des ITG-Preises wurde damals in Mannheim auch der Karl-Küpfmüller-Preis zum zweiten Mal verliehen. Der erste Preisträger 1984 war Hans Marko gewesen. Und nun im Jahre 1988 erhielt Alfred Fettweis, ein Professor für Nachrichtentechnik der Ruhr-Universität Bochum, diesen Preis.

Sein Arbeitsgebiet der Wellendigitalfilter und mein Arbeitsgebiet der adaptiven Filter haben gewisse Gemeinsamkeiten. Von mir gab es schon Veröffentlichungen in den Transactions. Diese Aufsätze in den Transactions beinhalten auch einen Kurzlebenslauf mit Bild des Autors. Das ist sehr praktisch, da man damit interessante Personen auf Tagungen leicht erkennen kann.

Und so verhielt es sich auch hier. Meine Aufsätze waren Alfred Fettweis aufgefallen. Denn ich kam aus dem Nichts. Ich war kein Schüler eines bekannten Professors gewesen. Und dass jemand, der aus dem Nichts kommt auf einmal einen fetten Aufsatz in den Transactions hat, das hatte es zuvor ja noch nie gegeben.

Also war Alfred Fettweis interessiert. Bei dem Empfang, bei dem auch das in Abb. 5.1 gezeigte Foto entstand, sah ich Alfred Fettweis nur wenige Meter von mir entfernt in der Menge stehen. Er musterte mich lange, sprach aber kein Wort. Ich dachte mir: Der ist stumm wie ein Fisch!

Es gab auch danach keinerlei Kontakt zwischen uns. Ich dachte mir später, das wäre vielleicht geschickt gewesen, wenn sie (Hans Marko und Alfred Fettweis) mal auf einen Sprung am Tisch der ITG-Preisträger vorbeigeschaut hätten. Aber sie ließen sich nicht blicken.

5.6.5 The Documents of Mister P.

An solche Dinge habe ich mich viele Jahre danach wieder erinnert. Um diese Gedanken zu archivieren, tippte ich jede dieser Begebenheiten und meine spontanen Gedanken dazu in ein e-mail Formular ein und sandte es einem vertrauten ehemaligen Mitarbeiter[5].

Dieser Mitarbeiter wurde so zu meinem Archiv und zu meinem Zeugen. In den vergangenen sieben Jahren habe ich auf diese Weise 383 Mails an diesen Mitarbeiter gesandt. Irgendwann schlug ich ihm vor, er sollte doch ein Buch daraus machen mit dem Titel: *The Documents of Mister P.*.

Aber letztendlich war klar, dass ich dieses Buch selbst schreiben musste und hiermit auch schreibe.

Ich werde in diesem Buch beginnend an diesem Punkt manch eine dieser Mails, in denen ich mich an besonders einprägsame Momente, Ereignisse oder Erfahrungen der letzten 25 Jahre erinnere, an geeigneter Stelle hier authentisch wiedergeben. Natürlich gibt es auch ein "Document of Mister P." zu dieser ersten Begegnung mit Alfred Fettweis damals 1988 in Mannheim. Es wird in Abb. 5.2 gezeigt.

---

[5] namentlich nicht genannt

> **Gesendet:** Dienstag, 10. Juni 2014 um 21:00 Uhr
> **Von:** "Peter Strobach" <peter_strobach@gmx.de>
> **An:** ******.******@**-*******.**
> **Betreff:** Wie geht es Dir heute, Peter?
>
> Damals in Mannheim, 1988, hätten die ruhig mal
> an unserem Tisch (Bild) vorbeikommen können
> und sie hätten sagen können:
>
> "Hallo Peter, ich bin der Onkel Alfred und das ist
> der Onkel Hans. Wie geht es Dir heute, Peter? Wir wollen
> mal vorbeischauen und uns bekannt machen. Denn
> wenn wir da die Weichen gar nicht
> oder ganz falsch stellen, dann wirst Du die Weichen
> <u>selbst</u> stellen und das kann uns dann ganz schön dicke
> eingehen, nicht wahr! Wir sind ja schlaue alte Professoren,
> wir sind nicht dumm, nein, und deshalb wissen das, auch
> wenn es ein solches Kerlchen wie
> Dich sicherlich nicht alle Tage gibt!"

Abbildung 5.2 Document #1: Wie geht es Dir heute, Peter?

5.6.6 Das Wissenschaftsreferat

Das Wissenschaftsreferat war eine Stabsstelle, welche direkt dem Bereichsleiter Heinz Schwärtzel unterstand. Nachdem man sie eingerichtet hatte, wurde sie erstmals von Peter Müller-Stoy besetzt, einem nüchternen, vernünftig denkenden Menschen, der in Karlsruhe promoviert hatte und der von einem Unternehmensbereich in die ZFE gewechselt war. Er war schon über 50, aber man wollte noch etwas aus ihm machen. Deshalb setzte man ihn zunächst auf das Wissenschaftsreferat. Als Sprungbrett und zum Kennenlernen.

Peter Müller-Stoy wurde dann sehr schnell Hauptabteilungsleiter und befand sich damit in der Ranghöhe von Dieter Schütt. Das Wissenschaftsreferat war damit zunächst verwaist.

In der Fachgruppe von Eckart Hundt gab es eine eloquente Physikerin namens Birgit Ueberreiter. Sie war kein technischer Mensch. Ihre wissenschaftliche Leistung war nur unwesentlich von Null verschieden. Sie lief meistens so rum, beobachtend, milde lächelnd. Bei Bedarf beflissen redend.

Sie hat schnell kapiert: In diesem Laden kannst du mit Arbeit nichts erreichen. Hier konnte man sich totarbeiten und dann haben sich die anderen darüber höchstens totgelacht.

Plötzlich saß sie im Chefsessel des Wissenschaftsreferats. Wir fragten uns: *Howcome?* Mein Document #2 in Abb. 5.3 beantwortet diese Frage.

5.6 Das Höllenrennen

> **Gesendet:** Mittwoch, 16. Oktober 2013 um 12:59 Uhr
> **Von:** "Peter Strobach" <peter_strobach@gmx.de>
> **An:** ******.******@**-*******.**
> **Betreff:** Birgit Ueberreiter ...
>
> ... und die Frage:
>
> Wie wird man Leiter des Wissenschaftsreferats der ZFE?
>
> Die gute Birgit hat's schnell kapiert: Wer hier was kann und wer hier was tut, der ist am Ende der letzte Depp.
>
> Also entschloss sie sich zu einem kleinen "Politik-Trick".
> Sie lief vom Erdgeschoss in den 6. Stock,
> wo die "Bosse" sassen. Dort öffnete sie eine Tür und sie sprach:
>
> "Ich bin die Birgit Ueberreiter und wer seid I-h-h-h-r?"
>
> Dabei war es von entscheidender Bedeutung, dass sie das I-h-h-h-r über 3 Oktaven sang.
>
> Das beeindruckte den hinter dieser Tür sitzenden Menschen so nachhaltig, dass er zu sich sprach:
>
> "Heute ist mein Glückstag! Der Beförderungsgott schickt mir diese Frau".
>
> Ich ernenne sie zum Leiter des Wissenschaftsreferats der ZFE. Damit habe ich eine Frau gefördert und befördert. Das wird mir pauschal hoch angerechnet und damit komme ich dann selbst in den Vorstand. Ja! - in den Vorstand.
>
> Tja, und so wurde die gute Birgit auf einen Schlag zur Leiterin des Wissenschaftsreferats der ZFE ernannt (derjenige der's zu verantworten hatte kam dann allerdings doch nicht in den Vorstand (wie erhofft) - Pech gehabt, Junge!)

Abbildung 5.3 Document #2: Birgit Ueberreiter...

5.6.7 Wie man mir den Johann-Philipp-Reis-Preis wegnahm

Den ITG-Preis hatte ich für meine Arbeiten auf dem Gebiet der adaptiven Filterung und Parameterschätzung erhalten. Daraufhin bewarb ich mich mit meinen Arbeiten zur Bewegtbildcodierung und hier insbesondere mit dem QSDPCM-Verfahren um den mit 20.000 Mark dotierten Johann-Philipp-Reis-Preis 1989.

Mit diesem Preis sollen herausragende Arbeiten im Bereich der Telefonie ausgezeichnet werden. Und dieses von mir entwickelte 64 kBit QSDPCM-Verfahren war speziell für die Anwendung bei der Bildtelefonie entwickelt worden. Das war auch firmenintern die Zielsetzung gewesen. Meine Arbeit war äußerst innovativ und passte genau in den Rahmen dieses Preises.

Wie erfährt man davon, wenn man diesen Preis gewonnen hat? Man wird von der VDE-Zentrale in Frankfurt angerufen. Das ist bei vielen Preisen so: Beim Nobelpreis, beim ITG-Preis und eben auch beim Johann-Philipp-Reis-Preis. Man wird angerufen und es wird einem mitgeteilt, dass man der Preisträger ist.

Eines Tages läutete das Telefon auf meinem Schreibtisch und es meldete sich ein Mitarbeiter aus der VDE-Zentrale in Frankfurt. Er teilte mir unumwunden mit, dass ich den Johann-Philipp-Reis-Preis1989 gewonnen habe. Also wartete ich ab, bis ich es schriftlich bekommen würde, so wie es auch beim ITG-Preis gewesen war. Ich wartete und wartete - doch ich erhielt keine Nachricht.

Da erfuhr ich eines Tages, dass zwei Mitarbeiter desselben Bereichs in der ZFE, nämlich des Bereichs von Heinz Schwärtzel, den Preis erhalten hatten. Was war da abgelaufen?

Der damalige Vorsitzende der ITG war Peter Bocker, der auch eine hohe Leitungsstelle im nachrichtentechnischen Unternehmensbereich bei Siemens bekleidete. Die Verleihung des Johann-Philipp-Reis-Preises 1989 fiel direkt in seinen Kompetenzbereich. Er informierte die Leitung des nachrichtentechnischen Unternehmensbereichs umgehend von der Entscheidung, die von der technischen Kommission bei der Vergabe dieses Preises getroffen worden war. Sicherlich wurde auch Heinz Schwärtzel, in dessen Bereich in der ZFE ich beschäftigt war, umgehend informiert.

Man beschloss, sich über die Entscheidung der technischen Kommission hinwegzusetzen, mir den Preis ganz einfach *wegzunehmen* und den Preis ein paar anderen Mitarbeitern aus dem Bereich von Heinz Schwärtzel zu geben, die sich darum gar nicht beworben hatten! Denn schließlich hätte die Verleihung des Preises an mich die Siemens AG quasi dazu gezwungen, endlich eine echtzeitfähige Testumgebung für die Codierverfahren aufzubauen.

Das aber wollte man auf gar keinen Fall. Man hatte sich ja längst von der Bewegtbildcodierung verabschiedet. Vielleicht war das ganze Thema der Bewegtbildcodierung eigentlich nur als Spielprojekt gestartet worden. Einfach um auf diesem Gebiet auch ein wenig mitreden zu können. Mit den einfachen Laboringenieuren war das ja leicht zu machen. Man lässt sie eine Weile spielen und wenn die große Firma kein Interesse mehr an diesen Spielchen hat, dann erklärt man diese Laboringeneure für Deppen und ihre Arbeit für ohnehin aussichtslos und hat damit den Grund, den man braucht, um ein Thema einzustampfen, für das man sich ohnehin nie wirklich interessiert hat.

Und dann hatten sie das Unglück, so jemanden wie mich eingestellt zu haben, der da wirklich Ernst machte. Also nahm man mir meinen Preis kurzerhand weg und stellte die ganze Bewegtbildcodierung einfach ein. Dabei hatte man nur übersehen, dass die zuständigen Mitarbeiter in der VDE-Zentrale in Frankfurt so verfahren waren, wie in solchen Fällen üblich. Sie hatten nämlich den wahren Preisträger bereits telefonisch informiert.

Am liebsten hätte man mir ja reine gar nichts für meine Arbeit gegeben. Aber da gab es dann doch von irgendeiner Seite Gegendruck. Daher musste man mir eine Art Trostpreis geben. Das war die Einladung zum Treffen der Stiftung Werner-von-Siemens-Ring in Hamburg am 12. Dezember 1989. Siehe die Urkunde dazu in Abb. A.11.

Man nimmt der Biene den Honig weg und gibt ihr dafür billiges Zuckerwasser zum saufen. Genauso war es und genauso habe ich das auch empfunden. Heinz Schwärtzel *musste* mich als Vorsitzender der Gesellschaft für Informatik für diese Ehrung durch die Stiftung Werner-von-Siemens-Ring vorschlagen.

Damals in Hamburg musste er mir diese Ehrung persönlich überreichen und einige anerkennenden Worte sprechen. So ein Manager wie Heinz Schwärzel kann sich in aller Regel ja vorzüglich verstellen. Aber das war so hart, dass selbst ein Heinz Schwärtzel sichtlich Mühe hatte, hier die Haltung zu bewahren als er mir damals am 12. Dezember 1989 in Hamburg diesen Trostpreis persönlich überreichen und dazu auch noch einige anerkennende Worte sprechen, oder sagen wir besser *herauswürgen*, musste.

Was sollte ich jetzt von dieser Firma Siemens denken? Ich dachte mir: Die sind wirklich so, wie du sie damals als junger Mensch im Alter von nur 22 Jahren bei dieser Informationsveranstaltung an der FH Regensburg eingeschätzt hast. Genauso sind die!

5.6.8 Haben Sie ein kleines Auto?

Eines Vormittags begegnete ich Dieter Schütt auf dem Weg zwischen Kantine und Büro. Wir sprachen ein paar lockere Worte miteinander. Plötzlich fragte er mich: *"Haben Sie ein kleines Auto?"*. Ich war momentan ganz platt. Was soll ich denn dazu sagen?

Im Bayerischen Wald zwischen Rachel und Lusen, wo ich zuhause bin, hat fast jeder gewöhnliche Arbeiter ein schmuckes kleines Häusl und davor steht ein schönes kleines oder größeres Auto.

Und hier fragt der Leiter einer Siemens-Hauptabteilung einen Doktor-Ingenieur mit zweifachem Ingenieurabschluss, ob er ein kleines Auto hat! Was denkt der über mich? Bin ich hier in einem Tollhaus? Welch ein Bild der Entrücktheit und der grenzenlosen Realitätsferne! Ich dachte mir: Vielleicht ist das bei Habilitierten normal.

5.6.9 Die innere Stimme

1987 kaufte ich mir eine 2-Zimmer Eigentumswohnung am Josef-Maria-Lutz-Anger in Neuperlach, nur rund 10 Minuten von Siemens entfernt. Wegen des Rennens um das Codierverfahren kam ich nicht dazu, die Wohnung jemals einzurichten. Daneben gab es ja auch noch meine Arbeiten an den adaptiven Filtern. Ich arbeitete also an zwei unterschiedlichen Forschungsthemen gleichzeitig.

Am Wochenende fuhr ich immer nach Hause zu meinen Eltern. Sonntag abends ging es dann wieder zurück. Von der Autobahnausfahrt Putzbrunn auf der Putzbrunner Straße stadteinwärts. Man kam durch ein kleines Waldstück und konnte dann die Wohnanlage in einiger Entfernung auf der rechten Seite sehen.

Eines Sonntagabends befand ich mich wieder auf der Rückfahrt und blickte an dieser Stelle hinüber zu der Wohnanlage, wo sich meine 2-Zimmer-Wohnung befand. Auf einmal machte sich ein ganz merkwürdiges negatives Gefühl in mir breit. So als ob das gar nicht die Wirklichkeit wäre. Eine innere Stimme wollte mir sagen, dass ich mich auf dem vollkommen falschen Weg befand.

5.7 Der Anfang vom Ende

Mir wurde langsam klar, dass ich aus Siemens herauskommen musste. Nachdem sich die Einstellung der Forschungen an dem Thema der Bewegtbildcodierung abzeichnete, war die Abteilung in der Auflösung begriffen.

Die Mitarbeiter Herbert Hölzlwimmer und Achim von Brandt wurden unter menschenunwürdigen Umständen in den nachrichtentechnischen Unternehmensbereich versetzt. Zur weiteren "Verbringung", sozusagen. Ich kann mich noch genau erinnern, als Achim an einem dieser Tage ziemlich niedergeschlagen über den Gang vom Büro zum Rechnerraum ging.

Auf diesem Wege begegnete ihm ein Mensch namens Bernd Kämmerer. Dieser Mensch hatte die Leitung des Forschungsreferats von Birgit Ueberreiter übernommen. Der wiederum hatte man eine Fachgruppenleiterstelle übergeben. Als sie es nicht konnte, beförderte man sie zum Abteilungsleiter. Weil Abteilungsleiter in Siemens nur noch Politik machen und von der Technik reine gar nichts mehr verstehen müssen.

Als Bernd Kämmerer Achim sah, schnauzte er ihn an: *"Bist du immer noch da?"*.

Für diese Menschen, die damals in der ZFE die Verfahren untersucht hatten, bedeutete eine Verbringung in den nachrichtentechnischen Unternehmensbereich unter diesen Umständen ungefähr dasselbe, wie für einen Gallier die Verbringung nach Rom. Es entsprach einer öffentlichen Degradierung. Sie liefen ganz blass und mit schmalen Lippen umher, bevor man sie verbrachte.

5.8 Der Realisierungsversuch der ZFE

Nachdem der nachrichtentechnische Unternehmensbereich keine Anstalten unternahm, eine echtzeitfähige Plattform für die Codertests zu entwickeln, überlegte man sich in der ZFE, ob man das nicht selbst machen könnte.

Dazu musste man verschiedene Abteilungen an einen Tisch bringen. Eben auch Abteilungen, die konkret die Hardware aufbauen oder ein spezielles Chip realisieren konnten. Also setzte man eine Klausurtagung an, bei der alle zusammentreffen und erst einmal Sondierungsgespräche darüber führen sollten. Diese Tagung fand in einem malerischen Hotel in der Nähe von Tegernsee statt.

Wir waren zu Dritt da hingefahren: Eckart Hundt, Bernard Hammer und ich. Dann kamen wir alle in einem großen Besprechungszimmer zusammen. Ich hatte ja schon einschlägige Erfahrungen im Hardwarebereich und wie man sowas machen könnte. Von den Anderen wusste aber niemand so richtig darüber Bescheid. Also lauschte ich mal gespannt, was da von den dafür zuständigen Fachabteilungen so rüberkommen würde.

Es war entsetzlich. Hier existierte überhaupt kein nennenswertes Know-How, das geeignet gewesen wäre, ein solches Projekt zu stemmen. Da wurde mir richtig schlecht. Ich bin wohl physisch und psychisch sehr belastbar, sonst hätte mich das womöglich krank gemacht. Das Ganze ging dann auch ohne greifbare Ergebnisse auseinander.

5.9 Meine Bewerbung im IBM Forschungslabor Rüschlikon

Jetzt war mir klar: Ich musste unbedingt aus Siemens raus, bevor dieser Koloss mich vollkommen runterzog. Also entschloss ich mich, eine Bewerbung an das IBM Forschungslabor Rüschlikon in Zürich zu senden. Das war der Ort, an den Hans Marko all diejenigen hinschickte, die er später zu Professoren machen wollte. Also war das der letzte Ort in Europa, wo ich noch weitermachen konnte.

Bei meiner Bewerbung bezog ich mich speziell auf meine Arbeiten auf dem Gebiet der adaptiven Filter, also mein Thema in der Doktorarbeit, für die ich auch den ITG-Preis erhalten hatte. Außerdem gab es in der Zwischenzeit auch eine Reihe von Veröffentlichungen darüber, eben auch in den *IEEE Transactions on Signal Processing*. Das war die renommierteste Fachzeitschrift auf diesem Gebiet weltweit.

Alsbald erhielt ich eine Antwort aus Zürich. Und zwar direkt von dem Leiter des Labors für Übertragungstechnik Gottfried Ungerboeck, der sehr bekannt war aufgrund seiner Arbeiten zur Kanalcodierung. Er schrieb mir, sie seien bei IBM sehr angetan von meinen Arbeiten und beabsichtigen, mich demnächst einzuladen. Es verging eine Weile. Dann erhielt ich ein zweites Schreiben, das persönlich sehr unfreundlich verfasst war und in dem man mir erklärte, man habe sich über mich erkundigt und aufgrund der eingegangenen Auskünfte wolle man mich überhaupt nicht mehr einladen.

Was war geschehen? Ich hatte mich mit dem Fachgebiet beworben, das mein Promotionsthema gewesen war. Also haben sie mit an Sicherheit grenzender Wahrscheinlichkeit bei meinem Doktor"vater" Ulrich Appel nachgefragt. Dieser hätte ja zu diesem Zeitpunkt nie mehr geglaubt, noch jemals wieder in die Reichweite meiner Rücklichter gelangen zu können. Und nun brachten ihn diese dummen IBM-Leute direkt in "Schussposition".

Er konnte mich nach Belieben verunglimpfen. Es liegen mir keine Beweise dafür vor, dass es wirklich so gewesen ist. Aber die Ablehnung war sehr persönlich gehalten gewesen - eben nicht fachlich. Und wer als mein Doktor"vater" hätte an dieser Stelle schon eine derart extrem abträgliche Auskunft über mich abgeben können? Ich sehe niemanden anderen als nur Ulrich Appel.

Nachdem dieser Mensch Ulrich Appel mir schon meinen Weg zu AEG-Ulm verbaut hatte, verbaute er mir nun auch meinen Weg in das IBM Forschungslabor Rüschlikon. Mit Ulrich Appel hatte ich nun auch meinen "Promoter", allerdings in einem negativen Sinn. Bei jedem Schritt in eine richtige Richtung, den ich unternahm, gab man ihm sofort die Gelegenheit, es zu vergällen. Damit hatte ich überhaupt keine Chance. Da hätte ich machen können was ich wollte.

Somit war ich in Siemens gefangen. Es gab schlicht keinen Ausweg mehr. Was sollte ich tun?

5.10 Meine Habilitation an der Universität Erlangen

Ich musste versuchen, mich weiter zu qualifizieren, um direkt von Siemens aus an die Universität zu kommen. Das war die einzige Möglichkeit, die mir noch blieb, wenn ich meine Forschung in Deutschland weiter betreiben wollte.

5.10.1 Wie wird man Professor?

Professoren werden aus der Industrie berufen. Das war damals das allgemeine Credo. Die Universitäten schluckten bereitwillig die abgewrackten Abteilungsleiter aus der Industrie, die in den allermeisten Fällen weder eine wissenschaftliche noch eine pädagogische Eignung mitbrachten.

Mir ist bis heute nicht klar geworden, warum das in Deutschland so war oder - in vielleicht abgeschwächter Form - immer noch ist. In meinen Augen war dieses Berufungskonzept meist abträglich. Schlicht schädlich für die Universitäten und hauptsächlich für die Studenten.

Ein gutes Beispiel für einen solchen Fall war Manfred K. Lang, der in der Siemens ZFE zu Anfang "mein" Abteilungsleiter gewesen war. Wissenschaftlich besaß er praktisch nichts. Trotzdem wurde er damals von Siemens auf einen Lehrstuhl der TU "promoted".

Nachdem er selbst keine nennenswerten wissenschaftlichen Arbeiten vorzeigen konnte, beließ man kurzerhand die Publikationen des Vorgängers auf der Webseite des Lehrstuhls. Das war schon grotesk. Direkt eine Verhöhnung aller, die sich um gute eigene wissenschaftliche Leistungen bemühten.

Wie beispielsweise all die C3-Professoren, die oft wissenschaftlich wesentlich höher ausgewiesen waren als diese abgewrackten Industrieberufenen, aber keine Möglichkeit des Weiterkommens mehr hatten. So ein abgewrackter Industriemensch, den man irgendwie auf einen Lehrstuhl geklüngelt hatte, konnte so einem sehr guten C3-Mann direkt ins Gesicht lachen. Deshalb habe ich auch nie eine C3-Stelle angestrebt. Weil ich mich nicht in einer solchen Situation wiederfinden wollte. Ich musste direkt C4 werden.

5.10 Meine Habilitation an der Universität Erlangen

Ein zweiter mir bekannter Fall an der TU war ein Mensch namens Josef Nossek[6], der aus dem nachrichtentechnischen Unternehmensbereich an die TU auf den Lehrstuhl von Rudolf Saal promoted wurde. Er gehörte vielleicht zu den wenigen Industrieberufungen, die sich später doch bewährten. Zunächst aber hatte auch er nichts als nur das Glück, im Rahmen der Beratertätigkeit, die Alfred Fettweis mit dem nachrichtentechnischen Unternehmensbereich verband, mit diesem zusammenzutreffen.

Alfred Fettweis wiederum suchte verzweifelt nach einem Menschen, den man auf den freiwerdenden Lehrstuhl von Rudolf Saal setzen konnte - und fand diesen Menschen in der Umgebung bei Siemens, zu der er unmittelbaren Kontakt hatte. So war es schlicht und einfach pures Glück für Josef Nossek gewesen, dass er hier genau an dieser Stelle saß und damit in dieses förderliche Fahrwasser geraten konnte. So bewahrheitete sich auch hier der alte Spruch von Rudolf Saal: *Erfolg ist Glück mal Können!*

Man baute ihn rasant auf. Dazu musste er auch den ITG-Preis bekommen, den er mit schon fast 40 Jahren immer noch nicht hatte. Denn es galt als ungeschriebenes Gesetz, dass jeder Lehrstuhlinhaber des elektrotechnischen Fachbereichs an der TU den ITG-Preis haben sollte. Also drückte man ihm den ITG-Preis 1988, eben genau in dem Jahr, in dem ich ihn erhielt, grad noch[7] so rein, kurz vor Erreichen der Altersgrenze für die Vergabe dieses Preises.

Dies muss für ihn selbst damals einen so bitteren Beigeschmack gehabt haben, dass er gar nicht zur Verleihung in Mannheim erschienen war. Schließlich hatten ja seine Mitarbeiter Lankl und Seebald im selben Jahr auch den ITG-Preis erhalten. Und da wollte er sich wohl nicht dazusetzen, so temporär nochmal auf dieselbe Ebene reduziert, der Form halber, weil zukünftige TU-Professoren halt diesen Preis mitbringen sollten.

Ich konnte jedenfalls nicht solange warten, bis aus mir selbst ein abgewrackter Abteilungsleiter geworden war und sicherlich wäre ich auch nie einer geworden. Auch konnte ich nicht warten, bis mich irgendwann ein alter, talentesuchender Professor entdeckt und so liebgewinnt, dass er es zu seiner letzten Lebensaufgabe machen würde, mich auf einen Lehrstuhl zu promoten.

Schließlich hatte ich ja nicht einmal einen einflussreichen Doktor"vater", der mich promoted hätte. Mein Doktor"vater" tat ja genau das Gegenteil. Er unternahm alles, um mir zu schaden und man hat ihm alle Möglichkeiten eingeräumt, damit er das auch nachhaltig konnte.

Also musste ich schlicht und einfach selbst handeln. Bei den Berufungen fehlte meist die Balance: Entweder kamen die Leute aus der Industrie und hatten keine wissenschaftliche und in vielen Fällen auch keine pädagogische Eignung, oder sie

---

[6] Noch eine Anekdote am Rande, die mir viel später zu Ohren gekommen ist. Demnach hat sich Josef Nossek, der mit Gottfried Ungerboeck aus dem IBM-Forschungslabor in Zürich angeblich gut bekannt war, mit diesem auch mal über die "Bewerbung Strobach" unterhalten. Dabei hat - gemäß der Anekdote - Josef Nossek dem Gottfried Ungerboeck "reinen Wein" eingeschenkt über die wahren Verhältnisse und Hintergründe. Wenn es wirklich wahr ist, was man mir erzählt hat, dann möchte ich nicht wissen, wie ein Gottfried Ungerboeck sich danach gefühlt hat!

[7] Um die Ausdrucksweise meines alten Freundes Johann Steckenbiller nochmal zu gebrauchen.

kamen über die Habilitation. Dann hatten sie keine Industriepraxis und das war ebenso schlecht, denn diese rein akademisch herangebildeten Professoren besaßen auch eine inakzeptable Lücke in ihrem Erfahrungshorizont. Das merkte man im Umgang mit ihnen sofort.

Nach dieser Analyse sah ich in mir selbst den idealen Lehrstuhlinhaber. Denn ich war wissenschaftlich qualifiziert, hatte vielseitige Industrieerfahrung und ich war eloquent und pädagogisch sehr geschickt. Ja - das klingt jetzt sehr nach der mir nachgesagten Selbstüberschätzung. Auch dieses Märchen stammt von meinem "berühmten" Doktor"vater" Ulrich Appel und wurde danach von vielen bereitwillig weiterverbreitet. Die Wahrheit ist: So wie ich mich selbst sah, so war ich auch wirklich.

In der Geschichte der Menschheit wurden Wahrheiten oft vehement angezweifelt. Es gab einmal eine Zeit, in der einflussreichste Kräfte sich mit allen Mitteln gegen die Einsicht stemmten, dass die Erde rund ist. Und genauso war es auch in meinem Fall. Bornierte Menschen fühlten sich dazu berufen, sich mit aller Gewalt gegen mich zu stemmen.

Am Ende - und inzwischen sind ja 25 Jahre vergangen - hat die Geschichte gezeigt: Ich hatte mit all meinen Aussagen recht und der Weg, den ich einschlagen wollte, war richtig. Bornierte Menschen in einem bornierten System haben mir meinen guten und richtigen Weg vergällt, wie an späterer Stelle in diesem Buch noch ausgiebig gezeigt werden wird.

5.10.2 Mein Buch Linear Prediction Theory

Was mir auf meinem Weg noch fehlte, war eine Habilitation. Damit wäre das Bild komplett gewesen. Für eine Habilitation benötigt man eine Habilitationsschrift. Ich erinnerte mich an Wolfgang Hess und an die Zeit, in der er sein Buch schieb. Es war seine Habilitationsschrift gewesen. Ich beschloss, denselben Weg zu gehen.

Wolfgang Hess hatte sein Buch in der renommierten Springer Series in Information Sciences unter dem Editor Manfred Robert Schroeder herausgebracht. Schroeder war auf der anderen Seite ein Pionier der linearen Prädiktion gewesen, die auch die Grundlage für meine adaptiven Filter bildete. Ja ich hatte sogar gezeigt, wie die wichtigsten Algorithmen der linearen Prädiktion, wie der Levinson- und der Schur-Algorithmus, zu rekursiven adaptiven Filtern erweitert werden konnten. Ein fundamentaler, innovativer und originärer Schritt.

Auf diesem Wege hatte ich auch alle anderen existierenden Verfahren und Algorithmen in diesem Bereich durchdrungen. Hier arbeitete ich ein wenig wie Enrico Fermi, der lieber alles selbst ausrechnete, bevor er es in einer Veröffentlichung lange nachlas. So war es auch bei mir.

Zu diesem Zeitpunkt verfügte ich bereits über eine große Anzahl von Nachrechnungen und Herleitungen der meisten Algorithmen auf diesem Gebiet. Nichts lag also näher, als diese zusammenzufassen und zusammen mit meinen eigenen Ergebnissen in einem Buch zu veröffentlichen. Und nichts war naheliegender, als dies genau wieder in den Springer Series in Information Sciences zu tun.

Also beschloss ich, dies vorzuschlagen und wandte mich damit an den Springer-Verlag, der es wiederum Manfred Robert Schroeder vorschlug. Dieser war sofort einverstanden und so begannen die Arbeiten an meinem Buch *Linear Prediction Theory: A Mathematical Basis for Adaptive Systems* [3].

Die Arbeiten zu dem Buch liefen neben den Untersuchungen zu den Codierverfahren. Das war ein enormer Druck, da ich mich nicht in dem Umfang auf das Buch konzentrieren konnte, wie es notwendig gewesen wäre. Vieles wurde auch hier schneller und oberflächlicher abgehandelt als es eigentlich notwendig gewesen wäre.

Aber damals war das Ende abzusehen und ich musste zusehen, dass ich vorwärts kam. Auch standen mir keine richtig professionellen Mittel zur Verfügung. So konnte ich die in dem Buch beschriebenen Algorithmen kaum oder gar nicht testen. Einerseits stand dafür keine Zeit zur Verfügung, andererseits gab es in der Abteilung, in der ich beschäftigt war, keine Simulationsumgebung für Untersuchungen an Zeitreihen. Alles war auf Bilder und Bildfolgen ausgerichtet.

Auch in der Nachbargruppe, die sich mit Sprachverarbeitung beschäftigte, gab es kaum Möglichkeiten. Sie hatten einen alten Plotter, sonst nichts. Das war wie in der Steinzeit. Und das in einer sogenannten "Forschungsabteilung" in der größten deutschen Firma auf diesem Gebiet.

Darüber hinaus hatte ich keine Kenntnis von dem damals schon verfügbaren Textverarbeitungssytem TEX und seinen verschiedenen Derivaten. Wir arbeiteten mit einem von Mathematik-Studenten selbstgebastelten, bildschirmorientierten System namens SIGNUM. Es lief auf einem kleinen Atari-Computer.

Das waren die Umstände und Rahmenbedingungen, unter denen ich begann, mein Buch zu schreiben. Aus heutiger Sicht ein reiner Witz, in Anbetracht solcher Rahmenbedingungen mit einem Buchprojekt überhaupt zu beginnen! Trotzdem tat ich es und brachte es an ein Ende.

Ich hatte auch Dieter Schütt von dem Vorhaben informiert. Damals war unser Verhältnis noch gut. Er war einverstanden. Einmal hat er mich sogar für zwei Wochen vom Dienst freigestellt um mir die Arbeit an meinem Buch zu ermöglichen. Dafür wurde er von Heinz Schwärtzel heftig kritisiert: *"Wir bilden hier keine Professoren aus"*, hieß es.

5.10.3 Die Kontaktaufnahme mit den Professoren

Als sich das Buchprojekt seiner Vollendung näherte ging es darum, eine Universität zu finden, an der ich meine Habilitation durchführen konnte. Hier erinnerte ich mich an Alfred Fettweis aus Bochum. Als zweite Möglichkeit sah ich noch Hans Wilhelm Schüßler aus Erlangen. Von ihm hatte ich in meiner akademischen Kindheit ein elementares Büchlein mit dem Titel "Digitale Systeme zur Signalverarbeitung" gelesen, das mich in den Anfängen sehr motivierte.

Also wandte ich mich schriftlich an diese beiden Professoren, da ich ja keinen von ihnen persönlich kannte. Von Alfred Fettweis erhielt ich umgehend eine sehr konstruktive, freundliche und grundsätzlich interessierte Antwort. Von Hans Wilhelm Schüßler erhielt ich zunächst nichts.

Mit Alfred Fettweis hatte ich ein Telefonat vereinbart. Also rief ich ihn eines Tages aus der Hektik des Büros aus an. Wir redeten und redeten - aber das Gespräch kam zu keinen "Conclusions"[8]. Es war so, als ob man von einem Unterprogramm in das nächste springt und an kein Ende kommt. Schließlich sprach Alfred Fettweis genau diesen Satz: "... *Sie können einreichen, aber da können sie durchfallen!...*".

Damit hatte er ein Angebot unterbreitet und es im selben Satz gleich wieder zurückgenommen. Meine Geduld war damit erschöpft und ich erwiderte, dass ich unter diesen Umständen in Erlangen einreichen würde. Damit war unser Gespräch beendet.

Einige Zeit später erhielt ich auch ein Schreiben von Hans Wilhelm Schüßler. Darin beglückwünschte er mich zum ITG-Preis und zu meinen anderen Erfolgen, wie er es nannte, eben den Aufsätzen in den Transactions. Geichzeitig meinte er schon schärfer kritisierend, dass man sich mit einer Habilitation für gewöhnlich an den Ort wendet, wo man seinen Doktor gemacht hat und allein aus dieser Sicht schon sei mein Vorhaben ungewöhnlich. Auch sei er sehr beschäftigt und müsste sich erst einarbeiten.

Ich war trotzdem sehr euphorisch angesichts des ersten Blicks auf dieses Schreiben. Heute könnte ich nicht mehr sagen, warum. Im Grunde war das Schreiben nicht direkt unfreundlich, aber doch sehr reserviert verfasst. Es war in Wirklichkeit eine indirekte Abweisung. Das fiel mir auf den ersten Blick nicht auf.

Ich schieb sofort zurück, dass ich mich auf eine Begegnung freuen würde. In der Zeit danach las ich dann den Schüßlerschen Brief noch einige Male. Mit jedem Mal erschien mir dieser Brief in einem negativeren Licht.

Insbesondere fiel mir ein Satz in diesem Brief auf, den ich nicht verdauen konnte. Es war der folgende Satz (wörtlich wiedergegeben aus dem Schreiben von Hans Wilhelm Schüßler, datiert vom 19.12.1988):

"Aber es gibt eben Vieles, was mich interessiert, und im übrigen muß ich mich vor allem mit den Dingen befassen, an denen meine Doktoranden arbeiten."

Aber auf diesen Standpunkt hätten sich dann schlicht *alle* Professoren Deutschlands zurückziehen können, mit Ausnahme des Professors, dessen Doktorand ich gewesen war. Und der schied aus.

Also wäre ich, ausgehend von dieser Betrachtungsweise, von der Habilitation ausgeschlossen gewesen. Dies aber widersprach ganz klar der Rechtslage und der Intention, die hinter dem Instrument der Habilitation stand. Wie festgeschrieben in den geltenden Hochschulgesetzen und konkretisiert in der Habilitationsordnung, wonach die Habilitation eben *nicht* auf die eigenen Doktoranden einer Universität beschränkt werden darf.

---

[8] abschießende, ergebnisfeststellende Zusammenfassung

5.10 Meine Habilitation an der Universität Erlangen

Vielmehr muss das Habilitationsverfahren allen offenstehen, eben auch solchen Kandidaten, die aus welchen Gründen auch immer, ihre Habilitation irgendwo einreichen und durchführen wollen, wo sie nicht promoviert haben.

Ich befand mich also in der Zwangslage, dass ich mit keinem der beiden angesprochenen Professoren zu einer zielführenden Vereinbarung gekommen war. Was sollte ich tun?

Ich hätte mich erneut auf die Suche begeben können, nach einem dritten Professor, um diesen vielleicht für meine Habilitation "begeistern" zu können. Aber weshalb hätte sich ein anderer Professor für meine Habilitation begeistern sollen? Die Schüßlerschen Verweigerungsgründe konnten genauso von jedem anderen Professor in Anspruch genommen werden.

Es gab eben keinen ausgewiesenen Professor auf meinem Spezialgebiet in Deutschland. Deshalb hätten auch alle weiteren Professoren die schwierige Einarbeitung ins Feld führen können um sich aus einer Aufgabe herauszuwinden, die ganz klar im Rahmen ihrer Dienstverpflichtungen lag.

Es gab noch den Professor Johann F. Böhme, der in Bochum einen Lehrstuhl für Signaltheorie leitete. Er war fachlich wohl näher dran. Aber es war wieder Bochum, wo ich schon mit Alfred Fettweis zu keiner Einigung gekommen war. Da erschien es mir ungeschickt, nun einen Parallellehrstuhl derselben Universität nochmal in der Sache anzusprechen.

Schließlich hätte ich noch Manfred Robert Schroeder ansprechen können. Er war der Leiter des Dritten Physikalischen Instituts in Göttingen gewesen. Aber er ging zu dieser Zeit gerade in Pension oder befand sich zu diesem Zeitpunkt bereits in Pension.

Also blieben nur Bochum und Erlangen übrig. Letztendlich favorisierte ich Erlangen, da wir enge Kontakte zur Informatik in Erlangen hatten. So gab es einen Beratervertrag zwischen Siemens und dem Erlanger Informatikprofessor Heinrich Niemann. Wir besuchten mit unserer Gruppe regelmäßig das Institut von Heinrich Niemann. Dieser wiederum besuchte uns in Neuperlach mit seiner Gruppe.

Also reichte ich meinen Habilitationsantrag am 01.04.1989 kurzerhand in Erlangen ein, ohne Hans Wilhelm Schüßler noch einmal zu kontaktieren. In dem Habilitationsantrag äußerte ich den Wunsch, die Habilitation fächerübergreifend durchzuführen, als eine Art Verbundprojekt unter Einbeziehung der Informatik, eben wegen des Kontakts zum Niemann-Lehrstuhl.

Dieser rigorose Schritt wurde nachträglich häufig kritisiert. Allerdings war mir durch den ungeschickten Ausgang der Kontaktaufnahme mit den Professoren schlicht nichts anderes übrig geblieben, es sei denn, ich hätte ganz auf meine Habilitation verzichtet, was natürlich keineswegs in Betracht kam.

Man kann die Sache daher auch ganz anders sehen. Mein Document #3 in Abb. 5.4 bringt die Aspekte recht drastisch auf den Punkt.

So muss man diesen unglücklichen Ausgang objektiv gesehen auch zu einem Gutteil der geradezu traumwandlerischen Ungeschicklichkeit der beteiligten Professoren zurechnen, mit der sie an diesen Fall herangingen.

> **Gesendet:** Donnerstag, 21. Mai 2015 um 13:27 Uhr
> **Von:** "Peter Strobach" <peter_strobach@gmx.de>
> **An:** ******.******@**.*******.**
> **Betreff:** was schreibt ein Depp?
>
> Was schreibt ein richtiger Professor?
>
> Er schreibt: "... es freut mich sehr, von Ihren Arbeiten zu hören. Kommen Sie doch mal auf eine Tasse Tee vorbei und erzählen Sie uns im Rahmen unseres nachrichtentechnischen Kolloquiums etwas darüber!"
>
> Und was schreibt ein Depp?
>
> Ein Depp schreibt: "aber es gibt eben Vieles, was mich interessiert, und im übrigen muss ich mich vor allem mit den Dingen befassen, an denen meine Doktoranden arbeiten."

Abbildung 5.4 Document #3: Was schreibt ein Depp?

Alfred Fettweis glaubte wohl nach meiner Einreichung ein Erlangen, ich hätte das nur als eine Art "Warnschuss", als Antwort auf das Schüßlersche Schreiben so praktiziert und würde den Habilitationsantrag bald wieder zurückziehen.

Aber ich hatte keinesfalls diese Absicht. Zwar mag auch eine gehörige Portion Trotz hinter meiner Einreichung in Erlangen gesteckt haben, aber an einen Rückzug dachte ich nicht einen Augenblick. Ich habe im Leben noch nie etwas zurückgezogen und so war ich auch hier entschlossen, es auf Biegen und Brechen durchzuziehen.

Auch heute und heute erst recht schreibe ich es der Ungeschicklichkeit der Professoren zu, dass es überhaupt zu einer solchen "Biege-und-Brech-Situation" gekommen war.

Schließlich war ich als ITG-Preisträger und auch aufgrund meines gesamten bis dahin gezeigten Werdegangs geradezu prädestiniert dafür, die Habilitation in Angriff zu nehmen. Selbst Hans Wilhelm Schüßler vertritt an anderer Stelle in seinem Schreiben vom 19.12.1988 den Standpunkt:

> *"Ihr Wunsch, damit zugleich eine Habilitation zu verbinden ist im Prinzip zu begrüßen."*

Also können wir uns hier auf gar keinen Fall auf eine Position zurückziehen, wie sie vielleicht mein "berühmter" Doktor"vater" eingenommen hätte. Dass es nämlich wieder nur meine angebliche Selbstüberschätzung war, die mich dazu verleitete, einen Habilitationsantrag einzureichen, obwohl dies längst nicht meiner Qualifikation entspräche.

Nein - es entsprach eben *genau* meiner bis dahin aufgelaufenen Qualifikation und es war die logische Konsequenz meiner Entwicklung bis zu diesem Zeitpunkt gewesen.

Nur diejenigen, die es dann in Erlangen in die Hand nahmen hatten, wohl auch aufgrund des geschilderten Hintergrunds, von vornherein die Absicht, das Verfahren zum Scheitern zu bringen *und nicht hatten sie die Absicht, das Verfahren zu einem Erfolg zu führen.*

Ihr auf niedrigen persönlichen Motiven basierendes Handeln in dem nun folgenden Habilitationsverfahren stellt deshalb insgesamt eine einzige totale *Dienstpflichtverletzung* dar. Darauf werde ich im Folgenden noch im Detail eingehen.

5.10.4 Die Prüfung des Habilitationsantrags

Nach der Einreichung des Habilitationsantrags obliegt es der Universität, zunächst die Zulässigkeit des Antrags festzustellen. Dies nahm in meinem Fall unglaubliche 8 Monate in Anspruch, so dass mein Habilitationsverfahren erst am 06.12.1989 eröffnet wurde.

In der Zwischenzeit seit der Einreichung am 01.04.1989 hatte man sich bemüht, Gründe für eine unmittelbare Abweisung zu finden. Eine solche unmittelbare Abweisung könnte beispielsweise dann erfolgen, wenn der Bewerber nicht hinreichend wissenschaftlich ausgewiesen ist. Es wäre schön und einfach gewesen, wenn die Universität sich dieses Arguments hätte bedienen können.

Allerdings war die Anzahl und vor allem die Qualität meiner wissenschaftlichen Beiträge, insbesondere auch gestützt durch die Transactions-Aufsätze, zu diesem Zeitpunkt bereits so hoch, dass man sich beim besten Willen nicht auf das Argument einer mangelnden wissenschaftlichen Qualifikation zurückziehen konnte.

Soweit mir bekannt ist, beschwerte sich die Universität Erlangen damals sogar bei Siemens, dass man mir dort die Möglichkeit eingeräumt hatte, in diesem Umfang zu publizieren und mir damit diese Qualifikation anzueignen.

Was für ein abstruser Vorgang: Eine Universität beschwert sich darüber, dass sich ein Bewerber bei seinem Arbeitgeber die Eingangsqualifikation für eine Habilitation aneignen konnte, während sich im gleichen Zeitraum das zuständige Bayerische Kultusministerium über die zu niedrige Anzahl an Habilitationen an der Universität Erlangen beschwerte! Das ging damals sogar durch die Presse.

Schließlich musste die Universität das Habilitationsverfahren eröffnen, erteilte aber gleichzeitig meinen Vorstellungen, es als Verbundprojekt zusammen mit der Informatik durchführen zu wollen, eine Absage.

Als Kontaktperson zwischen der Universität und dem fortan als Kandidaten zu bezeichnenden Bewerber fungierte der Professor Dieter Seitzer. Daneben musste auch ein Betreuer für dieses Habilitationsverfahren bestellt werden. Die Universität teilte mir den Namen des Betreuers aber nicht mit. Auf meine ausdrückliche Anfrage weigerte sich Dieter Seitzer, mir den Namen des Betreuers zu nennen.

Schließlich wurde ich zu einem 45-minütigen Vortrag am 09.02.1990 eingeladen. Ich sollte mich an diesem Tag bereits einige Zeit vor dem anberaumten Vortragsbeginn im Büro von Dieter Seitzer einfinden. Dort forderte mich der Professor Seitzer dann sofort in barschem Ton dazu auf, ich solle meinen Habilitationsantrag zurückziehen. Er erklärte mir unumwunden, dass ich andernfalls mit dem Scheitern der Habilitation zu rechnen hätte. Dabei ist mir der folgende Satz in Erinnerung geblieben:

"... und dann (wenn ich durchgefallen bin) können Sie nie mehr Professor werden, dann kommen Sie nicht einmal mehr in den inneren Bewerberkreis, und nach den Gründen fragt nachher keiner!"

Ich erklärte Dieter Seitzer mit derselben Entschlossenheit, dass ich keinesfalls die Absicht hätte, meinen Habilitationsantrag zurückzuziehen.

Dann erschien ein Professor namens Pfaff im Büro. Sofort änderte Dieter Seitzer die Tonlage komplett, hin zu einer freundlichen und verbindlichen Art. Der Professor Pfaff hatte nichts von der Schärfe unserer zuvor stattgefundenen Aussprache mitbekommen.

Wir begaben uns dann zum Vortragsraum. Professor Pfaff war vorausgegangen. Als ich auf dem Weg zum Vortragsraum dann wieder mit Dieter Seitzer allein war, versuchte dieser erneut, mich zum Rückzug meines Habilitationsantrags zu bewegen. Das ging so bis wir den Hörsaal erreichten, in dem mein Vortrag stattfand.

Der Vortrag mit anschließendem Frageteil verlief dann ohne besondere Vorkommnisse. Einige Tage später erhielt ich ein Schreiben von Dieter Seitzer, in dem dieser mir mitteilte, mein Vortrag wäre nicht ausreichend gewesen, um die pädagogische Eignung festzustellen.

Dazu muss man wissen, dass zur damaligen Zeit die Feststellung der pädagogischen Eignung allein aufgrund eines wissenschaftlichen Vortrags erfolgte.

Ich erinnere mich noch gut an den Fall von Hermann Rohling, der ein Mitarbeiter von Jürgen Schürmann bei AEG in Ulm war. Als solchen hatte ich ihn bei meinem Besuch in Ulm seinerzeit auch flüchtig kennengelernt. Später traf ich Hermann Rohling bei verschiedenen Tagungen. Eben auch einmal Ende der 80er Jahre bei einer Tagung in Florenz.

Ich hatte mir in der Vergangenheit verschiedentlich seine Vorträge angehört. Von daher kannte ich sein Auftreten und seinen Vortragsstil. Aber bei diesem Vortrag damals in Florenz wirkte er seltsam gehemmt. Direkt wie eine Marionette. Ganz anders als normal. Ich fragte mich: Was ist da los? Ist er vielleicht krank? Später erfuhr ich: Alfred Fettweis war angereist, um sich den Vortrag von Hermann Rohling anzuhören. Danach bestätigte Alfred Fettweis die pädagogische Eignung von Hermann Rohling und dieser erhielt eine Professur (C3) in Braunschweig.

Das war eine vorher abgesprochene Sache zwischen AEG und Alfred Fettweis, der sich bemühte, diese Berufungen aus der Industrie zu befördern. Es zeigt, wie einfach diese Dinge waren. Das waren alles von vornherein abgekartete Spiele. Und jeder, der die "Szene" kannte, wusste das auch.

So ein Vorgehen ist ansich unzulässig. Wissenschaftliche Vorträge folgen ganz anderen Regeln als Vorlesungen. Um ein Beispiel zu nennen: Ein wissenschaftlicher Vortrag ist für einen bereits fachkundigen Hörerkreis zugeschnitten und bedient sich eines Projektors zur Darstellung von vorgefertigten Vorlagen, während eine Vorlesung auf einen noch nicht fachkundigen Hörerkreis abgestellt ist und sich in der Regel (jedenfalls war das bei mir immer so) eines Tafelanschriebs bedient.

5.10 Meine Habilitation an der Universität Erlangen

Der Tafelanschrieb eröffnet eine gewisse Freiheit in der Gestaltung, also eben nicht die Darstellung eines bereits vorgefertigten Anschriebs, sondern eine Variation nach Bedarf, von der eine Vorlesung lebt. Darauf kommt es an und deshalb ist es im Grunde unzulässig, die pädagogische Eignung auf der Grundlage eines wissenschaftlichen Vortrags zu bestätigen.

Diese unzulässige Praxis war damals - wie das Beispiel mit Hermann Rohling zeigt - an der Tagesordnung. In einem solchen Rahmen konnte man schlichtweg alles bestätigen was man wollte. Wenn man zuvor ausgeklüngelt hatte, dass man jemandem die pädagogische Eignung bestätigen wollte, dann tat man das, ganz gleich welchen Vortrag er gehalten hatte. Umgekehrt galt dasselbe. Man konnte nach Belieben auch eine Ablehnung aussprechen. Es gab ja keinerlei Bewertungsgrundlage, keinerlei Bewertungsmaßstab.

Insofern genügt das nicht den Minimalanforderungen, die an eine Prüfung zu stellen sind. Denn von einer Prüfung kann man nur sprechen, wenn eine *nachvollziehbare Bewertungsgrundlage* vorliegt. Und das war bei dieser Praxis ja reine gar nicht der Fall. Es handelte sich um reine *Willkürsentscheidungen*, deren Ausgang von vornherein feststand.

So war es auch hier. Zu diesem Zeitpunkt war den Kennern der Szene schon klar, dass man in Erlangen kein anderes Ziel verfolgte, als mein Habilitationsverfahren zum Scheitern zu bringen. Dies wurde von allen außenstehenden Beobachtern passiv und *billigend* zur Kenntnis und in Kauf genommen.

Heinrich Niemann wandte sich an Siemens und teilte dort mit, dass man in Erlangen die Absicht verfolgt, mein Habilitationsverfahren zum Scheitern zu bringen. Dies musste auch Dieter Schütt bekannt gewesen sein, denn er erhielt als Fakultätsmitglied sämtliche Protokolle der Sitzungen der Habilitationskommission per Fax direkt nach Neuperlach übermittelt.

Die hier verantwortlichen Siemens-Vertreter waren also zu jedem Zeitpunkt voll über den Verlauf dieses Habilitationsverfahrens informiert und haben die Dinge, wie sie von der Universität Erlangen nach belieben gelenkt wurden, *billigend in Kauf genommen.*

Dies ist mir nicht entgangen und ich konstatierte, dass die Firma Siemens mich nicht annähernd in dem Maße unterstützte, wie ich es erwartet hätte. Ich hatte an diesem Punkt ganz klare Vorstellungen und gelangte meinerseits zu dem Vorentschluss: Hier sehe ich jetzt, ob diese Firma an meiner Seite steht, oder ob mir diese Firma in den Rücken fällt.

Insbesondere bei Betrachtung des Falles Rohling erkannte man hier die Unterschiede und das hatte auch Einfluss auf mein Verhalten: Dieses Verfahren geht nur dann den Bach runter, wenn die Firma das stillschweigend billigt.

Unter diesen Umständen bestand auf meiner Seite bereits zu diesem Zeitpunkt der Vorentschluss, als erste Konsequenz eines möglichen Scheiterns des Habilitationsverfahrens umgehend die Kündigung der Siemens-Stelle anzustreben, und zwar völlig ungeachtet der Folgen.

Ich war entschlossen, notfalls als Sozialhilfempfänger zu enden, wenn dieses System es soweit bringen würde. Ich hatte eine sehr idealistische Einstellung und verfolgte mein Vorhaben daher vollkommen rigoros.

Ich war auf gar keinen Fall bereit, diesen Zirkus, den Erlangen mit stillschweigender Billigung durch Siemens hier aufführte, zu akzeptieren. Man hätte also an dieser Stelle schon damit rechnen können, dass ich den Dingen die volle Härte von meiner Seite im weiteren Verlauf des Verfahrens entgegenstellen würde, auch und gerade deshalb, weil es einen solchen Fall in der deutschen Habilitationsgeschichte zuvor noch nie gegeben hatte.

Ich sah darin selbst eine Nagelprobe für das deutsche Habilitationssystem und war fest entschlossen, schlichtweg *alles* in diese Waagschale zu werfen.

5.10.5 Die ICASSP-90 in Albuquerque

Auf der ICASSP-90, die vom 03.-06. April 1990 in Albuquerque stattfand, hatte ich wieder einen eigenen Vortrag. An einem dieser Tage begegneten mir die Assistenten des Professors Schüßler. Sie hatten mich im Auftrag von Hans Wilhelm Schüßler aufgesucht. Sie sprachen mich gezielt an und erklärten mir: *"Man wird ihnen in Erlangen Steine in den Weg legen"*.

Damit war klar, dass sie in Erlangen wirklich nichts anderes im Sinn hatten, als mein Habilitationsverfahren zum Scheitern zu bringen.

Da wurde ich richtig sauer. Ich sagte mir: Na gut, Leute, dann versauen wir es eben. Dieses Land ist ohnehin so wahnsinnig gescheit - dann hauen wir es eben an die Wand. Dieses Land darf einen deutschen Staatsbürger nicht ausweisen und laut Grundgesetz dürfen sie einen deutschen Staatsbürger auch nicht verhungern lassen. Also werden sie mir danach (wenn wir miteinander fertig sind) eine Unterstützung lebenslang bezahlen müssen! So ist es im Grunde ja dann auch gekommen.

5.10.6 Die Vorlesungen im Sommersemester 1990

Dieter Seitzer teilte mir mit, dass zur Feststellung meiner pädagogischen Eignung im Sommersemester 1990 eine Vorlesungsreihe anzusetzen ist, die ich an der Universität Erlangen über mein Spezialgebiet der adaptiven Filter und der "Parameterschätzungen" (wie Alfred Fettweis es auszudrücken pflegte) halten sollte. Wir einigten uns auf insgesamt 7 Vorlesungstermine zu jeweils 4 Semesterwochenstunden (3 volle Stunden) Vorlesung mit einer Pause dazwischen.

Diese Vorlesungen sollten als Wahlfach regulär angekündigt werden. Aber Dieter Seitzer ließ diese Vorlesungen nicht in das Verzeichnis der Wahlfächer des Sommersemesters 1990 aufnehmen. Somit war diese Veranstaltung den Studenten nicht bekannt und konnte von diesen auch nicht belegt werden.

Nachdem die Vorlesungen fest eingeplant waren wurde bekannt, dass Hans Wilhelm Schüßler für das Sommersemester ein Freisemester oder Forschungssemester genommen hatte und nicht in Erlangen anwesend sein würde, um mein "Abschlachten" nicht miterleben zu müssen.

Bei der ersten dieser Veranstaltungen am 8. Mai 1990 erkannte ich, dass nur Mitarbeiter der Lehrstühle, also Assistenten, erschienen waren. Einige dieser Assistenten zeigten sich deutlich voreingenommen. Es war ihnen nicht entgangen, weshalb sie in diese Veranstaltung geschickt worden waren. Aber nicht alle zeigten dieses Verhalten.

Diese Vorlesungen vor den Assistenten und Mitarbeitern habe ich dann mit Tafelanschrieb durchgeführt, wie üblich in meinen Veranstaltungen. Und ich war ja an der UniBw im Rahmen meiner Tätigkeit als wissenschaftlicher Mitarbeiter bereits umfassend mit Lehraufgaben betraut gewesen. Ich war also kein Anfänger.

Für die Vorbereitung dieser Vorlesungen blieb mir wenig Zeit, da ich ja meinen regulären Aufgaben als Angestellter der Firma Siemens nachkommen musste. Dennoch gelang mir diese Vorbereitung recht gut und diese Vorlesungen waren hochqualifiziert und sehr gut.

Vor allem gemessen daran, dass ich diese Veranstaltung zum ersten Mal hielt und in Siemens ja gar keine Aufgaben aus diesem Bereich bearbeitete, waren sie aus heutiger Sicht geradezu brilliant. Trotzdem ist sich jeder, der jahrelang selbst Professor war darüber im Klaren, dass man mehrere Semester benötigt, bis an einer solchen Vorlesung alle Ecken und Kanten abgeschliffen sind.

Aber das spielt hier keine Rolle. Diese Vorlesungen waren vorzüglich dazu geeignet, um die pädagogische Eignung festzustellen. Dies sollte im Rahmen einer *Evaluation* erfolgen, wie heute standardmäßig an den deutschen Hochschulen üblich, unter Verwendung eines Standard-Fragebogens, den alle Teilnehmer an der Vorlesung ausfüllen sollten.

Das ergibt aber wiederum nur einen Sinn, wenn die Hörer dieser Vorlesung reguläre Studenten und damit *unbefangen* gegenüber dem Vortragenden sind. Das war hier überhaupt nicht der Fall. Mit den Assistenten stand ich vor einem ganz klar *befangenen* Hörerkreis. Darüber hinaus waren es Hörer mit Vorkenntnissen, also eben keine Studenten.

Insofern hätte eine Evaluation hier zu keinen brauchbaren Aussagen geführt. Aber eine Evaluation fand auch gar nicht statt.

Stattdessen erschien in einer dieser Vorlesungen, nämlich am 26.06.1990, der Professor Rolf Unbehauen zusammen mit einem Mitarbeiter. Sie verfolgten die Vorlesung aufmerksam über die gesamte Dauer von drei Stunden (also 4 regulären Vorlesungsstunden).

Damals war mir nicht bekannt, dass Rolf Unbehauen als Betreuer und *einziger Gutachter und Prüfer* für dieses Habilitationsverfahren bestellt worden war. Denn Dieter Seitzer hatte mir diese Auskunft auf Anfrage ja *verweigert*.

Rolf Unbehauen war mir auch zuvor nicht bekannt gewesen. Insbesondere ist er auch nicht durch nennenswerte Publikationstätigkeit in dem von mir bearbeiteten Spezialgebiet in Erscheinung getreten. Ich hatte zuvor noch nie eine einzige Veröffentlichung von einem Rolf Unbehauen gesehen oder gelesen.

Im Anschluss an die Vorlesung hat Rolf Unbehauen in seiner Rolle als einziger regulärer Prüfer für dieses Habilitationsverfahren ein detailliertes Gutachten über mich und diese Vorlesung erstellt. Dieses Gutachten, welches Rolf Unbehauen mit einem entsprechenden Begleitschreiben am 04.07.1990 an Dieter Seitzer sandte, beinhaltet umfassende und eindeutige Aussagen zur pädagogischen Eignung des Kandidaten. Siehe dazu die entsprechenden Originaldokumente und Analysen im Anhang A.7.

Dieses Gutachten des einzigen legitimierten Prüfers in diesem Verfahren, welches dieser vor dem Eindruck einer Veranstaltung, die regulären Vorlesungsbedingungen genügte abgab, stellt die *einzige* in diesem Verfahren jemals erstellte verwertbare Prüferaussage zur pädagogischen Eignung dieses Bewerbers dar.

Mit den in seinem Gutachten enthaltenen Aussagen bestätigt der Gutachter Rolf Unbehauen die pädagogische Eignung des Kandidaten vollumfänglich und hält diesen eben auch geeignet für die Vergabe eines Lehrauftrags. Siehe dazu die Detailanalyse nebst der Originaldokumente im Anhang A.7.

Von der Existenz dieses Gutachtens erfuhr ich erst anlässlich einer Akteneinsicht im Jahre 2009, als ich gegen die Universität Erlangen geklagt hatte. Siehe dazu die späteren Ausführungen.

Abschließend bleibt noch zu bemerken, dass es in dieser Vorlesung zu einer leichten Verwerfung mit dem Mitarbeiter des Professors Unbehauen gekommen ist. Dieser Mitarbeiter stellte eine Frage zur Struktur einer Matrixwurzel, welche in einem klassischen Verfahren der rekursiven Kleinste-Quadrate-Schätzung auftritt, nämlich der Q-Matrix in dem Square-Root RLS Algorithmus von Potter. Der Mitarbeiter wollte wissen, welche speziellen Eigenschaften neben der genannten Eigenschaft einer Matrixwurzel denn diese Matrix sonst noch hätte.

Meine Antwort darauf war, dass diese Q-Matrix darüber hinaus *keine* weiteren Eigenschaften besitzt. Damit gab sich der Mitarbeiter nicht zufrieden. Er zeigte Unzufriedenheit mit meiner Antwort. Allerdings hat diese Matrix tatsächlich keine weiteren besonderen Eigenschaften. Damit war meine Auskunft vollumfänglich erschöpfend und korrekt. Trotzdem legte der Mitarbeiter Unzufriedenheit an den Tag.

Dies zeigt schon, in welcher Weise hier von Seiten der Verantwortlichen auch auf der Prüferseite an diesen Fall herangegangen wurde. Man versuchte schlicht und einfach, jedes Haar in der Suppe zu finden. Und wenn da kein Haar zu finden war, dann konstruierte man eben künstlich eines. Dies zeigt das Ziel der Verantwortlichen, dieses Verfahren unter allen Umständen zum Scheitern zu bringen.

So ist dieses Gutachten von Rolf Unbehauen, was die Kommentare zu fachlichen Details der Vorlesung (nicht zur Pädagogik) betrifft, von einer einzigartigen Kleinkariertheit, wie man es lange suchen muss.

Insbesondere berichtet der Gutachter Rolf Unbehauen darin auch von dieser Begebenheit mit seinem Mitarbeiter und der Frage nach der Q-Matrix. Siehe dazu den Originaltext des Gutachtens in Abb. A.15 im Anhang. Hier, im letzten Absatz auf dieser Seite behauptet der Gutachter Rolf Unbehauen:

> "... konnten elementare Fragen der Zuhörer nach den Eigenschaften von Q nicht beantwortet werden ..."

Aber dies ist ganz klar eine *Falschaussage* des Gutachters. Denn wie oben bereits verdeutlicht, habe ich diese Frage des Mitarbeiters von Rolf Unbehauen vollumfassend korrekt beantwortet. Dies sollte man von Seiten des Betroffenen auch beweisen können, selbst wenn es die Aussagen zur pädagogischen Eignung in keiner Weise tangiert.

Deshalb wäre es hier unbedingt notwendig gewesen, nachdem sich eine solche Entwicklung wie hier abzeichnete, dass Siemens mindestens einen weiteren sachkundigen Mitarbeiter in diese Vorlesungen entsendet, damit man einen Zeugen hat.

Ich habe das bei vielen Vorträgen namhafter Personen auf Fachtagungen in den USA erlebt, dass diese nie alleine waren. Sie hatten zwei sachkundige Mitarbeiter im Publikum, die als Zeugen fungierten und bei Bedarf sogar in eine Debatte oder ein Fragespiel eingreifen konnten. Siemens hingegen hat mich hier vollkommen alleine gelassen, weil Siemens diesen zu erwartenden Verlauf *stillschweigend billigte*. Das habe ich als *Verrat* gewertet.

Außerdem ist mir bekannt, dass Dieter Seitzer die Firma Siemens vollumfänglich über das Gutachten Unbehauen und dessen genaue Inhalte informiert hat, nachdem ihm Rolf Unbehauen dieses Gutachten mit Schreiben vom 04.07.1990 (siehe Abb. A.13) übersandt hatte. Siemens war also zu jeder Zeit voll informiert, hat diese Informationen aber nicht an mich weitergegeben. So wusste ich auch bis zu meiner Einsichtnahme in die Akten der Universität im Jahre 2009 nichts von der Existenz dieses Gutachtens.

5.10.7 Meine Bewerbung um die Professur (C4) für Bildverstehen an der Universität Stuttgart

Wenn Universitäten Lehrstühle oder C4-Professuren zur Besetzung ausschreiben, dann senden sie diese Ausschreibungstexte immer auch an die einschlägigen Forschungsabteilungen in der Industrie. Die Hauptabteilungsleiter geben diese Ausschreibungen an geeignete Mitarbeiter weiter mit der Aufforderung, sich um die ausgeschriebene Stelle zu bewerben.

Im Frühjahr 1990 erhielt ich auf diese Weise Kenntnis von der Ausschreibung einer Professur (C4) für praktische Informatik (Bildverstehen) in der Fakultät für Informatik an der Universität Stuttgart. Dies fiel in mein Hauptarbeitsgebiet bei Siemens. Nämlich meine Aktivitäten zur Bewegtbildanalyse und Bewegtbildcodierung. Mit dem Thema der Habilitation hatte das reine gar nichts zu tun.

Also bewarb ich mich um diese Stelle und wurde am 26. April 1990 nach Stuttgart eingeladen. Dort hielt ich vor den Vertretern der Berufungskommission einen brillianten Vortrag und führte einige sehr angenehme Gespräche.

Einige Tage später rief mich der Vorsitzende der Berufungskomission, Prof. Dr. E. Lehmann in München an und teilte mir unumwunden mit, dass ich der Wunschkandidat der Universität für die Besetzung dieser Stelle wäre. Man würde nur noch die Habilitation benötigen, beziehungsweise einen Professor, der ein Gutachten über mich abgeben könnte.

Ich sagte dem Professor Lehmann, dass ich keinen deutschen Professor kenne, der mir auf diesem Fachgebiet ein Gutachten ausstellen könnte, aber ich kenne etliche Professoren im Ausland, also in der Schweiz oder in den USA, die mir gerne ein Gutachten ausstellen würden.

Daraufhin erläuterte mir der Professor Lehmann, dass es unbedingt ein deutscher Professor sein müsste, von dem das Gutachten stammt. Wir verblieben dann so, dass ich ihm sagte, ich würde meinen Vorgesetzten in Siemens, Professor Schütt davon in Kenntnis setzen, ob dieser mir vielleicht einen geeigneten Gutachter benennen könnte.

Dieter Schütt war damals eine absolute Vertrauensperson für mich gewesen. Außerdem war die Bewerbung ja auf Initiative von Siemens erfolgt. Ich hatte also nichts zu verheimlichen. Also sprach ich Dieter Schütt umgehend auf das Problem an, dass ich für dieses Berufungsverfahren in Stuttgart einen Gutachter benötige. Dieter Schütt gab mir zur Antwort:

"Nennen Sie Dieter Seitzer, der kann Sie fördern!"

Also rief ich Professor Lehmann in Stuttgart an und nannte Dieter Seitzer als Gutachter. Es vergingen einige Wochen. Dann erhielt ich überraschend einen Anruf aus Stuttgart. In der Leitung befand sich der Vorsitzende der Berufungskommission, Prof. E. Lehmann in völlig aufgelöstem Zustand. Er berichtete, er haben nun dieses Gutachten erhalten und es sei vollkommen vernichtend gegen mich gerichtet. Er habe noch nie in seinem Leben einen vergleichbaren Vorgang jemals erlebt. Daraufhin habe ich nie wieder etwas von ihm oder von meiner Bewerbung in Stuttgart gehört.

Dieter Schütt war außerplanmäßiger Professor in Erlangen gewesen. Er musste gewusst haben, welches Gutachten Dieter Seitzer über mich ausstellen würde. Ich hatte volles Vertrauen in Dieter Schütt. Aber dieser war ein Verräter und eine reine Marionette in den Händen von Dieter Seitzer. Dieter Schütt war insbesondere sogar bereit, direkt firmenschädigende Aktivitäten zu entwickeln, wenn Dieter Seitzer das von ihm verlangte. Dies wird im folgenden Verlauf der Ereignisse nochmal deutlich zu Tage treten.

Für Dieter Schütt war es wichtig, die außerplanmäßige Professorenstelle in Erlangen zu behalten. Denn nachdem er in Siemens keine nennenswerten eigenen Leistungen vorweisen konnte, war dieser außerplanmäßige Professorentitel aus Erlangen essentiell für seine Existenz in der Firma, da die Titel und die Kommentare von außen in Siemens viel mehr Gewicht haben als die Leistung im Innern.

Auf diese Weise hat mir Dieter Schütt diese wichtige Bewerbung im Auftrag von Dieter Seitzer zerstört und hat mich um diese wichtige Stelle gebracht, die ich aufgrund meines Könnens und meiner Leistung unter regulären Umständen leicht eingeworben hätte. So ergibt sich hier ein Bild der *systematischen Ruinierung*, der ich in Siemens ausgesetzt war.

5.10.8 Der Crash vom 13. Juli 1990

Zum Ende des Sommersemesters wurde schließlich ein wissenschaftlicher Abschlussvortrag anberaumt, der am 13. Juli 1990 stattfand.

Der Vortrag war auf 45 Minuten angesetzt. Ich sprach über die von mir erfundene Klasse der Levinson- und Schur RLS Adaptivfilter. Dies bot sich an, da im *IEEE Signal Processing Magazine*[9], Ausgabe Januar 1991, ein großer Übersichtsaufsatz von mir über diese Verfahrensklasse erscheinen sollte. James Cadzow, einer der bekanntesten und berühmtesten amerikanischen Professoren für digitale Signalverarbeitung hatte sich bereiterklärt, das Vorwort zu meinem Aufsatz zu schreiben.

Ich hatte das fertige Manuskript und wählte dessen Inhalte als Grundlage für den Vortrag. Der Vortrag hatte ein Niveau und eine Geschwindigkeit, wie es eben bei internationalen Fachtagungen auf diesem Gebiet üblich ist.

In Erlangen waren dann an jenem 13. Juli 1990 auch verhältnismäßig viele Interessenten zu meinem Vortrag erschienen. Geschätzt vielleicht 30 bis 50 Zuhörer. Dieter Seitzer leitete die Sitzung. Er kündigte den Vortrag an und ich führte den Vortrag wie gewohnt durch.

Danach kamen wir zu dem obligatorischen Frageteil. Als alle Fragen abgearbeitet waren und die Sitzung ansich hätte geschlossen werden können, da es keine Fragen mehr gab, meldete sich schließlich nach einer kurzen Pause der Professor Rolf Unbehauen zu Wort. Aber nicht um eine Frage zu stellen. Stattdessen begann er das von mir im experimentellen Teil des Vortrags geschilderte Simulationsmodell zur Erzeugung der Testdaten zu kritisieren.

Ich verstand diese Kritik nicht, denn das Simulationsmodell war hier ganz einfach nur ein autoregressives Signalmodell, wie allgemein verwendet bei der Simulation von Algorithmen dieser Art, wie ich sie hier vorgetragen hatte. Daher versuchte ich einfach - nachdem das Problem, das Rolf Unbehauen hier entdeckt zu haben schien, für mich nicht zu erkennen war - das Modell noch einmal, vielleicht etwas anders zu erklären.

Doch Rolf Unbehauen nahm meine Erklärungen nicht an, sondern begann nur noch offensiver, das von mir verwendete Datenmodell zu kritisieren. Zudem mischte sich nun auch sein Mitarbeiter in die sich zuspitzende Debatte ein und begann ebenfalls, das Datenmodell agressiv zu kritisieren. Wobei es sich mir wiederum einfach nicht erschloss, welches Problem sie hier erkannt zu haben glaubten, denn dieses Datenmodell war einwandfrei und nicht zu beanstanden.

Also versuchte ich, das Modell noch ein weiteres Mal zu erklären. Im Auditorium kam langsam Unruhe auf, da die anderen Teilnehmer wohl kein Interesse an der sich anbahnenden Auseinandersetzung hatten und eine Konvergenz nicht in Sicht war.

Ich blickte zum Sitzungsleiter Dieter Seitzer hinüber. Dieser hätte den allgemein bekannten Regeln für die Durchführung wissenschaftlicher Vorträge folgend, diese Debatte längst abbrechen und die Beteiligten dazu auffordern müssen, ihr Problem doch gefälligst im Anschluss an den Vortrag im kleinen Kreis zu besprechen. Auch hätte der Sitzungsleiter auf keinen Fall zulassen dürfen, dass nun zwei Personen den Vortragenden gemeinsam offensiv angingen.

Doch der Sitzungsleiter unternahm nichts. Rolf Unbehauen und sein Mitarbeiter konstruierten wieder dieselbe Situation wie in der Vorlesung, als sie bereits die um-

---

[9] Fachzeitschrift. Veröffentlicht nur herausragende Einzelarbeiten, die von großem allgemeinen Interesse sind.

fassende, korrekte und schlüssige Erklärung des Vortragenden zur Q-Matrix nicht angenommen hatten. Es war offensichtlich, dass sie nichts anderes im Sinn hatten, als den Vortragenden zu diskreditieren, seine wissenschaftliche Autorität zu untergraben und seinen Vortrag zu zerstören.

Doch der Sitzungsleiter unternahm nichts. Nachdem Rolf Unbehauen und sein Mitarbeiter weiter nun auch gestikulierend das Modell, das in Wirklichkeit nicht zu beanstanden war, offensiv kritisierten hatte ich schließlich genug und beendete die Debatte mit dem Satz: *"Da haben Sie überhaupt nicht Recht, Herr Un-be-hauen!"*. Wobei ich den Namen in deutlicher Silbenbetonung aussprach, um meine äußerste Missbilligung zum Ausdruck zu bringen.

Daraufhin sprang Rolf Unbehauen wütend auf, fuchtelte mit beiden Armen in der Luft herum und schaute sich nach allen Seiten um. Im Auditorium machte sich große Unruhe breit und Dieter Seitzer brach die Sitzung endlich ab. Das vertrauliche Document #4 in Abb. 5.5 schildert, was ich in diesem Moment empfand.

Gesendet: Donnerstag, 02. August 2012 um 20:11 Uhr
Von: "Peter Strobach" <peter_strobach@gmx.de>
An: ******.******@**-*******.**
Betreff: Erlangen, 13.7.1990: Wie es wirklich war:

Sie blickten in meine Augen und glaubten darin zu erkennen, dass ich sie alle für Trottel hielte.

Sie heulten wutentbrannt auf und verfolgten nur noch ein Ziel: Diesen Menschen zu vernichten.

Aber niemand ausser mir selbst könnte damals wie heute sagen, ob ich sie wirklich für Trottel hielt, oder ob sie sich das nur eingebildet haben.

Abbildung 5.5 Document #4: Erlangen, 13.7.1990: Wie es wirklich war.

Während ich ruhig meine Folien einpackte bemerkte ich noch, wie zwei oder drei Personen aus dem Auditorium auf Rolf Unbehauen zustürzten und gestikulierend auf ihn einredeten. Es waren offenbar Mitarbeiter der Universität gewesen, denen wohl aufgefallen war, dass Rolf Unbehauen und sein Mitarbeiter soeben diesen sehr guten Vortrag vorsätzlich zerstört hatten, indem sie den Vortragenden bis auf's Blut provoziert und wissenschaftlich diskreditiert hatten. Doch Rolf Unbehauen quittierte dies nur mit einer abweisenden Handbewegung und verschwand mit seinem Mitarbeiter in Richtung seines Instituts.

Ich drückte noch die schweißnasse Hand von Dieter Seitzer, der irgendwie konsterniert dastand. Dann verließ ich den Vortragsraum und das Gebäude. Vor dem Gebäude stellte ich meinen Aktenkoffer auf eine Mauer und öffnete ihn, um noch etwas zu ordnen. Da kam ein anderer Hörer meines Vortrags vorbei. Er blieb stehen und sprach diese Worte zu mir: *"Warum lassen Sie sich denn von denen aufhalten? Gehen Sie doch auf eine C3-Professur!"*.

5.10 Meine Habilitation an der Universität Erlangen   89

Anschließend fuhr ich nach Hause, zu meinen Eltern nach Niederbayern. Auf der Fahrt unterschrieb ich bereits im Geiste meine Kündigung bei Siemens. Bei keiner internationalen Fachtagung wäre eine solche Eskalation, wie sie hier in Erlangen an jenem 13. Juli 1990 von Rolf Unbehauen und seinem Mitarbeiter angezettelt worden war, jemals vorstellbar gewesen.

5.10.9 Das Stolpern über die eigenen Theoriefüße

In der Folgezeit dachte ich häufig darüber nach, was wohl das Problem von Rolf Unbehauen und seinem Mitarbeiter mit meinem nicht zu beanstandenden Datenmodell gewesen sein könnte. In der Situation nach dem Vortrag war es mir einfach nicht klar geworden. Aber schließlich konnte es doch nicht nur die reinste Phantasie gewesen sein, die sie hier zu ihrer Hetze angetrieben hatte. Was konnte es also sonst gewesen sein, das sie daran Kritikwürdiges entdeckt zu haben glaubten?

Ich konnte es mir nicht enträtseln bis ich eines Tages hörte, dieses "Problem" hätte sich weiter herumgesprochen unter den deutschen "Experten". Angeblich soll sich sogar Alfred Fettweis in diese Debatte eingeschaltet haben und er soll vorgeschlagen haben, die Sache doch unter Verwendung der Ljapunovschen Stabilitätstheorie zu betrachten.

Ich habe keine Beweise, dass Alfred Fettweis das tatsächlich vorgeschlagen hat. Mir wurde es nur so zugetragen. Als ich das hörte, rieb ich mir jedenfalls erst mal die Augen! Dann dämmerte es mir langsam: Das von mir gezeigte Simulationsmodell mit der verwendeten kontinuierlichen Verstellung der Pollagen, wie gezeigt im Vortrag und eben genau für alle Zeiten dokumentiert in meinem fundamentalen Übersichtsaufsatz: *P. Strobach, "New Forms of Levinson and Schur Algorithms"* im IEEE Signal Processing Magazin vom Januar 1991 [4], Bild 14 auf Seite 27 (hier wiedergegeben in Abb. 5.6), zeigt im Übergangsbereich der zeitvarianten Polverstellung ein Verhalten, das man vielleicht als *temporäre Instabilität* bezeichnen könnte.

Man erkennt das leicht bei Betrachtung des Ausgangssignals dieses Modells, das in der zweiten Zeitreihe in Bild 16 auf Seite 28 des Aufsatzes (hier wiedergegeben in Abb. 5.7) gezeigt wird. In meinem Vortrag in Erlangen habe ich genau diese Bilder aus Abb. 5.6 und Abb. 5.7 aufgelegt. Ich hatte sie schlicht aus dem Manuskript entnommen.

Rolf Unbehauens Problem könnte darin gelegen haben, dass er glaubte, bei diesem Datenmodell wäre eine *strikte Stabilität* einzuhalten. Und die war hier ja nicht gegeben. Das hat die Erlanger "Theoriepäbste" vielleicht aufgeregt. Ja - wenn hier Ljapunovsche Stabilitätskriterien von den deutschen "Theoriepäbsten" tatsächlich ins Spiel gebracht worden waren, dann konnte nur dies der Grund für die Aufregung gewesen sein! So lautet jedenfalls die einzige Hypothese, die ich mir überhaupt zur Erklärung des Unbehauenschen Betragens zusammenreimen konnte.

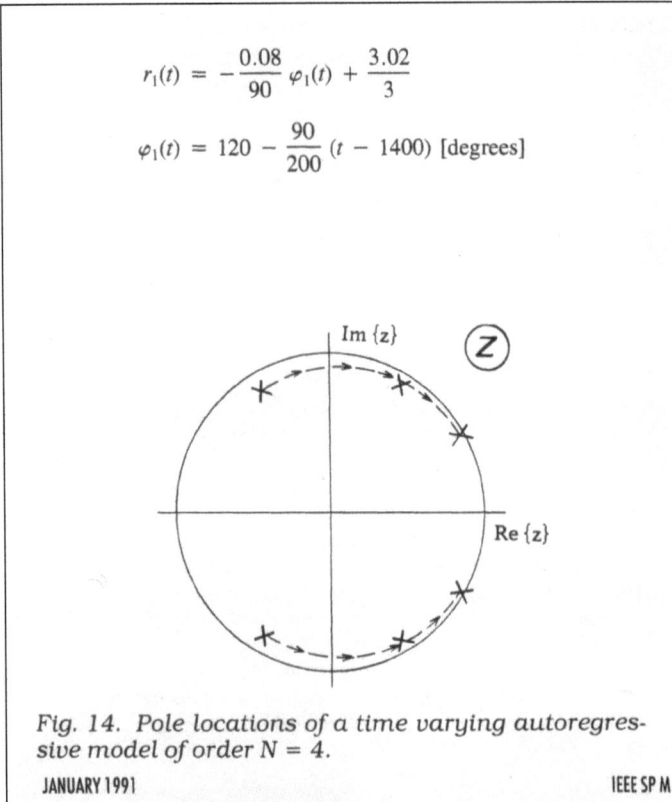

Fig. 14. Pole locations of a time varying autoregressive model of order N = 4.

Abbildung 5.6 Pollagen eines Polpaars mit sukzessiver Verstellung innerhalb eines autoregressiven Modells 4. Ordnung mit den oben angegebenen Verstellvorschriften für Polradius und Polwinkel.

Allerdings ist für das Modell bei Verwendung von RLS[10]-Algorithmen, einer Verfahrensklasse, der auch meine Algorithmen angehören, eben *keine* strikte Stabiliät des Modells zu fordern. Diese Levinson- und Schur RLS Algorithmen können auch temporär instabile Signale equalisieren, wie auch aus meiner Simulation in Bild 16 auf Seite 28 des Aufsatzes ganz klar zu erkennen ist (siehe Abb. 5.7).

Hier erkennt man in der dritten Zeitreihe von oben dargestellt das Ausgangssignal nach erfolgtem Durchlauf des temporär instabilen Eingangssignals durch ein konventionelles RLS Adaptivfilter mit exponentiellem Vergessen. In der darunterliegenden vierten Zeitreihe ist schließlich das Rekonstruktionsergebnis dargestellt, das man mit einem Schur RLS Adaptivfilter erhält, wenn dieses mit einem Daten-

---

[10] Recursive Least Squares

5.10 Meine Habilitation an der Universität Erlangen

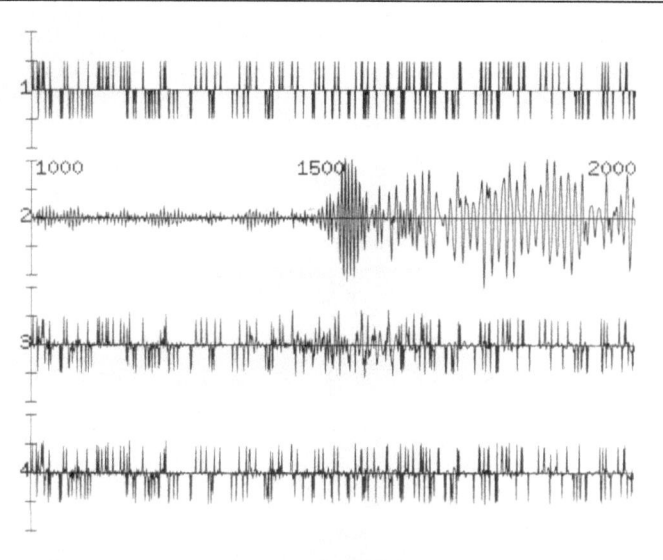

Fig. 16. Waveform 1: Random sequence y(t). Waveform 2: Observed output x(t) of time varying autoregressive channel (attenuated by a factor of 5). Waveform 3: Reconstructed random sequence ŷ(t) using a conventional exponentially weighted RLS adaptive filter. Exponential weighting factor was λ = 0.97. Waveform 4: Reconstructed random sequence ŷ(t) using the Schur RLS adaptive filter (Fig. 16) with a recursive Hanning window of width L = 100 samples.

Abbildung 5.7 Oberste Zeitreihe: Bipolare Zufallsimpulsfolge (Eingangssignal für das Modell). Zweite Zeitreihe: Resultierendes Ausgangssignal des Modells. Dritte Zeitreihe: Ergebnis der Adaptivfilterung (Rekonstruktion der obersten Zeitreihe) durch Adaptivfilterung des Modell-Ausgangssignals mit einem konventionellen Adaptivfilter mit exponentiellem Vergessen. Unterste Zeitreihe: Ergebnis der Rekonstruktion bei Verwendung eines Schur RLS Adaptivfilters mit rekursivem Hanning-Fenster und geeigneter Signalverzögerung.

fenster höherer Ordnung in Verbindung mit einer entsprechenden Laufzeit betrieben wird.

Die adaptiven Filter rekonstruieren die in der ersten Zeitreihe gezeigte bipolare Zufallsimpulsfolge im Sinne des kleinsten Fehlerquadrats, wobei die Wahl des Datenfensters eine entscheidende Rolle spielt.

Es sind hier *keinerlei Forderungen an die Stabilität des Modells* zu stellen. Die einzige Randbedingung ist, dass der Zahlenbereich des Rechners bei der Signaldarstellung nicht überschritten werden darf. Aber das ist ja die logische Voraussetzung für jedes digitale System.

Daher komme ich zu dem nahezu unfassbaren aber nicht unwahrscheinlichen Schluss, dass diese deutschen "Theoriepäbste" hier möglicherweise über ihre eigenen "Theoriefüße" gestolpert sind, indem sie aus irgendwelchen abstrusen und für jeden Kenner dieses Fachgebiets schlicht unvorstellbaren Gründen zu dem Fehlschluss gelangten, dass nämlich hier irgendwelche *Stabilitätskriterien* bei dieser Simulation verletzt worden sind. Aber das ist kompletter *Humbug*.

Nach der Einsichtnahme in die Unterlagen der Universität im Mai 2009 bekamen wir auch die Protokolle der Sitzungen der Habilitationskommission in die Hand, bei denen es speziell auch um diese abschließende Debatte am 13. Juli 1990 ging. Daraus geht hervor, dass Rolf Unbehauen auch in der Kommission vehement Kritik an diesem Simulationsmodell vorbrachte und dies mit Eigenwerten begründete. Dieser Begriff taucht explizit in den Protokollen der Sitzungen der Habilitationskommission auf.

Das verstärkt den Eindruck, dass mein Verdacht, wonach die Erlanger "Theoriepäbste" glaubten, eine scheinbar unzulässige Instabilität in dem von mir verwendeten Modell hier kritisieren zu müssen, zutreffend ist.

Doch damit sind die Erlanger "Theoriepäbste" über ihre eigenen "Theoriefüße" gestolpert. Denn wie gesagt ist eine strikte Stabilität bei dem Modell eben *nicht* zu fordern. Es sind temporäre Instabilitäten, eben auch mit den damit verbundenen Amplitudenüberhöhungen wie zu sehen in der zweiten Zeitreihe in Bild 16 (vlg. erneut Abb. 5.7), *ohne weiteres zulässig*. Das Verfahren regelt diese Überhöhungen problemlos aus und es gibt nicht den geringsten theoretischen Grund, der gegen eine Verwendung dieses Modells oder von Daten dieser Art im Zusammenhang mit den von mir vorgeschlagenen und vorgestellten Algorithmen sprechen würde.

Die alten deutschen "Theoriepäbste" haben in Wirklichkeit keine Ahnung von dem von mir vertretenen Spezialgebiet der adaptiven digitalen Filter zu diesem Zeitpunkt besessen. Wenn diese oben geschilderte Einschätzung zutrifft, dann haben die "Theoriepäbste" mein Habilitationsverfahren und meinen gesamten Lebensweg mit ihrer Dummheit und ihrer Borniertheit zerstört. Das deutsche Habilitationssystem hat dieser Dummheit und Borniertheit Vorschub geleistet und ihr zu vollsten Entfaltung verholfen!

Rolf Unbehauen hat eben, wie wir aus den Protokollen ersehen konnten, auch in den anschließenden Sitzungen der Habilitationskommission meinen wissenschaftlichen Ansatz agressiv und offensiv untergraben, wobei er sich ganz klar einer *vollkommen falschen* Argumentation bediente. Die anderen Mitglieder der Habilitationskommission waren geneigt, der höheren fachlichen Autorität von Rolf Unbehauen gegenüber dem Vortragenden zu folgen. Weil sie selber keine Ahnung hatten und den Fall in der Sache nicht einschätzen konnten.

Und sie waren auch nicht einmal bereit gewesen, in dieser Sache externen Rat zu suchen. Diesen Rat hätten sie in Deutschland ja auch gar nicht gefunden, da die deutschen "Theoriepäbste" hier schlicht und einfach *keine Ahnung* hatten. Weil sie es verpennt hatten, dieses Wissenschaftsgebiet aktiv zu verfolgen und mitzugestalten. Auch ihre Mitarbeiter hätten sich das nicht trauen dürfen, so plötzlich und ungestüm zu neuen Ufern aufzubrechen, sonst hätten sie unweigerlich mein Schicksal geteilt!

5.10 Meine Habilitation an der Universität Erlangen

Damit zeigte dieses auf der Grundlage des deutschen Habilitationssystems durchgeführte Verfahren in allen wesentlichen Punkten *dieselben* Züge wie die Verfahren der Inquisition des Mittelalters: Dem Beschuldigten wird Ketzerei angelastet. Der Beschuldigte hat in Wirklichkeit aber die reine Wahrheit gesprochen. Die Inquisition folgt allein den Ausführungen des Oberinquisitors. Der beschuldigte Unschuldige wird hingerichtet.

Hier spielte Rolf Unbehauen die Rolle eines akademischen Oberinquisitors. Alle weiteren Abläufe in dem Verfahren entsprechen den Abläufen eines typischen Inquisitionsverfahrens. So wurde eben auch hier der Kandidat verurteilt und es wurde der Lebensweg eines befähigten Menschen zerstört.

In diesem Zusammenhang erinnere ich mich auch an eine weitere Begebenheit, die sich Mitte der 90er Jahre zutrug und die sich nahtlos in dieses Bild einfügt. Damals sandte mir ein Associate Editor der IEEE Transactions on Signal Processing, der ein Mitarbeiter der TU München war, ein Manuskript zur Begutachtung, das ein Mensch namens Anton Kummert, der ein Lieblingsschüler von Alfred Fettweis war, bei den Transactions zur Veröffentlichung eingereicht hatte.

Als ich einen Blick auf dieses Manuskript warf sah ich sofort, dass dieses eine Methode propagierte, die bereits Anfang der 80er Jahre von Benjamin Friedlander entdeckt und veröffentlicht worden war. Also lehnte ich das Manuskript von Anton Kummert glatt ab.

Dieses mein Verhalten entsprach im Rahmen der deutschen Verhältnisse schon direkt einer Majestätsbeleidigung, wie ich durchgefallener Erlangen-Habilitand[11] es wagen konnte, ein solch geniales Manuskript eines noch genialeren Muster- und Lieblingsschülers eines supergenialen deutschen Oberlehrmeisters und Theoriepabstes abzulehnen.

Eigentlich hatte man es mir nur gesandt, weil man mir armem Tropf einmal zeigen wollte, wie gscheit ein solcher Fettweis-Lieblingsschüler doch war und welch armes dummes kleines Würstchen ich doch dagegen war.

Vor diesem Hintergrund muss meine glatte Ablehnung ja direkt wie eine Eisdusche rübergekommen sein, die diesen andächtigen Associate Editor so erschütterte, dass er das Manuskript umgehend zur weiteren Begutachtung in die USA sandte. Von dort erhielt er die glatte Bestätigung meiner glatten Ablehnung.

Dieser Fall zeigt auch deutlich, warum ich es nie nötig hatte, mit den deutschen "Theoriepäbsten" zusammenzuarbeiten. Ich konnte auf ihre "Weisheiten" locker verzichten. Es zeigt aber auch, dass ich machen konnte was ich wollte, ich hätte niemals eine Chance gehabt, in diesem Land jemals auf einen grünen Zweig zu kommen. Daher lag das Unglück meines Lebens in meiner wissenschaftlichen Befähigung und in meiner ausgeprägten Fähigkeit, wichtige Richtungen in der Wissenschaft rasch und zielsicherer erkennen und selbst erschließen zu können, ohne dass ich sonst irgendjemanden dazu benötigte.

Document #5 karikaturiert das Resultat auf treffliche Weise.

---

[11] meine Habilitation war wie angestrebt zum Scheitern gebracht worden.

> **Gesendet:** Freitag, 19. Juni 2015 um 08:26 Uhr
> **Von:** "Peter Strobach" <peter_strobach@gmx.de>
> **An:** ******.******@**-*******.**
> **Betreff:** die deutschen "Oberschlauköpfe"
>
> Diesen Fall haben die deutschen "Oberschlauköpfe" vergeigt.
>
> Und zwar so richtig vergeigt!
> Synonyme zu vergeigen: verbocken, verderben, verkorksen,
>
> verpatzen, versauen, versieben.

Abbildung 5.8 Document #5: Die deutschen "Oberschlauköpfe".

5.10.10 Die Konstruktion der Ablehnung

In den folgenden Sitzungen der Habilitationskommission ging es darum, die Ablehnung der Fortsetzung meiner Habilitation zu "konstruieren". Dabei zeigte sich, dass es hier keine einhellige Meinung gab. Dieter Seitzer wollte meine Habilitation in erster Linie mit der Begründung einer "mangelnden Gesamtpersönlichkeit" ablehnen, während Rolf Unbehauen von vornherein mangelnde Grundlagenkenntnisse im Kern der Ablehnung sehen wollte.

Man sammelte diese heterogenen Vorschläge und sandte sie an den Rechtsvertreter der Universität zum Zweck der Prüfung auf juristische Verträglichkeit. Schließlich sollte das Ablehnungsschreiben so konstruiert sein, dass der Kandidat bei dem zu erwartenden Rechtsgang möglichst keine Aussichten auf Erfolg hätte.

Mit Schreiben vom 20.07.1990 (Abb. A.18 - Abb. A.21) übermittelte der Rechtsvertreter seine Einschätzung dazu an die Professoren und erteilt darin Ratschläge für die Konstruktion des Ablehnungsgrunds und des Ablehnungsschreibens. Siehe dazu die Analyse im Anhang A.8.

Im Kern erteilt der Rechtsvertreter sowohl dem Vorschlag von Dieter Seitzer, die "mangelnde Gesamtpersönlichkeit" des Bewerbers in den Vordergrund zu stellen, als auch dem Vorschlag von Rolf Unbehauen, nämlich fachliche Gründe in den Mittelpunkt der Ablehnung zu stellen, eine Absage.

Er schlägt vor, stattdessen als Ablehnungsgrund *mangelnde pädagogische Eignung* zu wählen. Schließlich läßt sich der Rechtsvertreter sogar zu eigenen Urteilen und Einschätzungen *in der Sache* hinreißen, obwohl das seinen Kompetenzbereich bei weitem übersteigt.

Beispielsweise liest man hier auf Seite 3 (Abb. A.20), 3. Zeile von unten:

"Die Selbsteinschätzung von Herrn Dr. Strobach kann allenfalls insoweit herangezogen werden, als sie seine pädagogischen Mängel zu erklären vermag."

Demnach verfolgten die Professoren obendrein auch noch das Ziel, das "hohe Maß an Selbstüberschätzung" auf Seiten dieses Kandidaten als Ablehnungsgrund mit heranzuziehen.

Das riecht verdächtig nach meinem "berühmten" Doktor"vater", der hier im Hintergrund wahrscheinlich kräftig mitgemischt hat. Wenn wir uns dagegen an meine Erfolge von 1987 und 1988 zurückerinnern, dann muss eine solche Entwicklung ja ein absolutes Glücksgefühl bei meinem "berühmten" Doktor"vater" ausgelöst haben.

Nach dem ITG-Preis und den Erfolgen bei der Coderentwicklung hätte dieser C3-Mensch es wohl nie für möglich gehalten, dass er jemals wieder bis auf Sichtweite an mich herankommen könnte. Und nun lud man ihn wahrscheinlich direkt dazu ein, an meiner totalen Demontage mitzuwirken!

Die Habilitation entpuppte sich damit als ein System der unbegrenzten Möglichkeiten. Nach den brennenden Scheiterhaufen und den rauchenden Krematorien der Vergangenheit fügte sich nun dieser Habilitations-Scheinprozess nahtlos in die Geschichte dieses Landes ein.

Sogar der Rechtsvertreter billigte sich - wie oben gezeigt - selbst die Befugnis und die Befähigung zu hier zu urteilen, dass es wahrscheinlich die Selbsteinschätzung des Dr. Peter Strobach gewesen ist, die zu seinem Mangel an pädagogischer Eignung geführt hat!

Auf dieser Grundlage hat Günther Kuhn dann *eigenhändig* das in Abb. A.22 und Abb. A.23 gezeigte Ablehnungsschreiben vom 03.08.1990 verfasst. Siehe auch unsere genaue Analyse dazu im Anhang A.9.

5.10.11 Die schwebende Habilitation

Nachdem ich die formelle Ablehnung der Fortsetzung des Habilitationsverfahrens vom 03.08.1990 erhalten hatte, rief ich zunächst Alfred Fettweis in Bochum an. Ich berichtete ihm: *"Sie haben mich für pädagogisch ungeeignet erklärt. Ich bin nicht pädagogisch ungeeignet!"*. Ohne eine Sekunde zu zögern erwiderte Alfred Fettweis: *"Ich weiß, dass sie nicht pädagogisch ungeeignet sind!"*.

Als Nächstes musste ich natürlich einen Rechtsanwalt hinzuziehen. Dies gestaltete sich problematisch, da die Rechtsanwälte wenig Ahnung vom Hochschulrecht hatten. Noch viel weniger verstanden sie von diesem besonderen Fall, in dem es um eine Habilitation ging.

Wir reichten formal einen Widerspruch gegen den Bescheid vom 03.08.1990 ein. Der Rechtsvertreter der Universität, der im Hintergrund den nun von uns angefochtenen Bescheid vom 03.08.1990 ja maßgeblich mitgestaltet hatte, musste nun unseren Widerspruch prüfen und diesem gegebenenfalls stattgeben oder diesen zurückweisen.

Dies erfolgt im Rahmen eines *Widerspruchsbescheids*. Fällt der Widerspruchsbescheid negativ aus, bleibt dem Kandidaten nur noch der Rechtsweg.

So wäre es hier auch gewesen. Der Rechtsvertreter hatte natürlich auf keinen Fall die Absicht, unserem Widerspruch stattzugeben. Wenn er ihn aber abgelehnt hätte, dann hätte ich klagen *müssen*, denn dann hätte ich in dem folgenden Verfahren vor dem Verwaltungsgericht ja nichts mehr zu verlieren gehabt. Daher war sich die Universität vollkommen im Klaren darüber, dass ich bei Vorliegen eines negativen Widerspruchsbescheids auf jeden Fall klagen würde.

Eine Klage meinerseits aber wäre für die Universität höchst unangenehm gewesen. Es gab das Gutachten Unbehauen, aus dem jeder erkennen konnte, dass die pädagogische Eignung in einer Vorlesungsumgebung eindeutig bestätigt worden war. Und dabei handelte es sich um das einzig rechtlich nicht zu beanstandende Gutachten, aus dem man eine Beurteilung der pädagogischen Eignung entnehmen konnte.

Sicherlich hätte Rolf Unbehauen dieses Gutachten über den Besuch der Vorlesung vom 26.06.1990 in dieser Hinsicht ganz anders gestaltet, wenn er damals gewusst hätte, dass man sich bei der Ablehnung auf einen Mangel an pädagogischer Eignung würde zurückziehen müssen. Er hatte geglaubt, man könnte mit seinen Gründen der fachlichen Mängel die Habilitation zum Scheitern bringen.

So aber gab es hier eine deutlich erkennbare Diskrepanz zwischen der Wirklichkeit und den Darstellungen im Ablehnungsbescheid. Uns war das gar nicht klar gewesen, denn wir wussten ja nichts von der Existenz des Unbehauenschen Gutachtens.

Im Falle einer Klage meinerseits hätte die Universität noch die Möglichkeit gehabt, das Gutachten Unbehauen vor der Aktenübergabe an das Gericht zu vernichten. Aber das wäre extrem riskant gewesen, denn es wäre direkt ein strafrechtlich relevanter Tatbestand gewesen.

Das Spiel war nun an diesem heiklen Punkt angelangt. Die Beseitigung des Unbehauen- Gutachtens wäre ein Schritt gewesen, der dem Einsatz von Atomwaffen am Ende des Koreakriegs entsprochen hätte. Und auf einen derart riskanten Schritt wollte sich auf Seiten der Universität niemand einlassen. Andernfalls, wenn man das Gutachten in den Unterlagen beließ, lief man Gefahr vor Gericht zu unterliegen.

Daher bot uns der Rechtsvertreter völlig überraschend an, den Widerspruchsbescheid nur unter Auflage der Zahlung einer Verwaltungsgebühr zu versenden. Ein noch nie dagewesener Schachzug!

Wir kannten natürlich die Hintergründe dieses Schachzugs nicht. Mein Anwalt glaubte darin einen Vorteil für mich zu erkennen. Wenn wir die geforderte Gebühr nicht bezahlten, würde das Habilitationsverfahren "in der Schwebe" verharren, ohne rechtskräftige Ablehnung. Und zwar *für alle Zeiten in der Schwebe*, denn das deutsche Verwaltungsrecht kennt hier *keine Verjährungsfristen*.

Das erschien uns vorteilhaft, denn auf diese Weise stand einer späteren Bewerbung um eine Professorenstelle kein rechtlicher Hinderungsgrund entgegen. Wenn die Ablehnung der Habilitation mit der Begründung der mangelnden pädagogischen Eignung rechtskräftig geworden wäre, dann hätte ich mich nie mehr in meinem Leben um eine Professorenstelle bewerben können, da die pädagogische Eignung die oberste Anforderung ist, die ein Professor erfüllen muss. Und mit bestandskräftiger

Ablehnung der Habilitation wäre mir gerade diese elementar wichtige Befähigung für alle Zeiten abgesprochen worden.

Deshalb sind wir auf diesen Vorschlag eingegangen. Wir bezahlten die Gebühr nicht und das Verfahren blieb in der Schwebe, also ohne bestandskräftigen Abschluss. Siehe dazu die genaue Analyse mit den Originaldokumenten im Anhang A.10.

5.11 Die Kesselschlacht von Neuperlach

Neuperlach-Süd heißt die große S-Bahn-Station direkt neben der Siemens-"Denkfabrik". Die Landser, die nach ihrem Heimaturlaub auf dem Flugfeld von Gumrak[12] aus den JU-52[13] klettern müssen sich so ähnlich gefühlt habe wie ich, als ich damals nach meinem Urlaub Ende August 1990 hier aus der S-Bahn stieg, um zum ersten Mal seit meinem (nicht rechtskräftigen) Durchfallen in der Habilitation wieder Siemens-Gelände zu betreten.

Ob es rechtskräftig war oder nicht spielte in dieser Situation gar keine Rolle. Alles hatte kriegsähnliche Züge angenommen. Mit seinem Angriff vom 13. Juli 1990 hatte Rolf Unbehauen die Kampfhandlungen eröffnet. Der Kessel von Neuperlach hatte sich geschlossen. Von einem Tag auf den anderen war das als unmittelbar existenzbedrohender Kriegszustand zu begreifen und ich musste mein Verhalten sofort darauf einstellen. Mir war vollkommen klar: Wenn es mir nicht gelingen würde, in absehbarer Zeit aus diesem Kessel herauszukommen, dann würde man mich darin aufreiben, genauso wie die 6. Armee im Kessel von Stalingrad.

Die Atmosphäre in der Firma war apokalyptisch und der psychische Druck war enorm. Eines Tages kam Dieter Schütt zur Tür herein. Er blickte mich mit hündischen Augen an und sprach: *"Das ist das langsame Absterben!"*. Ich verewigte diesen Moment in einem Document. Siehe Abb. 5.9

Gesendet: Donnerstag, 24. Oktober 2013 um 06:28 Uhr
Von: "Peter Strobach" <peter_strobach@gmx.de>
An: ******.******@**-*******.**
Betreff: das langsame Absterben

Eines Tages erschien Dieter Schütt in meinem Büro.

Er blickte mich mit hündischen Augen an und sprach:

"Das ist das langsame Absterben!"

Abbildung 5.9 Document #6: Das langsame Absterben.

---

[12] letztes von der Wehrmacht noch gehaltenes freies Flugfeld im Kessel von Stalingrad
[13] Junkers JU-52: zuverlässigstes Transportflugzeug des zweiten Weltkriegs

Allmählich bekam ich Schwierigkeiten zu sprechen. Ich dachte erschrocken an die Berichte über die Befreiung der Konzentrationslager, als man auf Häftlinge gestoßen war, die nicht mehr sprechen konnten angesichts der schrecklichen Dinge, die sie erlebt hatten. Es gibt ja auch das Sprichwort: "Da verschlägt es einem die Sprache".

Und jetzt befand ich mich auf dem besten Wege, das am eigenen Leib zu erfahren. Gerade jetzt aber wurde ich häufig aufgefordert, in der Firma Kurzvorträge zu halten, vor irgendwelchen Personen oder Personengruppen.

Manfred K. Lang war an die TU promoted worden. Ein neuer Abteilungsleiter war gekommen: Peter Möckel. Dieser Peter Möckel war ein Physiker, der sich angeblich zuvor mit Laserphysik beschäftigt hatte. Nun leitete er die Abteilung für Bild- und Sprachverarbeitung. Obwohl er nicht die geringste Ahnung von diesen Fachgebieten besaß. Das war typisch für Siemens. Nur die unterste Ebene arbeitete unmittelbar an fachlichen Themen. Alle Ebenen darüber waren mit Personen besetzt, die keine Ahnung hatten und nur noch "Politik"[14] betrieben.

Vor Peter Möckel musste ich nun auch einen Kurzvortrag halten. Dabei war ich überhaupt nicht mehr in einer Verfassung, in der man noch einen Vortrag halten kann. Ich las praktisch nur noch von den Vorlagen ab, ohne ein einziges Wort frei sprechen zu können.

Was war nur aus mir geworden? Wenn ich an meinen brillianten Vortrag in Stuttgart zurückdachte oder an meinen Vortrag auf der EUSIPCO-88 in Grenoble, wo anschließend viele Tagungsteilnehmer zu mir kamen und sagten, ich hätte einen der besten Vorträge auf dieser Tagung gehalten.

Nun konnte ich kaum noch sprechen. Und gerade jetzt wurde ich ständig aufgefordert, solche Kurzvorträge zu halten. Man wollte prüfen, ob ich überhaupt einen Vortrag halten kann. So als ob man mich gar nicht kennen würde. Und ich war wirklich kaum noch in der Lage, einen Vortrag zu halten - wie fatal!

Peter Möckel legte während meines Vortrags den Kopf schief und rieb sich das Kinn. Ich musste trotzdem die Nerven behalten. Sicherlich hat man ihn vorher instruiert, worum es hier ging. Nachher musste er wahrscheinlich einen Bericht abgeben. So lief das fast täglich.

Einmal kam eine Gruppe von Menschen bei denen ich bemerkte, dass es sich nicht um Techniker handelte. Sie hörten sich einen weiteren Kurzvortrag von mir an. Während des Vortrags blickten sie sich gegenseitig vielsagend an und schüttelten gelegentlich die Köpfe. Vielleicht waren es Nervenärzte oder Psychologen, die mich begutachten mussten. Sie sollten wahrscheinlich prüfen, ob ich vielleicht verrückt geworden bin. Ob ich nicht weggebracht werden müsste.

Erlangen hatte offenbar den vollen Durchgriff in Siemens. Die Siemens-Leute hatten sich in Marionetten verwandelt, die nach Belieben nach der Pfeiffe der Erlanger tanzten. Erlangen konnte die abenteuerlichsten Schauermärchen über mich erfinden und die Siemens-Leute mussten diese Geschichten glauben. Schließlich hatte Siemens keine eigenen Fachkräfte in meine Auftritte in Erlangen entsandt. Daher gab es keine Zeugen auf meiner Seite.

---

[14] im Sinne der Förderung des eigenen Aufstiegs

5.11 Die Kesselschlacht von Neuperlach

Siemens hätte, nachdem es bekanntlich kritisch war, mindestens zwei fachlich sattelfeste Führungskräfte in meine Veranstaltungen in Erlangen entsenden müssen, um der Entstehung einer solchen Situation vorzubeugen. Aber diese sattelfesten Führungskräfte gab es in Siemens schlicht und einfach nicht.

Niemand, der wirklich etwas konnte, ging zu Siemens. Ein Hans Marko hätte niemals einen wirklich vielversprechenden Schützling zu Siemens geschickt. Ich kann mich noch gut erinnern an eine Begegnung mit einem alten Ehepaar auf dem Flughafen in San Francisco. Der Mann war ein Deutscher aus Schleswig Holstein und Professor in Stanford gewesen. Ihr Sohn war ebenfalls Professor in Stanford geworden. Sie erzählten mir, der Sohn hätte ein Forschungssemester in Siemens absolviert. Danach hätte ihm Siemens ein "wirklich sehr gutes Angebot" unterbreitet. Aber er war trotzdem wieder an die Stanford University zurückgekehrt. Kein qualifizierter Mensch auf dieser Erde ging das Risiko ein, bei Siemens zu unterschreiben. Denn das hätte das Ende jedes noch so befähigten Menschen bedeuten können. Jetzt wusste ich warum.

Viel später, als diese heiße Phase langsam abgeklungen war, hatte ich einmal ein vertrauliches Gespräch mit einem Mitglied des Vorstands. Dieses Mitglied des Vorstands sagte mir rund heraus: *"Hier können Sie nichts werden!"*. Und weiter: *"... sehen sie, diese Gonauser,*[15] *aus der kann ich keinen Siemens-Direktor machen"*. Offenbar war das als Vorschlag auf dem Tisch gelegen. *"... können Sie mir nicht vielleicht jemand anderen empfehlen - vielleicht auch von außen ?"*. Ich antwortete: Es tut mir leid. Ich kann dazu nichts sagen.

Das wirft ein Schlaglicht auf die ganze Situation. Die Siemens-Leute waren Marionetten in den Händen der Erlanger. Und die verfolgten das Ziel, mich vollständig zu vernichten, in dieser tödlichen Falle Siemens Neuperlach. Ein einziger Fehler hätte mein völliges Ende auch als Mensch bedeuten können.

Dieter Schütt war nicht mehr wiederzuerkennen. Ich musste in sein Büro kommen. Dort faselte er etwas wie ich hätte die Universität beleidigt und man müsse sich entschuldigen. Ich verstand die Welt nicht mehr. Ich befand mich in einem Tollhaus, das von den Erlangern nach Belieben kontrolliert wurde.

Die Sekretärin von Dieter Schütt hat das alles mitbekommen. Sie lief später weg und kündigte. Was war nur aus diesem Großmaul Dieter Schütt geworden? Ein williges Werkzeug in den Händen von Dieter Seitzer! Viele Jahre danach suchte ich einmal nach der Internetseite von Dieter Schütt in Erlangen. Schließlich war er dort außerplanmäßiger Professor gewesen. Aber auf seiner Internetseite fand ich nur ein Baustellensymbol. Das spiegelte die Leistungen von Dieter Schütt wieder!

Meine Eltern waren völlig aufgelöst. Jeden Abend musste ich zuhause anrufen, ob ich nochmal heil aus der Firma herausgekommen war. Am meisten belastete es meinen Vater. Er war Heimatvertriebener aus dem Sudetenland gewesen. Dort hatte er schlimme Dinge erlebt über die er nie mit uns gesprochen hat. Nun glaubte er, alles würde sich wiederholen. Oft sagte er: Sie werden uns die Fensterscheiben

---

[15] österreichische Fachschulingenieurin und Weggefährtin von Heinz Schwärtzel. Damals bereits Hauptabteilungsleiterin in Siemens ZFE.

einschmeißen. Wir werden unser Hückl[16] packen und unser Haus verlassen und wegziehen müssen.

Trotz all dieser Dinge musste ich konzentriert weiterarbeiten. Andernfalls wäre es mein Ende gewesen. Es war schon erstaunlich: Ich empfand keine Angst, obwohl alles um mich herum zusammenbrach und ich mich in einer absolut existenzbedrohlichen Lage befand. In meinen Adern musste das Blut der keltischen Ritter fließen, sonst hätte ich diese Phase niemals überstanden.

5.11.1 Die Bewerbung an der TU Clausthal

Neben der Bewerbung in Stuttgart hatte man mich vor dem Erlangen-Crash auch noch aufgefordert, mich um eine ausgeschriebene C4-Professur für Technische Informatik an der TU Clausthal zu bewerben. Im Herbst 1990 fuhr ich dahin, um einen Vortrag zu halten. Abends kam ich an. In der Wirtschaft, in der ich übernachtete, waren außer mir keine Leute. In der Gaststube war es fast dunkel. Es herrschte eine gespenstische Atmosphäre.

Am nächsten Tag begab ich mich an die TU, um dort meinen Vortrag zu halten. Der Vorsitzende der Berufungskommission, offenbar ein Informatiker, nahm mich in Empfang. Eine Begrüßung konnte man das nicht nennen. Da merkte man sofort: Etwas war nicht in Ordnung. Ich unterhielt mich kurz mit einem Mitglied der Berufungskommission. Offenbar der einzige Ingenieur in der Kommission. Aus seinen Augen sprach die nackte Angst.

Dann ging es zum Vortragsraum. Ich hielt meinen Vortrag wie gewohnt. Schon etwas erholt. Ich war wie aus Eisen. Ich wusste nicht, was Angst ist. Dieses Gefühl muss mir im Erwachsenenalter irgendwann abhanden gekommen sein.

Während des Vortrags, den ich über ein Bildverarbeitungsthema hielt, ähnlich wie im April schon in Stuttgart, blickte vor allem dieser Vorsitzende der Berufungskommission ständig auf einen jüngeren Menschen in der Runde, der in regelmäßigen Abständen immer wieder mit dem Kopf nickte.

Dieser Mensch kam wohl von einer anderen Universität. Nachdem sie selbst nichts von meinem Vortragsthema verstanden, hatten sie diesen Menschen als eine Art Sachverständigen eingeladen. Er sollte kontrollieren ob denn das, was ich da in meinem Vortrag zum Besten gab, überhaupt fachlich und wissenschaftlich korrekt war. Ich spürte: Sie erwarteten, er würde bestätigen, dass es nicht korrekt sei. Doch er nickte und nickte immer wieder. Die erwartete Bestätigung, ich sei nur ein wissenschaftlicher Hochstapler, blieb aus.

Das war mit der Atmosphäre von Stuttgart im April desselben Jahres in keiner Weise zu vergleichen. Erlangen hatte alles vergiftet. Ich konnte praktisch nirgendwo mehr auftreten. Jede fachliche Aussage von mir wurde sofort angezweifelt, auch wenn es noch so offensichtlich korrekt war.

---

[16] böhmischer Ausdruck für kleiner Rucksack, Tragegestell

5.11 Die Kesselschlacht von Neuperlach

Danach ging es zu der obligatorischen Aussprache in der großen Runde der Berufungskommission. Bei fachlichen Themen waren sie bemüht, auf einer sehr elementaren Ebene zu verharren. Auf den Grundlagen eben. Vielleicht hatte man ihnen das aus Erlangen so aufgetragen. Insbesondere sprachen sie auch die Laplace-Transformation an. Ich machte an irgendeiner Stelle in diesem Zusammenhang eine Bemerkung wie: *"Ich benötige wohl nur einen Kubikzentimeter meines Gehirns, um die gesamte Laplace-Transformation darin unterzubringen..."*.

Das entsprach offen und ehrlich den wahren Verhältnissen, denn gemessen an den Problemen, mit denen ich mich auf der Forschungsebene herumschlug, war die gesamte lineare Systemtheorie etwas total Simples, das ich alles zusammen locker in einem Kubikzentimeter meines Gehirns untergebracht hätte. Also war das aus meiner Sicht keine sonderlich aufregende oder überraschende Aussage. Alle die mich kannten, hätten an dieser Stelle nichts anderes von mir erwartet.

Aber meine Gegenüber, in diesem abgelegenen Bergwerksdorf Clausthal, müssen das wohl ganz anders aufgefasst haben. Kaum hatte ich ausgesprochen, da begann auch schon ein alter Professor in der Runde ganz fürchterlich zu grunzen. Ja, grunzen ist der richtige Ausdruck. Das waren keine menschlichen Laute, die dieser Mensch hier in dieser Runde der Berufungskommission für die Besetzung einer C4-Professur von sich gab.

Ich blickte zu dem neben mir sitzenden Menschen hinüber und fragte diesen, was denn das nun zu bedeuten hätte? Dieser erläuterte mir: In der Professorensprache bedeutet dies, dass ich die "Prüfung" nun wieder nicht bestanden hätte!

Danach löste sich die Versammlung sehr rasch auf. Dieser komische Vorsitzende der Berufungskommission fragte mich dann noch etwas Spezifisches zu Siemens Neuperlach. Ich gab ihm die entsprechende Auskunft und er antwortete: *"Na - ehrlich sind Sie ja wenigstens...!"*. Später erfuhr ich, dass Dieter Schütt einen Menschen aus der Berufungskommission direkt persönlich kannte und zusammen mit den Erlangern hinter meinem Rücken hier gegen mich gearbeitet und bei der Vorbereitung meiner "Prüfung", die in Wirklichkeit eine hinterhältige Falle gewesen war, aktiv mitgewirkt hatte.

Anschließend verabschiedete man mich in einer eisigen Atmosphäre. Bis heute habe ich meine Bewerbungsunterlagen aus Clausthal nicht zurückbekommen und auch sonst nie wieder etwas von dieser Universität gehört.

Inzwischen sind 25 Jahre vergangen in denen ich 22 Jahre lang Vorlesungen in Systemtheorie gehalten habe, die insbesondere auch die Laplace-Transformation umfassten. Im Nachhinein würde ich heute sagen: Meine damalige Aussage, wonach ich für die Unterbringung der Laplace-Transformation einen Kubikzentimeter meines Gehirns benötige, war doch noch sehr zurückhaltend, was das genannte Volumen betrifft. In Wirklichkeit benötige ich wahrscheinlich nicht einmal mehr als einen *Kubikmillimeter* dafür!

Später habe ich noch oft an diese, vielleicht typisch deutsche Begebenheit in Clausthal nachgedacht. Das Unglück meines Lebens bestand eben darin, in Deutschland zur Welt gekommen zu sein und nicht in Walnut Creek, CA oder in Green Bay, Wisconsin. Dann wäre mir dieses Erlebnis mit diesem grunzenden deutschen

Professor erspart geblieben. Document #7 in Abb. 5.10 bringt meine Erlebnisse in Clausthal nochmal zum Ausdruck.

5.11.2 Der Alltag im Kessel von Neuperlach

Nach Clausthal war klar, dass ich gar keine Chance mehr hatte, jemals an eine Universität zu kommen es sei denn, es gelänge mir, die Vorgänge um meine Habilitation in Erlangen vollständig aufzuklären. Aber dies erschien so gut wie unmöglich. Denn dazu musste ich an eine Hochschule kommen, um erst einmal meine pädagogische Eignung nachzuweisen.

Also begann ich mich um Professuren an Fachhochschulen zu bewerben. Das waren nun Bewerbungen, über die ich Siemens nicht informiert habe. Ich wäre unter normalen Umständen nie an einer Professur an einer Fachhochschule interessiert gewesen. Jetzt blieb mir nichts anderes mehr übrig, als mich darum zu bemühen, wenn ich überhaupt noch einmal lebendig aus Neuperlach herauskommen wollte.

Denn hier plante man schon meine lebenslange Verbringung. Dies hätte bedeutet, dass ich latent den Erlanger Angriffen schutzlos ausgeliefert gewesen wäre. Man hätte immer wieder neue Fallen konstruiert. Solange, bis es einmal gelungen wäre, mich komplett fertigzumachen. Das wäre mein ganzes Leben so weitergegangen. Bis sie mich eines Tages gekriegt hätten.

Es war ein einziges latentes Sekieren[17], dem ich hier ausgesetzt war. Beispielsweise erhielt ich eines Tages den Auftrag, ich sollte einen Vortrag von Werner Wolf an der TU besuchen. Werner Wolf hatte nun endlich seine Habilitation zusammengestöpselt und ich sollte anlässlich dieses "Erfolgs" vorgeführt werden. Daher zitierte man mich zu diesem Vortrag an die TU, den ich besuchen musste. Dort zeigte Werner Wolf auch ein Bild von meinem Signalprozessor.

Doch das hatte mit meinen Arbeiten in Siemens reine gar nichts zu tun. Deshalb hätte mir auch nicht der dienstliche Auftrag zur Teilnahme an diesem Vortrag erteilt werden dürfen. Es ergibt sich das folgende Bild: Externe Kräfte wollen den Mitarbeiter mobben. Siemens steht diesem Vorhaben aufgeschlossen gegenüber. Siemens ermöglicht dieses Mobbing des eigenen Mitarbeiters und beteiligt sich sogar aktiv daran. Das ist die rote Karte für Siemens!

Ulrich Appel muss ja übergeschäumt sein vor Glück, dass Siemens diese Mobbingmaßnahme nicht nur billigte, sondern ihn dabei aktiv unterstützte! Ungeachtet meiner ganzen Leistungen wollte man mir damit zeigen, dass man mich wieder auf die Ebene des Signalprozessors reduziert hatte und alle meine anderen Leistungen bis dahin entwertet worden waren, weil Erlangen sie entwertet sehen wollte.

Zu meinem Geburtstag schenkte man mir das Buch von Lee Iacocca: "Eine amerikanische Karriere", in dem der Lebensweg eines Managers in der amerikanischen Autoindustrie geschildert wird. Es war der Zynismus pur.

---

[17] drangsalieren, schikanieren, mobben

5.11 Die Kesselschlacht von Neuperlach

> **Gesendet:** Montag, 19. August 2013 um 08:43 Uhr
> **Von:** "Peter Strobach" <peter_strobach@gmx.de>
> **An:** ******.******@**-*******.**
> **Betreff:** das Grunzen der Lämmer
>
> Und dann war da noch dieser Vortrag an der TU Clausthal
> im Rahmen meiner Bewerbung um die Professur (C4) für
> Technische Informatik (1990).
>
> Ich hatte ein Thema aus der Bildverarbeitung gewählt, meinem
> damaligen Arbeitsgebiet.
>
> Sie verstanden nichts davon. Daher hatten sie einen "Experten"
> von der TU Dresden zu dem Vortrag eingeladen.
>
> Während des Vortrags blickten sie ständig auf den "Experten",
> und dieser nickte beständig und bestätigte damit die Korrektheit meiner
> Ausführungen (womit hatten sie denn sonst gerechnet...?).
>
> Nach dem Vortrag ging's zur üblichen Besprechung im Kreise der
> Berufungskommission. Aber anstatt hier zukünftige Schwerpunkte des Lehrstuhls
> für Technische Informatik zu besprechen, verlegten sie sich auf
> total elementare Themen.
>
> Insbesondere auf die Laplace-Transformation. Diese simple, elementare
> Methode hatte es ihnen besonders angetan. Ihre Köpfe schienen ganz
> ausgefüllt zu sein von dieser einen Methode.
>
> Bei mir lagen die Verhältnisse da ganz anders. Daher kam bald mein
> Kommentar:
>
> " Sicherlich benötige ich nicht mehr als einen Kubikzentimeter
> meines Gehirns, um die gesamte Laplace-Transformation
> darin unterzubringen!"
>
> Kaum war dieser Satz zu Ende gesprochen, da fing einer der
> Teilnehmer an laut zu grunzen und zu stöhnen, ja zu röchelm,
> so wie ich es noch nie zuvor jemals von einem Menschen
> vernommen hatte.
>
> Ich wandte mich an die mir am nächsten sitzende Person
> in der Runde und fragte:
>
> "Was ist mit ihm? Ist er krank? Er sieht so fürchterlich alt
> aus! Er gehört in ein Pflegeheim."
>
> Die Person antwortete:
>
> "Er ist nicht krank. Es ist die Geheimsprache der alten
> deutschen Professoren und es bedeutet, dass Sie wieder
> durchgefallen sind!"
>
> --
>
> P.S.: Diese "Laplace-Spezialisten" haben mir bis heute meine Bewerbungsunterlagen
> nicht zurückgeschickt. In der Mittelschule lernt man, dass Bewerbungsunterlagen
> grundsätzlich an den Bewerber zurückzusenden sind. Der Bewerber hat
> darauf einen Rechtsanspruch.
>
> Die Bewerbungsunterlagen sind zurückzusenden an:
>
> Prof. Dr.-Ing. Peter Strobach
> Professor für Systemtheorie und Nachrichtentechnik
> Hochschule Furtwangen
> Gerwigplatz 1
> 78120 Furtwangen

Abbildung 5.10 Document #7: Das Grunzen der Lämmer.

Eines Tages unterhielt ich mich auf dem Gang mit Dieter Schütt, als zufällig Bernd Kämmerer vorbeilief. Dieter Schütt sprach: *"DER wird Gruppenleiter"* (DU aber nicht). So war das gemeint. Ein anderes mal sagte er: *"Sie können ja nicht gehen - Sie haben ja keine Habilitation!"*.

Das zeigt schon, wie wenig Ahnung Dieter Schütt auf der anderen Seite doch hatte: Er hätte wissen müssen, dass ich für eine Professur an einer Fachhochschule keine Habilitation benötigen würde, dass ich auf alle Fälle alles daran setzen würde um aus Siemens herauszukommen und dass es nur einen sinnvollen Weg hier noch gab, und das war der Weg an die Fachhochschule.

In dieser Zeit gab es praktisch keinen Tag, an dem ich nicht damit rechnen musste, in eine unmittelbar existenzbedrohliche Lage gebracht zu werden, die zu meinem völligen Ende hätte führen können.

Ein Beispiel ist die folgende Begebenheit. Ich war Dieter Schütt wieder einmal auf dem Gang begegnet und er hatte mich in ein Gespräch verwickelt, als Peter Müller-Stoy vorbeikam. Dieter Schütt sprach ihn an, so dass er bei uns stehenbleiben musste, obwohl man schon merkte, dass er am liebsten weitergegangen wäre. Dieter Schütt begann dann, Peter Müller-Stoy anzufrotzeln und darauf anzuspielen, dass dieser offenbar mit einer Frau verheiratet war, die schon ein oder zwei Kinder aus einer anderen Beziehung mitgebracht hatte. Aber Dieter Schütt war selbst mit einer Frau verheiratet, die ein Kind aus einer anderen Beziehung mitgebracht hatte. Also frotzelte Peter Müller-Stoy zunächst zurück. Ich stand betreten daneben. Plötzlich schöpfte Peter Müller-Stoy einen Verdacht und verabschiedete sich abrupt, er müsse schnell auf die Toilette, wo er auch verschwand. Wir warteten noch eine ganze Weile. Aber Peter Müller-Stoy kam nicht mehr aus der Toilette zurück. Dieter Schütt bemerkte dann nach einer Weile: "Ach, er kommt nicht mehr zurück!" und so gingen wir auseinander.

Was war da gelaufen? Peter Müller-Stoy hatte gemerkt, dass Dieter Schütt versuchte, eine elementar persönlich kompromittierende Situation aufzubauen. Ein einziges falsches Wort von mir hätte in einer solchen Situation genügt, um sich künstlich aufzuregen, um ein Zerwürfnis zu erzeugen und Peter Müller-Stoy wäre der Zeuge gewesen. Eine einzige Aktion dieser Art hätte in diesem Umfeld genügt, um mich vollständig zu erledigen. In Erlangen hätte man Dieter Schütt als Helden gefeiert, wenn ihm so ein Coup gelungen wäre. Peter Müller-Stoy hat das sofort gemerkt und hat sich ausgeklinkt. Situationen wie diese versuchte man fast täglich zu konstruieren. Dieses Beispiel verdeutlicht die enorme Gefährlichkeit der Lage, der ich im Kessel von Neuperlach täglich ausgesetzt war. Ich war dem Feind direkt ausgeliefert.

In dieser Phase wurde ich von dem Großraumbüro in ein Zweimannbüro verlegt, zusammen mit Michael Schielein. Dieser verbrachte viel Zeit im Rechnerraum und so war ich oft allein. Eines Tages öffnete sich die Tür und herein kam Bede Liu. Er war wohl wegen eines Beratervertrags nach Neuperlach gekommen. Er hatte mich nicht vergessen und wollte einmal bei mir vorbeischauen. Es war mir sehr unangenehm, ihm in dieser Verfassung begegnen zu müssen. Ich konnte kaum sprechen. Die Tür war nur angelehnt. Sie standen draußen und konnten alles mithören. Das war wohl die Auflage gewesen, weshalb er überhaupt mit mir sprechen durfte: Die

Tür musste angelehnt bleiben, damit sie alles mithören konnten. Das war ein Gefühl, wie in einem Gefängnis.

5.11.3 Der Besuch von Carl Camenish

Kommen wir nun zu einer anderen Begebenheit, die sich im selben Zeitraum zutrug. Es klopfte an einem dieser Tage an der Tür dieses Zweimannbüros, in dem ich mich nun befand. Herein kam Carl Camenish aus San Francisco. Wir hatten uns auf einer SPIE[18]-Tagung in San Diego scheinbar zufällig kennengelernt. Er war alleine gekommen und niemand hatte es bemerkt. Michael Schielein befand sich wie üblich nicht im Büro. Wir waren allein.

Nun erklärte er mir, dass wir uns damals nicht zufällig kennengelernt hatten, sondern er hatte einen Siemens-Beratervertrag und man hatte von ihm verlangt, dass er meine Bekanntschaft machen sollte, um mich auszuhorchen. Er erzählte mir alles darüber. Dann sprach er genau diese Worte: *"Siemens is a big political arena!"*. Jemand muss ihm den Auftrag gegeben haben, mich aufzusuchen um mich zu warnen. Ich befand mich in höchster Gefahr. Das war seinen Ausführungen ganz klar zu entnehmen.

Bei meinen verschiedentlichen Tagungsreisen in die USA und Kanada war mir auch aufgefallen, dass ich häufig observiert wurde. Beispielsweise fiel es mir einmal direkt beim Frühstück in einem Hotel auf. Ich nehme an, dass Siemens-Bereichsleiter solche Observierungen durch private Ermittler anordnen können und auch anordnen. Meine Beobachtungen führen zu dem Schluss, dass dies in meinem Fall mindestens einmal, wahrscheinlich aber viel häufiger, geschehen ist.

Eines Tages rief bei uns zuhause, bei meinen Eltern, ein Polizeibeamter an, der nur zwei Häuser weiter in derselben Straße wohnte. Wir kannten uns, hatten ansonsten aber wenig Kontakt. Es war absolut auffällig. Der Anruf erfolgte unter einem Vorwand. Daraus schließe ich, dass nicht nur private Ermittler eingeschaltet waren, sondern auch geheimdienstliche Organe dieses Staates. Also etwa Bundesnachrichtendienst oder Verfassungsschutz. Das ist naheliegend, denn der Anruf dieses Polizeibeamten erfolgte ganz klar erkennbar unter einem Vorwand und private Ermittler hätten dies nicht veranlassen können.

Es ist nicht klar, von wem diese Aktivitäten veranlasst worden sind. Von Seiten Siemens oder von Seiten der Universität Erlangen. Andere Möglichkeiten scheiden aus. Mein Vater war sehr besorgt deswegen. Er hatte die Vergangenheit in diesem Land erlebt. Und nun entwickelte es sich wieder so, als befänden wir uns noch im Staat Hitlers. Der einfache Bürger auf der Straße hat keine Vorstellung davon, was sich in diesem Land hinter den Kulissen abspielt.

---

[18] SPIE - the international society for optics and photonics

5.11.4 Das MED-Projekt

Nach der Einstellung des Coder-Projekts kam eine Zusammenarbeit mit UB-MED[19] in Erlangen zustande. Es ging um das Thema Biomagnetismus und hier speziell um die Unterdrückung der Herzinterferenz bei biomagnetischen Signalen des Gehirns.

Das war eine geradezu schulbuchmäßige Aufgabenstellung aus dem Bereich der adaptiven Filter. Ich wusste sofort, wie dieses Problem zu lösen war und hatte mit meinen Algorithmen auch gleich die Lösung parat. Aber das behielt ich erst einmal für mich. Ich konnte nicht viel Zeit darauf verwenden, da ich mich auf meinen Ausbruch aus dem Kessel konzentrieren musste. Mit Siemens hatte ich innerlich abgeschlossen.

Auch dieses MED-Projekt hat man wieder als Rennen gestaltet. Neben mir gab es noch eine Physikerin in einer Nachbarabteilung, die das Problem mit einem künstlichen neuronalen Netz lösen sollte. Die neuronalen Netze waren damals zu einem Modethema in der ZFE geworden. Die Vertreter dieser Methode glaubten, alles damit lösen zu können. Aber das war natürlich naiv.

Ich habe nicht einmal mit halber Kraft an dem Thema gearbeitet. Trotzdem war meine Lösung am Ende klar überlegen. Es entstanden auch einige Veröffentlichungen darüber, beispielsweise in den IEEE Transactions on Biomedical Engineering [5].

Im Rahmen der Zusammenarbeit mit dem UB-MED musste ich einmal nach Erlangen reisen, um dort eine Präsentation durchzuführen. Überraschenderweise wollte Dieter Schütt mich begleiten. In Erlangen hielt ich dann einen Vortrag. Danach kam ein Arbeitsessen mit den Führungskräften von MED zustande.

Ich saß an einem Tisch mit sehr hohen Führungskräften von MED zusammen. Also mindestens Bereichsleiterebene oder höher. Bei uns saß auch noch ein älterer Pensionist, der in seiner aktiven Zeit mindestens Bereichsleiter gewesen sein muss. Also mindestens die Schwärtzel-Ebene oder höher. Aber nicht in MED, sondern in einem Zentralbereich Technik. Er kannte Heinz Schwärtzel gut und sprach über ihn. Es könnte sein Vorgänger oder ein ehemaliger Vorgesetzter gewesen sein.

Wir unterhielten uns ganz entspannt, als plötzlich einer von ihnen ganz unvermittelt anfing, heftig zu gestikulieren und unartikulierte Laute von sich zu geben. Das war ein vollkommen verrückter, gestellter Auftritt, ohne jeden erkennbaren Anlass. Nach einer Weile beruhigte sich dieser Mensch, der eine sehr hohe, leitende Position bei MED bekleidete und außerplanmäßiger Professor war, wieder. Der Name dieses Menschen ist mir nicht in Erinnerung geblieben.

Ich erinnere mich noch daran, dass Dieter Schütt mich vor meinem Vortrag auf diesen Menschen aufmerksam gemacht hat, der sich schon bei meinem Vortrag in dem Raum befunden hatte. Dieter Schütt hatte auf diesen Menschen gezeigt mit den Worten: *"Da sprechen Sie mit einem General!"*.

Dieser "General" war dann am Tisch auf die beschriebene Weise ausfällig geworden. Es war ganz klar, dass dies mit dem Ausgang der Habilitation, insbesondere mit dem Crash nach meinem Vortrag vom 13. Juli 1990, zu tun haben musste. Ich

---

[19] Unternehmensbereich Medizinische Technik

5.11 Die Kesselschlacht von Neuperlach

dachte mir nur: Die sind schon komplett durchgeknallt! Ich erkannte, in welch gigantischer Gefahr ich mich befand. Das Gespräch am Tisch lief auch ein anderes Mal in eine komische Richtung, als jemand bemerkte, ich würde oft von Stanford sprechen, aber es sei eben eine Tatsache, dass ich selbst nie in Stanford gewesen sei.

Doch wie war dieser Mensch bloß darauf gekommen? Anlässlich dieses Besuchs bei MED und insbesondere an diesem Tisch hatte ich das Wort Stanford garantiert kein einziges Mal in den Mund genommen. Wie kam er also darauf? Er musste dies aus den Verunglimpfungen entnommen haben, welche die Universität Erlangen nach Belieben über mich verbreiten konnte. Diese Verunglimpfungen sog ein Siemens begierig auf, um sie sofort gegen den eigenen Mitarbeiter zu verwenden. Denn das konnte ein Siemens am allerbesten: Gegen den eigenen Mitarbeiter arbeiten, denn dieser konnte sich am allerwenigsten dagegen wehren.

Diese Begebenheit zeigte einmal mehr, dass die Universität Erlangen den vollen Zugriff auf alle Bereiche in Siemens bis in die höchste Leitungsebene hatte und sogar derart kompromittierende Vorfälle und Abläufe wie bei diesem Essen veranlassen konnte.

Damit besaß die Universität Erlangen die Möglichkeit, jederzeit nach Belieben Mobbingmaßnahmen oder intrigistische Fallen innerhalb der Firma aufzubauen mit dem Ziel, mich endgültig zu erledigen.

Es ergibt sich das folgende Bild: Die Universität Erlangen will einen Siemens-Mitarbeiter erledigen. Siemens steht diesem Ansinnen aufgeschlossen gegenüber. Siemens ermöglicht die Durchführung der gegen den Mitarbeiter gerichteten Maßnahmen und beteiligt sich sogar mit hochrangigem, eigenen Leitungspersonal aktiv daran. Das ist die rote Karte für Siemens!

Auf der Rückfahrt im Zug von Erlangen nach München wirkte Dieter Schütt seltsam und fremd. Gemäß der mir vorliegenden Informationen hat er danach ein Siemens-internes Gutachten angefertigt, in dem er sich insbesondere zu meinem Vortrag geäußert haben muss. Das war auch der Grund gewesen, weshalb er mich nach Erlangen begleitet hatte. Es war sein Auftrag gewesen, meinen Auftritt dort zu beobachten und danach ein Gutachten darüber abzugeben.

Dieses Gutachten wollte die Siemens-Führung haben um zu verifizieren, ob der Mangel an pädagogischer Eignung, den die Universität Erlangen bei der Ablehnung meiner Habilitation vorgebracht hatte, glaubhaft sei. Dieter Schütt hat dies in seinem Gutachten voll und ganz bestätigt, obwohl mein Auftritt in Erlangen einwandfrei und nicht zu beanstanden und insbesondere auch ohne irgendwelche Vorkommnisse verlaufen war. Er hat damit seinen Mitarbeiter verraten. Dieter Schütt handelte damit auch firmenschädigend, da sein Gutachten nicht der Wahrheit entsprach und so weitere Entscheidungen der Siemens-Führung in diesem Fall maßgeblich negativ beeinflusste.

Für Dieter Schütt aber wog die Stelle des außerplanmäßigen Professors an der Universität Erlangen, die er innehatte, mehr als alles in Siemens. Er wusste, dass Dieter Seitzer von ihm erwarten würde, dass er die Erlanger Beurteilung der mangelnden pädagogischen Eignung bestätigt. Diesem Wunsch von Seiten der Universität Erlangen hat Dieter Schütt voll und ganz entsprochen. Er hat damit die Interessen der Universität über die Interessen seines Arbeitgebers gestellt und vorsätzlich ein falsches Zeugnis über seinen Mitarbeiter abgegeben. In dem folgenden Kapitel werde ich noch einmal auf dieses entscheidende Gutachten von Dieter Schütt zu sprechen kommen.

Hier liegt aber auch ein fundamentaler Fehler von Seiten der verantwortlichen Siemens-Führung vor. Denn diese hätte allein schon aus dem gesamten Ablauf erkennen müssen, dass Dieter Schütt vollkommen befangen nur noch ein Werkzeug in den Händen der Universität Erlangen war. Nachdem Dieter Schütt außerplanmäßiger Professor in Erlangen war, musste man damit rechnen, dass er die Interessen der Universität über die der Firma Siemens stellen würde.

Daher hätte man Dieter Schütt rechtzeitig alle Einflussmöglichkeiten auf diesen Fall entziehen müssen. Hier hätte auf gar keinen Fall mehr ein außerplanmäßiger Professor der Universität Erlangen mit den weiteren Schritten in diesem Fall befasst sein dürfen. Auch nicht bei MED in Erlangen! Damit gab Siemens ja die gesamte Entscheidungsgewalt in diesem Fall faktisch an die Universität Erlangen ab. Es tritt hier eine eklatante Schwäche der Siemens-Führung offen zutage, die ich in dieser extrem Ausprägung gar nicht erwartet hätte.

5.11.5 *Die Ernennung zum Fachgruppenleiter*

Nach meiner Ernennung zum Fachreferenten sollte ich als nächstes zum Fachgruppenleiter befördert werden. Man schickte mich auf verschiedene Kurse. Das Büro von Heinz Schwärtzel befand: Auf diese Kurse hätte ich in der Vergangenheit schon längst geschickt werden müssen. Es war eben alles verpennt und vermurkst worden.

Jetzt sollte alles nachgeholt werden. Dies war eindeutig auf den zunehmenden Druck von außen zurückzuführen. Es gilt die alte Weisheit: In Siemens kann nur der was werden, der außerhalb von Siemens schon was geworden ist.

Die Situation ist auch zu einem Großteil dem Fachgruppenleiter Eckart Hundt zuzuschreiben. In der Phase, als die Coderentwicklung große Erfolge versprach, hätte er eine Beurteilung über mich schreiben sollen. Aber er schob sie nicht, sondern verzögerte es. Es bedurfte zweier Mahnungen von Seiten der Personalabteilung, bis er sich überhaupt bereitfand, diese ausstehende Beurteilung zu schreiben. Weil es schlicht nichts Negatives gab, das er da hätte hineinschreiben können.

Als er die Beurteilung schließlich ausstellen musste, schrieb er hinein: "anerkannter Fachmann". Ich wusste natürlich genau, was das in der Siemens-Sprache bedeutete. Aber in diesem Fall war es direkt wörtlich zu nehmen. Wohingegen ein Eckart Hundt garantiert nicht zu den anerkannten Fachmännern gezählt werden konnte.

Er wollte eben unbedingt etwas Negatives da reinschreiben. Denn unser Verhältnis war bekanntermaßen so schlecht wie nur möglich. Und warum? Weil er fachlich schlecht war. So einen Menschen konnte man nicht über mich stellen. Die Besprechungen, die er als Fachgruppenleiter gestalten sollte, entarteten jedesmal zur Quälerei. Denn das was er fachlich von sich gab - und das war ja eine Fachgrup-

5.11 Die Kesselschlacht von Neuperlach

pe und keine Politikgruppe - war einfach oft unhaltbar und ich musste ihn häufig korrigieren - vor versammelter Mannschaft. Das untergrub natürlich seinen Ruf.

Aber sowas geht nicht in Siemens. Entweder ist der Mitarbeiter dümmer als der Vorgesetzte, oder er stellt sich dümmer. Ansonsten kommt es zum Konflikt. In einer Struktur wie Siemens kommt ein besserer Mitarbeiter nicht an einem schlechteren Vorgesetzten vorbei. Der Mitarbeiter resigniert oder er verlässt die Firma. Alle meine Kollegen aus dem Studium haben wohl mit auch aus diesem Grund Siemens früher oder später den Rücken gekehrt.

Hier war es so, dass Eckart Hundt sich sagte: Zunächst brauchen wir diesen "anerkannten Fachmann" und wenn wir sein Fachwissen hinreichend ausgebeutet haben, dann schicken wir ihn in die Wüste. Das war die Hundtsche Strategie.

Auch bei all diesen damals regelmäßig stattfindenden Treffen mit der Gruppe des Erlanger Professors Heinrich Niemann wurde dies zielgerichtet verfolgt, indem ich bei solchen Veranstaltungen immer konsequent im Hintergrund gehalten wurde. Ich habe bei diesen Treffen nie einen Vortrag gehalten oder über meine Arbeiten berichtet. Da wurden immer die schlechten Leute vorgeschickt.

Heinrich Niemann war so dumm, dass er das nicht gemerkt hat. Eines muss man Eckart Hundt bestätigen: Er war "politisch" (oder besser gesagt intrigistisch) mit allen Wassern gewaschen. Viel schlauer und geschickter als die Akteure der über ihm liegenden Leitungsebenen. Er konnte Heinrich Niemann locker um den Finger wickeln. Heinrich Niemann hat nie realisiert, was da ablief. Ich habe auch das mal in ein Document gepackt (siehe Abb. 5.11). Das bezieht sich auch auf eine spätere Begebenheit aus dem Jahre 1996, auf die ich noch zu sprechen kommen werde.

Vor diesem Hintergrund lag viel in den Händen von Dieter Schütt. Doch dieser hatte schon deutlich gemacht: Der (Bernd Kämmerer) wird Gruppenleiter aber DU wirst es NICHT. Dieter Schütt verfolgte eben im Grunde dieselbe Strategie wie Eckart Hundt : Den beuten wir erst mal aus und dann schicken wir ihn in die Wüste! So hatte Dieter Schütt es in der Vergangenheit mit allen gemacht, die für ihn gearbeitet hatten. Nicht einmal ein potenzieller Nobelpreisträger hätte in einem solchen Umfeld eine Chance gehabt.

Aber jetzt gab es hier wohl einen heftigen Einspruch von außen. Dieser Einspruch kann nur von Alfred Fettweis gekommen sein. Eine andere Möglichkeit gab es ja gar nicht. Aber dieser Vorstoß kam natürlich viel zu spät. Wenn die Habilitation einen solchen Ausgang genommen hat wie in diesem Fall, dann ist die Geschichte *gelaufen.*

Diese ganze Aktion von außen konnte man mit dem Versuch Erich von Mansteins vergleichen, den Kessel von Stalingrad von außen zu sprengen. Aber das war natürlich von vornherein aussichtslos. Und so verhielt es sich auch hier.

Doch zunächst einmal erhielt Peter Möckel, der ja sozusagen wie eine Marionette auf den Abteilungsleitersessel vom Manfred K. Lang gesetzt worden war von Heinz Schwärtzel (unter Übergehung von Dieter Schütt) den Befehl, meine Beförderung zum Fachgruppenleiter in die Wege zu leiten.

Ich kann mich noch gut an die Reaktion von Peter Möckel erinnern. In diesen Tagen begegneten wir uns einmal zufällig auf dem Flur. Er blickte mich mit großen Augen an. Etwas für ihn Unfassbares musste geschehen sein. Und es musste mit

> **Gesendet:** Freitag, 09. August 2013 um 18:44 Uhr
> **Von:** "Peter Strobach" <peter_strobach@gmx.de>
> **An:** ******.******@**-*******.**
> **Betreff:** Der naivste Mensch dieser Erde
>
> Wenn man mich heute fragen würde, wen ich für
> den naivsten Menschen dieser Erde halte, dann würde
> ich sagen: Heinrich Niemann ist ein Kandidat!
>
> Schliesslich habe ich ihn oft genug erlebt, bei unseren
> häufigen Besuchen an seinem Institut in Erlangen Ende
> der 80er Jahre. Unsere Leute haben dort Vorträge
> gehalten.
>
> Aber nur die Dümmsten - nicht die Gescheitesten!
>
> Das war wirklich ein Lehrstück erster Klasse zu erleben,
> wie so ein Siemens Laborhundterl einen einfältigen
> Professor über den Tisch ziehen kann....!
>
> (Mit einem H.H. Nagel konnte man das z.B. nicht machen.)
>
> Später begegnete mir Heinrich Niemann dann nochmal
> bei einer Tagung im September 1996 in Lausanne, wohin
> ich zu einer Sitzungsleitung eingeladen worden war.
> In seiner Not hat er sich spontan das Tagungsprogramm
> vor's Gesicht gehalten, als er mir plötzlich begegnete.
>
> So ein Bild kennt man sonst nur aus Gerichtssälen, wo
> sich die Schuldigen etwas vor's Gesicht halten. Na - späte
> Selbsterkenntnis ist auch eine Erkenntnis!

Abbildung 5.11 Document #8: Der naivste Mensch dieser Erde.

meiner Person zu tun haben. Etwas so Unfassbares, dass man es ihm direkt ansah. Was war geschehen?

Der Schwärtzelsche Befehl zu meiner Fachgruppenleiterernennung war bei ihm eingegangen. Damit hätte er im Leben nie gerechnet. Denn Bernd Kämmerer stand als nächster auf der Beförderungsliste. Er war auf der Stelle des Leiters des Forschungsreferats, die als Sprungbrett auf eine Fachgruppenleiterstelle galt.

Ein Außenstehender würde meinen, eine Fachgruppenleiterstelle, das ist ja nichts. Aber hier in der ZFE war so eine Fachgruppenleiterstelle so gut wie überhaupt nicht zu erreichen. Jedenfalls nicht auf "normale" Weise. Und schon gar nicht für jemanden wie mich, mit meinem Erscheinungsbild. Wie ich es schon aus den TU-Zeiten schilderte.

Eckart Hundt und Peter Möckel: Das waren typische Siemens-Menschen. Sie hatten das "gewisse Etwas", das einen Siemens-Menschen "auszeichnet". Wie ich es schon als 22-jahriger Student an der Fachhochschule sofort bemerkt hatte. Damals

5.11 Die Kesselschlacht von Neuperlach

war mir schon klar geworden, dass ich da nicht dazupasse. Es gab eine fundamentale Unverträglichkeit zwischen einem typischen Siemens-Menschen und mir.

Deshalb hätte ich in dieser Firma niemals etwas werden können. Entweder wäre ich an dieser Unverträglichkeit zugrunde gegangen, oder ich hätte diese Firma rechtzeitig verlassen. Nun war ich in dieser Firma geblieben und es ist unbestreitbar allein nur meinem fachlichen Können und meiner Robustheit und Sturheit zuzurechnen, dass dieses Siemens-System nun in eine solche außergewöhnliche Zwickmühle geraten war, einen unverträglichen weil nicht dazupassenden Menschen, hier in eine für ZFE-Verhältnisse bereits relativ hoch angesiedelte Führungsposition hieven zu müssen.

Das hat Peter Möckel erschüttert. Weil er sowas nie für möglich gehalten hätte und weil es für ihn vollkommen überraschend kam. Schließlich hatte er beste Kontakte zu Dieter Schütt (sie spielten gemeinsam Tennis und besprachen dabei die zukünftige "Politik"). Dabei war ihm unmissverständlich klar geworden, was Dieter Schütt mit mir vorhatte. Und das mit der Fachgruppenleiterernennung entsprach genau dem Gegenteil.

Vor diesem Hintergrund beging er nun einen Fehler. Anstatt den klaren Schwärtzel-Befehl umgehend umzusetzen, wollte er noch eine kleine Schikane einbauen. Und zwar in Gestalt eines Assessment-Centers[20], das ich zunächst besuchen und bestehen sollte, bevor er die Ernennung zum Fachgruppenleiter aussprechen wollte.

Aber das war natürlich dumm von Peter Möckel. Denn da lief er Gefahr, dass ich dieses Auswahlseminar direkt crashen[21] würde. Dann könnte er mich nicht mehr zum Fachgruppenleiter ernennen. Aber damit würde er *gegen* den strikten Befehl von oben handeln. Und dieser Befehl war *unmissverständlich* strikt. Also nicht so gehalten, dass hier einem Peter Möckel noch irgend ein Quentchen an Entscheidungsfreiheit eingeräumt worden wäre.

Um das an dieser Stelle lauernde Risiko noch besser verstehen zu können sollte man wissen, wie solche Assessment-Center ablaufen. Das sind Rollenspiele, in denen sich die Kontrahenten irgendwie auszutricksen versuchen. Um in einem solchen Assessment-Center gut abzuschneiden, musste man ein echter Siemens-Mensch sein. Und ein guter Wissenschaftsmensch ist das genaue Gegenteil davon.

Daher ist es die dümmste Entscheidung überhaupt, einen Wissenschaftsmenschen in ein solch lächerliches und für einen Wissenschaftsmenschen ärgerliches und nerviges Assessment-Center zu schicken. Nur ein dummer Siemens-Mensch kann überhaupt auf eine solche Idee kommen.

Ich denke, das selbst Ferdinand Piech ein solches Siemens Assessment-Center total gecrasht hätte, wenn man ihn in seinen jungen Jahren dahin geschickt hätte. Später wurde er einer der erfolgreichsten deutschen Industriemanager. Aber nicht aufgrund der Fähigkeiten, die in einem solchen Assessment-Center unter Beweis gestellt werden sollen, sondern aufgrund seines technischen Sachverstands und dem daraus resultierenden Weitblick.

---

[20] Personalauswahlseminar für angehende Manager
[21] zum Scheitern bringen

Also erhielt ich bald diese Einladung zu diesem Assessment-Center. Für mich war das ein Zirkus - sonst nichts. Ich habe es gecrasht. In den Tagen danach begegnete mir der Leiter der Personalabteilung zufällig auf dem Weg zur Kantine. Das war nicht der MBB-Personalleiter. Das war ein Siemens-Clown. Er zog eine halb mitleidige, halb mitfühlende Miene auf und teilte mir mit, dass es bei mir eben gar nichts werden würde mit dem Aufstieg.

Das ging Heinz Schwärtzel dann ganz schön gegen den Strich. Denn er hatte meine Ernennung zum Gruppenleiter nach außen hin praktisch schon zugesagt. Und nun sollte ich - auch in Anbetracht meiner auch nach außen hin sichtbaren Leistungen - reine gar nichts werden in einem Siemens. Das konnte Heinz Schwärtzel einfach nicht mehr vertreten.

Heinz Schwärtzel musste sich nun direkt über diesen Siemens-Zirkus hinwegsetzen. Er befahl strikt meine sofortige Ernennung zum Gruppenleiter. Das bedeutete einen "asynchronen Reset" für Peter Möckel. Wahrscheinlich hat er danach eine "Kopfwäsche" erhalten. Jedenfalls lief er eine Weile wie ein begossener Pudel umher.

Ich weiß nicht, was Heinz Schwärtzel zu ihm gesagt hat. Aber ich könnte mir vorstellen, was der Bereichsleiter Avionik und Bewaffnung bei MBB-UF zu einem Schütt-Freund wie Peter Möckel gesagt hätte: *"Sie sind hier nicht jemand, der Kraft seiner Kompetenz eigene Entscheidungen zu treffen hat! Sie sind eine Marionette, die man auf diesen Stuhl gesetzt hat, damit sie das macht, was man ihr aufträgt!"*.

Meine Ernennung zum Fachgruppenleiter wurde von Dieter Schütt und Peter Müller-Stoy vorgenommen. Peter Müller-Stoy war Dieter Schütt zur Seite gestellt worden. Die Hauptabteilung hatte also fortan eine Doppelspitze. Das war schon als deutlicher Vertrauensentzug gegen Dieter Schütt zu werten. Die Ampel hatte für ihn noch nicht auf rot umgeschaltet. Aber schon auf ein deutliches dunkelgelb.

Vor dieser Geschichte hat sich noch etwas abgespielt, worauf ich vielleicht eingehen sollte: Und zwar gab es einen Kontakt zwischen mir und einem alten englischen Professor. Heinz Schwärtzel hatte das eingefädelt. Gegen Ende dieses Kontakts kam es auch zu einem Arbeitsessen, an dem Heinz Schwärtzel, Dieter Schütt, dieser alte englische Professor und ich teilnahmen.

Dieter Schütt war dabei sichtlich nervös. Als wir nach dem Essen dann auseinander gingen, konnte man eine leichte Erheiterung im Gesicht von Heinz Schwärtzel nicht übersehen. Schließlich hatte er all die Schauermärchen in Erinnerung, die ihm von den Erlangern eingetrichtert worden waren.

Und nun hatte er sich die Möglichkeit verschafft, das mit der Wirklichkeit abzugleichen. Dabei erkannte Heinz Schwärtzel eine eklatante Diskrepanz. Sein Verhältnis zu der Professorenwelt war allerdings realistisch genug, dass ihn das nicht überraschte und auch nicht verwunderte. Er hatte insgeheim schon damit gerechnet, wollte sich aber sicherheitshalber noch einmal vergewissern.

Doch nun zurück zu der Prozedur der Fachgruppenleiterernennung. Sie riefen mich in das Büro des Hauptabteilungsleiters und sprachen mir die Ernennung aus. Ich dachte, jetzt kriege ich etwas Solides in die Hand, worin die Ernennung formal festgestellt wird. Eine Urkunde oder so ähnlich.

Doch stattdessen überreichten sie mir ein Stück abgerissenes Schokoladenpapier und darauf war handschriftlich mit blauem Kugelschreiber in wenigen Worten vermerkt, dass ich nun die Position eines Fachgruppenleiters bekleidete. Bei allem Sinn für Humor überstieg das doch alle Erwartungen (in einem negativen Sinn).

Bald darauf fand die Geburtstagsfeier von Peter Möckel statt. Sie sollte großartig aufgezogen werden. Das arrangierte man schließlich auch in einem großen Besprechungszimmer im 6. Stock, direkt neben dem Büro von Heinz Schwärtzel. Die Feier lief pompös ab. Mit allem was dazugehört. Auch Fotos wurden gemacht, um die ausgelassene Stimmung im Bild festzuhalten.

Dabei blickten alle immer wieder mal verstohlen durch die offene Tür dieses Besprechungsraums, durch die man direkt die Eingangstür von Heinz Schwärtzels Büro sehen konnte. Und alle fragten sich insgeheim: Wann wird diese Tür aufgehen? Wann wird Heinz Schwärtzel endlich vorbeikommen?

Aber diese Tür ging niemals auf. Die ganze Feier über nicht. Und das hatte schon was zu bedeuten! Ich trug mich in die Liste der Leute ein, die Abzüge von den Fotos wollten, die auf dieser Feier gemacht wurden. Diese Fotos habe ich nie bekommen!

5.11.6 Das Himmelfahrtskommando

Schließlich stellte sich die Frage, welche Fachgruppe ich nun übernehmen sollte. Es war die Gruppe von Wolfgang Küpper, einem Schütt-Freund, den man zum "Aufwärmen" für ein Jahr nach Berkeley geschickt hatte. Von dort aus sollte er zum Abteilungsleiter aufsteigen.

Diese Fachgruppe war seit geraumer Zeit verwaist und demnach auch entsprechend verwildert. Wolfgang Küpper hatte noch ein paar junge Absolventen aus Aachen eingestellt und sich dann nach Berkeley verabschiedet. Diese "jungen Wilden" waren Mitte 20 und hatten nichts als die Schule und ein elementares Studium gesehen. Jetzt konnten sie sich nach Belieben austoben und tun und lassen was sie wollten. Sie ließen ihrer Phantasie im wahrsten Sinne des Wortes freien Lauf.

Mit ihren Träumen avancierten sie schnell zu den neuen Hoffnungsträgern von Dieter Schütt. Dieser begann allmählich, jeden Realitätsbezug zu verlieren. Er griff verzweifelt nach jedem Strohhalm, denn seine Hauptabteilung bewegte sich kontinuierlich auf den Abgrund zu. Er hatte praktisch alle Projekte in den Sand gesetzt.

Die externen Evaluationen durch eine Expertenkommission, auch genannt das INF-Panel, der auch H.H. Nagel angehörte, waren fatal ausgefallen. Dadurch und wohl auch durch negative Rückmeldungen aus den Unternehmensbereichen, nahm der Druck auf Dieter Schütt ständig zu. Er erlitt einen Hörsturz und musste sich im Krankenhaus Neuperlach behandeln lassen. In dieser Phase wurde er immer unberechenbarer. Er verwandelte sich in die reinste wandelnde Bombe. Jede Begegnung mit ihm hätte in einer Katastrophe enden können. So ist das eben, wenn die Front zusammenbricht.

Seine neuen "Lieblinge" wurden dadurch noch unkontrollierbarer und der Umgang mit ihnen entwickelte sich zu einem gefährlichen Drahtseilakt. Wenn ich da irgendwo eingegriffen hätte, wäre es mein Ende gewesen. Ich wäre sofort gebrandmarkt worden als derjenige, der diese dynamischen jungen Hoffnungsträger behindert. Obendrein lastete das Stigma des pädagogisch Ungeeigneten auf mir. Sie rannten mit jeder Kleinigkeit sofort zu Dieter Schütt. Aber ich sollte die Fachgruppe ja leiten, was unter diesen Umständen praktisch unmöglich war.

Unter diesen Rahmenbedingungen besaß ich keine Autorität. Die besaß ich ohnehin allein schon wegen der gescheiterten Habilitation nicht. Ich war dadurch ja quasi angeschossen. Und nun sollte ich in diesem Zustand ein solches Himmelfahrtskommando wie die Leitung dieser verwilderten Fachgruppe übernehmen.

Kein Mensch in der Abteilung hätte vor diesem Hintergrund auch nur einen einzigen Pfifferling auf meinen Kopf gewettet. Wolfgang Küpper kam einmal auf Urlaub einige Tage nach Neuperlach zurück. Wir begegneten uns auf dem Flur. Er sagte im Vorbeigehen: *"Wennst's net packst, brauchst's nur sag'n!"*. Sie rechneten jeden Tag mit meiner Aufgabe oder mit einem Crash mit den neuen Lieblingen, der ebenfalls mein sofortiges Ende bedeutet hätte.

Daneben versuchte Heinz Schwärtzel alles um mir die Illusion zu vermitteln, ich hätte in der Firma eine Zukunft. Beispielsweise lag da mal eine Einladung zu einem Siemens-Sportclub. Auf der ersten Seite prangte das überfreundlich strahlende Gesicht von Heinz Schwärtzel. Er war der Vorsitzende. Er wusste, dass ich sportbegeistert war. Ich ging nicht hin.

Dann beispielsweise ein Flug zu einer Fachtagung in Toronto mit eigenem Vortrag, wie üblich zweiter Klasse. Auf dem Tisch lag plötzlich ein Ticket erster Klasse.

Dann die Urlaubsvertretung des Abteilungsleiters. Diese übernahm der kompetenteste Fachgruppenleiter. Das war dann natürlich ich. Siehe Anhang A.14 mit Abb. A.30. Ich kam überhaupt nicht mehr dazu, selbst in Urlaub zu gehen. Das war gewollt. Auf diese Weise - so dachte man - käme ich auch nicht dazu, über meine Situation nachzudenken.

Weiterhin sollte auch die Illusion aufgebaut werden, ich besäße noch die Option später mal auf einen Lehrstuhl zu kommen. Um das zu befeuern, ernannte man mich beispielsweise plötzlich zum "Betreuer für die TU-München". In dieser Rolle musste ich an Informationsveranstaltungen für Absolventen und Doktoranden der TU teilnehmen und dabei etwas über die ZFE und die Projekte dort berichten.

Um diese Illusion so richtig anzuheizen, wurde ich auch aufgefordert, mich um Lehrstühle zu bewerben. Ein Beispiel dafür ist meine Bewerbung um den Lehrstuhl für Nachrichtentechnik der TU-München, wie dargestellt im Anhang A.12.

Das alles spielte sich von dem Hintergrund einer Welle von Verunglimpfungen ab, welche die Universität Erlangen ungehindert überall über mich verbreiten konnte. Bald glaubten alle mit denen ich zu tun hatte, meine sämtlichen wissenschaftlichen Arbeiten seien nur die Ausgeburt meines übersteigerten Selbstwertgefühls.

Sogar ein Ulrich Appel hatte bei Siemens erwirken können, dass ich an die TU geschickt wurde, um den Vortrag von Werner Wolf anzuhören, was eine reine Mobbing-Maßnahme war. Siemens hatte es ermöglicht, dass sogar so eine C3-Null wie ein Ulrich Appel nun den vollen Zugriff auf mich bekam. In den kühnsten Träumen hätte ich nicht erwartet, dass es einmal soweit kommen könnte! Siemens arbeitete hinterrücks gegen den eigenen Mitarbeiter.

Trotzdem wollte ich dieses Himmelfahrtskommando einer Fachgruppenleitung unter diesen wahnwitzigen Begleitumständen unbedingt ein Jahr lang durchhalten, um mich dann kontrolliert abzusetzen. Ich wollte, dass sie die Chance bekamen, den Fall Erlangen restlos auszuputzen. Ich wollte nicht, dass sie am Ende behaupten konnten: Wir hätten es ja geradegebogen, aber er ist zu früh ausgestiegen. Ich wollte später einmal sagen können: Ich habe ihnen alle Chancen eingeräumt.

Aber das bedeutete auch, dass ich ein *vollständiges Ausputzen* erwartete: Das bedeutet: Die Habilitationsurkunde aus Erlangen oder von sonstwoher liegt auf meinem Schreibtisch, oder meine Kündigung liegt auf deren Schreibtisch. Es gab keine Alternative und keinerlei Möglichkeit, diese meine Entscheidung noch zu beeinflussen. Jeder, der das nicht erkannte oder nicht wahrhaben wollte, war schlicht naiv.

Da half es auch nichts, dass man Anstrengungen unternahm, die Gruppe mit qualifiziertem Personal zu verstärken. Beispielsweise mit Dr. Daniel Goryn von der University of Minnesota oder Dr. Soren Hein, der in Berkeley unter Avideh Zakhor, die ich sogar persönlich kannte, die beste Promotion seines Jahrgangs abgeliefert hatte. Mit diesem Personal hätte man durchaus anspruchsvolle Projekte durchführen können. Aber anspruchsvolle Projekte waren unter diesen Umständen gar nicht mehr einwerbbar und das war auch nicht zielführend. Denn hier musste zuerst der Kern des Übels beseitigt werden, und das war die Schieflage durch den Fall Erlangen. Alles andere konnte man nur als sinnlose *Ablenkungsmanöver* bewerten.

Das machte mich richtig sauer, weil man hier versuchte, mich über den Tisch zu ziehen, ohne das eigentliche Problem der Erlangen Habilitation so wegzuputzen, wie es sich gehörte. Man hätte zuvor wohl besser zugesehen, dass dieser Erlangen-Dreck gar nicht erst entsteht. Nun war er entstanden und dann putzen diejenigen diesen Dreck wieder weg, die für seine Entstehung verantwortlich waren. Und diese Personen waren einerseits auf der Seite von Siemens, auf der anderen Seite aber auch an den deutschen Universitäten zu finden.

Da waren eben auch die ganzen Einwickelversuche von Alfred Fettweis nicht zielführend, der da kräftig mitspielte auf dieser Welle des gespielten Wohlwollens. Schon weit im Vorfeld der Fachgruppenleiterernennung erfolgte bereits der erste Stabilisierungsversuch durch Einbeziehung in die Begutachtungen im Rahmen einer Fachtagung. Siehe den Anhang A.11 mit Abb. A.26. Dann die rasend schnelle Ernennung zum Senior-Member IEEE. Siehe Anhang A.13 mit Abb. A.29.

In einem Telefonat hatte Alfred Fettweis mir einmal gesagt: *"gehen Sie nach Amerika oder bleiben Sie in der Industrie"*. Er wusste genau, dass ich nicht nach Amerika gehen würde - also blieb nur noch die Industrie. Ich dachte mir: Der sagt mir doch jedesmal das Falsche. Stattdessen hätte er sagen sollen: *"Gehen Sie an eine schnuckelige Fachhochschule. Sie sind ja sehr gut. Für Sie ist das easy. Bauen Sie sich dort eine befestigte Stellung aus. Irgendwann werden Sie soweit sein, dass die Ihnen nicht mehr ankönnen. Dann kommen Sie zurück und geben denen das Fett, das die sich verdient haben für das, was die Ihnen und Ihren Eltern angetan haben!"*

Daher liefen natürlich nebenher schon Bewerbungen an Fachhochschulen. So viele, dass ich mich heute nicht mehr zurückerinnern kann, wieviele und wo.

Es wurde allmählich schwer, noch an eine Fachhochschule zu kommen. Beispielhaft dafür war eine Bewerbung an der Fachhochschule Landshut. Von dort bekam ich die Antwort, ich sei *überqualifiziert*. Sie würden mich überhaupt nur dann einladen, wenn ich zwei Gutachten von Fachhochschullehrern vorlegen könnte die bestätigen, dass ich - überspitzt ausgedrückt - hineichend dumm für die Verwendung an einer Fachhochschule sei. Mir wurde ganz heiß. Es bestand die Gefahr, dass sie mich zu einem Siemens-Sklaven machten und ich überhaupt nicht mehr herauskommen würde aus diesem verwunschenen Kessel von Neuperlach.

In dieser Phase bekam ich endlich ein Einzelbüro im ersten Stock. Es war klein und lag an einer Ecke des Gebäudes, so dass eine Säule die Hälfte des Fensters verdeckte. Dadurch herrschte in diesem Büro eine kerkerhafte Atmosphäre.

Dieses Büro war kurzfristig freigeworden. Es hatte einem Fachgruppenleiter aus der Gonauser-Hauptabteilung gehört. Dieser hatte sich unter strengster Geheimhaltung einen Ruf auf eine Professur an der Fachhochschule Augsburg besorgt. Er ging in Urlaub und kam nicht mehr zurück. Dieser Mensch kannte die Hinterhältigkeit von Siemens. Er riskierte nicht einmal mehr einen Schritt auf das Firmengelände. Man hätte ihn irgendwie elend hereinlegen und um seine Professur bringen können.

Diesen Menschen haben sie auch nie wieder zurückgeholt. Ich kannte inzwischen andere Fälle, die sie auf dreckige Art wieder in die Firma zurückintrigiert hatten. "Heim ins Reich", sozusagen. Diese Menschen liefen mit zusammengepressten Lippen umher, so schmal wie ein Strich, nicht einmal mehr durchblutet. Man hatte sie zu Siemens-Sklaven gemacht und das würden sie bis zu ihrer Rente bleiben. Manchmal, wenn ich so einem Siemens-Sklaven begegnete bemerkte ich, wie er mich aus den Augenwinkeln heraus mitleidsvoll ansah. Er dachte sich wohl: Dir wird es auch noch so ergehen. Sie treiben das Spiel mit dir, bis sie dich soweit haben.

Ich war mir dieses Risikos zu jedem Zeitpunkt voll und ganz bewusst. Ich hatte die Power, das ein Jahr lang mitzuspielen. In meinen Adern musste das Blut der keltischen Ritter fließen, dass ich mich dieser Geschichte ohne einen Funken Angst und zu allem entschlossen entgegenstellen konnte.

Eines Tages läutete das Telefon. Am anderen Ende der Leitung erklang die Stimmen von Lenz Haggenmiller von der Fachhochschule Regensburg. Er erklärte mir, er sei schon nicht mehr so bei Kräften und ob ich nicht als Professor an die Fachhochschule Regensburg kommen wolle. Ich war ganz platt. Es gab außerhalb der Firma Personen die erkannten, in welch enormer Gefahr ich mich auf dieser exponierten Fachgruppenleiterstelle zu diesem Zeitpunkt befand. Sie haben mir die Ausstiegsoption angeboten.

Aber ich habe es einfach nicht über mich gebracht, dieses Angebot anzunehmen. Das eine Jahr war noch nicht rum. Ich wollte es unbedingt durchziehen. Auf der anderen Seite hätte ich es nicht fertiggebracht, unter diesen Vorzeichen an die Fachhochschule Regensburg zurückzukehren und meinen früheren Dozenten jeden weiteren Tag meines restlichen Berufslebens so zu begegnen. Das war der Inhalt eines Alptraums - sonst nichts.

Also musste ich es bis zum Ende des einen Jahres durchhalten und mich dann an eine Fachhochschule absetzen, an der mich niemand kannte. Nur ein vollständiges Ausputzen des Erlangen-Drecks hätte diesen Automatismus noch aufhalten können - oder ein Ruf auf einen Lehrstuhl.

Eines Tages erschien plötzlich ein Schulmädchen im Alter von rund 17 Jahren in meinem Büro. Angeblich absolvierte sie in ihren Ferien eine Art "Schnupperpraktikum" in der ZFE. Sie erzählte, ihre Eltern seien gut mit Heinz Schwärtzel bekannt. Auf diese Weise hätte sie die Gelegenheit zu diesem Schnupperpraktikum erhalten. Ich sollte ihr doch mal etwas über unsere Arbeiten berichten.

Es war Sommer und so gingen wir hinaus vor das Büro. Wir setzten uns auf eine Bank und ich erzählte ihr eine Weile auf möglichst volksnahe Weise von unseren Aktivitäten. Dann gingen wir wieder auseinander.

Ich nehme an, dieses Schulmädchen lief daraufhin zu Heinz Schwärtzel und berichtete ihm von den Eindrücken, die sie während unseres Gesprächs gesammelt hatte. Ich dachte mir: Was soll das? Wird das jetzt die Grundlage für Heinz Schwärtzel, auf der er sich ein Bild von meiner pädagogischen Eignung zurechtstrickt? Das war doch einfach nur noch verrückt!

Ich kann nicht beweisen, welchen Einfluss diese Begebenheit hatte. Auf alle Fälle war es gestellt. Unter den Umständen, die an diesem Ort zu dieser Zeit herrschten, war einfach alles möglich. Es war sogar denkbar, dass ein Siemens-Bereichsleiter wie Heinz Schwärtzel die Entscheidung, ob er jemanden für einen Lehrstuhl empfehlen sollte, von den Schilderungen eines 17-jährigen Schulmädchens abhängig machte!

5.11.7 Die Bewerbung um die Nachfolge von Alfred Fettweis

Das bringt mich zurück zu den Lehrstuhlbewerbungen, die ja immer noch liefen. In München habe ich nie einen Vortrag gehalten. Dafür erreichte mich bald ein Scheiben von Johann F. Böhme aus Bochum. Er schrieb mir, der Lehrstuhl für Nachrichtentechnik (Nachfolge Alfred Fettweis) sei zur Neubesetzung ausgeschrieben. Ob ich nicht jemanden kenne, der den Mut hätte, sich darauf zu bewerben. Dies war eine plumpe Aufforderung, mich darum zu bewerben. Also bewarb ich ich prompt darum.

In der Bewerbung um den Lehrstuhl für Nachrichtentechnik der Ruhr-Universität Bochum lag eine besondere Ironie: Einerseits wäre ich von meiner wissenschaftlichen Ausrichtung her geradezu prädestiniert und qualifiziert für diesen Lehrstuhl gewesen. Das hätte ich - unter normalen Umständen - hervorragend gemeistert. Alles hätte gepasst. Auch mein Alter von damals gerade mal 37 Jahren.

So aber waren diese Umstände das genaue Gegenteil der Normalität. Durch den Erlangen-Fall war die Atmosphäre vollkommen vergiftet worden. Der Bruder von Rolf Unbehauen war der Inhaber des Lehrstuhls für Regelungstechnik an der Ruhr-Universität. Also war es aufgrund der eingerührten Umstände eine vollkommene Unmöglichkeit, auf diesen Lehrstuhl zu kommen. Andernfalls, wenn es im Vorfeld anders gelaufen und man die Habilitation zu einem Erfolg geführt hätte, wäre der Lehrstuhl einwerbbar gewesen. Alfred Fettweis wollte jemanden aus der Industrie, insbesondere aus Siemens. Das hätte genau gepasst. Und nun war es durch Erlangen mustergültig vers***²² worden.

Also fuhr ich nach Bochum ohne jede Aussicht, dass dies in irgendeiner Weise zielführend sein würde. Aber ich wollte auf keinen Fall derjenige sein, der eine so wichtige Option aus der Hand gegeben oder nicht wahrgenommen hatte. Sonst hätte mir die Geschichte daraus einen Vorwurf machen können. Und damit wollte ich mich auf gar keinen Fall belasten. Daher musste ich diese Option unter allen Umständen wahrnehmen. Deshalb fuhr ich nach Bochum.

Am Lehrstuhl von Johann F. Böhme kam es dann zu dem üblichen Vorgespräch. Wir waren uns ja von mehreren Begegnungen auf Tagungen schon gut persönlich bekannt. Alfred Fettweis schaute kurz vorbei und wir wechselten einige Worte. Johann F. Böhme verfolgte sichtlich nervös dieses kurze Gespräch zwischen Alfred Fettweis und mir. Da bestand ja eine enorme Belastung durch den Erlangen-Crash. Das stand ständig im Raum.

Als Alfred Fettweis gegangen war, kramte Johann F. Böhme zu meiner großen Verwunderung ein paar hölzerne, bananenartige Körper von etwa 8 cm Länge aus seiner Rocktasche hervor. Er legte sie vor sich auf den blanken Schreibtisch und versetzte sie mit einer flinken Handbewegung in Rotation. Diese Körper rotierten auf eine merkwürdige Art. So wie man es aufgrund der äußeren Gestalt und Form der Körper gar nicht erwarten würde. Johann F. Böhme zeigte nun auf diese rotierenden Körper und fragte mich, was wohl der Grund für diese merkwürdige Rotationsbewegung sein könnte. Document #9 in Abb. 5.12 schildert diese Begebenheit damals in Bochum.

Anschließend und noch voll unter dem Eindruck dieses Erlebnisses ging es dann zum Vortrag. Den las ich wieder einfach von den Folien ab, denn unter den Umständen, die sich aus dem Erlangen-Crash ergeben hatten war ich nicht mehr in der Lage, meine zuvor gewohnt lebendigen Vorträge zu halten.

Der Vortrag lief dann auch ohne besondere Vorkommnisse ab. Man merkte schon, dass das Auditorium bemüht war, im anschließenden Frageteil mögliche Konfliktsituationen zu vermeiden. Daher waren die Fragen einfach. Der Bruder von Rolf Unbehauen war zum Stillhalten verdonnert worden. Der wusste sowieso, dass es nur ein komisches Spiel war, genauso wie die Geschichte mit den bananenartigen Körpern zuvor. Das war alles weit von jeder Normalität entfernt.

Schließlich kamen wir zum letzten Teil eines Bewerbungsverfahrens, und das ist die Besprechung mit den Mitgliedern der Berufungskommission in kleiner Runde. Auch hier gab es zunächst keine Auffälligkeiten. Bis mich einer der Mitarbeiter fragte, wie ich denn meine Vorlesungen zu gestalten gedenke. Mit Folien oder mit Tafelanschieb. Ich antwortete: Mit Tafelanschrieb natürlich. So hatte ich ja auch meine Übungsveranstaltungen während meiner Zeit an der UniBw gehalten. So hatte ich auch meine Vorlesungen in Erlangen durchgeführt. Ich hatte schlicht noch nie eine Lehr- oder Übungsveranstaltung jemals anders durchgeführt.

Trotzdem antwortete mir dieser Mensch darauf: *"Hat man Ihnen aufgetragen, dass Sie das sagen sollen?"*. Das war eine Unterstellung und eine Beleidigung des

---

[22] nicht zur Veröffentlichung geeignet

5.11 Die Kesselschlacht von Neuperlach

> **Gesendet:** Dienstag, 04. Mai 2010 um 18:29 Uhr
> **Von:** "Peter Strobach" <peter_strobach@gmx.de>
> **An:** ******.******@**-*******.**
> **Betreff:** Der Mann mit den Holzbananen
>
> Es ist schon sehr lange her, da bewarb ich mich nach AUFFORDERUNG um einen sehr renommierten Lehrstuhl für Nachrichtentechnik an einer grossen Universität im Westen des Landes.
>
> Ich begab mich mit dem Leiter der Berufungskommission, nennen wir ihn einmal "Johann F.", in dessen Arbeitszimmer.
>
> Als wir dort allein waren, zog Johann F. zu meinem grössten Erstaunen zwei Holzkörper, bananenähnlich, aber kleiner, aus seiner Rocktasche. Er legte diese Körper auf seinen blanken Schreibtisch und versetzte sie mit einer flinken Fingerbewegung in Rotation.
>
> Die Körper vollführten daraufhin auffällig merkwürdige Rotationsbewegungen, so wie man sie als "Laie" nicht erwarten würde.
>
> Und so stellte Johann F. auch gleich die gierige Frage, was wohl die Gründe für diese merkwürdigen Bewegungen der Holzkörper sein könnten (?)
>
> Ich antwortete daraufhin sofort, dass es sich um eine ungleiche Massenverteilung in der Körpern handeln musste "Jaaaa..." grunzte Johann F. auf seine bekannte Art, und bestätigte damit die Richtigkeit meiner Aussagen dazu (es befanden sich wohl einfach Bleimassenstücke in den "Holzbananen").
>
> Dieser Johann F. hat damit einen Menschen, der sich um einen der renommiertesten Lehrstühle für Nachrichtentechnik bewarb, mit einer derartig banalen Frage konfrontiert.
>
> Aber das ist dabei nicht das dicke Ei. Das dicke Ei ist, dass dieser Mensch, den Johann F. so konfrontierte, in seinem Studium an der Fachhochschule in Physik mit 1.0 die Bestnote abgeliefert hatte, dass dieser Mensch daraufhin ein CERN-Stipendium erhielt, dass dieser Mensch daraufhin an der TUM im Vordiplom 1 sowohl in Physik als auch in Mathematik die Bestnote 1.0 erhielt, und während seines Studiums an Hamiltonscher Mechanik und Kreiseltheorie gearbeitet hatte, und sich in seiner Rolle als freier Mitarbeiter der MBB GmbH mit Fragen des IN (Inertial Navigator) beschäftigt hatte.
>
> Kannst du jetzt verstehen, dass dieser Mensch, der da so konfrontiert worden war, das als totale Vera******g empfinden musste, und sich nur mit grösster Mühe überhaupt noch beherrschen konnte ?
>
> Glaubte Johann F. denn tatsächlich, dass es einem lächerlichen Saftstall wie Siemens zusammen mit den Erlanger "Brüdern" in so kurzer Zeit gelingen könnte, so einen Menschen so vollkommen zu vertrotteln, dass dieser eine ungleiche Massenverteilung in rotierenden Körpern nicht mehr erkennen könnte - glaubte er das wirklich ?

Abbildung 5.12 Document #9: Der Mann mit den Holzbananen.

eingeladenen Bewerbers. Dieses Mitglied der Berufungskommission hatte Glück, dass mein Crash-Konto zu diesem Zeitpunkt schon voll war. Sonst hätte ich ihm eine "Kopfwäsche" verpasst, um ihm das zurückzugeben, was er mir mit seiner Unterstellung gegeben hatte. So überspielte ich es - was mir schwerfiel.

Danach kam es noch zu einer kurzen Unterredung unter vier Augen im Büro von Alfred Fettweis. Dabei erzählte er mir, Siemens hätte ihm berichtet, ich hätte einmal einen Termin versäumt. Ich erinnerte mich. Es war ein Termin gewesen, den ich in meiner Rolle als "Betreuer für die TU-München" hätte wahrnehmen sollen. In den chaotischen Verhältnissen, die anlässlich meiner Übernahme der Fachguppenleitung auftraten, war dieser Termin einfach untergegangen.

Bei Siemens hat man wohl jeden meiner Schritte engmaschig überwacht. Unter normalen Umständen wäre sowas überhaupt nicht aufgefallen. Und nun hatten sie es sogar noch nach außen weitergegeben. Das war sowas von kleinkariert, dass es Alfred Fettweis direkt aufgefallen sein muss. Deshalb wollte er es mir sagen.

Einige Wochen später erhielt ich von Johann F. Böhme die Nachricht, dass die Mitglieder der Berufungskommission sich nicht auf einen Bewerber einigen konnten und die Stelle komplett neu ausgeschrieben haben. Ich könnte mich nochmal bewerben, wenn ich wollte.

Aber das war natürlich ein Witz. Denn weshalb sollte ich mich ein zweites Mal bewerben. Wenn sie meine Bewerbung beim ersten Mal nicht berücksichtigt haben, welchen Grund hätte es dann gegeben, sie beim zweiten Mal zu berücksichtigen?

Später erfuhr ich dann, dass ein Mensch namens Fischer, ein Abteilungsleiter aus dem Siemens-Bereich Energietechnik in Erlangen, der auch Vorlesungen interessanterweise am Institut von Rolf Unbehauen gehalten hatte, den Ruf auf den Lehrstuhl für Nachrichtentechnik der Ruhr-Universität erhalten hatte.

Aber es handelte sich hier um einen Energietechniker, dessen Arbeitsgebiete und Schwerpunkte nun reine gar nichts mit Nachrichtentechnik zu tun hatten.

Das zeigte auch mit nicht mehr zu überbietender Deutlichkeit, dass hier alles andere nur nicht die fachliche oder wissenschaftliche Eignung eine Rolle bei der Berufung gespielt hat. Hier setzte man sich mit einer Unverfrorenheit darüber hinweg, die man lange suchen muss!

Nach dieser Berufung Fischer war klar: Auf so einen Lehrstuhl kann man jeden beliebigen Menschen berufen. Wenn es nur den entsprechenden Machtinteressen genügt. Man kann in diesem Fall getrost von der größten Fehlbesetzung in der Geschichte der deutschen Nachrichtentechnik-Lehrstühle sprechen.

Nachdem ich das gesehen hatte, wusste ich was da gespielt wird. Das hat mein Bild von Alfred Fettweis auch nachhaltig geprägt. Denn einen Menschen sollte man an seinen Taten messen und nicht an seinen Worten. Die Stabübergabe an seinem Lehrstuhl wäre wohl eine seiner wichtigsten Taten am Ende seines beruflichen Lebensweges gewesen. Und man wird mir nicht einreden können, ein Mensch mit dem Einfluss, den Alfred Fettweis zweifellos besaß, hätte das nicht voll in der Hand gehabt. Für mich war das eine persönliche Enttäuschung.

Als ich Jahre später von der Pensionierung dieses Menschen namens Fischer erfuhr, war ich sehr erleichtert (siehe dazu Document #10 in Abb. 5.13) und teilte ihm persönlich mit, wie sehr ich diesen Schritt begrüsste (Abb. 5.14).

5.11 Die Kesselschlacht von Neuperlach

> **Gesendet:** Montag, 03. Oktober 2011 um 07:38 Uhr
> **Von:** "Peter Strobach" <peter_strobach@gmx.de>
> **An:** ******.******@**-*******.**
> **Betreff:** die "Fischerchöre" ...
>
> ... sind endlich in Rente http://www.ei.rub.de/fakultaet/professuren/fischer/
>
> Die Welt atmet auf - die grösste Fehlbesetzung in der Geschichte der deutschen Nachrichtentechnik-Lehrstühle fand ihr biologisches Ende!

Abbildung 5.13 Document #10: Die "Fischerchöre".

> **Gesendet:** Montag, 03. Oktober 2011 um 07:59 Uhr
> **Von:** "Peter Strobach" <peter_strobach@gmx.de>
> **An:** fischer@nt.rub.de
> **Betreff:** es ist mir ein grosses Bedürfnis ...
>
> ... Ihnen heute mitzuteilen, dass ich es ausserordentlich begrüsse, Ihren werten Namen nun auf der Liste der ehemaligen Professoren der RUB wiederzufinden.

Abbildung 5.14 Document #11: Es ist mit ein großes Bedürfnis...

Johann F. Böhme bin ich danach noch zweimal begegnet. Einmal in München, als ich von einer Kanada- oder USA-Reise zurückkehrte. Ich betrat eine fast leere U-Bahn-Station und da stand - Johann F. Böhme. Was für "Zufälle" es im Leben doch geben kann! Da treffe ich in so einer Riesenstadt wie München auf einen Menschen aus Bochum, der genau in dieser Minute genau in dieser U-Bahn-Station genau auf diesem Gleis auf seinen Zug wartet. Solche Zufälle gibt's ja gar nicht.

In Wirklichkeit war das Zusammentreffen gestellt. Wahrscheinlich wurde ich observiert. Man wusste daher genau, wann ich zurückkommen würde und welchen Weg ich einschlagen würde, um nach Hause zu kommen. Da hat man Johann F. Böhme auf meinem Weg platziert. Um all diese phantastischen Dinge zu verstehen sollte man wissen, dass Johann F. Böhme ein Habilitationsfreund von Dieter Schütt war. Die beiden haben sich in ihrer Habilitationszeit an der Universität Bonn kennengelernt und waren sich seit damals verbunden geblieben.

Johann F. Böhme hat oft weinerliche Bettelbriefe an Siemens geschrieben, um Geld einzubetteln für einen Mitarbeiter oder für ein Projekt, wie beispielsweise das CORDIC[23] Projekt mit vorgeschlagenen Anwendungen bei UB-MED.

Über welchen Schreibtisch sind diese Bettelbriefe wohl gelaufen? Über meinen Schreibtisch, natürlich! Dabei war es vor allem bei den CORDIC-Vorschlägen von

---

[23] Coordinate Rotation Digital Computer

Nachteil, dass Johann F. Böhme hier keine Spitzenposition in der internationalen Forschung zu diesem Theman vorweisen konnte.

Der zentrale Übersichtsaufsatz zu diesem Thema im IEEE Signal Processing Magazine war von Y.H. Hu von der University of Wisconsin, Madison, USA, verfasst worden und eben nicht von Johann F. Böhme. Siehe [6].

Johann F. Böhme hätte sich da ein Beispiel an mir nehmen können. Ich sprach in Erlangen von den Levinson- und Schur RLS Lattice Adaptivfiltern. Ich hatte diese Verfahren selbst erfunden und ich hatte den entsprechenden Übersichtsaufsatz zu dieser Verfahrensklasse im IEEE Signal Processing Magazine veröffentlicht. Siehe [4]. Dies wird man wohl gerne wieder als Ausdruck meines übertriebenen Selbstwertgefühls hinstellen. Aber man wird auf der anderen Seite zugeben müssen, dass es einfach eine Tatsache ist.

Entscheidungen über Berufungen und Habilitationen sind häufig rein niedrig persönlich oder politisch-finanziell motiviert. Diese Entscheidungen haben in diesem Land häufig *nichts*, aber auch reine *gar nichts* mit wissenschaftlicher Eignung zu tun und sie haben auch nichts mit pädagogischer Eignung zu tun.

Um sich auf einer wissenschaftlichen Schiene hier alleine durchsetzen zu können, müsste man schon eine nobelpreisverdächtige Erfindung vorweisen können. Wie beispielsweise die Entdeckung der Kernspaltung oder die Entdeckung des Magnetowiderstandseffekts. Alle anderen Arbeiten können kleingeredet werden. Umgekehrt können die minimalsten Arbeiten eines Lieblings, der auf einen Lehrstuhl promotet werden soll, großgeredet werden.

Und die pädagogische Eignung spielt bei Lehrstuhlberufungen schon gar keine Rolle. Schließlich gibt es die Habilitation, mit der man einem völlig pädagogisch ungeeigneten Menschen eine pädagogische Eignung zum Zweck der geplanten Unterbringung dieses Menschen im deutschen Universitätssystem problemlos ausstellen kann, wenn sich alle an einer Universität einig sind. Denn das ist ja universitätsintern. Er gibt keine übergeordnete Kontrolle. Man kann machen was man will.

Umgekehrt kann man einen pädagogisch brillianten Menschen am besten vernichten, indem man ihn im Rahmen einer Habilitation für pädagogisch ungeeignet erklärt. Man kann sogar hoffen, dass dieser so betroffene Mensch mittelbar oder unmittelbar an der schier unverkraftbaren Erfahrung stirbt, dass dies in diesem Land möglich ist. Aber warum sollte das in diesem Land denn nicht möglich sein? Hier ist schlicht alles möglich. Das ist das Land der Dichter und Denker. Es ist aber auch das Land der lodernden Scheiterhaufen und der rauchenden Krematorien.

Doch nun zurück zu diesem "zufälligen" Zusammentreffen mit Johann F. Böhme in dieser Münchner U-Bahn-Station. Die Begrüßung fiel entsprechend verkrampft aus. Wir stiegen in den nächsten Zug. Das ging so über vielleicht zwei Stationen. Dann hielt ich es in der Nähe von Johann F. Böhme einfach nicht mehr aus. Mir wurde direkt schlecht. Als wir in den nächsten Bahnhof einfuhren und sich mir die Möglichkeit bot, die nächste Tür zu öffnen, verabschiedete ich mich abrupt mit den letzten Worten, die ich überhaupt noch herauszuwürgen imstande war und verließ den Zug so schnell wie möglich. Ich wartete zwei weitere Züge ab und fuhr dann weiter auf dieser Strecke bis nach Hause.

Ein zweites Zusammentreffen mit Johann F. Böhme ergab sich anlässlich der EU-SIPCO[24]-92 im August 1992 in Brüssel. Bei diesen Tagungen gibt es immer auch ein "Social Event", also ein Abendessen, so ähnlich wie ein Empfang. Das gab es auch hier. Busse sollten uns eines Abends an den Ort bringen, an dem dieser Empfang stattfand.

Die Busse kamen, eine Traube von Menschen zwängte sich hinein. Ich ergatterte einen Fensterplatz. Kaum hatte ich mich hingesetzt, da zwängte sich auch schon Johann F. Böhme auf den Platz neben mir. Er begann zunächst ganz ruhig und freundlich mit mir zu sprechen. Über seinen Lieblingsschüler Bin Yang, den ich auch persönlich von vielen Tagungen her gut kannte. Ja, man konnte sagen wir waren direkt befreundet! Johann F. Böhme erzählte mir, er würde Bin Yang gerne auf einen Lehrstuhl promoten aber er sei sich nicht sicher, ob es gelänge, denn er (Bin Yang) habe ein Problem mit der Milz und sei daher gesundheitlich nicht so besonders stabil.

Später hat Johann F. Böhme es dann doch geschafft, Bin Yang auf einen Lehrstuhl zu promoten, und zwar sehr schnell auf einen Lehrstuhl für Nachrichtentechnik der Universität Stuttgart. Ich rieb mir direkt die Augen, wie schnell das ging.

Um es zu begründen, wurde auf der wissenschaftlichen Seite eine Arbeit von Bin Yang besonders hervorgehoben. Es war die Erfindung des sogenannten PAST[25]-Verfahrens [7]. Dieses Verfahren wurde begeistert aufgenommen von der Fachwelt und viele kleine spielbegeisterte chinesische Nachwuchswissenschaftler stürzten sich förmlich darauf. Schließlich war Bin Yang ja auch ein chinesischer Name.

Theoretisch wurde das Verfahren mit sogenannten "Saddlepoints" begründet. Das wurde von den vielen kleinen spielbegeisterten chinesischen Nachwuchswissenschaftlern als großer Erfolg gefeiert. Schließlich ist Bin Yang ja auch ein chinesischer Name. Da konnte man sich doch auch als Lehrstuhlinhaber auf die vor Stolz geschwellte Brust klopfen, wenn man einen so großartig gefeierten Menschen so schnell wie möglich auf einen Lehrstuhl promotete.

Im Rahmen der Begutachtung eines Beitrags eines französischen Nachwuchswissenschaftlers auf diesem Gebiet habe ich einmal hineingeschrieben, er sollte es auf keinen Fall versäumen, den Begriff der "Saddlepoints" in seinen Aufsatz einzubauen. Das wäre eine Garantie dafür, dass er so schnell wie möglich Professor würde.

Im Jahre 2009 konnte ich in meinem Aufsatz "The fast recursive row-Householder subspace tracking algorithm" [8] zeigen, dass das so hoch gepriesene und vielzitierte PAST-Verfahren von Bin Yang in Wirklichkeit nichts anderes war, als eine vereinfachte Form eines row-Householder subspace trackers. Ich konnte zeigen, dass das row-Householder Prinzip die wahre und exakte übergeordnete Theorie und Methode darstellt.

Das PAST-Verfahren von Bin Yang stellt sich darin als die allereinfachste noch vertretbare approximative Variante dieses exakten und theoretisch wohl begründeten übergeordneten row-Householder subspace tracking Verfahrens dar, das ich im

---

[24] European Signal Processing Conference
[25] Projection Approximation Subspace Tracking

Sommer 2007 erfand, als ich einmal auf einem heißen Stein neben einem wunderschönen Badesee in der Sonne gesessen hatte. Ich benötigte also nicht einmal ein Büro, um das wahre, exakte Verfahren und die komplette Theorie dazu zu erfinden, aus der das PAST-Verfahren nach zwei simplen Vereinfachungsschritten abgeleitet werden kann.

Doch nun zurück zu dieser zweiten Begegnung mit Johann F. Böhme auf der EUSIPCO-92, und hier auf der Fahrt mit dem Bus auf dem Weg zum obligatorischen Tagungs-Abendessen.

Nachdem die Unterhaltung eine Weile locker verlaufen war, griff mich Johann F. Böhme plötzlich unvermittelt heftig an und warf mir vor, die von mir auf dieser Tagung vorgetragene Methode der zweifach normalisierten Schur RLS Lattice Filter [9] sei fehlerhaft, denn sie enthalte keine Divisionen und Divisionen müssten in dem Verfahren vorkommen, den es löst ein inverses Problem und dafür sind in jedem Fall Divisionen erforderlich.

Ich war sprachlos angesichts dieses Vorwurfs. Die Divisionen in diesem Verfahren sind auf die Normalisierung des zur Initialisierung in jedem Zeitschritt verwendeten Autokorrelationsvektors beschränkt. Tatsächlich ist das von mir vorgeschlagene Verfahren komplett korrekt und stellte ein Gegenstück zu dem bekannten McWhirter Array dar. Man konnte durch einen Vergleich sehen, wie hier der RLS-Ansatz auf der einen Seite über den Datenvektor und ein triangulares Array aus zirkular rotierenden Elementarprozessoren dargestellt werden konnte, aber auf der anderen Seite auch über den Autokorrelationsvektor und ein triangulares Array aus hyperbolisch rotierenden Elementarprozessoren. Das ist in sich schlüssig und fundamental.

Ich war sprachlos angesichts der Tatsache, dass Johann F. Böhme die Essenz dieses Aufsatzes offenbar nicht kapiert hatte und mir obendrein noch einen Fehler vorwarf, den es in der Wirklichkeit gar nicht gab. Mein Bild von Johann F. Böhme als Wissenschaftler sank auf den absoluten Nullpunkt.

Wie konnte es überhaupt soweit kommen? Den Hintergrund bildete wieder mein Habilitationsverfahren in Erlangen. Die Erlanger haben mich hinter meinem Rücken massiv verunglimpft. Auf einer persönlichen Ebene, aber auch auf einer fachlichen Ebene. Sie verunglimpften alle meine Arbeiten. So sehr, dass viele in der Fachwelt nichts als nur noch Fehler in meinen Arbeiten zu erkennen glaubten. Aber da gab es nicht einen einzigen theoretischen Fehler. Vielleicht hätte man bei akribischer Suche da oder dort einen Druckfehler oder Tippfehler finden können. Aber sonst reine gar nichts.

Dieser Fall zeigt, wie sich das ganze Umfeld massiv durch Erlangen beeinflussen ließ. Eine solche Entwicklung hätte ich im Leben nie für möglich gehalten. Dass mir hier einmal ein Johann F. Böhme einen prinzipiellen Fehler, der gar nicht existierte, auf eine derart dilettantische Weise vorwerfen könnte. Jetzt verstand ich auch, warum im Mittelalter so viele vollkommen unschuldige Menschen auf Scheiterhaufen verbrannt worden sind. Das hätte man mit mir auch direkt gemacht, wenn es heutzutage noch möglich gewesen wäre.

Als Johann F. Böhme mit seinem Angriff auf meinen Aufsatz fertig war, glaubte er, mich hinreichend kleingemacht zu haben. Dann sprach er ganz laut und deutlich diesen vorher einstudierten Satz, den man ihm aufgetragen hatte: *"Bleiben Sie in Siemens - als Fachgruppenleiter!"*.

Was glaubte ein Johann F. Böhme eigentlich, wen er hier vor sich hatte? Vielleicht ein Kleinkind? Zu dem Zeitpunkt waren bereits zwei Rufe auf Fachhochschulprofessuren erfolgreich eingeworben worden und die "Aufmarschpläne" für den Ausbruch aus dem Kessel von Neuperlach lagen bereits auf den "Kartentischen der Heeresgruppe Süd".

Dann waren wir angekommen und stiegen aus dem Bus. Das Abendessen fand in einem großen Saal statt. Ich kannte viele der jungen Nachwuchswissenschaftler, die da anwesend waren von früheren Tagungen. Ich saß mit vielleicht 6 bis 8 Personen an einem großen runden Tisch. Es waren auch zwei Schüler von Alfred Fettweis dabei. Es waren wohl Diplomanden. Vielleicht war es ihre erste Tagungsteilnahme.

Alfred Fettweis war auch da und er wollte mir zeigen, wie rührend er sich um seine kleinen Küken kümmerte. In der Runde ging es bald recht locker und lustig zu. Wahrscheinlich bestritt ich den Großteil der Unterhaltung - wie häufig in solchen Fällen. Alfred Fettweis kam kurz vorbei, um nach seinen Küken zu sehen. Ich blinzelte frech zu ihm rüber und er knurrte kurz und warnend zurück.

Als der Abend langsam zuende ging, verabschiedete ich mich schließlich von der ausgelassenen Runde um zu gehen. Die Spaßvögel hatten mir heimlich eine weiße Serviette hinten an die Jacke geheftet, damit ich aussehen sollte wie ein Osterhase. Ich habe es nach einigen Schritten bemerkt und drehte mich schnell zu den am Tisch noch Verbliebenen um.

In diesem Moment blickte ich unvermittelt direkt in die Augen von Alfred Fettweis, der an einem Nachbartisch auf meinem Weg gesessen hatte. In diesem Moment befand sich keine Maske auf dem Gesicht von Alfred Fettweis. In diesem einen Moment konnte ich alles in seinem Gesicht lesen, was er wirklich dachte - alles! Ich kann hier zum Ausdruck bringen, was ich damals in seinem Gesicht lesen konnte. Es lässt sich mit einem Satz zum Ausdruck bringen: Alfred Fettweis war in seinem tiefsten Inneren *zutiefst bedrückt darüber, wie negativ mein Fall ausgegangen war*.

5.11.8 Der Besuch von Josef Hohnerkamp

An dieser Stelle will ich noch auf eine weitere Begebenheit eingehen, die sich damals in der Endphase des Kessels von Neuperlach zugetragen hat. Es war der Besuch von Josef Hohnerkamp, der damals Dekan der physikalischen Fakultät an der Universität Freiburg war.

Dort hatte man beschlossen, eine Arbeitsgruppe zum Thema "Datenanalyse und Modellbildung" zu gründen. Es sollte auch eine Professur oder ein Lehrstuhl zu diesem Thema in Freiburg aufgebaut werden. Josef Hohnerkamp wollte ein wenig Geld für dieses Vorhaben von Siemens loseisen. Andererseits ging es aber auch um die Frage, ob es in Siemens einen geeigneten Kandiaten für die Professur gäbe.

Man schickte Josef Hohnerkamp zu mir. Er übergab mir einige Schriften, die sie in Freiburg schon zu diesem Thema angefertigt hatten. Wir besprachen es bei einem Arbeitsessen. Schließlich erhielt ich eine Einladung zu einem Probevortrag.

Kurze Zeit darauf fuhr ich dann nach Freiburg, um diesen Vortrag zu halten. Das war im Herbst 1992. Während dieses Vortrags steckte ich kurz meine Hand in eine Hosentasche. Sofort erntete ich einen extrem strafenden Blick von Josef Hohnerkamp. Es war wieder die Verunglimpfung aus Erlangen, die hier durchschlug.

Sie bewerteten nun, ob ich "wohlerzogen" war. Ich rieb mir die Augen. In welchen Land befand ich mich hier? Da hätte man einem Joschka Fischer im deutschen Bundestag unendlich viele von diesen strafenden Blicken zuwerfen können. Aber dem wäre das wahrscheinlich ziemlich Wurst[26] gewesen. Der brauchte die alte deutsche Professorenclique ja nicht, um einer der besten Außenminister zu werden, den Deutschland jemals hatte.

Auch hier las ich den Vortrag nur leblos von den Folien ab. Dann folgte noch die übliche Aussprache. Danach gab mir Josef Hohnerkamp ein Zeichen, wonach ich diesmal die "Prüfung" bestanden hatte. Ich hatte meine Hand brav und schnell genug wieder aus der Hosentasche gezogen - andernfalls hätte ich sicherlich nicht bestanden. Vielleicht wäre man sogar in ein lautes Knurren oder Grunzen ausgebrochen, wenn ich die Hand demonstrativ *nicht* aus der Hosentasche gezogen hätte.

Jedenfalls bestand das Zeichen des Bestehens darin, dass ich nach meiner Rückkehr nach München eine sehr ranghohe Persönlichkeit, also Vorstandsniveau, aufsuchen sollte. Aber dem kam ich nicht mehr nach, denn der Ausbruch aus dem Kessel von Neuperlach war bereits in vollem Gange.

5.11.9 Die Rufe nach Kiel und Furtwangen

Nach dem Erlangen-Crash begann ich sofort, mich nach geeigneten Professuren an Fachhochschulen umzusehen. Das war wirklich nicht mein Weg und ich hatte mich vorher auch gar nicht dafür interessiert. Jetzt war mir aber nur noch diese Option als die letzte Ausstiegsmöglichkeit verblieben.

Ich musste unbedingt in absehbarer Zeit ein Professur, oder besser gleich zwei, einwerben. Das dauerte natürlich eine Weile. Und man konnte auch nicht davon ausgehen, dass es in allen Fällen erfolgreich sein würde.

Die erste erfolgreiche Bewerbung war die um eine C3-Professur für Nachrichtentechnik an der Fachhochschule Kiel. Das waren sehr nette Leute. Eine angenehme Atmosphäre. Die Stelle war leicht zu bekommen, da niemand nach Kiel wollte. Und ich schon gleich gar nicht.

Nachdem ich die Stelle erfolgreich eingeworben und den Ruf erhalten hatte, wurde mir ganz schwummrig[27]. In welche Lage war ich da hineingeraten? In der Zwischenzeit war mir zu Ohren gekommen, dass im Frühjahr 1988 eine Professur

---

[26] umgangssprachlicher Ausdruck für gleichgültig, egal

[27] schwindlig, benommen, unbehaglich, bang

5.11 Die Kesselschlacht von Neuperlach

C3 für digitale Signalverarbeitung an der Fachhochschule Regensburg ausgeschrieben gewesen war. Die hätte ich spielend bekommen können, wenn ich damals die ganze Forschung einfach über Bord geworfen hätte.

Aber ich hatte das damals gar nicht beachtet und mich nicht dafür interessiert. In welche Lage hatte ich mich nur mit meiner Forschungs- und Wissenschaftsbegeisterung in diesem Land hineinmanövriert? Ich erinnerte mich an die Worte meines Vaters, der angesichts dieser fatalen Entwicklung, die ich mit Siemens und Erlangen durchlief, einmal zu mir gesagt hat: *"Für dich wäre es viel besser gewesen, wenn du nur halb so gescheit gewesen wärst!"*. Diese Worte meines Vaters, der diesem ganzen Treiben ja hilflos zusehen musste, werde ich nie vergessen. Nun saß ich da mit meinem Ruf nach Kiel.

Daneben hatte ich noch eine Bewerbung um eine Professur (C2) an der Fachhochschule Furtwangen laufen. Bei dem Bewerbungsgespräch dort fiel mir gleich die Atmosphäre auf. Inzwischen hatte ich ja schon Erfahrung. Das war ungemütlich. Das war längst nicht wie in Kiel. Das in Furtwangen war einfach ein ganz anderer Menschenschlag. Man sagt das so einfach. Aber es war wirklich so und ich bemerkte es sofort.

Bei dem Bewerbungsverfahren in Furtwangen gab es eine Liste von Vortragenden. Diese Professur war direkt "umkämpft", obwohl es sich nur um eine simple C2-Professur handelte. Ich erinnere mich noch genau. Der Vortrag vor mir handelte von Anwendungen der FFT. Der Vortrag war wirklich gut. Diesen Bewerber hätten sie nehmen sollen! Sie werden sich ärgern, wenn sie das jetzt lesen.

Dann war ich dran. Ich hielt einen Vortrag über kaskadierte Digitalfilter. Also sowas wie Transmission-Line-Lattice, Itakura-Saito-Struktur, digitale Modelle der Wellenstreuung. Ich dachte, das ist so in der Richtung Wellendigitalfilter. Das ist in Deutschland beliebt. Vielleicht "macht sie das an".

Doch mein Vortrag war viel zu kompliziert für das Publikum. Außerdem hatte ich eine Papierform, an die natürlich keiner der anderen Bewerber auch nur annähernd herankam: ITG-Preisträger, das mit der Stiftung Werner-von-Siemens-Ring, Senior Member IEEE und die ganzen Veröffentlichungen in den Transactions und sogar den Übersichtsaufsatz im Magazine zusammen mit James Cadzow, der das Vorwort dazu geschrieben hatte. Dazu noch das Buch in der Springer Series in Information Sciences mit Manfred Robert Schroeder als Series Editor.

Dieser Mensch bewarb sich nun um eine lächerliche C2-Professur am A****[28] der Welt - in Furtwangen! Das war auf keinen Fall normal. Man konnte leicht riechen, dass da was nicht stimmen konnte. Normalerweise hätten sie mich mit Sicherheit wieder weggeschickt, so wie zuvor bereits in Landshut. Es war ein Wunder, dass sie mich überhaupt eingeladen hatten.

Sie blickten skeptisch drein. Ich dachte, ich hätte es nicht, angesichts des guten und praktischen, ja für diese Stelle geradezu prädestinierten Vortrags meines Vorgängers auf der Liste der Vortragenden.

---

[28] nicht zur Veröffentlichung geeignet

Doch der Leiter der Berufungskommission war Horst Nielinger, ein ehemaliger Doktorand von Rudolf Saal. Er wollte es mir auf gar keinen Fall antun, dass ich mit leeren Händen nach Hause gehen sollte. So erhielt ich den Ruf.

Als ich den Ruf schließlich schriftlich in Händen hielt, telefonierten wir miteinander. Er hatte gehofft, ich würde den Ruf nur dazu verwenden, um meine Position innerhalb von Siemens zu verbessern. Aber nun sagte ich ihm am Telefon mit Bestimmtheit, dass ich den Ruf annehmen werde. Das hat ihn ganz schön mitgenommen. Das habe ich noch deutlich in Erinnerung. Noch am selben Tag schrieb ich zurück, dass ich den Ruf annehme.

Damit hatte Horst Nielinger nicht gerechnet. Sie hatten sich ein Trojanisches Pferd ins Haus geholt!

Den Ruf nach Kiel behielt ich mir in der Hinterhand. Ich gab den Ruf nach Kiel nicht zurück. Ich kannte die elenden, hinterhältigen und dreckigen Siemens-Methoden, wie sie üblicherweise auf solche Professuren ausgebrochene Mitarbeiter wieder "heim ins Reich" holten. Ich war fest entschlossen: Mit mir macht ihr das nicht!

Dazu brauchte ich unbedingt den zweiten Ruf nach Kiel. Das tat mir unendlich leid für diese armen, netten Menschen, die ich in Kiel kennengelernt hatte. Aber dieses dreckige deutsche System, das mich in diese Lage gebracht hatte, ließ mir einfach keine andere Wahl, als hier meinen Selbstschutz und meine ultimativen Interessen in den Vordergrund zu stellen, um meinen Ausbruch aus dem Kessel von Neuperlach nach hinten abzusichern.

In Siemens hatte Heinz Schwärtzel schon gemerkt, dass es ihm nicht gelingen würde, mich in Siemens zu halten. Die Ausschreibung der Marko-Stelle, für die meine Bewerbung immer noch vorlag, hatte man auf exklusiven Wunsch von Siemens extra verzögert. Ich sollte die Hoffnung behalten, ich könnte vielleicht den Lehrstuhl für Nachrichtentechnik an der TU noch bekommen.

Ich blickte auf meinen Schreibtisch und da lag nicht die Habilitationsurkunde aus Erlangen. Sie hatten es nicht ausgeputzt, wie verlangt. Also schrieb ich an den Dekan des elektrotechnisch/informationstechnischen Fachbereichs an der TU. Er solle mir nun mitteilen, wie sie sich entscheiden wollen. Heinz Schwärzel rief nochmal beim Dekan an und verlangte eine nochmalige Verschiebung der Entscheidung. Aber der Dekan an der TU ließ sich nicht mehr darauf ein und sandte mir die Ablehnung. Am selben Tag schrieb ich die Kündigung der Siemens-Stelle. Es war wie ein Schachspiel. Heinz Schwärtzel hatte in der Endphase erkannt, wie die Figuren stehen. Er zieht diesen Zug, ich ziehe dann jenen schon absehbaren Zug und - schachmatt!

Jetzt hatten sie einmal erlebt, dass es Leute gibt, die sich nicht auf diese billige Siemens-Art vera******[29] ließen.

Ansich hätte ich zu meiner eigenen Sicherheit die Firma ab diesem Zeitpunkt nicht mehr betreten dürfen. So wie dieser schlaue Gonauser-Gruppenleiter, der aus dem Urlaub heraus kündigte und danach keinen Fuß mehr auf das Firmengelände setzte, weil er ihre Methoden kannte.

---

[29] nicht zur Veröffentlichung geeignet

Aber ich war so dreist, dass ich vor ihren Augen kündigte und in der Firma blieb um meine Fachgruppe kontrolliert zu übergeben. Es gab ein von mir verfasstes Rundschreiben an die Mitarbeiter. Dann habe ich Bernd Kämmerer als meinen Nachfolger vorgestellt. Niemand sollte mir nachsagen können, ich wäre einfach davongelaufen und hätte meine Leute im Stich gelassen.

Dann verlangte man noch einen "Abschiedsvortrag" von mir. Es gab auch noch ein Essen, an dem mir Dieter Schütt ein kleines Bildchen überreichte. Bei diesem Essen war auch ein enger Vertrauter von Heinz Schwärtzel anwesend. Eine Art "graue Eminenz". Der Mann für die "groben Sachen". Dieser hatte die Vollmacht, mir sogar in letzter Minute noch in gewissen Grenzen Zugeständnisse zu machen, falls ich bleiben wollte. Aber Dieter Schütt sprach: Er will gehen! Und so war es ja auch.

Doch Dieter Schütt dachte sich insgeheim: Der wird wieder zurückkommen, wie viele andere vor ihm. Und dann wird es keine Zugeständnisse mehr geben! Wir waren alle ganz weiß im Gesicht. Irgendjemand in der Runde bemerkte das und sprach uns darauf an. Wie weiß wir im Gesicht waren! Ich konnte von Glück reden, dass ich eine derart phänomenale physische und psychische Konstitution besaß. In meinen Adern floß das Blut der keltischen Ritter.

Abends kehrte ich noch einmal zurück, um mein Büro auszuräumen. Als alles leer war, legte ich eine exta für diesen Zweck vorbereitete Tüte mit kleinen Brezen, wie sie üblicherweise bei Abschiedsfeiern gegessen werden, mitten auf den großen Besprechungstisch in meinem Büro. Diese Brezen hatte ich monatelang getrocknet, damit sie so hart wie Steine und damit ungenießbar waren.

Das war mein Abschiedsgeschenk an den Leitungskreis. Denn Mitarbeiter kamen da nicht hin. Eine Abschiedsfeier gab es natürlich nicht. Für die Mitarbeiter tat mir das leid. Kurz zuvor hatte es auch eine Art Personalversammlung gegeben, in der Peter Müller-Stoy allen Mitarbeitern offen den Rat gab, sich nach einer neuen Stelle umzusehen. So bergab ging es in der ZFE. Ich hatte meine Weichen gestellt. Aber die Mitarbeiter, vor allem die Guten unter ihnen, taten mir leid. Ich konnte nichts für sie tun.

Es endete schließlich so ähnlich wie an der UniBw. Dass es immer so ausgehen muss, dachte ich mir noch, als ich an diesem Abend den Kessel von Neuperlach für immer verließ. Ich hatte ja noch den gesamten Jahresurlaub, weil man mich im Sommer so mit Arbeit zugemüllt hatte, dass der ganze Urlaub übrig geblieben war. Ich ging und kam nie mehr zurück. Wie an der UniBw.

Im folgenden letzten Kapitel werden wir sehen, dass es noch ein drittes Mal so laufen sollte, bis ich meinen beruflichen Lebensweg in diesem Land endlich beenden konnte.

Literatur

1. Hanan Samet, *The Design and Analysis of Spatial Data Structures*. Addison-Wesley, Reading, MA, 1990. ISBN 0-201-50255-0.

2. P. Strobach, D. Schütt, W. Tengler, "Space-variant regular decomposition quadtrees in adaptive interframe coding", Proceedings ICASSP-88, pp. 1096-1099, New York, April 1988.
3. P. Strobach, *Linear Prediction Theory: A Mathematical Basis for Adaptive Systems*, Springer Series in Information Sciences, M.R. Schroeder, Ed., Vol. 21, Jan. 1990.
4. P. Strobach, "New forms of Levinson and Schur algorithms", IEEE Signal Processing Magazine, Vol. 8, No. 1, pp. 12-36, Jan. 1991.
5. P. Strobach, K. Abraham-Fuchs and W. Härer, "Event-synchronous cancellation of the heart interference in biomedical signals", IEEE Trans. on Biomedical Engr., Vol. 41, No. 4, pp.343-350, April 1994.
6. Y.H. Hu, "CORDIC-based VLSI architectures for digital signal processing", IEEE Signal Processing Magazine, Vol. 9. No. 3. pp. 16-35, July 1992.
7. B. Yang, "Projection approximation subspace tracking", IEEE Transactions on Signal Processing, Vol. 43, No. 1, pp. 95-107, Jan. 1995.
8. P. Strobach, "The fast recursive row-Householder subspace tracking algorithm", Signal Processing, Vol. 89, No. 12, pp.2514-2528, December 2009.
9. P. Strobach, "Doubly normalized Schur RLS lattice filter and CORDIC array architecture, in Proc. EUSIPCO-92, pp. 807-810, Brussels, Belgium, August 1992.

Kapitel 6
Die Zeit als Professor an der Fachhochschule Furtwangen (1993-2015)

Die Zeit in Furtwangen markiert den längsten und zugleich den letzten zusammenhängenen Abschnitt meines beruflichen Lebensweges. In diesem Kapitel schildere ich die wichtigsten Meilensteine auf diesem Weg bis zu meinem effektiven Ausscheiden aus dem Dienst durch unbefristete Beurlaubung ab dem 01.03.2015.

6.1 In der Stunde der Enttäuschung

Im Januar 1993 fuhr ich zum ersten Mal mit meinem alten Golf GTI in den tief verschneiten Schwarzwald nach Furtwangen. Dort wies man mir erst einmal ein kleines, kaltes Büro direkt unter dem Dach des Hauptgebäudes zu. Auf dem Schreibtisch lag einsam ein Buch. Es trug den Titel "In der Stunde der Enttäuschung: Der schöpferische Umgang mit Niederlagen". Der Autor war Günter Hentrich, ein Professor für Betriebspsychologie an der Fachhochschule Furtwangen.

Als ich dieses Buch da liegen sah wusste ich, was mich an diesem Ort erwarten würde. Allerdings wäre ich wahrscheinlich tot umgefallen, wenn mir jemand vorhergesagt hätte, dass ich meinen gesamten beruflichen Lebensweg hier würde verbringen müssen. Später hatte ich mehrmals die Gelegenheit, mit Günter Hentrich zu sprechen. Er war aber sicherlich nicht derjenige gewesen, der das Buch auf meinen Schreibtisch gelegt hat.

Zu dieser Begebenheit, die mein Bild von der Fachhochschule Furtwangen mit entscheidend prägte, existiert auch ein Document in meiner Sammlung. Siehe Abb. 6.1.

6.2 Die Schlacht um den befristeten Dienstvertrag

Zu diesem Zeitpunkt im Januar 1993 besaß ich noch keinen Dienstvertrag. Ich hätte einen befristeten Dienstvertrag erhalten sollen. Jedoch verzögerte es sich. Im Hinter-

> **Gesendet:** Donnerstag, 24. Oktober 2013 um 06:32 Uhr
> **Von:** "Peter Strobach" <peter_strobach@gmx.de>
> **An:** ******.******@**-*******.**
> **Betreff:** in der Stunde der Enttäuschung
>
> Als ich vor fast 21 Jahren an die verschneite Fachhochschule Furtwangen gekommen war, begegnete mir ein alt aussehender Mann.
>
> Er blickte mich an und sprach:
>
> "Wer hierher kommt, der hat was ausgefressen!"
>
> Es war Günter Hentrich gewesen, ein ehemaliger Professor für Betriebspsychologie der Fachhochschule Furtwangen und Autor des legendären Buchs:
>
> "In der Stunde der Enttäuschung"
>
> http://www.youtube.com/watch?v=8nUSCV0XfZ0

Abbildung 6.1 Document #12: In der Stunde der Enttäuschung.

grund gab es wohl Diskussionen, ob man mir überhaupt einen Dienstvertrag geben sollte. Schließlich war ich für pädagogisch ungeeignet erklärt worden. Man überlegte sich, ob man mir nicht vorwerfen könnte, ich hätte mir den Ruf auf unlautere Weise erworben, weil ich das mit dem festgestellten Mangel an pädagogischer Eignung nicht angegeben hatte. Jedoch war es nicht rechtskräftig festgestellt worden. Daher musste ich es auch nicht angeben.

Aus rein rechtlicher Sicht war daher gegen die Erteilung des Rufs nichts einzuwenden. Das war ja gerade der Grund gewesen, weshalb wir auf den Vorschlag der Universität Erlangen, das Habilitationsverfahren in einen Schwebezustand zu versetzen, eingegangen waren. Um uns diese Option offenzuhalten.

Trotzdem war zu erkennen, dass man mir den Dienstvertrag nicht geben wollte. Ich erhielt einen Anruf aus Kiel. Ich sollte doch gefälligst meinen Ruf nach Kiel annehmen oder zurückgeben. Das war zeitlich mit den Ereignissen in Furtwangen eng korreliert. Ich dachte mir: Sie warten nur darauf, bis ich den Ruf nach Kiel zurückgegeben habe und dann verweigern sie mir den Dienstvertrag in Furtwangen. Dann ist mein Ausbruchsversuch aus dem Kessel von Neuperlach gescheitert und ich kann mich entscheiden, ob ich den Rest meines Lebens als Holzschuhschnitzer verbringen will, oder ob ich ein Siemens-Sklave werden will.

Deshalb gab ich den Ruf nach Kiel nicht zurück. Stattdessen erklärte ich in Furtwangen, wenn kein Dienstvertrag vorliegt, muss ich mich arbeitslos melden. Daraufhin erhielt ich den auf ein halbes Jahr befristeten Dienstvertrag als Professor im Angestelltenverhältnis. In der Folge gab ich den Ruf nach Kiel zurück.

Ich bin überzeugt, dass ich den Dienstvertrag in Furtwangen nicht erhalten hätte, wenn es da nicht den Ruf nach Kiel als Faustpfand gegeben hätte. Denn sie waren sich vollkommen im Klaren darüber, dass ich sofort nach Kiel gegangen wäre, wenn sie mir in Furtwangen den Vertrag verweigert hätten. Eine Klage wäre wahrscheinlich erfolglos gewesen, da die Verwaltungsgerichte - wie ich heute weiß - in weiten Grenzen Amtshilfe leisten. Hier hätte man auf alle Fälle Gründe finden können, mit denen man mir wegen des Mangels an pädagogischer Eignung den Vertrag verweigert hätte, auch wenn dieser Mangel nicht bestandskräftig geworden war.

Ohne den Ruf nach Kiel hätte ich diese erste Hürde schon gar nicht überwinden können. Siemens hat überall in der Hochschullandschaft großzügig Geschenke verteilt. Dafür erwartete man auf der anderen Seite ein gewisses Maß an Entgegenkommen in solchen Fällen wie in meinem. Das ist im Grunde eine Form von Bestechung. Aber das ist und war immer schon das Geschäft von Siemens gewesen.

So war Siemens in Gestalt von Heinz Schwärtzel auch hilfreich am Aufbau des Informatik-Fachbereichs an der Fachhochschule Furtwangen beteiligt und hatte sogar einmal einen Lehrbeauftragten dahin gesandt. Dieser wurde später zu einem Siemens-Sklaven gemacht, nachdem er einen erfolglosen Ausbruchsversuch unternommen und man ihn wieder "heim ins Reich" geholt hatte.

6.3 Der Fuß in der Tür

Ich war mir vollkommen im Klaren darüber, dass Siemens in vollem Umfang Zugriff auf das Geschehen in Furtwangen hatte. Das war an der Hochschule direkt spürbar. Beispielsweise erhalten alle neu berufenen Professoren eine persönliche Einladung zu einem Besuch beim Rektor. Unter vier Augen und einem Glas Wein soll auf diese Weise gleich zu Beginn ein angenehmes persönliches Verhältnis aufgebaut werden.

Alle neu berufenen Professoren erhielten diese Einladung und gingen zum Rektor - nur ich erhielt keine Einladung. Da war der Fall klar. Ich kannte das System mittlerweile gut genug und hatte nichts anderes erwartet. Aber nun bekamen auch die näher mit diesen Dingen befassten Angestellten, wie beispielsweise die Rektoratssekretärin zwangsläufig mit, dass da irgendetwas nicht stimmen würde.

Die wussten: Der soll wieder zurückgeschickt werden! Das war natürlich im alltäglichen Umgang direkt greifbar. Mich belastete das wenig. Ich kam ja aus Siemens-Neuperlach und war daher an eine kriegsähnliche Atmosphäre gewöhnt.

Hier an der Fachhochschule als Professor war es unter diesen Umständen von enormem Vorteil, dass man mit den Opponenten nicht 8 Stunden täglich und 5 Tage in der Woche in einem Büro sitzen musste. Dadurch reduzierte sich die effektive Angriffsfläche, die man bot, erheblich. Das war schon mal ein großer Vorteil im Vergleich mit den Verhältnissen, wie sie im Kessel von Neuperlach geherrscht hatten. Dort war man sich in den Ruinen der zusammenbrechenden ZFE ja direkt Auge-in-Auge gegenübergelegen.

Nachdem die Verweigerung des Dienstvertrags nicht gelungen war, vertraute man nun auf die 6-monatige Probezeit. Hier würden sich schon genügend Gelegenheiten ergeben, um mich wieder loszuwerden. Denn schließlich glaubte man an meinen Mangel an pädagogischer Eignung. Diese war ja von der renommierten Universität Erlangen festgestellt worden. Auch mein Vorgesetzter Dieter Schütt hatte diese Mängel in seinem internen Gutachten nach unserem Besuch bei MED Siemens-intern bestätigt. Daher herrschte auch in Siemens die feste Überzeugung vor, ich sei wirklich pädagogisch ungeeignet. Das würde man nun an der Fachhochschule innerhalb meiner Probezeit ja drastisch demonstrieren können, um mich dann fundiert und bewiesen wieder "heim ins Reich" schicken zu können.

Aus meiner Sicht stellte es sich allerdings so dar, dass ich jetzt endlich den Fuß in der Tür hatte und endlich die Gelegenheit hatte, meine pädagogische Eignung vor einem richtigen Semester bestehend aus echten Studenten beweisen zu können. Allein deshalb hatten wir ja dem Schwebezustand meiner Habilitation zugestimmt. Um endlich in diese wichtige Position gelangen zu können, in der mir eine Demonstration meiner pädagogischen Eignung unter realen Hochschulbedingungen möglich war. Erlangen hatte geglaubt, dass mir dieser Schritt schon gar nicht mehr gelingen könnte. Aber nun war es endlich soweit: Ich hatte den Fuß in der Tür.

6.3.1 Die Professoren-Dienstbesprechung

Es kam der Tag der Professoren-Dienstbesprechung im Sommersemester 1993. Einmal im Semester findet diese Zusammenkunft aller Professoren der Hochschule unter der Leitung des Rektors statt. Dabei werden aktuelle und wichtige Themen an der Hochschule besprochen. Wie beispielsweise die Vorstellung der neu eingestellten Professoren.

Der qualvolle Teil dabei war die obligatorische persönliche Vorstellung jedes einzelnen neu berufenen Professors. Dabei stellte sich jeder dieser neu berufenen Professoren kurz vor und bekundete auf möglichst eindrucksvolle Weise, welche Ehre und Herausforderung es für ihn doch sei, nun fortan das Amt einen Professors an der Fachhochschule Furtwangen zu bekleiden.

Ich kann mich gar nicht mehr erinnern, welche Worte ich da herauswürgte, als ich an der Reihe war. Ich kam mir vor, als würde ich auf gewisse Weise vergewaltigt. Dieses elende System zwang mich dazu, hier irgendwelche Dinge zu sagen, die ich selbst nicht glaubte und die ich verabscheute. Die Stelle in Furtwangen als eine Herausforderung zu bezeichnen - allein das löste bei mir schon fast einen Lachkrampf aus. Und solche Dinge musste ich nun über meine Lippen pressen. Das kam einer Art von Folter gleich.

Als wir uns alle vorgestellt hatten, tönte der Rektor Walter Zahradnik selbstbewusst und voller Überzeugung:

"über uns sind nur die Studenten!"

Diesen Satz werde ich im Leben nie vergessen. Ich dachte mir dabei: *Gut dass du das sagst. Genau deswegen bin ich hier!*

Gleichzeitig dachte sich der Rektor dabei: *Die Studenten werden dich richten!* Als er seinen Satz sprach, hat er nur an mich gedacht und an das, was er in den folgenden 6 Monaten durchziehen würde, um die mangelnde pädagogische Eignungstheorie seiner Erlanger Brüder in vollster Pflichterfüllung gegenüber seinen

Siemens-Partnern nachzuweisen, um mich auf diese Weise endgültig und für alle Zeiten "heim ins Reich" zu verbringen. So wie man es in vielen anderen Fällen schon praktiziert hatte, mit den Abtrünnigen, die einen Fluchtversuch aus Siemens heraus gewagt hatten.

6.3.2 Die Vorlesung "Elektrotechnik 1"

Man überlegte sich, auf welche Weise man meinen Mangel an pädagogischer Eignung am überzeugendsten nachweisen könnte. Indem man mir eine Vorlesung übertrug, in der es in der Vergangenheit die meisten studentischen Proteste gegeben hatte.

Da musste man nicht lange überlegen. Es gab die Vorlesung "Elektrotechnik 1", die in dieser Zeit von dem habilitierten Kollegen Dr. Jamel Hamouda[1] gehalten wurde. Das war ein sehr freundlicher Mensch. Mit seiner ganzen Ausstrahlung verkörperte er den Habitus eines weisen alten deutschen Professors, obwohl er noch jung war. Man konnte sagen: Er passte voll und ganz dazu.

Ganz im Gegenteil zu mir: Ich sah so aus, als käme ich gerade von einem Open-Air Festival. Alles an mir verkörperte das exakte Gegenteil von einem deutschen Professor. Obendrein sah ich noch mindestens 10 Jahre jünger aus als ich tatsächlich war. Sagen wir es ganz offen: Ich sah höchstens so aus wie ein Assistent.

Als ich einmal das Magazin aufsuchte, um mir etwas Schreibmaterial zu besorgen, hielt man mich für einen Assistenten. Keinesfalls für einen Professor. Dieser äußere Eindruck, den ich vermittelte, hat mir auf meinem Lebensweg oft geschadet. Ich wurde deshalb häufig unterschätzt oder massiv falsch eingeschätzt. Dann begaben sich diejenigen, die mich falsch eingeschätzt hatten, auf einen Weg und taten Dinge, für die ich sie mit einem "asynchronen Reset" bestrafen musste. Und schon hatten wir den nächsten Crash. Mein Lebensweg war bis dahin direkt gepflastert gewesen von solchen Crashs. Der letzte Crash war der Erlangen-Crash vom 13. Juli 1990 gewesen.

Bei den Studenten jedoch kam ich immer gut an. Sie sagten sich: Das ist einer von uns. Zu den Studenten hatte ich auf natürliche Weise, vielleicht aufgrund meiner "mangelnden Gesamtpersönlichkeit" (wie Dieter Seitzer es in Erlangen formuliert hatte), immer einen geradlinigen, direkten Kontakt. Das ist wahrscheinlich genetisch. Die Art, wie man auf andere wirkt. Und hier gab und gibt es eine ganz krasse Diskrepanz in der Art, wie ich auf Studenten wirke und in der Art, wie ich auf manche alte Professoren wirkte.

Die andere Seite ist natürlich die fachliche Kompetenz. Wer fachlich schwach ist, hat bei den Studenten im handumdrehen verspielt. Die merken das sofort. Ich war fachlich natürlich mit allen Wassern gewaschen, konnte man sagen. Allein schon durch meinen sehr diversivizierten Lebensweg wusste ich in fast allen Bereichen der Technik Bescheid. Also eben eine sehr breite Wissens- und Erfahrungs-

---

[1] Dieser Kollege hat in all den Jahren, die ich in Furtwangen verbrachte, viel für mich getan. Ich habe es nicht vergessen und bin ihm zu Dank verpflichtet.

basis. Und eben nicht ein "Schmalspurritter", wie es mir die dilettantischen Erlanger in ihrem ablehnenden Bescheid vom 3.8.1990 bescheinigt hatten. Die Erlanger, die diesen Bescheid ausstellten, kannten mich ja gar nicht wirklich! Meine fachliche Stärke und meine Vielseitigkeit hat mir auf dieser Stelle sehr geholfen, da es mir die Anerkennung durch die Studenten einbrachte.

Ein weiterer Punkt ist, dass ich mich unumwunden und unmissverständlich ausdrückte. Ich glaubte eben nicht, dass Weisheit sich darin äußert, dass man um die Dinge herumredet wie um einen heißen Brei. Manche alte deutsche Professoren hatten diese unangenehme Art, und deshalb mochte ich sie nicht. Ich konnte es nicht ausstehen wenn sie begannen, diese Eigenschaft an den Tag zu legen. Irgendwann hatte ich eine Allergie dagegen entwickelt. Eine Allergie gegen alte deutsche Professoren die glaubten, mich dominieren zu müssen.

Doch nun zurück zu der Vorlesung "Elektrotechnik 1" des habilitierten Kollegen Hamouda. Hier hatte es massive Proteste von Seiten der Studenten gegeben. Man fragte sich: Wie konnte es zu diesen Protesten kommen? Es gab damals zwei Hypothesen, die man zur Erklärung dieser Proteste heranzog:

1. Dieses Fach ist grundsätzlich zu kompliziert für diese Studenten an der Fachhochschule. Daher begreifen sie es mit ihren kleinen Gehirnen nicht und protestieren deshalb dagegen.
2. Der Dozent ist habilitiert und damit ein Wissenschaftler, der das Fach eben aufgrund der Tatsache, dass er ein Wissenschaftler ist, auf einer so hohen Ebene begreift und demnach auch vermittelt, dass die Studenten ihm nicht folgen können.

Auf die Idee, dass der Kollege einfach nur an einem Mangel an pädagogischer Eignung leiden könnte, kam man gar nicht. Denn der Kollege war ja habilitiert und besaß damit die Bestätigung der pädagogischen Eignung, die ihm von den Professoren der Universität, der er zuvor angehört hatte, bestätigt worden war. Es wäre einer Gotteslästerung gleichgekommen, wenn man eine solche, von deutschen Universitätsprofessoren ausgestellte Bestätigung in Zweifel gezogen hätte.

Für all die Dinge, die ich hier so zwanglos zu Papier bringe, würde man mich in Furtwangen sofort einem akademischen *Code Red*[2] unterziehen, wenn ich in Furtwangen greifbar wäre. Aber das bin ich eben nicht mehr und auch ansonsten bin ich in keiner Weise mehr angreifbar. Daher kann ich es mir leisten, die Wahrheit hier zu Papier zu bringen.

Man kam also zu dem Schluss: Wenn schon ein amtlich bestätigt pädagogisch geeigneter Professor wie der Kollege Hamouda solche Proteste auslösen konnte, was musste dann erst passieren, wenn man einen amtlich pädagogisch ungeeignet bestätigten Professor mit diesem Fach "Elektrotechnik 1" auf die Studenten loslassen würde?

Allein die Proteste, die der Kollege Hamouda auf sich gezogen hatte würden locker ausreichen, um so jemanden wie mich direkt "heim ins Reich" zu befördern. Also teilte man mich im Sommersemester 1993 zur Durchführung dieser kritischen und unter den Studenten am meisten gehassten Vorlesung "Elektrotechnik 1" ein.

---

[2] illegale anonyme kollektive Bestrafungsmaßnahme in Ausbildungseinheiten der US Marines

6.3 Der Fuß in der Tür

Gleichzeitig erteilte man dem Kollegen Gerald Higelin, der von Siemens an die Fachhochschule Furtwangen geschickt worden war und der laufend mit Siemens in konspirativem Kontakt stand den Auftrag, eine studentische Evaluation aller Vorlesungen und aller Professoren des Fachbereichs in die Wege zu leiten. Damals waren Evaluationen noch nicht bekannt und waren daher zuvor auch noch nie praktiziert worden.

Nun wandte sich der Kollege Higelin mit dem Vorschlag einer Evaluation an den AStA[3] und pries dies als eine Methode an, mit der man eben die Möglichkeit hätte, sich wirkungsvoll gegen eine so ungeliebte Vorlesung wie die "Elektrotechnik 1" artikulieren zu können.

Damit rannte der Kollege Higelin bei den Studenten natürlich offene Türen ein. Die waren begeistert. Man überlegte sich: Wie musste man es gestalten, damit die Ergebnisse keinem Datenschutz unterlagen. Man kam zu dem Schluss: Wenn die Studenten es selber machten, konnte man die Ergebnisse der Evaluation nach außen geben.

Eben auch zu Siemens, damit man dort auf dieser dann ja wirklich einwandfreien Basis des studentischen Urteils meine Rückverbringung "heim ins Reich" in die Wege leiten konnten, so nach dem Motto: Über uns sind nur die Studenten und *"sehen Sie, Herr Strobach, Sie bilden sich das nur ein, dass Sie ein Professor sein könnten, aber sehen Sie, Herr Strobach, die Aspekte, die Aspekte... Die Studenten haben sich gegen Sie ausgesprochen, Herr Strobach. Und warum? Weil Sie es nicht können. Und warum können Sie es nicht, Herr Strobach? Weil es nicht in Ihrer Natur liegt, Herr Strobach. Sie sind und bleiben ihr Leben lang ein Siemens-Laboringenieur, so wie es die heiligen Professoren der Universität Erlangen schon über Sie bestimmt haben!"*

Also kam der Tag der Evaluation, die vom AStA durchgeführt wurde, so dass man nicht sagen konnte, ein böser Intrigist hätte wieder gegen mich gehandelt. Es sollte "sauber" sein. Und das war es ja auch wirklich! Den Studenten hat man noch gesagt, sie sollten bei der Evaluation besonderen Wert auf die *Didaktik* legen. Ja, das war wichtig: Damit sich das mit dem Mangel an pädagogischer Eignung so richtig in dem Ergebnis der Evaluation wiederspiegelte.

Es gab einen Fragebogen, den alle Studenten in den Vorlesungen begeistert ausfüllten. Der AStA wertete es statistisch aus. Das Ergebnis wurde in Gestalt der "Didaktik Hitline", wie gezeigt in Abb. A.32 im Anhang A.16 öffentlich gemacht. Siehe auch die Diskussion und Analyse des Ergebnisses im Anhang A.16.

Das beste Ergebnis erzielte der Kollege Rülling. Die Vorlesungen dieses Kollegen sind wirklich sehr gut. Das zweitbeste Ergebnis des Fachbereichs erzielte ich mit meiner ungeliebten "Elektrotechnik 1", während der Kollege Hamouda, obwohl nun nicht mehr mit der "Elektrotechnik 1" befasst, nicht mehr als den zweitschlechtesten Platz bei dieser Evaluation erreichen konnte.

Dieses Ergebnis ist allein schon deshalb bemerkenswert, weil ich zum ersten Mal an diesem Standort eine Vorlesung hielt, zu diesem Zeitpunkt gar nicht in Übung war und noch nie in "Elektrotechnik 1" jemals Vorlesungen gehalten hatte. Ich musste

---

[3] Allgemeiner Studentenausschuss

mir diese elementaren Dinge erst wieder vergegenwärtigen und die Vorlesung parallel zu den laufenden Lehrveranstaltungen aufbauen.

Ich musste ein wahres Naturtalent sein, dass ich es unter diesen Umständen auf Anhieb auf den zweiten Platz schaffen konnte. Dieses Ergebnis wurde auch prompt und auftragsgemäß von dem Kollegen Higelin an Siemens "gefunkt". Und es entsprach dem genauen Gegenteil des Erlanger Urteils, das ja nur ein Vorwand gewesen war, um meine Habilitation zum Scheitern zu bringen.

Aber es war auch das Gegenteil des Urteils gewesen, das mein Vorgesetzter Dieter Schütt in seinem Siemens-internen Gutachten gegen mich zum Ausdruck gebracht hatte. Jetzt erkannte die Siemens-Führung angesichts der extremen Diskrepanz, die sich hier zeigte, dass der ganze Mangel an pädagogischer Eignung, den man gegen mich vorgebracht hatte, nur ein Vorwand von Seiten der Universität Erlangen gewesen war, um mein Habilitationsverfahren zum Scheitern zu bringen.

Die Diskrepanz war so extrem, dass ein Dieter Schütt, wenn er in seinem Gutachten die Wahrheit gesprochen hätte, damals den von Erlangen behaupteten Mangel an pädagogischer Eignung auf gar keinen Fall hätte bestätigen dürfen. Man erkannte, dass Dieter Schütt einfach nur im Interesse der Erlanger und hier im Interesse von Dieter Seitzer gehandelt hatte. Das Hemd war ihm näher gewesen als die Hose. Er hatte damit bewusst firmenschädigend gehandelt, indem er wissentlich in einem Gutachten in einer äußerst wichtigen Angelegenheit die Unwahrheit über seinen Mitarbeiter gesprochen hatte und auf diese Weise die Siemens-Führung betrogen hatte. Er hat direkt firmenschädigend gehandelt.

Nachdem dies nun so offen und unzweifelhaft zutage getreten war, hätte man einen Dieter Schütt sofort feuern müssen. Aber Siemens ist auf der anderen Seite eine Firma mit einer merkwürdig sozialen Ader. So sozial, dass man solche Menschen trotzdem noch in der Firma behält. Dieter Schütt wurde umgehend von seinem Leitungsposten entfernt und auf ein Referat, ironischerweise ein Referat für Hochschulkontakte, versetzt.

Diese Begebenheit lieferte wieder genügend Stoff für ein Document. Siehe Abb. 6.2.

6.3.3 Die schlechten Verlierer

Nachdem das Ergebnis der Evaluation an Deutlichkeit nichts zu wünschen übrig ließ, glaubte ich mich bereits am Ziel. Schließlich war ich an die Fachhochschule gekommen, um meine pädagogische Eignung nachzuweisen. Das war nun wahrlich umfassend und hinreichend erfolgt.

Nun sollte es mit meiner Habilitation weitergehen, damit ich meinen Weg an einer Universität weiter fortsetzen konnte. Doch nichts geschah. Stattdessen kam einmal ein Student aufgeregt in die Vorlesung und berichtete mir vor dem anwesenden Semester, man habe ihm und seiner Gruppe einen Hörsaal streitig gemacht. Ob ich nicht bereit wäre, mit ihm zum Rektor zu laufen, damit wir uns dort darüber beschwerten.

6.3 Der Fuß in der Tür

> **Gesendet:** Freitag, 29. April 2011 um 09:05 Uhr
> **Von:** "Peter Strobach" <peter_strobach@gmx.de>
> **An:** ******.******@**-******.**
> **Betreff:** meine weitgehende Billigung
>
> An dieser Stelle sollte ich meine
> weitgehende Billigung der Entscheidung
> der Siemens-Führung zum Ausdruck bringen,
> Dieter Schütt auf ein unbedeutendes Referat
> ohne Mitarbeiter zu versetzen, nachdem
> eine ausserplanmässige Evaluation im
> Jahre 1993 ergeben hatte, dass Peter Strobach
> im Bewertungspunkt "Didaktik Hitline"
> den 2. Platz unter allen Professoren
> des damaligen Fachbereichs "Mikrosystemtechnik"
> belegt hatte.
>
> Denn Dieter Schütt hatte in einem Siemens-internen
> Gutachten seinen Mitarbeiter Peter Strobach
> auf elende Weise herabgesetzt um
> Dieter Seitzer einen Gefallen zu tun. Damit
> hat Dieter Schütt seine Loyalitätspflicht
> gegenüber seinem Arbeitgeber in grober Weise
> verletzt, indem er im Sinne der Universität
> Erlangen, und insbesondere der Professoren
> Dieter Seitzer und Rolf Unbehauen, ein falsches
> Zeugnis ablegte und somit auch grob gegen
> die Interessen seines Arbeitgebers verstiess
> und seinem treuen Mitarbeiter in den Rücken fiel.
>
> Dafür wird man normalerweise gefeuert.
>
> Die Versetzung von Dieter Schütt auf ein
> unbedeutendes Referat fand daher nur meine
> weitgehende Billigung. Wenn ich der zuständige
> leitende Direktor gewesen wäre, dann hätte ich
> Dieter Schütt angesichts dieser offensichtlichen
> Faktenlage sofort GEFEUERT.

Abbildung 6.2 Document #13: Meine weitgehende Billigung.

Es war sofort zu erkennen, dass diese Szene gestellt war. Ich wusste über die Hintergründe nicht Bescheid. Außerdem hätte ich deswegen nie die Vorlesung verlassen dürfen. Ich kann nicht sagen was passiert wäre, wenn ich dem Drängen dieses Studenten nachgegeben und mit ihm zum Rektor gelaufen wäre. Man hätte es mir mit Sicherheit anlasten können. Ich merkte schon: Sie waren schlechte Verlierer. Die Schlacht ging weiter.

Dann kam das Semesterende und die obligatorischen Prüfungen. Es gibt Studenten, die bei Prüfungen durchfallen. So war es auch hier. Zu Beginn des folgenden Semesters, im Herbst 1993 fand eine Sitzung des Prüfungsausschusses statt. Dabei ging es um diese Studenten, die ihre Prüfungen nicht bestanden hatten.

Ein Professor sprach mich vor der Sitzung auf den Fall eines Studenten an, der in mehreren Fächern schon mehrmals durchgefallen war. Wenn er wenigstens Elektrotechnik diesmal bestanden hätte, dann hätte man ihn weiter an der Hochschule halten können. Nun war er aber erneut, diesmal bei mir, in der Elektrotechnik durchgefallen.

Dieser Professor hatte nun den Wunsch, diesen Studenten auf alle Fälle durch das Studium zu bringen. Der Professor hatte "einen Narren an dem Studenten gefressen", wie man oft so sagt. Er meinte: *"wenn er* (der Student) *den Abschluss hier schafft, dann macht er seinen Weg!"*.

Als die Sitzung begann, suchte sich dieser Professor eine Ecke in dem Sitzungssaal aus, von der aus er alle Anwesenden im Blick hatte. Er nahm eine "Gefechtsposition" ein, von der aus er den Studenten mit Zähnen und Klauen verteidigen wollte. Das war schon verrückt, denn dieser Student war wirklich vollkommen unfähig.

Ich hätte mich mit diesem Professor auf einen Streit einlassen müssen. Es war klar, dass sie genau das im Sinn hatten und einen solchen Streit provozieren wollten. Ich kann mich heute nicht mehr erinnern, wie es damals genau ausging. Jedenfalls ließ ich mich nicht in diese Falle locken.

Am nächsten Tag wurde ich in das Büro des Rektors gerufen. Dort fand dann die Zeremonie meiner Verbeamtung auf Lebenszeit mit Übergabe der Ernennungsurkunde zum Professor statt. Kurz darauf erfuhr ich von anderen, die ihren Dienst zusammen mit mir angetreten hatten, dass sie ihre Urkunden schon einige Tage zuvor erhalten hatten.

Der Rektor hatte die Übergabe der Urkunde in meinem Fall verzögert, weil er den Ausgang der Sitzung abwarten wollte. Vielleicht hätte man mir die Ernennung zum Professor auf Lebenszeit verweigert, wenn ich mich zu einem Streit mit diesem Professor hätte hinreissen lassen. Der Student, um den es dabei ging, hat das Studium nicht bestanden. Die Situation in der Prüfungskommission war gestellt gewesen, um mich zu provozieren.

Da habe ich gemerkt: Die werden nicht locker lassen. Hier stehe ich einer wissenschaftkriminellen Vereinigung gegenüber, die mir den Habilitationsgrad auf alle Fälle verweigern will, um mir meinen Weg an die Universität zu verbauen.

Kurz darauf erzählte mir ein Kollege, der ebenfalls mit mir berufen worden war und nun diese Urkunde erhalten hatte, ein älterer Professor hätte sich bei ihm gemeldet, wegen der Bestätigung der pädagogischen Eignung. Damals wurde das so praktiziert, dass ein bereits länger an der Hochschule tätiger Professor zu einem Neuling

6.3 Der Fuß in der Tür

in die Vorlesung kam, so wie damals Rolf Unbehauen in meine Vorlesung in Erlangen gekommen war. Aufgrund der Aussage dieses einen Professors wurde dann die pädagogische Eignung bestätigt. In den mir bekannten Fällen in Furtwangen wurde der Besuch sogar vorher angekündigt. Danach erfolgte eine entsprechende Meldung an das Ministerium, in der die pädagogische Eignung explizit bestätigt wurde.

Ich wartete, dass auch bei mir einmal ein Kollege vorbeikäme, um an meiner Vorlesung teilzunehmen, zum Zweck der Feststellung der pädagogischen Eignung. Doch niemand kam. Irgendwann dachte ich nicht mehr daran.

Es vergingen wohl ein oder zwei weitere Semester, als plötzlich eines Tages unangekündigt ein mir unbekannter Professor der Hochschule Furtwangen (er war den Studenten sichtlich bekannt) in meiner Vorlesung erschien und meiner Vorlesung bis zum Ende beiwohnte. Auf dieser Grundlage wurde dann meine pädagogische Eignung explizit gegenüber dem Ministerium bestätigt.

Das Ministerium hatte den Rektor mehrmals anmahnen müssen, bevor sich dieser bereitfand, die pädagogische Eignung endlich bestätigen zu lassen. Weshalb verhielt sich der Rektor so? Weil er den äußeren Kräften um Erlangen und Siemens weitere Zeit einräumen wollte, in der diese die Gelegenheit bekommen sollten, mich doch noch zu Siemens zurückzumobben oder zurückzulocken, wie auch immer. Ich sollte *ohne* bestätigte pädagogische Eignung "heim ins Reich" zurückgebracht werden. Das war ganz klar das angestrebte Ziel gewesen. Das ist Wissenschaftskriminalität in Reinkultur!

Zu diesem Zweck wurden alle Register gezogen. Ich erhielt beispielsweise einen Anruf von dem Menschen, der schon den Lehrauftrag anlässlich der Einrichtung der Informatik-Fakultät in Furtwangen gehalten hatte. Der anschließend den Fluchtversuch unternommen hatte und daraufhin als Siemens-Sklave zurückgeholt worden war. Er erklärte mir: *"In Furtwangen ist es gar nicht schön..."*. Furtwangen war natürlich kein interessanter Ort für jemanden, der aus München kam. Aber ich war schließlich auch nicht deswegen nach Furtwangen gekommen. Und schon gleich gar nicht freiwillig.

Auch Mitarbeiter und Doktoranden aus meiner ehemaligen Gruppe riefen mich unter dem Vorwand fachlicher Fragen an. Diese Mitarbeiter taten mir manchmal leid, weil ich sie alleine zurückgelassen hatte. Aber es half ja nichts. Ich hatte schlicht keine andere Wahl gehabt.

Man sagt, dass die badische Küche gut ist. Das stimmt wirklich. Unweit der Hochschule befand sich das beste Restaurant in Furtwangen. Man wusste, dass ich Mittags immer dahin zum Essen ging. An einem der Tage in der Woche hatte ich sowohl vormittags, als auch nachmittags eine Vorlesung. Dazwischen passte gerade mal das Mittagessen.

Als ich mich an einem dieser Tage an meinem Tisch in der Wirtschaft niedergelassen hatte, gesellte sich plötzlich ein Kollege hinzu. Er verwickelte mich in ein Gespräch. Das Essen kam und der Kollege redete weiter auf mich ein. So verging die Zeit. Ich schaute auf die Uhr: Ich musste jetzt in die Vorlesung. Ich lief zurück zu meinem Büro, holte meine Vorlesungsunterlagen und begab mich zum Hörsaal. Ich schaffte es gerade noch rechtzeitig. Da stand vor dem Eingang des Hörsaals der Kollege Higelin, der aufpassen musste und meine Ankunft bestätigen musste.

Damit wurde sichergestellt, dass mir keinerlei Zeit zur Vorbereitung der Nachmittagsvorlesung geblieben war. Nun beobachtete man von einem Nachbarhörsaal aus den Verlauf meiner Vorlesung. Man kann sich fragen: Warum?
Document #14 in Abb. 6.3 beantwortet diese Frage.

6.3.4 Der Pädagogikpabst

Schließlich gingen sie sogar soweit, dass sie einen Professor für Bauwesen aus Berlin, der sich selbst zu einem Pabst für Ingenieurpädagogik ernannt hatte, nach Furtwangen holten. Er sollte sich heimlich eine meiner Vorlesungen anhören und dann sein Urteil über mich fällen. Dieser Mensch kam, hörte sich heimlich eine meiner Vorlesungen an und fuhr danach schulterzuckend und kopfschüttelnd wieder nach Hause. Einen Mangel an pädagogischer Eignung hatte er ihnen wohl beim besten Willen nicht bestätigen können.

6.3.5 Die New York Academy of Sciences

In dieser Zeit erhielt ich eines Tages Post aus den USA in der mir mitgeteilt wurde, man hätte mich vorgeschlagen, Mitglied der New York Academy of Sciences zu werden. Das war eine ausgesprochen elitäre Gemeinde, der sogar einige Nobelpreisträger angehörten. Unter anderem auch Manfred Robert Schroeder, der Herausgeber meines Buchs über Linear Prediction Theory. Er hatte gemerkt, dass sie mich unbedingt fertigmachen wollten. Diese Mitgliedschaft in der New York Academy of Sciences sollte mich schützen.

Sehr viel später, gegen Ende seines Lebensweges, hat Manfred Robert Schroeder, der Mitglied der Akademie der Wissenschaften in mehreren Ländern war es sehr bereut, dass er mir anlässlich meines Buchprojekts die Habilitation nicht angeboten hatte. Ich war ja vollkommen unbekannt gewesen. Ein einfacher Siemens-Laboringenieur.

Er hatte mir die Gelegenheit, das Buch für seine Serie zu schreiben, zu Anfang eher aus reinem Spieltrieb, aus Jux und Tollerei sozusagen, angeboten. Am Schluss war er überrascht, nachdem viel mehr dabei rauskam als er erwartet hatte. Doch dann hatten mich die Erlanger pädagogisch ungeeignet erklärt und er hatte es zu Anfang sogar geglaubt. Doch nun erkannte er, dass genau das Gegenteil zutraf, die Erlanger mich aber dennoch erledigen wollten. Das hat ihm am Ende schwer zu schaffen gemacht. Mir ist das bekannt. Das ist auch meine nachträgliche Verpflichtung ihm gegenüber, dass ich das hier niederschreibe.

6.3 Der Fuß in der Tür

> **Gesendet:** Mittwoch, 16. Oktober 2013 um 06:20 Uhr
> **Von:** "Peter Strobach" <peter_strobach@gmx.de>
> **An:** ******.******@**-*******.**
> **Betreff:** nachdem die studentische Evaluation...
>
> ... nicht zu dem erwarteten Ergebnis geführt hatte (sondern das genaue Gegenteil zutage gefördert hatte) dachte man über die Gründe nach.
>
> Wie kann er bloss so pädagogisch geeignet sein, wenn er doch pädagogisch ungeeignet erklärt wurde?
>
> Ein "Schlaukopf" unter diesen "Denkern" fand schliesslich die Lösung zu dieser Frage, und diese Lösung lautete:
>
> Er lernt die Vorlesung AUSWENDIG!
>
> Ja - und deshalb ist er so gut! Weil er sie AUSWENDIG lernt!
>
> Also benötigen wir nur noch den Beweis, dass es wirklich so ist: dass er seine Vorlesung wirklich auswendig lernt.
>
> So die Schlussfolgerung der badischen Schildbürgerprofessoren oder die Schlussfolgerung der Siemens-Schildbürger (das kann ich hier nicht genau nachvollziehen: Wo sass der Schildbürger, der sich das ausgedacht hat?).
>
> Sie wussten, dass ich Mittags immer in das beste Restaurant von Furtwangen zum Essen ging. An einem Tag in der Woche war es so, dass ich den letzten Vormittagsblock 11:15 - 12:45 eine Vorlesung hatte und dann nach der Mittagspause gleich die Folgevorlesung von 14:00 - 15:30 Uhr.
>
> Ich ging an einem Tag wie diesem jeweils gleich nach Ende des letzten Vormittagsblocks zum Mittagessen. Dort erschien "zufällig" ein Kollege, setze sich zu mir an den Tisch und hielt mich solange auf, dass ich es gerade noch zur Folgevorlesung um 14:00 Uhr schaffen konnte.
>
> Man hatte also sichergestellt, dass ich keine Zeit haben konnte, die Nachmittagsvorlesung auswendig zu lernen und Vormittags hatte ich schon 2 Vorlesungen gehabt.
>
> Dann platzierte man den Siemens-Kollegen vor dem Hörsaal, in dem meine Nachmittagsvorlesung stattfand (ich staunte nicht schlecht, den da stehen zu sehen - dann war es offensichtlich) und dieser bestätigte, dass ich tatsächlich nicht eine Minute Zeit zur Vorbereitung der Vorlesung gehabt hatte und noch dazu durch das blödsinnige Gelaber des Kollegen, der mich beim Essen gestört hatte, in meinen Gedanken zerstreut worden war.
>
> Doch die Aktion hatte keinerlei Auswirkungen auf meine Nachmittagsvorlesung gehabt,
> die man bestimmt abgehört hatte, wie hier gelegentlich üblich. Alles lief wie gewohnt ab, da ich mich ohnehin nicht auf die Vorlesungen vorbereite, und das lächerliche Gelaber des Kollegen mich natürlich auch nicht nachhaltig beeinträchtigen konnte.

Abbildung 6.3 Document #14: Nachdem die studentische Evaluation...

6.3.6 Der Signalprozessor-Spielbaukasten

Im Sommersemester 1993 gab es eine Sitzung in der man beriet, womit man mich neben den Vorlesungen noch beschäftigen könnte. Document #15 in Abb 6.4 schildert, was in dieser Sitzung geschah.

6.3.7 Die Diplomarbeit in Freiburg

In Furtwangen sind mir gelegentlich sehr gute Studenten begegnet. Das waren Fälle, bei denen es so ähnlich gelagert war wie zu meiner Zeit als Student an der Fachhochschule Regensburg. In diesen Studenten erkannte ich mich manchmal selbst wieder.

Einer dieser Studenten hatte in allen Fächern bei mir die Bestnote 1.0 erreicht. Er war sehr begeisterungsfähig und sprach mich an, ob ich denn nicht bereit wäre, seine Diplomarbeit zu betreuen. In dieser Beziehung war ich generell sehr zurückhaltend, denn ich strebte nicht an, ein Labor in Furtwangen zu betreiben oder irgendetwas aufzubauen. Ich war nur gekommen, um meine pädagogische Eignung unter Beweis zu stellen.

So wie dieser Diplomand mich ansprach und auch aufgrund seiner Leistungen, konnte ich ihm die Zusage aber gar nicht verweigern. Er hatte bereits Kontakt zu einer kleinen Firma im Raum Freiburg aufgenommen, die sich mit medizinischer Technik beschäftigte. Dort hatte dieser Student bereits sein zweites praktisches Studiensemester absolviert. Es bestanden also gute Kontakte zu dieser Firma und es gab bereits eine Absprache, wonach er auch seine Diplomarbeit in dieser Firma oder in Zusammenarbeit mit dieser Firma würde anfertigen können.

Also vereinbarten wir einen Termin und fuhren nach Freiburg zu dieser Firma. Dort führten wir ein ausführliches Gespräch. Dabei stellte ich mich auch vor und berichtete von meiner Zeit in der ZFE und insbesondere von der Zusammenarbeit mit dem UB-MED. Sie merkten: Ich bin kein Neuling auf diesem Gebiet der medizinischen Signalverarbeitung.

Man wäre geneigt anzunehmen, diese Kombination aus einem hervorragenden Diplomanden und einem qualifizierten Betreuer würde von einer Firma als Glücksfall verstanden. Doch weit gefehlt. Einige Tage nach dieser Besprechung teilte mir der Student mit, die Firma habe ihre Zusage, ihm die Diplomarbeit zu ermöglichen, zurückgezogen. Warum?

Ich konnte nie ergründen, warum diese Firma so reagiert hat. Aber sicherlich war meine Siemens-Vergangenheit die Ursache dafür. In der Folge musste ich mir ein Spielthema für den Diplomanden aus den Fingern saugen. Das tat mir sehr leid für diesen Diplomanden. Ich habe daraufhin nie wieder eine Diplomarbeitsbetreuung zugesagt und habe auch selbst keine Diplomarbeiten ausgeschieben. Über meine gesamte Dienstzeit von 22 Jahren nicht mehr. Auch weil ich selbst nur zu den Vorlesungen nach Furtwangen reiste. An einigen Diplomarbeiten wirkte ich als Zweitbetreuer mit.

6.3 Der Fuß in der Tür

> **Gesendet:** Donnerstag, 15. August 2013 um 12:05 Uhr
> **Von:** "Peter Strobach" <peter_strobach@gmx.de>
> **An:** ******.******@**-*******.**
> **Betreff:** Die Häftlinge der deutschen Konzentrationslager
>
> Dann kam diese Sitzung. Sie berieten, womit sie mich beschäftigen sollten. Was kann der überhaupt? Kann er überhaupt irgendetwas? (dieser Mensch, der da in Deutschland zweimal Ingenier studiert hatte, der Stipendiat der Friedrich-Ebert-Stiftung gewesen war, den Grad eines Doktor-Ingenieurs erworben hatte, ITG-Preisträger geworden war, zu den Sitzungen der Stiftung Werner-von-Siemens-Ring eingeladen worden war, der Senior Member IEEE geworden war und Fachreferent und Fachgruppenleiter gewesen war, und firmeninterne Prämien mehrfach kassiert hatte.)
>
> Sie fragten also irgendwo nach, was dieser Mensch denn überhaupt kann. Man antwortete ihnen: Er kann einen Signalprozessor programmieren.
>
> Also entschlossen sie sich, mir einen Signalprozessor-Spielzeugbaukasten zu kaufen (sehr teuer, so um die 10000 - 20000 Euro damals, 1993, war das ganz schön viel Geld).
>
> In der Sitzung, es war eine der ersten Sitzungen der ich an diesem Ort überhaupt beiwohnte, eröffneten sie mir diesen Beschluss.
>
> Ich wollte etwas sagen. Ich wollte sagen: Lasst das sein, Leute, wer hat euch solchen Blödsinn erzählt, seid ihr noch bei Trost?
>
> Aber ich sass nur da und habe kein Wort herausgebracht.
>
> Kein einziges Wort!
>
> Also kauften sie den Spielzeugbaukasten. Ich habe ihn kein einziges Mal angerührt.
>
> Die Häftlinge der deutschen Konzentrationslager konnten nach ihrer Befreiung durch die Alliierten Truppen auch kein Wort sprechen. Ich habe mich immer gefragt, wie es so etwas geben kann.
>
> Das kann es geben. Seit dieser Sitzung weiss ich nun, welche Umstände diesen Zustand auslösen. Ich habe es selbst erlebt und überlebt.
>
> Es ist der Horror, der die Grenzen des Vorstellbaren übersteigende, reine Horror, der einen solchen Zustand auslöst.
>
> Am Ende seines Lebensweges verspürt der Mensch den Wunsch, etwas von dem zurückzugeben, was ihm in seinem Leben gegeben wurde.

Abbildung 6.4 Document #15: Die Häftlinge der deutschen Konzentrationslager.

6.4 Die allgemeinen Rahmenbedingungen

In diesem Kapitel will ich über die Rahmenbedingungen sprechen, die meine Arbeit in Furtwangen bestimmten.

6.4.1 Das Zimmerl in Neukirch

Als allererstes benötigte ich in Furtwangen eine Bleibe. In den ersten Semestern war ich 4 Tage in der Woche an der Hochschule anwesend. In den späteren Jahren nur noch 3 Tage pro Woche.

Die Hochschule vermittelte mir ein kleines Zimmerl bei einer Familie in Neukirch, einem kleinen Ort in fast 1000 Metern Höhe, etwa 5 Kilometer von Furtwangen entfernt. Als ich dort in mein Zimmerl einzog dachte ich mir: Was hat dieses Deutschland aus dir gemacht? Das alles erschien mir wie ein Alptraum.

Zu der Zeit war ich wie gelähmt. Nach den Vorlesungen verließ ich jedesmal sofort die Hochschule und fuhr woanders hin. Entweder in den Wald, wo ich oft den ganzen Nachmittag verbrachte, oder nach Neukirch. Von dort aus ging ich dann auch in den Wald und kam den ganzen Tag nicht mehr zurück. Die Vermieterin beobachtete das und sprach mich darauf an: *"Sie laufe viel...!"*. Das war die badische Mundart: laufe statt laufen.

Im Winter war alles tief verschneit. An manchen Tagen konnte man Furtwangen von Neukirch aus morgens mit dem Auto nicht erreichen. Ich kann mich an manchen dieser Tage erinnern, als ich zu Fuß morgens durch den Tiefschnee von Neukirch nach Furtwangen stapfte. Über eine Stunde strammer Fußmarsch. Man musste einen Pass überschreiten. Dann sah man die Stadt Furtwangen in der vor einem liegenden Senke auftauchen.

Im Rückblick erscheint mir das heute so, als hätte ich das alles nur geträumt. Aber es war der Alltag für viele Jahre. Im November/Dezember verabschiedeten sich die Hausleute meist für eine oder zwei Wochen in den Urlaub. Sie reisten in den Süden und ließen das Haus und mich alleine zurück.

Die Zentralheizung basierte auf einer Ölfeuerung. In einem dieser Jahre wurde es Ende November sehr kalt. Es war außer mir niemand im Haus. Die Temperatur sank und sank, bis schließlich das Heizöl in den Leitungen versulzte und die Heizung ausfiel. In meinem Zimmer wurde es in dieser Nacht eiskalt. Ich kroch mit dem Anorak unter die Bettdecke und fror immer noch. Daraufhin wurde ich erstmal richtig krank.

Dabei hätte es eine ganz einfache Lösung gegeben. Ich hätte nur zur Hochschule hinunterfahren müssen, wo ich ja rund um die Uhr Zugang zu meinem geheizten Büro hatte. Ganz einfach!

Aber ich bin nicht darauf gekommen. Ich war wie gelähmt. Später sah ich einmal einen Film über das Überleben in den Outbacks[4]. Dabei wurden auch Fälle

---

[4] Wildnis

geschildert, in denen Menschen nur wenige hundert Meter von menschlichen Behausungen entfernt verhungert aufgefunden wurden. Sie hatten nicht erkannt, dass sie nur noch wenige hundert Meter von ihrer Rettung entfernt gewesen waren. Nach dieser Eisnacht in Neukirch verstand ich auch, wie es so etwas geben konnte.

Dieser Zustand mit dem Zimmerl in Neukirch hatte für mindestens 10 Jahre Bestand. Nach jedem Semester dachte ich: Es wird sich etwas ändern. Die pädagogische Eignung ist nachgewiesen. Es wird einen Weg zurück geben in eine Universitätslaufbahn.

Dabei erkannte ich nicht, dass das alleinige Ziel von Erlangen und Siemens nur war, mich an diesem abgelegenen Ort Furtwangen langsam verrecken zu lassen. Ich war ja bis zu dem Erlangen-Crash wissenschaftlich sehr weit gekommen. Nun war ich in Furtwangen von der gesamten Forschung abgeschnitten. Es gab damals kein Internet. Ich hatte keinen Rechner. Es vergingen Jahre, in denen ich praktisch überhaupt nicht wissenschaftlich arbeiten konnte.

Nach jedem Semester dachte ich, es wäre das letzte Semester gewesen. Daher baute ich auch keine Skripte für die Vorlesungen auf. Ich hatte meine provisorischen Aufzeichnungen und Notizen. Ich dachte mir: Das genügt. Es wird ohnehin bald enden. Doch es endete nie und daher arbeitete ich 22 Jahre lang nur mit provisorischen Aufzeichnungen. In einer Art Notbetrieb, sozusagen, ohne mich jemals innerlich mit der Arbeit in Furtwangen zu identifizieren. Und das 22 Jahre lang.

Jedesmal, wenn ich nach einem Wochenende oder nach den Semesterferien wieder nach Furtwangen fuhr hatte ich das Gefühl, es wäre das erste Mal. Ich konnte keine innere Bindung zu dieser Stelle aufbauen. Die ganzen 22 Jahre hindurch nicht. Ich war nur gekommen, um meine pädagogische Eignung nachzuweisen. Und sonst wegen garnichts. Das war in Granit gemeißelt.

Die ganze Stimmungslage entsprach der eines Heimatvertriebenen. So wie ich es bei meinen Großeltern erlebt hatte. Sie dachten ihr ganzes Leben daran, dass sie eines Tages wieder zurückkehren könnten an den Ort, von dem sie vertrieben worden waren. Ihr ganzes Leben lang. So war es auch bei mir.

Eines Tages hatte ich genug von den Verhältnissen, die das Zimmerl in Neukirch mit sich brachte. Den Schee im Winter. Die morgendliche Anfahrt und die verzweifelte Suche nach einem Parkplatz.

Ich kaufte mir eine Art Campingmatraze und richtete mich in meinem Büro ein. Schon im Herbst 1993 hatte ich ein Einzelbüro im Horray-Gebäude der Hochschule erhalten. In diesem Büro konnte ich es mir so einrichten, dass ich auch die Nacht dort verbrachte. In den letzten Jahren waren es ja nur noch zwei Übernachtungen pro Woche.

Das war wesentlich praktischer als die lästige Fahrerei zwischen Neukirch und Furtwangen. Vor allem im Winter. Außerdem sparte ich mir die Miete. Schlafen konnte ich in Furtwangen ohnehin nie. Höchstens vier Stunden pro Nacht. Tagsüber schlief ich oft auf dem Schreibtisch. Viele Jahre brachte ich es nicht fertig, in Furtwangen überhaupt irgendetwas zu arbeiten. Ich war wie gelähmt. Tagsüber schlief ich oft im Wald oder auf meinem Schreibtisch.

Document #16 bringt diese Verhältnisse zum Ausdruck.

> **Gesendet:** Freitag, 08. November 2013 um 17:41 Uhr
> **Von:** "Peter Strobach" <peter_strobach@gmx.de>
> **An:** ******.******@**-*******.**
> **Betreff:** tagsüber...
>
> ... schlafe ich auf meinem Schreibtisch.
>
> Aber Nachts schlafe ich auf dem Boden.
>
> Zugegeben - es wäre verlockend, auch Nachts auf dem Schreibtisch zu schlafen. Aber das ist viel zu gefährlich!
>
> Ich könnte in der Tiefschlafphase vom Schreibtisch fallen und mich dabei ernsthaft verletzen.
>
> Dieses Risiko kann ich auf gar keinen Fall eingehen!
>
> Ausserdem würde ich damit gegen die Sicherheitsbestimmungen für die Benutzung von Schreibtischen verstossen.

Abbildung 6.5 Document #16: Tagsüber...

6.4.2 Die Fahrten nach Furtwangen

Die ganzen 22 Jahre in Furtwangen waren maßgeblich von der Fahrerei bestimmt, die sich aus der 530 km Distanz ergab, die zwischen meinem Wohnort Röhrnbach und Furtwangen lag.

Im ersten Jahr besaß ich noch meine Eigentumswohnung in München-Neuperlach. Abwechselnd fuhr ich an einem Wochenende nach München, am nächsten Wochenende wieder nach Röhrnbach, wo ich im Haus meiner Eltern ebenfalls eine Wohnung hatte.

Nach einem Jahr verkaufte ich die Eigentumswohnung in München und zog wieder fest nach Röhrnbach zu meinen Eltern zurück. Das brachte es mit sich, dass nun während des Semesters an jedem Wochenende 1060 Kilometer überwiegend Autobahnstrecke zurückzulegen waren.

Mein alter Golf GTI war am Ende. Ich musste schon den 5. Gang mit der Hand festhalten, weil er sonst von alleine heraussprang. Die Karosserie war so weich geworden, dass man im aufgebockten Zustand die Tür nicht mehr öffnen konnte. Ich verkaufte dieses Auto im Februar 1994 für ein paar hundert Mark.

Ich wusste, für diese Strecke benötigte ich ein professionelles Fahrgerät. So kaufte ich mir im Februar 1994 einen neuen BMW M3, den ich in den folgenden beiden Jahren wie einen Langstreckenrennwagen aufbaute. Das betraf Umbauten am Motor, am Fahrwerk, an den Bremsen und am Tank, dessen Volumen ich auf 110 Liter vergrößerte.

Im Sommer 1996 war ich mit allen Tests und Umbauten fertig. Das Auto hat mich rund hunderttausend Mark gekostet. Damit fuhr ich im Sommer 1996 auf der Autobahn bei Dingolfing eine elektronisch gemessene Höchstgeschwindigkeit von

6.4 Die allgemeinen Rahmenbedingungen

276 km/h. Abb. 6.6 zeigt den 325 PS Motor vom Typ S50 in diesem Auto, das ich heute immer noch unverändert fahre, nachdem ich in 21 Jahren insgesamt 735.899 Kilometer damit zurückgelegt habe. Vielleicht werde ich in meinem Leben nie wieder ein anderes Auto fahren.

Abbildung 6.6 Ein Blick auf den 21 Jahre alten 325 PS BMW S50 Motor mit 735.899 km Laufleistung.

Beim Umbau, bei der Wartung und bei den vielen über eine solche Strecke anfallenden Reparaturen waren mir meine ausgezeichneten Kenntnisse in KFZ-Technik von großem Nutzen.

Ausgehend von den Kenntnissen, die ich mir in dem einen Jahr Lehrzeit in dieser sehr guten Lehrwerkstatt angeeignet hatte, arbeitete ich während meiner Zeit an der Fachoberschule in Passau nachmittags oft in einer Tuningwerkstatt mit. Während die Gymnasiasten wahrscheinlich ihr großes Latinum paukten.

Nach der Fachhochschule bauten mein Vater und ich eine kleine Werkstatt auf, in der wir Autos herrichten konnten. Über die Jahre wurde diese Werkstatt immer weiter ausgebaut. Davon konnte ich jetzt profitieren. Viele dieser "happilitierten"[5] Professoren dachten wohl: Diese Fahrerei - das wird er nicht schaffen. Aber damit hatten sie sich ganz schön verschätzt, gemessen an den Möglichkeiten, die mir zur Verfügung standen.

Ich dachte in diesem Zusammenhang oft an Dieter Schütt zurück und an seine Frage: "haben Sie ein kleines Auto?" Diese deutschen Happilitierten, das müssen doch ganz schön weltfremde, vertrottelte Menschen sein, dachte ich mir oft.

---

[5] herabwürdigende bewusste Falschschreibung

Ich war ein sehr guter Fahrer und ein noch besserer Mechaniker. Ich war eben ein Profi[6]. Auf der Heimfahrt oder auf der Hinfahrt stattete ich unserem Nachbarland Österreich regelmäßig einen Besuch ab. Von Passau aus, das lag ja direkt auf meinem Weg. Von dort waren es nur ein paar Kilometer über die Grenze. In Österreich trank ich mein Bier und mein BMW soff sich mit 110 Litern österreichischem Superbenzin voll, der im Schnitt zwanzig Prozent billiger war als in Deutschland. Ich war ein "Tanktourist". Das war völlig legal. Das Geld dafür setzte ich von der Steuer ab. Die Flexibilität der Arbeitnehmer bei der Arbeitsplatzsuche und die Bereitschaft, dabei lange Anfahrten in Kauf zu nehmen, wird steuerlich belohnt. Die deutsche Steuerersparnis floss so in die österreichische Staatskasse.

Das Document #17 ist eine Parodie auf diese Situation.

Gesendet: Dienstag, 19. November 2013 um 07:55 Uhr
Von: "Peter Strobach" <peter_strobach@gmx.de>
An: ******.******@**-******.**
Betreff: Schwarzwald-Super ...

... ist besonders nahrhaft (so nahrhaft wie Schwarzwald-Milch) und kostet deshalb 162 Cent/Liter.

Österreich-Super ist dagegen mager. Kostet nur 136 Cent/Liter.

Für meinen Long-Range Jäger ist Österreich-Super gerade gut genug. So ein Long-Range Jäger muss nur alle 1200 km mal an die Zapfsäule.

Abbildung 6.7 Document #17: Schwarzwald-Super...

6.5 Der Antrag auf Wiederaufnahme des Habilitationsverfahrens

Ich war nach Furtwangen gekommen um meine pädagogische Eignung nachzuweisen. Alle Versuche das Gegenteil zu beweisen, waren gescheitert. Es gab die Didaktik "Hitline" des AStA und der Rektor musste meine pädagogische Eignung gegenüber dem Ministerium bestätigen lassen. Ich hatte das gesteckte Ziel erreicht.

Also wandte ich mich im Sommer 1995 nach vier Semestern an der Fachhochschule Furtwangen wieder an meinen Anwalt in München. Er solle in Erlangen vorstellig werden und meine Ansprüche auf eine Fortsetzung des Habilitationsverfahrens anmelden. Die vormals angezweifelte pädagogische Eignung sei inzwischen auf einer Professorenstelle nachgewiesen worden.

---

[6] jemand, der etwas berufsmäßig betreibt

6.5 Der Antrag auf Wiederaufnahme des Habilitationsverfahrens

Mein Anwalt wandte sich umgehend an die Universität. Genauso umgehend erhielten wir die Antwort, wonach die Universität dennoch nicht bereit wäre, das Habilitationsverfahren fortzusetzen. Es war wieder der Rechtsvertreter Merker, der uns antwortete. Derselbe Mensch, der schon bei der Ablehnung die Theorie entwickelt hatte, mein Mangel an pädagogischer Eignung sei auf meine Selbsteinschätzung zurückzuführen. Siehe den Anhang A.8. Eine Begründung für die Weigerung wurde nicht angegeben. Es bliebe uns ja noch der Klageweg.

Mir war inzwischen klar, dass ich einer wissenschaftskriminellen Vereinigung gegenüberstand. Die Habilitation sollte mir auf jeden Fall verweigert werden, ganz gleich ob ich nun pädagogisch geeignet war oder nicht. Der Ablehnungsgrund der mangelnden pädagogischen Eignung war nur ein Vorwand gewesen. Ich überlegte mir, ob ich nun den Rechtsweg einschlagen sollte.

Das Risiko des Rechtswegs war hoch. Im Fall eines Obsiegens der Universität wäre der Bescheid vom 3.8.1990 möglicherweise rechtskräftig geworden. Auf dieser Grundlage hätte man mich rechtskräftig und bestandskräftig pädagogisch ungeeignet erklären können. Zu diesem frühen Zeitpunkt im Jahre 1995 hätte man mir auf diese Weise möglicherweise mein Amt als Professor wegnehmen können.

Der Leser wird nun bemerken, dies sei wohl nicht möglich, da ja die Bestätigung meiner pädagogischen Eignung aufgrund meiner Tätigkeit als Professor an der Fachhochschule im Ministerium in Stuttgart bereits vorlag. Dies ist ein auf vernünftigem Denken basierender Schluss. Man kann aber nicht davon ausgehen, dass sich das Verwaltungsrecht dieses Landes an der Vernunft orientiert. Man kann nicht einmal davon ausgehen, dass man sich an der Wahrheit oder an der Wirklichkeit orientiert.

Deshalb strebte ich sicherheitshalber zunächst meine finanzielle Unabhängigkeit an. Damit ich einen eventuellen Verlust meiner Professorenstelle an der Fachhochschule verkraften könnte. Im Januar 2009 haben wir schließlich geklagt. Im Rahmen dieses Verfahrens wurden alle meine Ansprüche abgewiesen und ich wurde tatsächlich rechtskräftig und bestandskräftig pädagogisch ungeeignet erklärt. So wie ich es im ungünstigsten Fall befürchet hatte. Obwohl ich als Professor an der Fachhochschule meine pädagogische Eignung zweifelsfrei nachgewiesen hatte.

Obwohl die explitzte Bestätigung meiner pädagogischen Eignung vorlag, wurde ich dennoch aufgrund des Bescheids der Universität vom 3.8.1990 als rechtskräftig und bestandskräftig pädagogisch ungeeignet erklärt.

Diese Situation ist für einen vernünftig denkenden Menschen nicht zu begreifen. Im Nachhinein bewahrheitete sich aber mein bereits im Jahre 1995 gezeigter Verdacht: Ich stand hier keinem Rechtssystem, sondern einer wissenschaftskriminellen Vereinigung gegenüber, die nur ein Ziel verfolgte: Meine vollständige Vernichtung als Mensch und als Wissenschaftler.

Auf die Klage im Januar 2009 und den folgenden Rechtsweg werde ich im weiteren Verlauf noch genau eingehen. Zunächst sollen jedoch die Ereignisse geschildert werden, die sich in der Zeit bis dahin abspielten.

6.6 Die Zeit von 1995 bis 2008

In diesem Abschnitt sollen einige einprägsame Begebenheiten geschildert werden, die sich in den Jahren 1995 bis 2008 zugetragen haben.

6.6.1 Die ICIP-96 in Lausanne

Im Sommer 1996 erhielt ich ein Schreiben eines französischen Professors. Dieser lud mich zur IEEE International Conference on Image Processing ein, die im September 1996 in Lausanne (Schweiz) stattfand. Dieser französische Professor bat mich, auf dieser Tagung eine Sitzungsleitung zu übernehmen.

Der General Chairman dieser Tagung war Murat Kunt, ein Professor für Signal- und Bildverarbeitung an der EPFL[7], der ein langjähriger Bekannter, ja direkt ein Freund von mir war, und für den ich jahrelang als Mitglied des Editorial Boards der Fachzeitschrift Signal Processing (Elsevier) die Dreckarbeit der Begutachtung vieler Manuskripte gemacht habe.

Im September fuhr ich also zu dieser Tagung nach Lausanne. Bei meinem Eintreffen war nicht einmal ein Namensschild für mich reserviert worden, obwohl ich als Sitzungsleiter eingeladen worden war. Ich hatte mein eigenes Namensschild dabei und verwendete dieses.

Als ich dann in dem Raum eintraf, in dem die Sitzung die ich zu leiten hatte stattfand, traf ich dort einen kleinen Assistenten von der Universität Stuttgart. Dieser eröffnete mir, man hätte ihn abgestellt, um mir bei der Sitzungsleitung zu helfen. Aber es war nur eine Poster-Sitzung und noch nie zuvor hatte ich es jemals erlebt, dass der Chairman einer so kleinen Postersitzung wie dieser einen Assistenten benötigt hätte.

Kurz nach Beginn der Sitzung erschien der französische Professor, der mich eingeladen hatte, um mich zu begrüßen. Wir führten ein kurzes, angenehmes Gespräch.

Eine Weile später erschien zu meiner größten Überraschung Dan Lee in der Sitzung. Er redete unzusammenhängende Dinge und eröffnete mir unter anderem, dass sich Thomas Kailath im Nebenraum befände. Aber Thomas Kailath, ein bekannter Professor an der Stanford University, war meines Wissens nach überhaupt nicht zu dieser Tagung gekommen. Es war offensichtlich, dass man Dan Lee benutzt hatte, um mir diese rätselhaften realitätsfremden Dinge zu erzählen. Welchen Zweck man damit verfolgte, blieb bis heute im Dunkeln. Ich dachte mir: Wie weit war Dan Lee doch gesunken, dass er solche Aufträge ausführen musste!

Ich hätte erwartet, dass mein Bekannter und Freund Murat Kunt, mit dem ich so viele Jahre Kontakt hatte, irgendwann erscheint, einfach um "Hallo" zu sagen. Denn schließlich konnte es ihm nicht entgangen sein, dass man mich zu einer Sitzungsleitung eingeladen hatte bei einer Tagung, deren General Chairman er war. Doch Murat Kunt erschien nicht - eine persönliche Enttäuschung! Er war wohl sehr

---

[7] Ecole polytechnique federale de Lausanne

eng mit den Erlangern "verbandelt". Dies liess ihn unsere langjährige Freundschaft einfach vergessen!

Als ich nach der Sitzung, die problemlos verlief, den Sitzungsraum verließ um nach draußen zu gehen, traf ich vor dem Tagungsgebäude auf den Erlanger Professor Heinrich Niemann, bei dem wir zu meinen Siemens-Zeiten so oft zu Besuch gewesen waren und der mir jetzt geradewegs entgegenkam.

Als er mich sah, wusste er sich nicht anders zu helfen, als sich das Tagungsprogrammheft, das er in Händen hielt, vor das Gesicht zu halten, um sein Gesicht vor mir zu verbergen. So ein Verhalten hatte ich in der Realität bis dahin noch nicht erlebt.

Ich hatte das im Fernsehen gesehen, oder auf Bildern, wenn Angeklagte in einen Gerichtssaal geführt werden. Dann verbergen sie ihr Gesicht oft hinter Kleidungsstücken oder Dokumenten. Das ist wohl ein Ausdruck eines besonders ausgeprägten Schamgefühls, vielleicht im Bewusstsein einer schweren Schuld, die auf den Schultern dieser Menschen lastet. Dieses Verhalten des Erlanger Professors Heinrich Niemann hinterließ einen so nachhaltigen Eindruck, dass ich es in einem Document festhielt. Siehe Abb. 5.11.

Nach der Tagung fuhr ich auf dem Nachhauseweg in Furtwangen vorbei, das fast auf meinem Weg lag. Als ich dort an der Hochschule mein Postfach öffnete, fand ich darin ein Fax der EPFL, in dem mir mitgeteilt wurde, man hätte meine Einladung als Sitzungsleiter zurückgezogen. Ich sollte zuhause bleiben und nicht zu der Tagung kommen.

Da ich aber nicht in Furtwangen war und wir damals kein Internet besaßen, erreichte mich diese Ausladung nicht. Sie war wohl erfolgt, um den Erlanger Freunden einen Gefallen zu tun. Denn auf der Tagung hatte ich ja erleben können, wie meine Anwesenheit auf den "ehrenwerten" Erlanger Professor Heinrich Niemann gewirkt hatte.

Unter diesen Umständen war ich direkt froh, dass mich die Ausladung nicht erreichte und ich somit trotzdem zu der Tagung gefahren war. Denn damit hatte mir das Schicksal eine direkte Begegnung mit dem "ehrenwerten" Erlanger Professor Heinrich Niemann gegönnt, die mir ansonsten nie mehr zuteil geworden wäre. Anders herum gesehen hat das Schicksal es so eingerichtet, dass mir Heinrich Niemann einmal in seinem Leben direkt "Auge in Auge" gegenüberstehen musste. Das war wohl eine Bestimmung. Außerdem wusste ich ab diesem Moment, welch Geistes Kind mein vermeintlicher Freund Murat Kunt wirklich war!

6.6.2 Das Listing in Who's Who in the World

Im Sommer 1997 wurde ich für einen Eintrag in das berühmte Biografieverzeichnis *Marquis Who's Who in the World* vorgeschlagen und aufgenommen. Im selben Jahr bot man mir auch das Ehrenamt eines *Vertrauensdozenten der Friedrich-Ebert-Stiftung* an. Damit war ich bis zur Niederlegung dieses Amtes im November 2015 in die Entscheidungsprozesse um die Aufnahme von Bewerbern in die Grundförderung der Friedrich-Ebert-Stiftung als Gutachter eingebunden.

6.6.3 Die ICASSP-97 in München

Die ICASSP[8] ist eine jährlich stattfindende Fachtagung der IEEE Signal Processing Society. Es ist eine der großen und wichtigen Fachtagungen auf diesem Gebiet. Vielleicht die wichtigste Fachtagung auf diesem Gebiet weltweit.

Sie findet an wechselnden Orten auf dem Globus statt. Aber - und das galt jedenfalls in der Vergangenheit - an Orten, an denen es namhafte, bekannte Wissenschaftler gibt, die auf diesem Gebiet, für das die Signal Processing Society steht, in der Vergangenheit schon einmal wichtige Dinge erfunden haben. Solche Erfindungen wurden dann irgendwann auch in der zu dieser Society gehörenden Fachzeitschrift *IEEE Transactions on Signal Processing* für alle und alle Zeiten sichtbar dokumentiert.

Menschen, die in dieser Fachzeitschrift häufig mit eigenen Beiträgen in Erscheinung getreten sind, werden irgendwann als Leitbullen in der Herde der Forscher auf diesem Gebiet wahrgenommen. Solchen Personen fällt dann konsequenterweise auch die Rolle zu, Tagungen wie die ICASSP als General Chairman anzuführen. Diese General Chairmen berufen dann Gehilfen an ihre Seite, beispielsweise die Technical Program Chairmen. Diese wiederum berufen eine Anzahl von anerkannten Fachleuten in das Technical Program Committee welches darüber entscheidet, welche der eingereichten Beiträge akzeptiert und welche abgelehnt werden, und wie die Sitzungen zusammengestellt werden.

Im Jahre 1997 kam die ICASSP nach München an die TU. Mein früherer Siemens-"Chef" und Abteilungsleiter Manfred K. Lang, den man wie schon mehrfach erwähnt an die TU promoted hatte, wurde der General Chairman!

Als ich von dieser Entscheidung erfuhr, musste ich mir erst dreimal die Augen reiben. Denn ein Manfred K. Lang war auf dem Fachgebiet, für das diese Society und diese Tagung steht, meines Wissens noch nie erkennbar in Erscheinung getreten. Ich konnte mich nicht daran erinnern, jemals einen Aufsatz von einem Manfred K. Lang in den Transactions gesehen zu haben.

Damit wurde das amerikanische Gesetz der Prärie, wonach eine Büffelherde immer von einem Leitbullen angeführt wird, in geradezu frappierender Weise kontakariert. Denn in München wurde die Büffelherde erstmals von einem Schaf angeführt. Das wäre bis dahin unvorstellbar gewesen.

Man kann sich das nur damit erklären, dass reiche Schafzüchter die Prärie aufgekauft haben, weil sich diese Prärie gerne von den reichen Schafzüchtern aufkaufen ließ. Damit haben sich die Schafzüchter auch das Recht gesichert, ein Schaf als Leittier an die Spitze der Büffelherde stellen zu dürfen. Eine Unmöglichkeit für je-

---

[8] International Conference on Acoustics, Speech and Signal Processing

6.6 Die Zeit von 1995 bis 2008

den normal denkenden Menschen! Danach hatte ich mir meine Meinung von dem Eitrippeli[9] gebildet.

Das Tollste bei dieser Geschichte war aber, dass es sogar einige sinile happilitierte deutsche Gehirne gegeben hat, die sich mein Erscheinen auf dieser ICASSP-97 in München vorstellen konnten. Diese Beobachtung habe ich in ein Document gepackt. Siehe Abb. 6.8.

Gesendet: Samstag, 25. Juli 2015 um 13:25 Uhr
Von: "Peter Strobach" <peter_strobach@gmx.de>
An: ******.******@**-*******.**
Betreff: das Büsserhemdchen

Und was ist das Eitrippeli?

Dazu schauen wir auf die ICASSP-97. Geleitet (als General Chairman) von einem Simmens-Professor, von dem zuvor noch niemals jemand einen einzigen Aufsatz in den Trans. on Signal Processing oder Acoustics, Speech & Signal Processing des Eitrippeli jemals gesehen hatte und dessen "herausragende Leistungen" auch allen fachlich ausgewiesenen Menschen gänzlich unbekannt sein mussten, denn diese Leistungen konnte man nicht mal mit dem Mikroskop irgendwo entdecken.

Und jetzt stelle dir mal vor:

Einige sinile happilitierte deutsche Gehirne haben damals tatsächlich geglaubt, der Autor von "Low Rank Adaptive Filters" hätte es unter diesen Umständen und Zuständen nötig, sich in einem <u>Büsserhemdchen</u> vor ein Poster zu stellen, um sich dort von irgendwelchen dahergelaufenen happilitierten wissenschaftskriminellen Arschlöchern saublöd anquatschen zu lassen.

Abbildung 6.8 Document #18: Das Büßerhemdchen.

6.6.4 Die Begegnung mit Billy the Kid

In den 90er Jahren hatten wir noch kein Internet. Es war schwierig, in Furtwangen an gewisse Literatur heranzukommen, insbesondere an ältere technische Literatur.

Wesentlich leichter konnte man diese Literatur in der Bibliothek der TU München finden, wo ich mich ja auskannte. So kam es häufiger vor, dass ich auf meinem Nachhauseweg von Furtwangen nach Röhrnbach, wo ich ja direkt an München vorbeifuhr, einen kleinen Abstecher in die Innenstadt machte, um die Bibliothek der TU aufzusuchen.

Dics tat ich immer abends, da die Bibliothek der TU abends lange geöffnet war und ich weniger Gefahr lief, Personen zu begegnen, die mich kannten.

---

[9] geringschätzige phonetische Schreibweise von IEEE

An einem dieser Abende hatte ich mir wieder Literatur aus der Bibliothek der TU besorgt und befand mich mit einem Tagungsband unter dem Arm auf einem breiten Gang, der von der Bibliothek zu einem Raum führte, in dem ein Fotokopierer stand.

Normalerweise begegnete man auf diesem Weg zu dieser Zeit keinem Menschen. Doch dieses Mal kam mir ein alt aussehender Mann entgegen. Als er mich erblickte, erschrak er sichtlich. Seine Augen weiteten sich. Er wich zur Seite aus und presste seinen Körper gegen die Wand, als ich an ihm vorbeiging.

So muss es gewesen sein, wenn im wilden Westen jemand unerwartet Billy the Kid begegnete. Das Gesicht von Billy the Kid kannte man von den unzähligen Steckbriefen, die von ihm existierten.

Bei mir war es wohl ähnlich. Mein Bild prangte von den Kurzbiografien meiner Aufsätze in den IEEE Transactions. Dieser Mensch, der mir damals auf dem Gang begegnete, war sicherlich ein Professor an der TU. Ich kannte ihn nicht aber er kannte mich. Aber woher? Sicherlich nicht aus einer persönlichen Begegnung. Daher konnte er mich nur "steckbrieflich" kennen, eben von einem dieser Lebensläufe mit Bild, wie sie in den Transactions obligatorisch waren.

Sicherlich hatte dieser Mensch einmal einen dieser Aufsätze gelesen oder angesehen. Vielleicht nur um einmal ein Bild von diesem Menschen zu sehen, der in Erlangen....seinen Freund Rolf Unbehauen...

Ich denke, der Vergleich hinkt nicht. Im wilden Westen wurde viele ganz ungewollt zu solchen Outlaws[10]. Sie gerieten arglos in einen Konflikt. Der Colt hing am Gürtel. Es kam zu einer Provokation. Der Colt lag plötzlich in der Hand und es krachte ein Schuss. Im Handumdrehen und ehe man sich's versah, fand man sein Gesicht auf einem Steckbrief wieder und man befand sich auf der anderen Seite.

In einem übertragenen Sinn war es bei mir genauso gelaufen. Für diesen Menschen, dem ich damals abends auf dem Gang in Höhe der Bibliothek der TU begegnete, stellte ich die akademische Inkarnation von Billy the Kid dar. Das spiegelte sich voll und ganz in seinem Verhalten wieder.

Solchen Outlaws blieb dann auch nichts anderes mehr übrig, als in ihrem ganzen restlichen Leben immer wieder zum Colt zu greifen. Denn sie wurden immer wieder gezielt provoziert. Ihr Leben wurde zu einer Hetzjagd. Von einem Duell zum nächsten. Von einem Hinterhalt zum nächsten. Jedesmal, wenn sie es überlebt hatten, schnitzten sie eine weitere Kerbe in den Griff ihres Colts.

6.6.5 Der Einäugige und die Blinden

Unter den Dozenten der Elektrotechnik gab es damals in den 90er Jahren an der Fachhochschule Furtwangen auch einen Menschen namens Walter Kunz. Wir begegneten uns häufig. Er war sehr freundlich, aber nähere Kontakte gab es keine.

Mit der Zeit spricht es sich herum, wie die einzelnen Dozenten von den Studenten eingeschätzt werden. Walter Kunz war in dieser Beziehung nicht berühmt.

---

[10] Gesetzlose

6.6 Die Zeit von 1995 bis 2008

Es kam zwar im Rahmen seiner Elektrotechnik-Lehrveranstaltungen nicht direkt zu Protesten, aber er bewegte sich an der Grenze. Damals gab es noch keine Evaluationen und damit keine Möglichkeit für die Studenten, sich wirksam zu artikulieren.

Ich interessierte mich einmal dafür, ob ein Walter Kunz denn schon jemals irgendwelche nennenswerten Spuren in der Welt der Wissenschaft hinterlassen hatte. Aber da fand ich reine gar nichts.

Auf einer Sitzung eines Fachbereichsrats, bei der ich auch anwesend war, vertrat Walter Kunz die Ansicht, man sollte doch den Studienanfängern, die eine abgeschlossene Lehre nachweisen konnten, die Grundlagenvorlesung Elektrotechnik 1 erlassen.

Doch die handwerkliche Ausbildung an den Berufsschulen und der damit verbundene Unterricht in Elektrotechnik ist mit einer wissenschaftlichen Grundausbildung in keiner Weise vergleichbar und kann diese daher auch nicht ersetzen. Im Gegenteil: Die Studenten mit diesem praktischen Ausbildungshintergrund hatten meist noch größere Schwierigkeiten in meinen Vorlesungen als Gymnasiasten, die zuvor noch nicht mit Elektrotechnik in Berührung gekommen waren.

Daher war der Vorschlag von Walter Kunz, den praktisch vorbelasteten Studenten die Elektrotechnik 1 zu erlassen, vollkommen abwegig. Ich kam zu dem Schluss, dass nur ein sehr unfähiger Mensch auf einen derart abwegigen Vorschlag kommen konnte. Denn er hatte ja schon viele Jahre Lehrerfahrung. Er hätte es besser wissen müssen. Damit hatte ich mir meine Meinung von Walter Kunz gebildet.

Später erfuhr ich beiläufig von einem Kollegen, dass Walter Kunz vor seiner Zeit in Furtwangen ein Doktorand von Hans Wilhelm Schüßler und ein langjähriger Mitarbeiter der Universität Erlangen gewesen war.

Einige Zeit später - es können auch Jahre gewesen sein - erfuhr ich, dass Walter Kunz einen Lehrauftrag für Elektrotechnik an der Universität Freiburg erhalten hatte. Im darauffolgenden Semester wurde er als Professor an die Universität Freiburg berufen.

Ich rieb mir die Augen. Was war geschehen? Man erzählte mir, es hätte den politischen Wunsch gegeben, einmal einen Dozenten der Elektrotechnik von der Fachhochschule Furtwangen an die Universität Freiburg zu berufen.

Doch wie waren sie dabei ausgerechnet auf Walter Kunz gekommen? Ich konnte mir das nicht enträtseln. Während dieses einen Semesters, in dem er den Lehrauftrag hatte, sollte es doch auch hinreichend Gelegenheit gegeben haben, sich ein Bild von seinem Können oder von seinem Nichtkönnen zu verschaffen.

Weshalb haben sie ihn dann trotzdem genommen? Für mich blieb nur eine plausible Erklärung übrig: Sie mussten zu dem Schluss gekommen sein, dass alle Dozenten an der Fachhochschule Furtwangen Blinde auf ihrem Fachgebiet sind und allein Walter Kunz der einzige Einäugige unter diesen Blinden ist. Also hatten sie ihn genommen, denn unter den Blinden ist der Einäugige König.

Aber das erklärt noch nicht, wie sie denn überhaupt darauf kommen konnten, dass mit Ausnahme des einäugigen Walter Kunz alle anderen an der Fachhochschule Furtwangen Blinde waren?

Dafür wiederum gibt es auch nur eine plausible Erklärung. Diese esoterischen Professoren an der Universität Freiburg mussten selbst Blinde sein. Daher konnten sie es nicht anders erkennen!

Doch das ist noch nicht das Tollste an dieser Geschichte. Diese Freiburger Blinden wandten sich danach (nachdem sie Walter Kunz als Professor eingestellt hatten) doch tatsächlich noch ein oder zwei weitere Male an die Fachhochschule Furtwangen mit der Anfrage, ob eventuell *ich* bereit wäre, einen Lehrauftrag für Systemtheorie an dieser Freiburger Blindenanstalt zu übernehmen. Meine Antwort musste ich mir nicht lange überlegen!

6.6.6 Das Schifferlprojekt

In den Jahren 1997 und 1998 überlegte man sich, wie man wohl die Attraktiviät der Fachhochschule Furtwangen steigern könnte. Der Ort und die Hochschule waren wirklich nicht interessant für Studenten. Es gab nicht einmal eine Hochschulsportanlage. Abends fand kein Studentenleben statt. Der Ort war wie ausgestorben. Alle fuhren weg, wann sie nur konnten.

Die Studenten kamen nur aus der nächsten Umgebung, oder von anderen Hochschulen, wo man sie wegen Unfähigkeit hinausgeworfen hatte. Diese Studenten wurden in Furtwangen bereitwillig aufgenommen, um die Hörsäle zu füllen.

So herrschte in Furtwangen immer eine große Diskrepanz, was die Qualität der Studenten betraf. Unter den einheimischen Studenten aus der nächsten Umgebung fand man immer wieder einige wirkliche Spitzenleute, die aus einfachen Arbeiterverhältnissen stammten und die es an die Fachhochschule verschlagen hatte. Für diese Studenten erschien die Umgebung in Furtwangen und an der Hochschule normal, da sie ja nichts anderes kannten.

Diese Studenten erinnerten mich oft an meine Zeit als Student an der Fachhochschule und wie ich damals dachte und meine Umgebung wahrnahm. Ich habe diesen Studenten ein solides Wissen vermittelt. Nicht einen solchen lächerlichen Krampf, wie man ihn mir in meiner Studienzeit häufig vorgesetzt hatte. Ich habe immer eine saubere, fundierte Arbeit gemacht. Die Studenten haben es mir gedankt. Doch es waren eben nur wenige Studenten, die man aus der nächsten Umgebung gewinnen konnte.

So suchte man fieberhaft nach einer Art "buntem Luftballon" oder einer "Seifenblase", mit der man in einem weiteren Umkreis, oder sogar bundesweit auf sich aufmerksam machen konnte. Eines Tages brütete ein Professor die Idee aus, man sollte doch ein Schiff bauen, um es autonom, also ohne menschliche Besatzung, um die Welt segeln zu lassen. Das hatte zuvor noch niemand unternommen. Das wäre ein Clou, mit dem die Fachhochschule Furtwangen auf den Titelseiten sämtlicher Zeitungen erscheinen könnte.

Auf diese Weise erzeugte man eine schier unglaubliche Aufbruchstimmung an der Fachhochschule. Ich erinnere mich noch an ein Jahr, es muss wohl 1997 oder

1998 gewesen sein, da prangte das Bild von einem Katamaran[11] sogar von der offiziellen Weihnachtskarte der Fachhochschule, die alle Mitarbeiter in ihren Postfächern vorfanden. Das wäre vielleicht für die Fachhochschule Kiel normal gewesen. Aber nicht für eine Fachhochschule Furtwangen, die sich hunderte von Kilometern vom nächsten Meer entfernt befand.

Auch die seerechtlichen Bedenken gegen ein solches Vorhaben wurden schnell vom Tisch gewischt. Einer der Professoren, der an diesem Projekt beteiligt war behauptete schlicht: Dieses Schiffchen könnte man im Sinne des Seerechts als Treibgut betrachten. Daher wäre gegen das Vorhaben nichts einzuwenden.

So begann man fleißig, Sponsoren anzuwerben. Sogar das Ministerium in Stuttgart beteiligte sich mit 40.000 Mark an dem gewagten Vorhaben. Alle Fachbereiche sollten auf dieser gigantischen Spielwiese Platz finden, insbesondere die Elektronik und die Informatik, im Rahmen der Herausforderung der Navigation und Fernsteuerung dieses Schiffchens, bei seinem Weg um den Globus.

Im Horray-Gebäude räumte man ein ganzes Stockwerk leer und begann mit dem Bau eines recht großen Katamarans. Die Handwerker an der Fachhochschule waren voll ausgelastet. Schließlich war der Katamaran fertig. Eine Betrachtung aus der Nähe zeigte, dass die Handwerker ganze Arbeit geleistet hatten. Das war wirklich erste Klasse und eine Top-Qualität, mit der sie das Schiffchen gebaut hatten. Diese badischen Handwerker hatten echt was drauf und so hatte ich sie auch eingeschätzt.

Daraufhin brachte man das fertige Schiffchen irgendwie auf den Parkplatz vor dem Horray-Gebäude, wo heute das neue Informatik-Gebäude steht. Es gab einen Riesenempfang, zu dem sogar der Ministerpräsident Teufel erschien, der Ehrensenator der Fachhochschule Furtwangen war. Vom Fenster meines Büros konnte ich das Treiben beobachten.

Der Rektor blickte, an der Seite des Ministerpräsidenten, kurz zum Fenster meines Büros herauf. Vielleicht hatte er erwartet, ich würde mich hinzugesellen. Dann hätte er mich dem Ministerpräsidenten vorstellen können, nach dem Motto: Das ist derjenige, welcher...

Aber ich gesellte mich nicht dazu. Stattdessen kopierte ich ein Manuskript, um es für die Einreichung bei den Transactions vorzubereiten. Damals musste man mehrere Kopien einsenden. Es gab noch keine elektronische Plattform für den Einreichungs- und Begutachtungsprozess der Manuskripte.

Dann erschien ein riesiger Transporthubschrauber der Bundeswehr, der das Schiffchen an die Leine nahm und es unter Sekt und Beifall der begeisterten Anwesenden spektakulär durch die Lüfte entführte an einen Ort, wo es Wasser gab.

Irgendwie brachte man das Schiffchen dann ans Meer. Kaum war man dort angelangt. stellte sich heraus, dass sich die Idee mit der Deklaration als Treibgut als Fehlspekulation darstellte. Es war schlicht und einfach nicht zulässig, vorsätzlich Treibgut auf dem Meer auszubringen. Wo käme man denn da hin, wenn jedermann nach Belieben Treibgut auf dem Meer aussetzen dürfte!

Soweit hatten die Schildbürgerprofessoren der Fachhochschule Furtwangen nicht gedacht! Aber auch die Schildbürgerbeamten des Ministeriums hatten nicht soweit

---

[11] Segelboot mit zwei Rümpfen

gedacht, als sie blindlinks die 40.000 Mark in dieses Phantasie-Spielprojekt hineinpumpten. Ein solches Projekt, mit einem derartigen Finanzrahmen von am Ende rund eineinhalb Millionen Mark, hätte vor seiner Genehmigung einem ordentlichen Begutachungsverfahren unter Einbeziehung von Fachleuten, insbesondere auch des Seerechts, unterzogen werden müssen.

Aber das hatte man vor lauter Begeisterung schlicht vergessen. Die Devise lautete einfach: Die Spiele müssen weitergehen. Dem ordnete man alles unter. Und auch das Ministerium spielte voll mit. Denn auch dort gilt die aller Vernunft übergeordnete Devise: Die Spiele müssen weitergehen!

Mit dem Zerplatzen des Traums von der autonomen Weltumsegelung schwand die Begeisterung an der Fachhochschule genauso schnell, wie sie zuvor entstanden war. Das Schiffchen befand sich ja auch nicht mehr vor Ort.

In dem Stockwerk des Horray-Gebäudes, in dem das Schiffchen gebaut worden war, ließ man schlicht und einfach alles stehen und liegen. Da sah es die nächsten Jahre aus, wie auf einer Baustelle. Durch die Fenster konnte man dieses Bild einer ehemaligen "Werft" die nächsten 16 Jahre lang bis etwa 2014 bewundern.

Das Schiffchen, das nun niemand mehr so richtig liebte, wurde irgendwie noch unter Einsatz eines Begleitboots auf die Reise geschickt und versandete oder versumpfte dann irgendwo in der Südsee. Irgendwann war es schlicht und einfach von der Bildfläche verschwunden und niemand konnte mehr sagen, wo es verblieben war.

Man hatte locker eineinhalb Millionen Mark in den Sand gesetzt. Aus Jux und Tollerei. In dieser Zeit beantragte ich einmal einen Druckkostenzuschuss in Höhe von etwas über tausend Mark für die Veröffentlichung von zwei Manuskripten, die in den IEEE Transactions on Signal Processing zur Veröffentlichung angenommen worden waren. Das war die obligatorische Overlength Page Charge, die bei solchen Aufsätzen ab einer gewissen Länge verlangt wurde.

Auf meinen Antrag antwortete mir der Rektor, man hätte kein Geld für meine Veröffentlichungen und würde mich in dieser Beziehung auch nie mehr unterstützen. Daraufhin wandte ich mich auch an das Ministerium, um diese minimale Unterstützung für meine wissenschaftlichen Veröffentlichungen zu erhalten. Aber auch das Ministerium lehnte jede Unterstützung kategorisch ab.

Zuerst hatten sie bedenkenlos 40.000 Mark für ein vollkommen realitätsfremdes Spielprojekt hinausgeschmissen und nun weigerten sie sich, die im Vergleich dazu minimalen Kosten für die Veröffentlichung meiner erstklassigen, seriösen Forschungsergebnisse aufzubringen. Das habe ich der Fachhochschule und dem Ministerium nie verziehen.

Das IEEE war daraufhin nicht bereit, meine angenommenen Aufsätze zu veröffentlichen. Ich warf meine Aufsätze in den nächsten Papierkorb.

6.6.7 Das Fortbildungssemester an der Universität Passau

In zeitlichen Abständen von fünf Jahren haben Fachhochschulprofessoren die Möglichkeit, ein Fortbildungssemester zu beantragen, das sie außerhalb der Fachhochschule verbringen sollen. Die Idee dahinter ist, dass sie ihr Wissen auffrischen sollen. Idealerweise, indem sie in der Industrie mitarbeiten, damit sie ihre Praxiskenntnisse wieder auf den neuesten Stand bringen. Denn die Fachhochschule ist eine praktische Schule.

Auf der anderen Seite gibt es aber keinerlei Vorschriften und insbesondere auch keine Einschränkungen bei der Wahl der Institution, in der ein Fachhochschulprofessor sein Fortbildungssemester ableisten will. Also kann er es im Grunde genommen auch an einer Universität tun.

Nach dem Wintersemester 1997/98 bot sich mir erstmals die Gelegenheit, ein solches Fortbildungssemester zu beantragen. Mein Studienfreund Peter H. Bauer, der Professor in den USA ist, hat auch mal so ein Fortbildungssemester, oder nennen wir es lieber ein "Schnuppersemester", durchgeführt. Und zwar an der TU.

Mir ist es nie gelungen zu ergründen, was er sich dabei gedacht hat. Auch die Folgen dieses Schnuppersemesters ließen keine Rückschlüsse auf seine Intentionen zu, denn sichtbare Folgen waren für mich danach keine zu erkennen.

Jedenfalls gab es auch in meinem Fall Menschen die glaubten, ich müsste mein Fortbildungssemester an der TU durchführen. Aber wie sollte denn das gehen, wo man mich anlässlich der ICASSP-97 an der TU nicht einmal in das Technical Program Committee aufgenommen hatte.

Gesendet: Samstag, 26. Juli 2014 um 09:13 Uhr
Von: "Peter Strobach" <peter_strobach@gmx.de>
An: ******.******@**-*******.**
Betreff: auf der ICASSP-97 ...

... sassen sie alle beisammen. Sie soffen
Met und Schnaps und sie grölten gemeinsam mit ihren
Erlanger Brüdern: " Peter - verrecke langsam - da
in Furtschlwangen, wo wir dich hingetrieben
haben!"

Abbildung 6.9 Document #19: Auf der ICASSP-97...

Als einige merkten, dass ich mein Fortbildungssemester garantiert *nicht* an der TU durchführen würde, grölten sie sofort: *"... dann kann er ja nach Stanford gehen!"*.

Zu diesem Zeitpunkt hätte ich aber garantiert nicht mehr von Stanford profitiert. Da hätte ich dann schon so rund 15 Jahre früher nach Stanford gehen müssen. Also machte ich es mir bequem und organisierte mir ein Fortbildungssemester vor meiner Haustüre. An der Universität Passau.

Dort begegnete ich einem Mathematik-Professor namens Klaus Donner, der meinem Vorhaben aufgeschlossen gegenüberstand. Dafür gab es zwei bemerkenswerte Gründe: Zum Ersten ist Klaus Donner ein Habilitand der Universität Erlangen und zum Zweiten war er vor seiner Berufung nach Passau Professor an der UniBw in Neubiberg gewesen. Uns verbanden also unsere Bezüge zu diesen beiden Institutionen, obwohl wir verständlicherweise nicht darüber sprachen und sogar so taten, als wüssten wir nichts davon!

Und so hat sich dieser freundliche Mensch Klaus Donner gleich bereiterklärt, mich im Sommer 1998 an seinem Institut in Passau aufzunehmen. Doch das gestaltete sich gar nicht so einfach. Der Rektor der Fachhochschule bemühte sich, wohl auch wieder von außen gesteuert, das Fortbildungssemester in Passau zu blockieren. Als alles bereits am Laufen war, schrieb er mir noch: *"Sie befinden sich in einem nicht genehmigten Fortbildungssemester!"*.

Das Ministerium musste ran. Erst nach einer expliziten Befürwortung durch das Ministerium in Stuttgart konnte ich mein Fortbildungssemester in Passau endlich antreten. Man wies mir ein wunderschönes Büro zu. Sie bekamen eine wunderschöne Vorlesung von mir und am Schluss des Semesters anlässlich eines gemütlichen "Weißwurstessens" auch noch einen recht fordernden Vortrag über hochauflösende Spektralschätzung mit Anwendungen bei der Quellenlokalisierung.

Tage danach gab es dann noch ein Abschlussgespräch unter vier Augen bei Klaus Donner in seinem Büro. Dabei sagte er mir diesen einstudierten Satz: *"Machen Sie so weiter!"*. Das war zu diesem Zeitpunkt garantiert die verkehrteste aller Möglichkeiten. Aber happilitierte deutsche Trottelgehirne haben das eben so abträglich ausgebrütet.

Nach einem Fortbildungssemester sollen die Fortgebildeten einen Bericht über die Ergebnisse ihrer Fortbildung schreiben. Von mir verlangte man das allerdings nicht. Warum nicht? Weil Klaus Donner diesen Bericht über mich schon geschrieben hatte.

Dieser Bericht, den Klaus Donner damals verfasste ist eines der drei Dokumente die ich nicht besitze, obwohl ich sie unglaublich gerne hätte:

1. Das verunglimpfende Gutachten des Dieter Seitzer, aufgrund dessen man mir meinen Ruf auf die Professur (C4) für praktische Informatik (Bildverstehen) an der Universität Stuttgart wegnahm.
2. Das verunglimpfende Gutachten des Dieter Schütt, welches dieser nach dem Besuch bei MED über mich geschrieben und an die Siemens-Führung übermittelt hat.
3. Dieses Gutachten, welches Klaus Donner am Ende meines Fortbildungssemesters an der Universität Passau über mich geschrieben hat.

Über die möglichen Inhalte dieses Donnerschen Gutachtens habe ich oft spekuliert. Document #20 spiegelt das wieder.

6.6 Die Zeit von 1995 bis 2008

> **Gesendet:** Freitag, 29. Mai 2015 um 09:42 Uhr
> **Von:** "Peter Strobach" <peter_strobach@gmx.de>
> **An:** ******.******@**-*******.**
> **Betreff:** da gibt es noch ein paar...
>
> ... unbeantwortete Fragen:
>
> Als ich im Sommer 1998 ein "Fortbildungssemester" an der
> Universität Passau durchführte, hielt ich dort auch das Semester
> über einige Vorlesungen und zum Abschluss einen sehr schönen Vortrag.
>
> Ich nehme an (99% Wahrscheinlichkeit), er hat am Ende
> ein Gutachten abgegeben. Ich nehme an (98% Wahrscheinlichkeit),
> dass in dem Gutachten ein kleines "aber" vorkommt, in dem
> mein "Mangel an pädagogischer Eignung" dezent unterstrichen wird.
> Denn das ist ein "Schappilitierter" aus Erlangen, und muss
> folglich seine Erlanger Brüder stützen.
>
> Ausser seiner Erlangen-Schappilitation hat er m.W. nichts
> nenneswertes je zuwege gebracht. Das mir vorliegende
> Schriftenverzeichnis sowie die Internet-Recherche
> belegen eine frappierende Nullleistung, gemessen an der
> Position.
>
> Gegenhypothese (2% Wahrscheinlichkeit): Sein Gutachten
> (das mit 99% Wahrscheinlichkeit heute irgendwo aufbewahrt
> wird) war rundum ausgesprochen positiv, so wie es meiner
> rundum positiven Leistung damals entsprochen hätte. Dann
> hätte ich mich getäuscht.
>
> Versuche mal, an das Gutachten heranzukommen. Es ist eines
> der 3 Dokumente, die ich noch gerne hätte. Auch um zu sehen,
> wie gut meine Fähigkeit ist, die Leute einzuschätzen.
>
> Ausserdem gibt es noch 2 weitere historische Gutachten,
> die ich gerne hätte:
>
> 1. Das verunglimpfende Gutachten des Dieter Seitzer, welches
> dieser 1990 an die Universität Stuttgart sandte um meine
> Berufung als Professor (C4) für Bildverstehen zu verhindern
>
> und schliesslich noch
>
> 2. das verunglimpfende Gutachten des Dieter Schütt, welches
> dieser 1990 im Auftrag der ZFE-Leitung über mich verfasste, um
> den in Erlangen festgestellten "Mangel an pädagogischer Eignung"
> auch auf der Siemens-Seite zu bestätigen und zu untermauern.

Abbildung 6.10 Document #20: Da gibt es noch ein paar...

6.6.8 Der Vorstoß von Murat Kunt

In der Zeit nach meinem Fortbildungssemester in Passau konnte ich meine Rechnerkennung an der Universität noch eine Weile weiter benutzen. Das war damals auch die einzige Möglichkeit, mich über e-mail zu erreichen, wenn ich nicht in Furtwangen war.

Als ich wieder einmal meine e-mails in Passau auslas, fand ich eine Nachricht von Murat Kunt. Darin fragte er mich, ob ich Professor an der TU München werden möchte. Er könnte das einrichten. Erst vor Kurzem habe er einen befähigten Menschen auf eine Professur in Genf gebracht.

Ich war einigermaßen überrascht, denn die TU hatte mich ja nicht einmal zur ICASSP-97 eingeladen. Man konnte sich doch nicht jemanden als Professor wünschen, den man nicht einmal zu so einer wichtigen Tagung einlud. Trotzdem antwortete ich umgehend, ich wäre daran interessiert.

Einige Tage darauf erhielt ich die Antwort von Murat Kunt, die aus nur drei Worten bestand: *"There's no interest!"*.

Aber ob da ein Interesse bestand oder nicht, hätte Murat Kunt eigentlich wissen müssen, *bevor* er mich in der Sache überhaupt ansprach. Ja - ich bin mir sogar sicher, dass er das gewusst haben muss, denn Murat Kunt besaß erstklassige Kontakte.

Das bedeutet, er wusste sehr wahrscheinlich, dass da gar kein Interesse auf Seiten der TU bestand. Warum wandte er sich dann an mich und gab vor, mir zu einer Professur an der TU verhelfen zu wollen?

Weil man ihm das so aufgetragen hatte. Alles andere entbehrt jeder Logik. Er tat es im Auftrag.

Seine Auftraggeber glaubten, auf diese Weise könnten sie ein Frustrationspotenzial aufbauen, das mich vielleicht veranlassen könnte, meine Stelle in Furtwangen aufzugeben. Denn auf dieser Stelle in Furtwangen war ich unangreifbar. Diese Stelle hatte ich zu einer Festung ausgebaut.

Es gab noch einige weitere komische Bemühungen im Zusammenhang mit der TU. Insbesondere erinnere ich mich hier an einige merkwürdige Vorgänge anlässlich der Neubesetzung des ehemaligen Marko-Lehrstuhls. Dessen Nachfolger war bei seiner Berufung schon über 50 Jahre alt gewesen. Deshalb wurde diese Stelle etwa im Jahre 2004 neu ausgeschrieben.

Mir war das nicht bekannt gewesen. Eines Tages kamen gegen Ende einer Vorlesung die beiden Kollegen Rülling und Higelin in meinen Hörsaal, ohne dass es einen triftigen Grund gegeben hätte. Sie strahlten ein merkwürdig goldenes Lächeln aus, gerade so als ob sich etwas besonders Erfreuliches ereignet hätte. Auch andere Personen, denen ich an der Hochschule begegnete, betrachteten mich plötzlich mit ganz anderen Augen. Sogar in meinem Heimatort Röhrnbach zeigten einige Personen, die im Gemeinderat saßen, ein merkwürdig verändertes Verhalten mir gegenüber.

Dann erhielt ich auch noch das eine oder andere e-mail mit verfänglichem Inhalt. Jetzt begann ich allmählich zu begreifen, dass all diese Merkwürdigkeiten mit der Neubesetzung des Lehrstuhls für Nachrichtentechnik zu tun haben könnten.

Aber ich kann an dieser Stelle versichern, dass ich diesbezüglich nie von Seiten der TU angesprochen wurde. Man hat mich nicht einmal aufgefordert, eine Bewerbung abzugeben und ich habe auch keine Bewerbung abgegeben. Was sollte also dann der ganze Zauber? Ich kann es mir bis heute nicht enträtseln. Vielleicht wollte man mich damit auf eine komische Art verwirren, wie zuvor bereits mit diesem merkwürdigen Vorstoß von Murat Kunt.

6.6.9 Die Master-Vorlesung "Signal Processing"

Im Jahre 2000 kam die Einführung des Bachelor/Master Systems. In diesem Zusammenhang erhielt die Fachhochschule Furtwangen die Möglichkeit, auch Studenten aus dem Ausland aufzunehmen.

Im Sommersemester 2000 sprach man mich an, ob ich denn nicht bereit wäre, eine Vorlesung in "Signal Processing" in englischer Sprache vor einem Master-Kurs bestehend aus ausländischen Studenten durchzuführen. Ich willigte ein.

Dann stand ich vor einem Semester bestehen aus Studenten, die aus vielen verschiedenen Ländern stammten und zum Teil der englischen Sprache gar nicht hinreichend mächtig waren. Aber noch schlimmer verhielt es sich mit den Vorkenntnissen, welche diese Studenten ja mitbringen mussten, wenn sie an einem Masterkurs teilnehmen wollten.

Wenn man die Schnittmenge der Vorkenntnisse aller dieser Studenten bildete, erhielt man die Nullmenge. Unter diesen Umständen entsprach es einem halben Selbstmordversuch, vor diesen Studenten eine Vorlesung auf Master-Niveau halten zu wollen. Die Hochschule hatte ohne jede Leistungskontrolle schlicht alle Bewerber genommen.

Ich habe mich dieses eine Mal durch diese Vorlesung gequält. Danach stellte ich die Bedingung, ich würde diese oder andere Vorlesungen vor diesem zusammengewürfelten Haufen von ausländischen Studenten nur dann noch einmal halten, wenn ich die Möglichkeit bekäme, die Interessenten einer Eingangsprüfung zu unterziehen. Das wurde mir nicht zugebilligt.

Daraufhin hielt ich nie wieder eine Vorlesung in diesem chaotischen Master-Bereich. Darüber war ich insgeheim recht froh, denn ich war bestrebt, meine Belastung möglichst niedrig zu halten. Schließlich war ich durch die Fahrten schon belastet genug.

In diesem Zusammenhang fällt mir noch eine besondere Kuriosität ein. Als ich damals 1993 neu an die Hochschule kam, hat Siemens natürlich ein "Psychogramm" über mich dort abgeliefert. Daraus geht interessanterweise hervor, man solle sich in Acht nehmen, denn ich würde alle anderen an die Wand arbeiten.

Ich bemerkte in der Anfangsphase direkt, wie man sich insgeheim schon darauf einstellte. Aber dann tat ich genau das Gegenteil. Ich arbeitete so wenig wie nur irgend möglich. Eigentlich habe ich meinen gesamten beruflichen Lebensweg an der Fachhochschule mit "angezogener Handbremse" zurückgelegt. Auf diese Weise konnte ich mich besonders schonen. Ich hatte endlich erkannt: Deutschland will es ja gar nicht anders!

6.6.10 Der Tod meines Vaters

Im Oktober 2001 erlitt mein Vater einen Schlaganfall, an dessen Folgen er am 31. Juli 2002 verstarb. Mit meinem Vater verlor ich meinen wichtigsten Weggefährten im Kampf gegen die Universität Erlangen. Es tat mir unendlich leid, was mein Vater in all den Jahren durchgemacht hatte. Wohl viel mehr als ich selbst. In den heißen Phasen hatten sie jeden Tag angstvoll gewartet, ob ich mich abends nochmal melden würde.

Ich hätte meinem Vater sehr gewünscht, wenn es mir zu seinen Lebzeiten gelungen wäre, die Verantwortlichen an der Universität Erlangen zur Strecke zu bringen für das, was sie uns angetan hatten.

In den folgenden 5 Jahren habe ich keine nennenswerte wissenschaftliche Arbeit mehr hervorgebracht. Es war schwer, meine Mutter alleine zurückzulassen um nach Furtwangen zu fahren.

In dieser Zeit stellte ich mein System um und fuhr am ersten Tag in der Woche, an dem ich Vorlesungen hatte, morgens um 3 Uhr zuhause los. Um 8 Uhr war ich dann in Furtwangen um dann gleich die Vorlesungen zu halten. Es war immer riskant, denn es konnte Staus geben und ich hatte ja keinen zeitlichen Spielraum. Das war problematisch, vor allem im Winter. Wenn es einen Stau auf der Strecke gegeben hatte, musste ich den Zeitverlust auf der verbleibenden Strecke wieder aufholen. Das artete manchmal in ein richtiges Rennen aus.

Dabei bemerkte ich, dass die Sprache träger wird, wenn man schon die Belastung einer 530 km Nachtfahrt in den Knochen hat, bevor man überhaupt an die Arbeit geht. In einem dieser Semester musste ich an jedem dieser Anreisetage 3 Vorlesungen halten. Das war eine extreme Belastungsspitze, die nur ein vollkommen gesunder, sehr belastbarer Mensch überhaupt aushält. Und die Studenten sollten von dieser Belastung ja nichts bemerken.

Auf diese Weise habe ich die Zeit meiner Abwesenheit von zuhause minimiert. Anders wäre es mit meiner Mutter nicht zu machen gewesen.

Am Anfang hatte ich diesbezüglich sogar einmal Kontakt mit der Fachhochschule Deggendorf aufgenommen, wegen einer ortsnahen Anstellung dort, meiner Mutter zuliebe.

Aber wir kamen nicht über einen ersten Kontakt mit dem damaligen Rektor hinaus, denn ich merkte, dass ich es nicht fertigbringen würde, dort als Bittsteller aufzutreten und vielleicht vor versammelter Mannschaft den Satz zu sprechen: *"Ich bin der Neue - ich will hier singen!"*. Ich wollte dort nicht singen. Da wäre ich lieber in einem Straßengraben gestorben.

Meine Mission war der Nachweis der pädagogischen Eignung und sonst nichts. Meine Mission war es nicht, an einer Fachhochschule zu "singen". Schließlich konnte ich meine Mutter soweit bringen, dass sie es die kurze Zeit meiner Abwesenheit alleine zuhause aushielt.

6.6.11 Der Anruf von Jakob Schillinger

Eines Tages läutete in meinem Büro im Horray-Gebäude das Telefon. Das war schon ungewöhnlich, denn dieses Telefon läutete sonst wochenlang kein einziges Mal.

Denn ich hielt an der Hochschule nur meine Vorlesungen. Alle Versuche, mir andere Aufgaben zu übertragen, waren irgendwie schief gegangen. Das hing sicherlich damit zusammen, dass ich nur zum Zweck des Nachweises meiner pädagogischen Eignung an die Hochschule gekommen war und wegen sonst nichts.

Auch von studentischer Seite gab es nur selten Fragen, die sich bis in mein Büro fortgesetzt hätten. Alles war in sich dicht und schlüssig. Etwaige Fragen wurden im Anschluss an die Vorlesung geklärt, oder in den regelmäßigen Übungen oder am Ende des Semesters in dem speziellen Teil der Vorbereitung auf die Prüfungen.

Wer also konnte mich hier in meinem Büro anrufen? Ich hob den Hörer ab und am anderen Ende der Leitung erklang die höhnische Stimme von - Jakob Schillinger, dem Menschen, dessen Kleinkinder-Doktorarbeit über das Feder-Masse-System an der UniBw das Prädikat "mit Auszeichnung bestanden" erhalten hatte.

Es gab keinen Grund für Jakob Schillinger, mich anzurufen. Wir standen in keinem Kontakt. Weshalb rief er mich dann an? Weil er den Auftrag erhalten hatte, mich dort anzurufen um mich zu verhöhnen. Ja - nur aus diesem einen Grund hat ein Jakob Schillinger mich in meinem Büro an der Fachhochschule Furtwangen angerufen: Weil er den Auftrag erhalten hatte, mich auf dieser Stelle zu verhöhnen.

6.6.12 Die Suche nach dem Sohn des Professors

Irgendwann erinnerte ich mich an meinen Studienfreund Martin Lange aus den Zeiten des Vordiploms an der TU. Ich "googelte" seinen Namen um einen Hinweis auf seinen Verbleib zu finden. Doch ich fand keine Einträge. Ich dachte mir: Er muss doch eine Menge veröffentlicht haben. Da muss ich doch irgendwas finden! Doch da war nichts.

Schließlich erinnerte ich mich, wie er immer von "seinem" Dr. Detlefsen geschwärmt hatte. Also schaute ich, ob es einen Dr. Detlefsen noch an der TU gibt. Und siehe da: Es gab diesen Dr. Detlefsen immer noch.

Ich sandte ihm eine Mail, in der ich ihm mitteilte, ich sei ein alter Freund von Martin Lange und sei auf der Suche nach seinem Verbleib. Darauf erhielt ich keine Antwort.

Einige Tage später, als ich schon drauf und dran war das Ganze zu vergessen, fand ich überraschenderweise eine unerwartete Mail in meiner Mailbox. Es war eine kleinlaute Nachricht von meinem Studienkollegen Martin Lange. Er hatte nach all den vielen Jahren als Assistent die TU verlassen und war in die Münchner Niederlassung einer kleinen amerikanischen Firma eingetreten, die sich mit radargebundener Geländevermessung befasste. Im Grunde war das wieder sein altes Thema der Radarabstandsmessung.

Hier arbeitete er seitdem als Ingenieur. Einen solchen Ausgang hätte ich in diesem Fall am allerwenigsten erwartet. So wie er seinen Weg plante hätte ich auf jeden Fall geglaubt, ihn einmal als Professor für Hochfrequenztechnik erleben zu dürfen. Und nun stellte sich heraus, dass wir es beide zu nichts gebracht hatten - wohl aus sehr unterschiedlichen Gründen!

6.7 Die Klage gegen die Universität Erlangen

Im März 2008 war ich finanziell soweit, dass mich selbst ein Verlust der Professorenstelle in Furtwangen nicht mehr existenziell gefährdet hätte. Die Jagd auf die Habilitationstäter von Erlangen konnte beginnen.

Ich richtete ein Schreiben an die Universität, in dem ich meine Ansprüche erneut geltend machte und die Universität aufforderte, das schwebende Habilitationsverfahren unter Anerkennung der pädagogischen Eignung fortzusetzen.

Das Rechtsreferat der Universität war inzwischen neu besetzt worden. Von dort erhielt ich die Antwort, die Universität sei nicht bereit, das Habilitationsverfahren fortzusetzen.

Daraufhin richtete ich eine Beschwerde an das zuständige Ministerium. Das Ministerium forderte die Universität schriftlich auf, sich zu den Vorwürfen zu äußern. Doch nichts geschah. Nachdem die Universität ein halbes Jahr lang nicht reagiert hatte, wandte ich mich erneut an das Ministerium mit dem Hinweis: Die Universität reagiert nicht!

Vom Ministerium erhielt ich daraufhin ein Schreiben, in dem stand: *"Sie haben recht!"*. Das Ministerium erkannte: Die Universität reagiert einfach nicht. Die Universität wollte Zeit gewinnen. Also schrieb das Ministerium die Universität ein zweites Mal an und forderte diese nun ultimativ auf, sich zu meinen Vorwürfen zu äußern.

Daraufhin antwortete die Universität, sie sei nicht bereit, das Habilitationsverfahren fortzusetzen. Das Ministerium riet mir, den Rechtsweg mit einer Klage vor dem Verwaltungsgericht einzuschlagen. Damit hatte ich gerechnet.

6.7.1 Die Verhandlung vor dem Verwaltungsgericht Ansbach

An dieser Stelle sollte man zuerst wissen, dass es keine Wahlfreiheit des Gerichts gibt, vor dem man seine Klage gegen die Universität einreichen kann. Sämtliche Klagen gegen die Universität Erlangen *müssen* beim Bayerischen Verwaltungsgericht in Ansbach eingereicht werden. Dort werden diese Klagen immer vor ein- und derselben Kammer verhandelt, die von ein- und demselben Vorsitzenden Verwaltungsrichter geleitet wird. Das war in diesem Fall der Vorsitzende Verwaltungsrichter Dr. Voigt. Wie diese Klagen enden, liegt ganz wesentlich in dem Ermessen dieses Vorsitzenden Verwaltungsrichters.

Die Person des Vorsitzenden Verwaltungsrichters und die Zusammensetzung der Kammer, welche die Klagen gegen Erlangen verhandelt, waren mir zunächst aber nicht bekannt.

Das Beschwerdeverfahren unter Einbeziehung des Ministeriums hatte fast ein Jahr in Anspruch genommen. Nun verpflichtete ich einen jungen Rechtsanwalt für Verwaltungsrecht aus Passau, um mit ihm die Klage gegen die Universität in Angriff zu nehmen. Anfang Januar 2009 reichten wir die Klage beim Verwaltungsge-

6.7 Die Klage gegen die Universität Erlangen

richt in Ansbach ein. Die Klageschrift hatte ich selbst angefertigt. Den Rechtsanwalt benötigte ich nur für die Erledigung der formaljuristischen Dinge.

Wir warteten nun auf einen Verhandlungstermin. Doch dieser verzögerte sich immer wieder. Manchmal auf merkwürdige Weise, indem das Gericht den Verhandlungstermin auf einen Tag festlegte, an dem mein Rechtsanwalt bereits andere Termine hatte. Ich fragte meinen Rechsanwalt: Weshalb macht das Gericht das? Können sie sich nicht mit dem Gericht abstimmen und so zu einem Termin kommen, den sie auch wahrnehmen können?

Der Rechtsanwalt antwortete mir: Das Gericht verhält sich "hoheitlich". Das sollte wohl bedeuten, das Gericht kann machen was es will. Offenbar muss es dem Gericht aber bekannt gewesen sein, wann mein Anwalt einen Termin vor einem anderen Verwaltungsgericht, in einem Fall beispielsweise in Regensburg, hatte. Das Verwaltungsgericht in Ansbach hat dann meinen Verhandlungstermin genau auf den Termin gelegt, an dem mein Anwalt durch seinen Termin in Regensburg gebunden war. Dadurch mussten wir die Verhandlungstermine zweimal absagen.

Es war langsam offensichtlich, dass hier irgendetwas nicht in Ordnung war. Die Universität hatte bereits den Verfahrensablauf verzögert, indem man auf die Anfrage des Ministeriums ein halbes Jahr nicht antwortete. Es bedurfte einer Mahnung durch das Ministerium, bis die Universität sich überhaupt bereit fand, dem Ministerium zu antworten.

Und nun verhielt sich das Verwaltungsgericht Ansbach ebenso. Dieses Gericht versuchte ganz klar, den Verhandlungstermin so weit als möglich hinauszuzögern. Schließlich kam es erst am 18. Januar 2011 zur Verhandlung in Ansbach. Das Verfahren war zwei Jahre verzögert worden. Man sagte mir später, dies sei der seit Langem am weitesten hinausgezögerte Fall in Ansbach gewesen.

Am Verhandlungstag war ich etwas früher bei Gericht erschienen und wartete in der Halle vor den Verhandlungssälen auf meinen Anwalt, als eine Richterin in Robe an mir vorbeilief. Sie warf mir einen bösen Blick zu. Da merkte ich: Hier ist etwas nicht in Ordnung. Selbst mit dem Verfahren nicht direkt befasste Richter an diesem Gericht kannten mein Gesicht und waren ganz offensichtlich voreingenommen und legten ein befangenes Verhalten an den Tag.

In dieser Verhandlung am 18. Januar 2011 habe ich dann fast alleine gesprochen. Mein Anwalt war recht kleinlaut, wirkte eingeschüchtert und beschränkte sich auf ein paar Bemerkungen zum formalen Ablauf. Die Vertreter der Universität Erlangen sprachen zunächst kein Wort.

In der Verhandlung erhielt ich Gelegenheit, meinen Fall zu schildern. Der Vorsitzende Verwaltungsrichter, dessen Name mir vor der Verhandlung nicht bekannt gewesen war, ließ mir viel Raum für die Darstellung meines Falles. Später fand ich heraus, dass dieser Richter die Verhandlungen immer so gestaltete. Es sollte auf keinen Fall der Verdacht einer Befangenheit aufkommen. Alles was der Kläger hier vorbrachte, hatte ohnehin keinerlei Auswirkung auf das Urteil.

An einer Stelle bemerkte dieser Vorsitzende Verwaltungsrichter, es wäre das legitime Recht der Universität, externe Kandidaten abzuweisen. Schließlich kann man der Universität zubilligen, dass sie in allererster Linie die eigenen Kandidaten durch die Habilitation zu Professoren befördern möchte.

Diese Bemerkung war schon mehr als verwunderlich, denn damit billigte der Richter der Universität zu, das Instrument der Habilitation zur Diskriminierung unliebsamer Kandidaten einzusetzen, was ja genau meinem Fall entsprach und als klar rechtswidrig einzustufen gewesen wäre.

Dann begann dieser Vorsitzende Verwaltungsrichter mich scharf zu kritisieren, weil ich den Gesprächstermin bei Professor Schüßler seinerzeit nicht in Anspruch genommen hatte. Er begann damit die Ablehnung meiner Habilitation in ein Licht zu rücken, in der diese vor dem Hintergrund meines "Betragens" gegenüber dem Professor Schüßler als nachvollziehbar und verständlich erscheinen sollte. Siehe dazu auch die Darstellungen im Anhang A.20.

Diese Ausführungen des Richters aber waren, juristisch gesprochen, *sachfremde Erwägungen*, denn mein Verhalten gegenüber dem Professor Schüßler hat reine gar nichts mit meiner pädagogischen Eignung zu tun. Und allein um diese ging es hier.

Nachdem der Vorsitzende Verwaltungsrichter die Verhandlung geschlossen hatte, zischte er mir beim Verlassen des Gerichtssaals im Vorbeigehen diese Worte zu: *"Sie haben die pädagogische Eignung noch nicht!"*.

Doch das ist hanebüchen, denn ich war zu diesem Zeitpunkt schon 18 Jahre Professor im Hochschuldienst gewesen. Meine pädagogische Eignung war gegenüber dem Ministerium in Stuttgart explizit bestätigt worden. Wenn ich die pädagogische Eignung nicht besessen hätte, dann hätte mich das Bundesland Baden-Württemberg überhaupt nicht als Professor beschäftigen dürfen. Aber diese Bemerkung zeigte, wie dieser Richters dachte.

In den Ausführungen des Richters, insbesondere zu dem Punkt des Kontakts mit dem Professor Schüßler konnte ich erkennen, dass er Dinge wusste, die aus den verfahrensinternen Akten nicht hervorgingen. Diese Detailkenntnisse konnte sich der Richter nur verschafft haben, indem er sich *außerhalb des Verhandlungsrahmens* mit den beschuldigten Professoren der Universität Erlangen abgesprochen hatte.

All diese Ungereimtheiten ließen in mir den Verdacht aufkommen, dass mit diesem Vorsitzenden Verwaltungsrichter etwas nicht in Ordnung sein könnte.

Schließlich erhielten wir nach einigen Wochen das schriftliche Urteil. Hierzu muss man wissen, dass in solchen Verwaltungsgerichtsverfahren das Urteil nicht mündlich am Ende der Verhandlung verkündet wird, wie man es vielleicht erwarten würde, sondern das Urteil wird schriftlich zugestellt.

Hier mussten wir über zwei Monate warten, bis wir endlich das Urteil erhielten. Über die guten Kontakte zur Verwaltung, die ich aufgrund meiner langen Tätigkeit in Furtwangen hatte wusste ich, dass das Urteil in Furtwangen längst bekannt war, lange bevor es uns zugestellt wurde. Das war erneut rechtswidrig. Denn das Urteil darf vom Gericht nicht herausgegeben werden, solange es den Prozessparteien noch nicht zugestellt worden ist. Ich dachte mir: Die machen in diesem Land, was sie wollen!

So wusste ich auf diesem Wege bereits, dass meine Klage abgewiesen worden war, bevor mir das Urteil vom Gericht überhaupt zugestellt wurde. Ich wies meinen Anwalt an, er solle bei Gericht Protest einlegen. Wir wollen endlich über den Ausgang der Verhandlung informiert werden.

Nach diesem Protest meines Anwalts erhielten wir das Urteil dann erst am 22. März 2011 (Eingangsstempel der Anwaltskanzlei), obwohl das Urteil unmittelbar nach der Verhandlung am 18. Januar 2011 bereits gefällt worden war. Und obwohl danach sofort andere Stellen, insbesondere auch meine Dienststelle in Furtwangen, über das Urteil informiert worden waren.

Als ich diese Dinge durchschaute, sagte ich mir: Das ist hier die Reinkarnation des Freislerschen Volksgerichtshofs!

Schließlich begann ich zu recherchieren, um wen es sich bei der Person des Vorsitzenden Verwaltungsrichters Dr. Voigt (dessen Namen konnte ich erstmals aus dem schriftlichen Urteil entnehmen) handelte. Es handelte sich hier um einen ehemaligen Absolventen und Doktoranden der Universität Erlangen, den man hier auf den Stuhl des Vorsitzenden Richters einer Kammer gesetzt hatte, vor der alle Klagen gegen die Universität Erlangen verhandelt wurden.

Dieser Richter war ganz klar befangen. Er unterhielt sich außerhalb des regulären Verhandlungsrahmens mit den beschuldigten Professoren "seiner" Universität. Ein in einem Rechtsstaat völlig unvorstellbarer Vorgang war hier die Normalität! Siehe dazu den Anhang, Abb. A.41, welche den Richter Dr. Roland Voigt im Rahmen einer Ehrung zeigt, welche dieser Richter im Jahre 2003 an der Universität Erlangen entgegennahm.

Wie konnte es dazu kommen, dass man einen Erlanger Richter auf den Stuhl eines Vorsitzenden Richters einer Kammer setzt, vor der sämtliche Klagen gegen die Universität Erlangen verhandelt werden? Dazu muss man wissen, dass der Bayerische Innenminister, dem alle Verwaltungsgerichte in Bayern unterstehen, selbst der Sohn eines ehemaligen Erlanger Rechtsprofessors ist!

Damit war das Rechtssystem in diesem Bereich faktisch ausgehebelt. Es war unter diesen Umständen unmöglich, ein Verfahren gegen die Universität Erlangen vor Gericht zu gewinnen. Denn im Verwaltungsrecht existieren große Ermessensspielräume. Entweder versucht man, eine unliebsame Klage zu Fall zu bringen, indem man die Ansprüche als verwirkt erklärt oder, wenn dies nicht möglich ist, versucht man die Kläger als nicht klageberechtigt hinzustellen.

Ich richtete eine Beschwerde an das zuständige Innenministerium, dem die Verwaltungsgerichte unterstehen. Von dort erhielt ich eine pampige Antwort, aus der hervorging, mit der Arbeit dieses Richters Dr. Voigt sei man sehr zufrieden und im übrigen "habe er auch schon mal in einem Verfahren gegen Erlangen geurteilt". Das wäre ja doch das Höchste gewesen, wenn in der gesamten Amtszeit dieses Richters keine einzige gegen Erlangen gerichtete Klage jemals zum Erfolg geführt hätte! Einige Klagen, die der Universität nicht großartig schadeten, hat er wohl durchgehen lassen, um den Schein zu wahren.

Unsere Klage war aber abgewiesen worden. Aus der Urteilsbegründung konnten wir *zwei* Ablehnungsgründe entnehmen:

1. Ablehnungsgrund #1: Meine Ansprüche seien verwirkt, weil ich mich nicht rechtzeitig und nicht hinreichend um die Verfolgung meiner Ansprüche gekümmert hätte. Aber dies entsprach nicht den Tatsachen. Denn ich habe die Universität 1995 aufgefordert, das Habilitationsverfahren fortzusetzen. Ich hatte damals die geforderte pädagogische Eignung erbracht. Die Universität wäre verpflich-

tet gewesen, mein Habilitationsverfahren fortzusetzen, was sie nicht tat. Damit konnte man mir hier nicht anlasten, ich hätte meine Interessen nicht mit Nachdruck verfolgt.
2. Ablehnungsgrund #2: Nach dieser langen Zeit wäre der Fall nicht mehr aufklärbar. Aber dies widersprach ebenfalls eklatant den Tatsachen. Denn die in diesem Buch im Anhang gezeigte Aktenlage reicht vollkommen aus, um den Fall in seinen wesentlichen Punkten zu rekonstruieren und die Rechtswidrigkeit der Ablehnung der Fortsetzung des Habilitationsverfahrens mit der Begründung der mangelnden pädagogischen Eignung nachzuweisen.

6.7.2 Der Berufungsantrag vor dem Bayerischen Verwaltungsgerichtshof

Damit verblieb uns nun noch die Möglichkeit, einen *Berufungsantrag* zu stellen. Dieser wird an den Bayerischen Verwaltungsgerichtshof im München gerichtet. Dort wird im Rahmen dieses Berufungsantrags entschieden, ob eine Berufungsverhandlung vor der nächsthöheren Instanz, nämlich dem Bayerischen Verwaltungsgerichtshof in München, überhaupt zugelassen wird.

Alternativ besteht noch die Möglichkeit, eine Verhandlung des Falles vor dem Bundesverwaltungsgericht anzustreben. Aber dies ist nur dann möglich, wenn *beide* Prozessparteien dem zustimmen. Damit existiert diese Möglichkeit faktisch nicht, denn dazu hätten wir die Zustimmung der Universität Erlangen benötigt und diese stimmte diesem unserem Vorhaben, den Fall an das Bundesverwaltungsgericht zu bringen natürlich nicht zu, denn damit hätte sich die Universität ja aus dem Bereich der befangenen bayerischen Verwaltungsgerichtsbarkeit herausbewegt.

In diesem Zusammenhang tätigte ich auch einen Anruf beim Bayerischen Verwaltungsgerichtshof in München. Ich verlangte einen Verwaltungsrichter zu sprechen mit der Begründung, ich wolle mich über diesen alternativen Verfahrensweg über das Bundesverwaltungsgericht informieren.

Man stellte mich zu einem Richter durch. Dem schilderte ich den Fall in groben Zügen. Daraufhin erwiderte dieser Richter nur: *"... und das wollen sie hier verhandeln?..."*. Dann bemühte er sich, das Gespräch so schnell wie möglich zu beenden. Damit war mir klar: Diese Gerichte sind vollkommen gleichgeschaltet. Es sind Instrumente in den Händen des Innenministeriums. Es sind die Erfüllungsgehilfen der Universität Erlangen. Das Rechtssystem existiert auf dem Papier, aber nicht in der Wirklichkeit!

Schließlich formulierten wir den Berufungsantrag, der an diesen Bayerischen Verwaltungsgerichtshof in München gerichtet war. Dieser Berufungsantrag wurde abgelehnt, wie erwartet. Als Begründung gab man zusätzlich an, ich sei inzwischen zu alt und könne sowieso nicht mehr als Professor berufen werden. Damit würde ich auch keine Habilitation mehr benötigen.

Aber diese Begründung war natürlich vollkommen *hanebüchen* und zeigte vor allem auch die vollständige *Inkompetenz* der hier mit diesem Fall befassten Richter auf. Denn in einem Habilitationsverfahren wird der Erwerb eines akademischen Grades (hier: Dr.-Ing. habil.) angestrebt. Der Erwerb dieses akademischen Grades unterliegt, genauso wie der des gewöhnlichen Doktorgrades, keinerlei Altersbeschränkung. Ebenfalls müssen bei Antragstellung keinerlei Gründe genannt werden, weshalb man diesen akademischen Grad anstrebt. Also kann eine Altersgrenze bei der Berufung von Professoren, selbst wenn sie existiert, hier keinesfalls einen Ausschlussgrund für den Erwerb des akademischen Grades eines habilitierten Doktors darstellen. Ich rieb mir die Augen, angesichts dieser totalen Farce, der ich hier hilflos ausgesetzt war.

6.7.3 Die erste Verfassungsbeschwerde

Jetzt blieb uns nur noch der Weg über eine Verfassungsbeschwerde vor dem Bundesverfassungsgericht. Aber mein kleiner Anwalt aus Passau war kein Experte in Sachen Verfassungsbeschwerden. Also bemühte ich mich nebenher um die Gewinnung eines ausgewiesenen Experten auf diesem Gebiet.

Hier konnte ich auch bald einen Kontakt zu einem bekannten Verfassungsrechtler in München herstellen. Dieser war zunächst aufgeschlossen. Als er aber erfuhr, gegen wen er hier zu Felde ziehen sollte, zog er sein Angebot, mich vor dem Bundesverfassungsgericht zu vertreten, sofort zurück. Er hatte wohl Ambitionen, selbst Professor zu werden. Wenn er meinen Fall übernommen hätte, dann hätte er diese Ambitionen begraben können!

Also blieb mir nichts anderes übrig, als auch die Verfassungsbeschwerde wieder meinem kleinen Anwalt aus Passau zu überlassen. Die Verfassungsbeschwerde wurde später abgewiesen. In der Begründung wurde den Verwaltungsrichtern in Ansbach der volle Ermessensspielraum in diesem Fall einfach zugebilligt.

Es lag hier die rechtswidrige Verweigerung eines akademischen Grades vor. Womit das Recht auf Bildung eingeschränkt wurde. Aber das Recht auf Bildung ist kein explizit im Grundgesetz der Bundesrepublik Deutschland verankertes Grundrecht!

6.7.4 Der zweite Habilitationsantrag

Aus dem Urteil des Verwaltungsgerichts Ansbach vom 18.01.2011 ging lediglich hervor, dass meine Klage abgewiesen worden war und es somit nicht zu einer Verhandlung *in der Sache* kommen würde. Das bedeutet: Das Gericht entzog sich der Betrachtung der in diesem Fall vorliegenden und auch in diesem Buch dargestellten Faktenlage und Aktenlage in dem Fall und erklärte meine Ansprüche als *verwirkt*, womit ich auch keinen Anspruch auf eine Verhandlung *in der Sache* mehr hatte.

Aus diesem Urteil ging aber nicht hervor, in welchem Zustand sich der ablehnende Bescheid der Universität vom 3.8.1990 nun befand. Bisher war dieser Bescheid ja nicht rechtskräftig geworden. Aber wie verhielt es sich nun nach diesem Urteil der Verwirkung? War der Bescheid dadurch rechtskräftig geworden oder befand er sich nach wie vor in der Schwebe?

Um dies zu klären, reichte ich im September 2011 einen neuen Habilitationsantrag in Erlangen ein. Dieser müsste eröffnet werden, wenn keine bestandskräftig ablehnende Entscheidung in einem Vorgängerverfahren vorlag.

Wenn der Bescheid vom 3.8.1990 keine Rechtskraft erlangt hatte, dann hätte die Universität Erlangen diesem erneuten Habilitationsantrag stattgeben und ein neues Habilitationsverfahren eröffnen müssen.

Wir warteten also gespannt auf die Entscheidung. Diese fiel ablehnend aus. Die Universität Erlangen teilte uns mit, dass sie den Habilitationsantrag abweist mit der Begründung, es sei bereits das Vorgängerverfahren nicht bestanden worden. Genau dieser Punkt war aber strittig, denn dazu musste man annehmen, dass der Bescheid vom 3.8.1990 inzwischen Rechtskraft erlangt hatte. Aber es hatte kein abgeschlossenes Widerspruchsverfahren gegeben.

Wie also konnte dieser Bescheid vom 3.8.1990 nun Rechtskraft besitzen, ohne ein abgeschlossenes Widerspruchsverfahren? Dazu war aus dem Urteil vom 18.01.2011 nichts zu entnehmen und daher vertraten wir die Ansicht, der ablehnende Bescheid vom 3.8.1990 müsste sich nach wie vor in der Schwebe befinden. In diesem Fall hätte die Universität meinen erneuten Habilitationsantrag nicht ablehnen dürfen, da ein rechtskräftiges Durchfallen in einem Vorgängerverfahren ja nicht vorlag.

6.7.5 Die zweite Klage gegen die Universität Erlangen

Also mussten wir eine zweite Klage gegen die Universität Erlangen beim Verwaltungsgericht in Ansbach einreichen, in der wir die Zulassung dieses neuen Habilitationsantrag beanspruchten, eben mit der Begründung, es habe kein Widerspruchsverfahren im dem Vorgängerfall gegeben. Demzufolge existierte auch kein Widerspruchsbescheid und demzufolge befände sich das Erstverfahren weiterhin in der Schwebe und könne deshalb von der Universität nun nicht als Hinderungsgrund für die Eröffnung eines Neuverfahrens ins Feld geführt werden.

Die Verhandlung dieser Klage fand am 29. März 2012 in Ansbach statt. Ich war wieder frühzeitig bei Gericht erschienen. Dann kam mein Anwalt aus Passau. Er machte einen sichtlich verängstigten Eindruck. So einen Menschen hatte ich zuvor noch nie gesehen. Ich dachte mir: Stehen wir hier vor dem Freislerschen Volksgerichtshof?

Die Verhandlung wurde nun von einem Einzelrichter geführt, der auch an dem Erstverfahren beteiligt gewesen war. Mein verängstigter Anwalt, der ganz klar von äußeren Kräften vor der Verhandlung manipuliert und massiv unter Druck gesetzt worden war, sprach in dieser Verhandlung kein Wort. Man hatte ihn derart eingeschüchtert, dass er kein Wort mehr herausbrachte. Ich hätte es niemals für möglich gehalten, so etwas in diesem Staat erleben zu müssen. Am Ende der Verhandlung hätte mein Anwalt die Ansprüche des Klägers formulieren sollen. Der Richter forderte meinen kleinen Anwalt aus Passau dazu auf. Doch dieser brachte kein Wort heraus! Man hatte ihn derart unter Druck gesetzt und verängstigt, dass er sich nicht einmal getraute, die Ansprüche des Klägers zu formulieren. Ich dachte mir: Wir befinden uns hier in einem kriminellen Staat! Am Ende formulierte der Richter selbst die Ansprüche des Klägers, so wie er sie formuliert haben wollte!

Wie zu erwarten wurde auch diese Klage abgewiesen. Der diskriminierende Bescheid vom 3.8.1990 wurde unter Umgehung des Widerspruchsbescheids für rechtskräftig und bestandskräftig erklärt. Damit wurde ich für *rechtskräftig und bestandskräftig pädagogisch ungeeignet* erklärt. Es war genauso gekommen, wie ich es aufgrund meiner Erfahrungen mit diesem System schon 1995 befürchtet hatte.

Alle weiteren Schritte, die wir wieder unternahmen wie im Fall der ersten Klage, waren natürlich ebenso erfolglos.

6.7.6 Die Konsequenzen

Es war nun genau das eingetreten, was ich im schlimmsten Fall befürchtet hatte. Deshalb hatte ich 1995 nicht geklagt. Denn aufgrund der nun eingetretenen Rechtslage durfte mich das Land Baden-Württemberg nicht weiter als Professor beschäftigen.

Die Gesetzeslage ist - was die pädagogische Eignung betrifft - eindeutig. Es gibt nur eine pädagogische Eignung und die gilt für sämtliche Hochschulen und Universitäten. Man konnte sich also nicht auf den Standpunkt stellen, ich besäße zwar eine pädagogische Eignung für Fachhochschulen, aber nicht für Universitäten. Die pädagogische Eignung ist in diesem Punkt eindeutig und nicht teilbar.

Im Jahre 1995 hätte man dies sofort genutzt, um mir meine Stelle als Professor an der Fachhochschule wegzunehmen. Um mich "heim ins Reich" zu Siemens zur lebenslangen Verbringung zurückzubefördern.

Ich hätte gegen ein solches Vorgehen nicht einmal klagen können. Jeder Verwaltungsrichter hätte mich ausgelacht, nach dem Motto:

"Was wollen Sie eigentlich? Es existiert ein gegen Sie gerichtetes rechtskräftiges, bestandskräftiges und unanfechtbares Urteil, wonach sie pädagogisch ungeeignet sind. Das Gesetz verlangt als erste Voraussetzung für den Hochschuldienst eines Professors die pädagogische Eignung, die sie rechtskräftig und bestandskräftig unanfechtbar nicht besitzen. Also: was wollen Sie da überhaupt noch?".

Doch wie verhielt es sich nun, im Jahre 2012, nachdem ich bereits 19 Jahre im Dienst war und auf der anderen Seite meine pädagogische Eignung an der Fachhochschule festgestellt worden war. Wie war es möglich, in diesem System, dass man zwei konträre Feststellung von ein und derselben Eignung nebeneinander in den Raum stellen konnte?

Dies war ein Fall für das Tollhaus. Ich erwartete eine Reaktion des Ministeriums in Stuttgart, die natürlich Bescheid wussten. Aber nichts geschah! Das Ministerium setzte sich über geltendes Recht, über die eigenen Gesetze hinweg, wenn es einen rechtskräftig und bestandskräftig pädagogisch ungeeigneten Menschen nach wie vor als Professor beschäftigte.

Wenn aber aufgrund der ganzen Fakten und Umstände vollkommen klar war, dass dieser Mensch eben *nicht* pädagogisch ungeeignet war, sondern wenn dieser Mensch genau das Gegenteil davon war, wie konnte sich dann ein Verwaltungsgericht über diese offensichtliche Realität und über die bekannte unbestreitbare Wirklichkeit so eklatant hinwegsetzen, dass dieses Gericht genau das Gegenteil für rechtskräftig und bestandskräftig erklärte und einem befähigten Menschen damit den Zugang zum Habilitationsgrad verbaute, nur um eine Universität vor einer Niederlage und deren gravierenden Folgen zu bewahren?

Niemand konnte diese Frage beantworten und niemand wollte sie beantworten. Das Ministerium duckte sich weg. Diese Ministeriumsmenschen nehmen, wenn sie einer aussichtslosen, komplett unsinnigen, ja den Unsinn des gesamten Systems direkt bloßstellenden Situation ausgesetzt sind wie in diesem Fall, schlicht und einfach die Hände vom Steuer. Sie lassen den Karren einfach laufen wo er hinläuft!

Also richtete ich ein Schreiben an die Hochschulleitung (siehe Abb. A.34), in dem ich den Kanzler der Hochschule aufforderte, die Faktenlage dem Ministerium mitzuteilen und stellte den konsequenten Antrag, mich ab sofort von sämtlichen Lehraufgaben freizustellen, denn ich bin rechtskräftig und bestandskräftig pädagogisch ungeeignet und darf demnach nicht als Professor in der Lehre beschäftigt werden.

Darauf hätte ich eine Reaktion des Ministeriums erwarten dürfen, denn es war ein formal gestellter Antrag. Aber ich habe nie eine Antwort darauf erhalten. Warum nicht? Weil dieses System eine reine Farce ist. Was sich hier abspielt ist schlicht und einfach Staatskriminalität.

Auf er einen Seite wird mir die pädagogische Eignung abgesprochen, damit die Universität Erlangen mich vom Habilitationsgrad fernhalten kann. Auf der anderen Seite werde ich als Professor weiterbeschäftigt, was ebenfalls ganz klar rechtswidrig ist.

Das System entartet zur völligen Farce. Es verhält sich wie im Falle des Freislerschen Volksgerichtshofs, dem man im Staat Hitlers ohne jede Möglichkeit der Gegenwehr hilflos ausgeliefert war. Der einzige Unterschied besteht darin, dass es nicht einfach möglich ist, mich direkt umzubringen, was angenehm wäre, denn damit wäre man diesen lästigen systementhüllenden Fall endlich los.

6.8 Der Beurlaubungsantrag

Im Jahre 2014 zeichnete sich ab, dass der Fachbereich Computer & Electrical Engineering (CEE), dem ich angehörte, aufgelöst werden würde. Damit würden zwei wichtige Vorlesungen von mir, nämlich Systemtheorie und Nachrichtentechnik, langfristig wegfallen.

Mitte Dezember 2014 war bei meiner Mutter Krebs festgestellt worden. Die Ärzte begingen einen Behandlungsfehler, so dass sich bei ihr ein Leberversagen einstellte. Es war abzusehen, dass sie bald sterben müsste. Sie war der letzte Mensch, den ich in meinem Leben noch hatte. Dementsprechend belastete mich diese Situation mehr als alles andere.

Im Januar 2015 erhielt ich ein Schreiben des Dekans eines fremden Fachbereichs, dem ich nach der Auflösung von CEE nun zugeordnet werden sollte. Ein Scheiben, in dem er einen Besprechungstermin mit mir ausmachen wollte. Bei dieser Besprechung sollte meine "weitere Verwendung" an der Hochschule festgelegt werden.

Ich beantwortete dieses Schreiben dieses fremden Dekans zunächst und stellte ihm einen Besprechungstermin in Aussicht. Ich hatte die Absicht, dem Dekan bei dieser Besprechung unumwunden zu erklären, dass ich sämtliche Vorlesungen ablehne.

Dem Ministerium, das die Rechsaufsicht hat wäre dann nichts anderes übrig geblieben, als gegen mich zu klagen. Vor Gericht hätte ich dann als Ablehnungsgrund meinen Mangel an pädagogischer Eignung angegeben. Dies hätte den Fall auf die Spitze getrieben und es hätte mich interessiert, wie die dann zuständigen Verwaltungsrichter in Freiburg angesichts dieser wahnwitzigen Situation entschieden hätten.

Doch am 8. Januar 2015 verstarb meine Mutter. Ich war zwei Wochen krankgeschrieben. Ich hatte darüber alles Interesse an dem Fall verloren, so dass ich bereits drei Tage nach dem Tod meiner Mutter meine Beurlaubung, schon ab dem beginnenden Sommersemester 2015, unbefristet bis zu meiner vorgezogenen Pensionierung am 1. März 2018 beantragte und auch umgehend genehmigt bekam.

Für mich stellte das kein finanzielles Problem dar. Denn ich war ja nun längst nicht mehr auf das monatliche C2-Almosen aus meinem Dienst an der Fachhochschule angewiesen. So entging dieses System der letzten Nagelprobe, gegen mich wegen Verweigerung der Vorlesungen klagen zu müssen.

6.9 Meine letzte Fahrt nach Hause

Nun musste ich nur noch die Vorlesungen des laufenden Semesters zuende bringen. Das gestaltete sich schwierig. Denn nun war mir wirklich etwas anzumerken. Die Studenten dachten, ich wäre schwer krank geworden. Auch nach meinem Ausscheiden aus dem aktiven Dienst erhielt ich noch viele Mails von meinen ehemaligen Studenten. Siehe etwa Abb. A.42.

Bereits ein Jahr zuvor hatte man mir unter dem Vorwand der Konzentration der Kräfte im Fachbereich CEE mein Einzelbüro an der Fachhochschule weggenommen und mich in ein Zweimannbüro in einem anderen Gebäude der Hochschule verbracht. Aber die Begründung der Konzentration der Kräfte in CEE war natürlich ebenfalls gelogen und nur ein Vorwand, denn zu diesem Zeitpunkt stand bereits fest, dass CEE ohnehin aufgelöst würde. Das ganze System bestand eben nur aus einer einzigen riesigen Lüge und alles was man anfasste, war schlicht und einfach erstunken und erlogen.

Alle meine Unterlagen schaffte man in Kisten verpackt von meinem vormaligen Einzelbüro, das ich 20 Jahre lang bewohnt hatte, nun in dieses Zweimannbüro. Ich habe nichts von dem jemals wieder ausgepackt. Ich ließ alles stehen und liegen und lebte die letzte Zeit von einer Minimalausstattung die in zwei Alu-Koffer passte, die ich immer bei mir trug. Bei einer Filzung[12] des Büros hätte man keinerlei aktuelle Unterlagen und auch keinerlei Vorlesungsmaterial von mir gefunden.

Ich hatte dies oft bei alten Professoren gesehen, wenn sie die Hochschule für immer verließen um in Pension zu gehen. Sie ließen alles zurück. Nach einiger Zeit kam der technische Dienst der Hochschule, packte all diese Dokumente einer jahrzehntelangen Arbeit in einige Kisten, um diese dann im Altpapier zu entsorgen. Diese Professoren gingen und kamen nie mehr zurück. Man hörte nie wieder etwas von ihnen. Bei mir sollte es auch so sein.

Der 4. Februar 2015 war mein letzter Arbeitstag an der Hochschule. Ich hatte ja nichts mehr großartig zusammenzupacken, da außer einiger persönlicher Dinge, wie insbesondere die Campingmatratze, auf der ich nachts in dem Büro schlief, sich alles bereits in den Alu-Koffern befand. Dann nahm ich noch das Türschild mit meinem Namen ab und ging zum Ausgang.

```
Gesendet: Samstag, 04. April 2015 um 20:33 Uhr
Von: "Peter Strobach" <peter_strobach@gmx.de>
An: ******.******@**-*******.**

"Es wächst zusammen was zusammen gehört."
- Willy Brandt -

"Es wächst nicht zusammen was nicht zusammen gehört."
- Peter Strobach -
```

Abbildung 6.11 Document #21.

Auf der Treppe begegnete mir wie zufällig der Rektor. Wenn ich ihm hier nicht begegnet wäre, dann hätten wir uns nicht mehr gesehen. So aber wechselten wir einige Worte. Ich sagte ihm: Ich werde nie wieder zurückkommen. Er erwiderte, es wäre aber noch notwendig, dass ich dann zum Ende meiner regulären Dienstzeit im März 2018 nochmal vorbeikäme um eine offizielle Abschiedsurkunde in Empfang zu nehmen. Ich betonte noch einmal: Ich werde nie wieder zurückkommen. Er erwiderte: Dann müsse man eben in Heimatnähe eine Institution finden, wo die Urkunde entsprechend "feierlich" übergeben werden könnte. Dann trennten sich unsere Wege für immer.

Ich ging auf den Innenhof der Fachhochschule, wo mein M3 auf mich wartete. Ich betätigte den Starter und sofort meldete sich der 325 PS Motor, um mich ein letztes Mal nach Hause zu tragen.

---

[12] Durchsuchung

6.9 Meine letzte Fahrt nach Hause

In München hatte ich an diesem Tag, es war ein klarer kalter Wintertag, noch etwas zu erledigen. Als ich mein Geschäft in der Innenstadt erledigt hatte, fuhr ich noch einmal hinaus nach Neuperlach. Dort fuhr ich an der Siemens-"Denkfabrik" vorbei. Es überkam mich ein unglaublich negatives Gefühl, wie ich es im Leben noch nie zuvor jemals empfunden hatte.

Ich fuhr dann zu meiner ehemaligen Wohnung am Josef-Maria-Lutz-Anger, wo ich mein Auto abstellte. Wieder begleitete mich diese unbeschreiblich negative Stimmung, als ich vor meiner ehemaligen Wohnung stand und von dort aus zu Fuß zum PEP[13] ging, um mir etwas zu Essen zu kaufen, so wie früher immer, als ich noch dort wohnte.

Danach ging ich wieder zum Auto zurück. Jetzt wollte ich noch einmal hinausfahren zum Steinsee, wo ich früher im Sommer oft beim Schwimmen war. Das Schwimmbad am Steinsee war kaum wiederzuerkennen. Früher gab es da nur ein paar Baracken und jetzt hatten sie ein richtiges Restaurant da hingebaut.

Ich suchte mir einen Parkplatz. Dann stapfte ich durch den Schnee hinein auf das Gelände vor dem See. Ich ging in der Sonne dieses klaren Wintertages am Ufer des zugefrorenen Steinsees entlang, ständig unter dem Eindruck dieser nie zuvor erlebten negativen Stimmungslage.

Nach einer Weile ging ich wieder zum Auto zurück und verließ den Steinsee, um die letzten 200 Kilometer nach Hause zu fahren. Auf dem Weg musste ich noch eine Pause machen, um ein wenig zu schlafen.

Schließlich kam ich Abends, etwa um 20 Uhr zuhause an. Früher hatte ich von der Straße aus immer schon das Licht im Wohnzimmer gesehen, wo meine Mutter zu dieser Zeit vor dem Fernseher saß. Jetzt war alles dunkel.

Ich fuhr das Auto in die Garage. Dann ging ich mit meinen beiden Alu-Koffern um das Haus herum, denn der Eingang zu meiner Wohnung befindet sich auf der Gartenseite, auf der Rückseite. Wenn man den Weg hinuntergeht, rechts am Haus entlang, dann kann man in den Garten blicken. Dort sieht man in rund 20 Metern Entfernung die große Silbertanne und darunter unser kleines Gartenhaus, wo sich meine Mutter im Sommer immer gerne aufgehalten hatte.

Das alles lag jetzt im Dunkeln dieser Winternacht. Doch im Gartenhaus brannte das Licht! Ich dachte mir: Es hat jemand in das Gartenhaus eingebrochen, während meiner Abwesenheit. Ich stellte meine Koffer ab und ging zum Gatenhaus hinüber.

Ich blickte durch die Fenster hinein. Da brannte das Licht, aber es befand sich niemand im Raum. Ich legte mein Hand auf die Türklinke, um die Tür zu öffnen. Ich diesem Moment, als ich die Hand auf die Türklinke legte, erlosch das Licht. Ich drückte die Türklinke herunter und die Tür war verschlossen.

Das Licht wird über einen massiven, intakten mechanischen Kippschalter betätigt, der in keiner Verbindung zur Tür steht. Es gab keine natürliche Erklärung für die Erscheinung. Da begriff ich: Es war meine Mutter gewesen, die zurückgekommen war, um mich nach meiner letzten Fahrt zuhause zu begrüßen und sich gleichzeitig für immer von mir zu verabschieden.

---

[13] Perlach Einkaufs Passage

Ergriffen stapfte ich durch den Schnee zurück zu unserem Haus, das da in dieser kalten Winternacht dunkel und einsam vor mir lag.

---

ns
Anhang A
Dokumente, Kommentare und Analysen

*Put in print what you want the whole
world to know*

An dieser Stelle werden eine Reihe ausgewählter und kommentierter Dokumente vorgestellt, die Meilensteine meines Lebensweges sind.

A.1 Die Schule und die Lehre - Wie alles begann

A.1.1 Abschlusszeugnis der Realschule Freyung (21.07.1971)

Dieses Zeugnis in Abb. A.1 vermittelt einen Eindruck davon, wie ich mich durch meine Schulzeit quälte, in der ich keine einzige Hausaufgabe jemals selbst gemacht habe.

A.1.2 Die Zeit in der Lehrwerkstatt (01.09.1971 - 31.08.1972)

Im Herbst 1971 begann ich eine Lehre als Elektromechaniker in der Fimengruppe Roederstein, Werk Freyung. Doch schon nach einem Jahr kündigte ich diese Stelle, um an die Fachoberschule Passau zu wechseln, denn schon nach dem ersten Jahr, in dem wir die wesentliche Grundausbildung erhielten, hatte ich den Wissensstand des mir vorgesetzten Meisters erreicht.

Einmal wöchentlich gab es einen theoretischen Unterricht in der Lehrwerkstatt. Gegen Ende des ersten Lehrjahres sagte der Meister einmal zu mir: "Strobach, halten Sie doch den Unterricht!".

Von dieser Zeit in der Lehrwerkstatt, wo wir eine sehr solide Ausbildung erhielten, habe ich auf meinem weiteren Lebensweg unendlich viel profitiert. Doch eine weitere Fortsetzung der Lehre hätte mir nichts mehr gebracht.

Ich habe mich später oft darüber gewundert, woher ich in diesem Alter von erst 17 Jahren damals den Weitblick nehmen konnte zu erkennen, dass es richtig war,

> **Staatliche Realschule Freyung / NB.**
>
> # ABSCHLUSSZEUGNIS
>
> Peter Karl S t r o b a c h
> (Sämtliche Vornamen, Familienname)
>
> geboren am 6. 2. 1955 in Passau
> Kreis _____, röm.kath. Bekenntnisses,
> wohnhaft in Röhrnbach
>
> hat sich als — Schüler — ~~Schülerin~~ — der 10. Klasse der obengenannten Schule im Jahre 19 71 der Abschlußprüfung für die vierklassigen Knaben — Mädchen — Realschulen der Wahlpflichtfächergruppe II unterzogen.
>
> Dem freundlichen und anständigen Schüler gelang es, ein befriedigendes Gesamtergebnis zu erarbeiten.

Abbildung A.1 Zeugnis Realschule Freyung 1971.

die Lehre an dieser Stelle abzubrechen. Alle Kenntnisse, die ich auf dieser Ebene mitnehmen konnte, hatte ich mir in diesem ersten Lehrjahr bereits angeeignet.

Meine Eltern haben mir immer meinen Willen gelassen und haben nie versucht, mich von meinen freien Entschlüssen abzubringen. In diesem Fall zeigte sich das zum ersten Mal.

A.2 Wie entfesselt - Meine Tätigkeit als freier Mitarbeiter bei MBB-UF (30.04.1980)

Neben meinem Vordiplomstudium an der TU München war ich insgesamt dreimal befristet als Entwicklungsingenieur bei Messerschmitt-Boelkow-Blohm (MBB), Unternehmensbereich Flugzeuge (UF) in München-Ottobrunn beschäftigt.

Das hier gezeigte Zeugnis Abb. A.2 nebst Prämie Abb. A.3 entstammt dem letzten dieser drei befristeten Beschäftigungsverhältnisse. In dieser Phase hatte man mir bereits ein hohes Maß an Eigenverantwortung bei der Lösung der gestellten Aufgaben eingeräumt.

A.2 Wie entfesselt - Meine Tätigkeit als freier Mitarbeiter bei MBB-UF (30.04.1980)

Flugzeuge

ZEUGNIS

Herr Peter Strobach, geb. am 6. Februar 1955 in Passau, war während seiner Semesterferien vom 1.3. - 30.4.1980 erneut befristet im Avionik-Integrationslabor des Unternehmensbereichs Flugzeuge als Entwicklungsingenieur tätig.

Seine Aufgabe bestand im Entwurf, Aufbau und Austesten je einer Umsetzer-Einheit für die Aufnahme und die Wiedergabe des gesamten Bildinhaltes eines Radar Displays auf einem 1-Spur Video Recorder. Auf der Aufnahmeseite mußten dazu 2 Radar Video-Signale und die Ablenk-Signale in Standard-Fernsehsignale umgewandelt werden.

Die Wiedergabe-Einheit sollte die Rückgewinnung der ursprünglichen Bildinformation und deren Anzeige auf einem Radar Display ermöglichen.

Herr Strobach hat die gesamte Entwicklungsarbeit und einen Teil der Fertigungsvorbereitung in einer effektiven Arbeitszeit von nur 6 Wochen bewältigt.

Diese außerordentliche Leistung ist vor allem auf seine ausgezeichneten Fachkenntnisse und seinen Ideenreichtum, sowie seinen hervorragenden Einsatzwillen und seine rationelle und präzise Arbeitsweise zurückzuführen.

Daneben zeigte Herr Strobach Organisationsvermögen und große Aktivität bei der Beschaffung der erforderlichen Bauelemente und bei der Fertigungsvorbereitung.

Sein Verhalten gegenüber Vorgesetzten und allen Kollegen war äußerst lobenswert und kooperativ.

Für sein weiteres Studium an der T.U. München wünschen wir Herrn Strobach viel Erfolg.

Wir würden ihn auch in der Zukunft gerne wieder in unserer Abteilung als Entwicklungsingenieur beschäftigen.

Ottobrunn, 30. April 1980

MESSERSCHMITT-BÖLKOW-BLOHM GMBH
Unternehmensbereich Flugzeuge

Kuny   Manns

Abbildung A.2 Zeugnis MBB-UF vom 30.04.1980.

```
Ihre Zeichen/Nachricht vom    Unsere Zeichen/Bearbeiter         Telefon      Telex            Otto
                              FP 01/Leupold/Schi                6000- 5481   5287- 950  mbbd  22
```

Sehr geehrter Herr Strobach,

Sie haben dank Ihres großen Einsatzes die Entwicklung von
2 Umsetzereinheiten für die Aufzeichnung und Wiedergabe der
TF-Radar-Display-Information auf Magnetband nach 2 Monaten
abgeschlossen. Hierfür hatten wir ursprünglich einen längeren
Zeitraum eingeplant.

Für Ihre hervorragenden Leistungen danken wir Ihnen mit der
Gewährung einer einmaligen Prämie in Höhe von

<u>DM 500,-- brutto,</u>

deren Nettobetrag mit der Mai-Abrechnung zur Auszahlung kommt.

Für Ihr weiteres Studium wünschen wir Ihnen weiterhin viel
Erfolg und würden uns freuen, wenn Sie auch in den nächsten
Semesterferien wieder bei uns tätig sein würden.

Mit freundlichen Grüßen

MESSERSCHMITT-BÖLKOW-BLOHM GMBH
Unternehmensbereich Flugzeuge

von Tein   Leupold

Abbildung A.3 Prämie MBB-UF vom 22.04.1980.

A.3 Von ganz unten nach ganz oben - Das Gutachten von Professor Josef Heinhold

Dieses Gutachten Abb. A.4 zeigt im Vergleich mit meinem Schulzeugnis, welche unglaubliche Entwicklung ich durchgemacht hatte. Im Vordiplom I erreichte ich an der TU München sowohl in Höherer Mathematik, als auch in Physik jeweils die Bestnote 1.0. Keiner meiner früheren Lehrer, Mitschüler, oder die vorgesetzten Meister aus der Lehrwerkstatt hätten eine solche Entwicklung jemals für möglich gehalten.

A.3 Von ganz unten nach ganz oben - Das Gutachten von Professor Josef Heinhold

TECHNISCHE UNIVERSITÄT MÜNCHEN
INSTITUT FÜR STATISTIK UND UNTERNEHMENSFORSCHUNG
Lehrstuhl für Angewandte Mathematik und Mathematische Statistik
o. Prof. Dr. J. Heinhold

f. Statistik u. Unternehmensforschung der TU München Arcisstr. 21, 8000 München 2

8000 MÜNCHEN 2

Postanschrift: Arcisstraße 21
Telefon 2105/8221, 8222
Fernschreiber 52 28 54 tumue d
Eingang: Barer Straße 23, Ecke Gabelsbergerstraße

Gutachten

für Herrn Peter Strobach

Herrn Peter S t r o b a c h , geb. am 6.2.1955 in Passau, kenne ich seit drei Semestern aus den Vorlesungen "Höhere Mathematik I - III" als sehr begabten und gewissenhaften Studenten. Er besucht regelmäßig die Übungen zu "Höhere Mathematik", in denen er mit großem Fleiß und sehr qualifizierter Mitarbeit seine Fähigkeiten und seine Leistungsbereitschaft unter Beweis stellt. Herr Strobach zeigt großes Geschick in der Erarbeitung von eigenen, oft sehr eleganten Lösungsvorschlägen.

In den Semestralen erhielt er die Noten 2,3 und 1,7. Bei der Diplomvorprüfung fertigte er eine ausgezeichnete Arbeit an (Note 1,0).

Herr Strobach gestaltet sein Studium mit einem vorbildlichen Einsatz, der Überzeugung und Verantwortungsbewußtsein klar erkennen läßt. Der gewandte Student, den eine freundliche und hilfsbereite Art und gute Umgangsformen auszeichnen, zeigt bemerkenswerte Reife. Er besitzt sehr realistische Vorstellungen bezüglich seiner Berufspläne und beweist im persönlichen Gespräch, daß er auch Fragen allgemeiner Art, die über das rein fachliche hinausgehen, mit Aufgeschlossenheit und realistischem Augenmaß gegenübersteht.

Aus diesen Gründen kann das von Herrn Strobach angestrebte Stipendium bestens befürwortet werden.

München, den 30.1.1980

(o. Prof. Dr. J. Heinhold)

Abbildung A.4 Gutachten Prof. Heinhold vom 30.01.1980.

A.4 Get Grants or get out - Nicolaus-Fonds (1980)

An der TU gab es die Möglichkeit, sich um eine Semesterförderung aus einem Hochbegabtenfonds zu bewerben. Diese Mittel entstammten wohl den Vermächtnissen von Menschen, die einsam und alleine verstorben waren.

Hier zeige ich den Bescheid Abb. A.5 über eine einmalige Mittelzuweisung aus dem *Nicolaus-Fonds* vom 02.11.1980. Insgesamt nahm ich diese Förderung zweimal in Anspruch, um das Studium an der TU zu finanzieren. Später wurde ich Stipendiat der Friedrich-Ebert-Stiftung. Damit war mein Studium bis zum Abschluss finanziell gesichert.

A.5 Die beginnende Demontage - Das Zeugnis von Ulrich Appel, Professor (C3), vom 07.01.1986

Dieses Zeugnis, gezeigt in Abb. A.6 und Abb. A.7, erhielt ich von meinem Doktor"vater" Ulrich Appel, nachdem ich die Assistentenstelle vor Ablauf meines Zeitvertrages gekündigt hatte. Dementsprechend abträglich fallen die darin zum Ausdruck gebrachten Bewertungen aus. Besonders abfällig erscheint die Formulierung

"Das persönliche Verhalten ... war korrekt und durch seine hohe Selbsteinschätzung geprägt".

Damit sollte zum Ausdruck gebracht werden, ich würde mich massiv überschätzen. In Wirklichkeit besaß ein Ulrich Appel nicht im Mindesten die Fähigkeit, mich zutreffend beurteilen zu können. Vielleicht versuchte er auch deshalb, meine hohe Motivation durch abwertende Kommentare zu untergraben, wodurch unser Verhältnis schon früh belastet wurde.

Den Zugang zu meiner Doktorarbeit erschloss ich mir schließlich ganz alleine, und zwar ziemlich zügig. Er hatte es sich selbst zuzuschreiben, dass ich ihn auf diesem Weg nicht mitgenommen habe.

Ulrich Appel ist wohl der Mensch, der mir auf meinem Lebensweg insgesamt am allermeisten geschadet hat. Dieses Zeugnis markiert den Beginn einer Demontage, die durch hinterhältige Verunglimpfungen auf persönlicher und fachlicher Ebene charakterisiert war, die fortan von einer Stelle zur nächsten weitergereicht wurden und mir sozusagen überall hin vorauseilten, bis in die Gegenwart.

A.6 Ein Zwischenhoch - Dokumente aus der Zeit bei Siemens ZFE (1986 - 1992)

Die hier gezeigten Dokumente zeichnen ein Bild meiner Leistungen in dieser Phase. Ich glaubte, mit dem Schritt in die Siemens Zentralabteilung Forschung und

A.6 Ein Zwischenhoch - Dokumente aus der Zeit bei Siemens ZFE (1986 - 1992)

```
TECHNISCHE UNIVERSITÄT MÜNCHEN
DER PRÄSIDENT
Nr.  SG 230 -776/80                       München,  -2.11.80
Im Schriftverkehr bitte angeben           Telefon
                                          (089) 21 05 - 2249   (Durchwahl)

Technische Universität München · 8 München 2 · Postfach 202420

        Herrn
        Peter Strobach
        Brunhildenstr. 8
        bei Lindermayer
        8014 Neubiberg


Nicolaus-Fonds
hier: Ihr Antrag vom 14.7.80

Sehr geehrter Herr Strobach

Aus Mitteln der obigen Stiftung wird Ihnen ein Stipendium in
Höhe von
                DM   500.-
         i.W.:   fünfhundert DM

bewilligt. Das Stipendium gilt als einmalige Zuwendung für
das   WS 1980/81
und wird am   11. Nov. 1980
durch unsere Amtskasse (Zi. 1165, Schalter 1, I.Stock) während
der Kassenstunden von 8.30 bis 11.30 Uhr ausbezahlt.

Sie werden gebeten zur Auszahlung dieses Bewilligungsschreiben und
Ihren Studentenausweis mitzubringen. Bei nichtrechtzeitiger Ab-
holung verfällt das Stipendium.

                                       Hochachtungsvoll
                                       I.A.

                                       (Blum)
                                       Regierungsoberinspektor
```

Abbildung A.5 Bescheid über die Gewährung eines Stipendiums aus dem Nicolaus-Fonds.

> UNIVERSITÄT DER BUNDESWEHR MÜNCHEN
> Fakultät für Elektrotechnik
> Institut für Mathematik und Datenverarbeitung
>
> Professor Dr.-Ing. U. Appel
> Datenverarbeitung
>
> Universität der Bundeswehr -Werner-Heisenberg-Weg 39 - D-8014 Neubiberg   Telefon: 089/6004- 3604
> Datum:
>
>
> Z E U G N I S
>
>
> Herr Dr.-Ing. P. Strobach war vom 01.02.83 bis 31.12.85 als wissenschaftlicher Mitarbeiter auf Zeit im Institut für Mathematik und Datenverarbeitung der Fakultät für Elektrotechnik, Universität der Bundeswehr München, beschäftigt. In dieser Zeit war er mit Aufgaben der Lehre und der Forschung aus dem Themengebiet der Professur für Datenverarbeitung betraut.
>
> Im Rahmen dieser Aufgaben entwickelte Herr Dr. Strobach zunächst einen Signalprozessor mit bit-slice-Komponenten und baute einen funktionsfähigen Prototyp auf. Er betreute im Rahmen von zwei Diplomarbeiten die Entwicklung von Unterstützungsprogrammen sowie Demonstrationsprogrammen für einfache Signalverarbeitungsalgorithmen (schnelle Fouriertransformation, digitale Filterung) auf diesem System und entwarf in diesem Zusammenhang einige Mikroprogramme für diesen Prozessor sowie Assemblerprogramme für den zugehörigen Steuerrechner Motorola MC 68000.
>
> In der Forschung befaßte sich Herr Dr. Strobach mit der Weiterentwicklung von schnellen Schätzverfahren für die Kleinste-Quadrate-Schätzung der autoregressiven Parameter stochastischer oder deterministischer Signale. Er stellte die dabei erarbeiteten Ergebnisse in seiner Dissertation sowie in wissenschaftlichen Veröffentlichungen dar. Im Rahmen dieser Tätigkeit gehörte zu seinen Aufgaben die Entwicklung zahlreicher Simulationsprogramme in der Programmiersprache FORTRAN.

Abbildung A.6 Das Zeugnis von meinem Doktor"vater" Ulrich Appel, Seite 1.

A.6 Ein Zwischenhoch - Dokumente aus der Zeit bei Siemens ZFE (1986 - 1992)

```
                          - 2 -


In der Lehre betreute Herr Dr. Strobach Übungsveranstaltungen auf
den Gebieten "FORTRAN-Programmierung" und "Digitale Signalverar-
beitung" und erstellte hierzu einige Übungs- und Vorlesungsunter-
lagen.

Herr Dr. Strobach erledigte die ihm übertragenen Aufgaben weit-
gehend zu unserer Zufriedenheit; besonders hervorzuheben ist sein
großer persönlicher Einsatz und Fleiß in allen wissenschaftlichen
Fragestellungen, die sein Interesse fanden.

Das persönliche Verhalten von Herrn Dr. Strobach gegenüber Vorge-
setzten, Kollegen und Studierenden war korrekt und durch seine
hohe Selbsteinschätzung geprägt.

Herr Dr. Strobach verläßt das Institut nach Abschluß seiner
Promotion auf eigenen Wunsch vor Ablauf seines Dienstvertrages.
Wir wünschen ihm für seinen weiteren Berufsweg viel Erfolg.


Neubiberg, 07.01.86


                                              Prof. Dr. U. Appel
```

Abbildung A.7 Das Zeugnis von meinem Doktor"vater" Ulrich Appel, Seite 2.

Entwicklung (ZFE) die Zeit an der Bundeswehr-Universität endgültig hinter mir gelassen zu haben. Ein fataler Irrtum, wie sich später herausstellen sollte.

Bereits 1987 erhielt ich für meine Leistungen auf dem Gebiet der Erforschung neuer Verfahren für die Bewegtbildcodierung den firmeninternen Preis "Informationstechnische Grundlagen" der Zentralabteilung Forschung und Entwicklung Abb. A.8.

Dies war nun ein ganz anderes Arbeitsgebiet, als ich es zuvor in meiner Doktorarbeit behandelt hatte. Ich hatte mich rasend schnell in das neue Thema der Bewegtbildcodierung eingearbeitet und bald ein neues Verfahren entwickelt. Dieser firmeninterne Preis war auch mit einer Prämie verbunden, die am 26.11.1987 zur Auszahlung kam. Siehe Abb. A.9.

Am 19.10.1988 erhielt ich schließlich den Preis der Informationstechnischen Gesellschaft (ITG-Preis) Abb. A.10, der in Mannheim verliehen wurde.

Im darauffolgenden Jahr wurde ich zum Nachwuchswissenschaftler der Stiftung Werner-von-Siemens-Ring vorgeschlagen Abb. A.11 und zu einer Festveranstaltung mit Ehrung nach Hamburg eingeladen, wo ich erstmals auch Ludwig Bölkow traf.

Nebenbei erhielt ich häufig die üblichen Prämien für Erfindungsmeldungen. Hier zeige ich eine dieser obligatorischen Benachrichtigungen, die ich sogar noch nach meinem Ausscheiden aus Siemens erhielt. Hier gezeigt in Abb. A.12 eine Prämierung einer Erfindungsmeldung aus dem Jahre 1991, die mir am 09.09.1993 zugesprochen worden war.

Preis des Fachgebiets 'Informationstechnische Grundlagen'

Preisträger 1987: Herr Dr. Peter Strobach

Mit dem Preis wird Herr Dr. Peter Strobach ausgezeichnet, der ein neues Codierverfahren für die Übertragung von Bildern mit niedrigen Datenraten entwickelt hat. Dieses Verfahren weicht von den bekannten und bisher üblichen grundlegend ab und verwirklicht eine vollständig neue, eigene Idee. Der Ansatz beruht auf konsequenter Ausnutzung von Signaleigenschaften der zu übertragenden Bilder und zeichnet sich durch eine besonders einfache Verarbeitungsstruktur und extrem geringen Hardware-Realisierungsaufwand aus, ohne daß dadurch die Bildqualität gegenüber bisherigen Verfahren beeinträchtigt wird. Die Lösung von Herrn Dr. Stobach ist insbesondere für die Anwendung beim Bildfernsprechen mit 64 kbit/s z.B. im ISDN geeignet.

Herr Dr. Strobach hat die Signaleigenschaften und die bisherigen Ansätze aus Sicht der Signaltheorie gründlich durchdrungen. Darauf aufbauend hat er eine neue, innovative Idee entwickelt und verwirklicht und dabei auch die hardwaremäßige Realisierung konsequent durchdacht und berücksichtigt. Die Arbeit stellt somit eine herausragende Kombination von Grundlagenuntersuchungen und deren Umsetzung in eine spezifische Anwendung dar.

Der Preis würdigt die Tatsache, daß Herr Dr. Strobach damit in besonderem Ausmaß dem Auftrag von ZTI gerecht wurde.

Dieter Schutt

Abbildung A.8 Urkunde des ZFE-internen Preises "Informationstechnische Grundlagen".

A.7 Das Gutachten des Professors Rolf Unbehauen aus Erlangen (04.07.1990)

In diesem Gutachten Abb. A.14 - Abb. A.17 bringt der Professor Rolf Unbehauen, der als einziger Gutachter und Betreuer meiner Habilitation an der Universität Erlangen bestellt worden war, seine Eindrücke aus einem Besuch meiner Vorlesung vom 26.06.1990 zum Ausdruck.

In dieser Expertise, die er mit dem Anschreiben Abb. A.13 vom 04.07.1990 an Dieter Seitzer sandte, beurteilt Rolf Unbehauen meine *pädagogische Eignung* eindeutig positiv. Dies äußert sich in Bemerkungen wie:

A.7 Das Gutachten des Professors Rolf Unbehauen aus Erlangen (04.07.1990) 191

```
SIEMENS

Herrn
Dipl.-Ing. Dr.                              160 20 039692
Peter Strobach
ZTI INF 1

Mch P

                                       München P, 26.11.87

Sonderzuwendung

Sehr geehrter Herr Dr. Strobach,

Ihre besonderen Leistungen, über die wir mit Ihnen
gesprochen haben, wollen wir durch eine einmalige
Sonderzuwendung in Höhe von

DM 6.000,00

anerkennen.

Der Betrag wird Ihnen unter Berücksichtigung der
gesetzlichen Abzüge mit den Dezember-Bezügen überwiesen.

Mit freundlichem Gruß

Siemens Aktiengesellschaft
```

Abbildung A.9 Sonderzuwendung der Siemens AG im Zusammenhang mit der Coder-Entwicklung.

> *"Herrn Dr. Strobach zeichnet ein bemerkenswert engagierter und lebendiger Vorlesungsstil aus, der in hohem Maße dazu geeignet ist, das Interesse der Hörer zu wecken und ihre Aufmerksamkeit aufrecht zu erhalten."'*

Der Gutachter hätte die Verhältnisse nicht besser zum Ausdruck bringen können. In meiner späteren 22-jährigen Laufbahn als Professor hat es viele Evaluationen der Lehre gegeben, in der die Studenten es häufig in ganz ähnlicher Weise zum Ausdruck brachten.

Des Weiteren findet man in der Zusammenfassung mit Schlussfolgerungen den folgenden Passus:

> *"Die besuchte Vorlesung hat Aufschluß darüber gegeben, daß Herr Strobach gut vorbereitet und mit großer eigener Erfahrung in dem behandelten Bereich eine anspruchsvolle und in keinem Stadium langweilige Vorlesung halten kann."*

VDE
VERBAND DEUTSCHER ELEKTROTECHNIKER

Die Informationstechnische Gesellschaft
im VDE (ITG)

ehemals: Nachrichtentechnische Gesellschaft im VDE (NTG)

verleiht

Herrn Dr.-Ing. Peter Strobach

in Würdigung der Veröffentlichung

„Efficient Covariance Ladder Algorithms for Finite
Arithmetik Applications"

den Preis der ITG
1988

Frankfurt am Main
den 19. Oktober 1988

Vorsitzender der ITG

Abbildung A.10 Urkunde Preis der Informationstechnischen Gesellschaft (ITG-Preis) 1988.

A.7 Das Gutachten des Professors Rolf Unbehauen aus Erlangen (04.07.1990)

DIE STIFTUNG WERNER-VON-SIEMENS-RING

lädt auf Vorschlag der Gesellschaft für Informatik

Herrn Dr.-Ing. Peter Strobach

als Nachwuchswissenschaftler zu ihren Veranstaltungen
am 12. und 13. Dezember 1989 nach Hamburg ein und gibt hiermit die
Möglichkeit zum wissenschaftlichen Gedankenaustausch mit den
Stiftungsratsmitgliedern.

Die Einladung erfolgt in Anerkennung seiner besonderen
wissenschaftlichen Leistungen auf dem Gebiet der mehrdimensionalen
Signalverarbeitung und deren Umsetzung in die digitale Bildcodierung.

Hamburg, 12. Dezember 1989

STIFTUNG WERNER-VON-SIEMENS-RING
Der Vorsitzende

(Prof. Dr.-Ing. D. Kind)

Abbildung A.11 Urkunde über die Einladung der Stiftung Werner-von-Siemens-Ring 1989.

Auch diese Bemerkung deckt sich präzise mit den Kommentaren der Hörer meiner späteren Vorlesungen als Professor an der Fachhochschule Furtwangen.

Letztlich bringt Rolf Unbehauen sogar seine Überzeugung zum Ausdruck, dass dem Kandidaten ein Lehrauftrag auf dem Gebiet der adaptiven digitalen Signalverarbeitung übertragen werden könnte. Dies entnehmen wir wiederum seinem Gutachten in Abb. A.16, wo beginnend ab der 5. Zeile von unten geschrieben steht:

"Die Frage, ob Herr Dr. Strobach die Voraussetzungen erfüllt, einen Lehrauftrag auf dem Gebiet der adaptiven digitalen Signalverarbeitung zu übernehmen, könnte bejaht werden, ..."

SIEMENS

Herrn
Dr. PETER STROBACH
BAHNSTEIG 6

94133 ROEHRNBACH

Ihr Zeichen	Ihre Nachricht	Unser Zeichen	Datum
		GR 92E1024 DE	09.09.93

Ihre Erfindungsmeldung vom 19.12.91, eingegangen am 20.12.91

BILDFOLGEN-REFERENZSPEICHERVERFAHREN ZUR STOERSIG-
NALUNTERDRUECKUNG UND RAUSCHFILTERUNG BEI MEDIZI..

Sehr geehrte(r) Herr Dr. STROBACH,

Sie haben mit Ihrer obengenannten Erfindungsmeldung an dem ZFE-Prämienwettbewerb teilgenommen.

Für Ihre Erfindung wurde Ihnen von dem zuständigen Patentkomitee in Übereinstimmung mit den Ihnen mitgeteilten, auf der Rückseite dieses Schreibens nochmals abgedruckten Wettbewerbsbedingungen die unten angegebene Prämie zuerkannt. Die Auszahlung erfolgt zusammen mit Ihren monatlichen Bezügen.

Mit freundlichem Gruß

Siemens Aktiengesellschaft

PRAEMIE: DM 750,--

Abbildung A.12 Prämierung einer Erfindungsmeldung (1993).

Die Ablehnung der Habilitation mit der Begründung der mangelnden pädagogischen Eignung bei Vorliegen eines Gutachtens wie diesem, in dem der einzige hier gutachtlich befugte Professor den Kandidaten sogar geeignet für einen Lehrauftrag hält, ist als *wissenschaftskriminelle Handlung* einzustufen. Denn schließlich wird der Professor Rolf Unbehauen einen Menschen, den er für pädagogisch ungeeignet hält, nicht auf der anderen Seite für einen Lehrauftrag empfehlen.

A.7 Das Gutachten des Professors Rolf Unbehauen aus Erlangen (04.07.1990)

Das Verfahren hätte allein schon aufgrund dieses Sachverhalts von den nachfolgenden Rechtsinstanzen einer Verhandlung in der Sache zugeführt und in seiner Gesamtheit rechtswidrig erklärt und aufgehoben werden müssen.

Lehrstuhl für Allgemeine und Theoretische Elektrotechnik der
Universität Erlangen-Nürnberg

Professor Dr.-Ing. R. Unbehauen

Herrn
Prof. Dr.-Ing. D. Seitzer
Lehrstuhl für Technische Elektronik
Cauerstr. 9

8520 Erlangen

8520 Erlangen, den 04.07.1990
Cauerstraße 7   P.U./hd.
Tel. (09131) 857157

Habilitationsverfahren Dr. Strobach

Sehr geehrter Herr Kollege Seitzer,

hiermit überreiche ich Ihnen eine Beurteilung von vier Vorlesungsstunden von Herrn Dr. Strobach. Ich beabsichtige nicht, noch weitere Vorlesungen des Herrn Dr. Strobach zu besuchen, da die bisherigen Erkenntnisse ausreichen müßten, um eine rasche Entscheidung in oben genanntem Verfahren herbeizuführen.

Mit freundlichen Grüßen

(Prof. Dr.-Ing. R. Unbehauen)

Abbildung A.13 Anschreiben vom 04.07.1990 zwecks Übergabe des Gutachtens Unbehauen an Dieter Seitzer.

```
kh 16.07.90/13:18:30 Strobach
```

Anlage 14
16.7.90

Beurteilung der 4. Vorlesung

Methoden der Adaptiven Digitalen Signalverarbeitung

von

Dr. P. Strobach

vom 26.06.1990 (4 Vorlesungsstunden)

Abbildung A.14   Gutachten Unbehauen, Seite 1.

A.8 Die Stellungnahme des Rechtsvertreters der Universität vom 20.07.1990

In seinem Gutachten vom 04.07.1990 hat Rolf Unbehauen die pädagogische Eignung des Kandidaten eindeutig bestätigt und brachte dies sogar in einer bemerkenswert zutreffenden Weise zum Ausdruck. Er hatte zwar die Absicht, die Habilitation dieses Kandidaten zum Scheitern zu bringen, aber nicht mit der Begründung eines Mangels an pädagogischer Eignung.

Vielmehr wollte er den Kandidaten mit der Begründung eines Mangels an Grundlagenkenntnissen ablehnen. Daher ist das Gutachten in dieser Beziehung auch eine reine Haarklauberei, in dem der Gutachter Rolf Unbehauen dem Kandidaten jede Kleinigkeit anzukreiden versucht.

Dieter Seitzer wiederum wollte den Kandidaten wegen "mangelnder Gesamtpersönlichkeit" ablehnen. Dies geht aus verschiedenen Schriftstücken hervor, welche Dieter Seitzer verfasst hat.

- 2 -

Vorbemerkung

Grundlage dieser Beurteilung ist der einmalige Besuch einer 4-stündigen Vorlesung (4. derartige Veranstaltung) ohne Einsicht in das den Teilnehmern der Lehrveranstaltung zur Verfügung stehende Manuskript.

Inhalt

Der erste Teil der Vorlesung galt der abschließenden Darstellung bzw. systolischen Realisierung der rekursiven QR-Dekomposition. Den Hauptteil der Vorlesung bildete die Behandlung des RLS-Algorithmus von Plackett sowie des LMS-Algorithmus von Widrow. Zum Schluß folgte eine einführende Erörterung der adaptiven RLS-Filter vom Levinson-Schur-Typ, die in der nächsten Vorlesung fortgesetzt werden soll.

Beurteilung

Herrn Dr. Strobach zeichnet ein bemerkenswert engagierter und lebendiger Vortragsstil aus, der in hohem Maße dazu geeignet ist, das Interesse der Zuhörer zu wecken und ihre Aufmerksamkeit aufrechtzuerhalten.

Im ersten Teil der Vorlesung wurden die Gleichungen des offenbar zuvor schon erarbeiteten Algorithmus für die QR-Dekomposition noch einmal angeschrieben und in eine Schaltung umgesetzt, wobei mit einem anschaulichen Beispiel der Begriff der systolischen Architektur gut erläutert wurde. Dr. Strobach bevorzugt den Tafelanschrieb und verwendet nur ausnahmsweise Folien. Insgesamt wurde der Ablauf und strukturelle Aufbau des Verfahrens gegenüber der Grundidee hierdurch etwas überbetont.

Bei den Hauptabschnitten der Vorlesung über den RLS- und LMS-Algorithmus hätte der Zuhörer sich gewünscht, die Problemstellung und die Besonderheit des Lösungswegs zu Beginn klarer aufgezeigt und besser gegeneinander abgegrenzt zu sehen. Die Art der Darstellung war auch hier stärker darauf ausgerichtet, die Kette der erforderlichen Gleichungen zu entwickeln, was auch etwas dadurch betont wurde, daß Dr. Strobach nahezu jeden Berechnungsschritt vom Manuskript ablas. Gut erläutert wurde, warum die Realisierung von inneren Produkten in Parallelverarbeitung ungünstig ist, zu bemängeln war, daß die Sherman-Morrison-Identität als wichtigster Schritt des RLS-Algorithmus herausgestellt, aber nicht bewiesen wurde (obwohl dies in zwei Zeilen geschehen könnte).

Bei Potter's "square-root"-Algorithmus, der wesentlich auf der Faktorisierung $A = Q Q^T$ einer positiv definiten Matrix beruht, konnten elementare Fragen der Zuhörer nach den Eigenschaften von Q nicht beantwortet werden. Unangenehm auffällig im Verlaufe der Vorlesung wurde auch die übertriebene Verwendung eng-

Abbildung A.15 Gutachten Unbehauen, Seite 2.

- 3 -

lischer Begriffe und die nahezu ständig wiederkehrende Feststellung des Vortragenden, daß weitergehende Details und Ergänzungen nirgendwo so gut wie in seinem Buch und seinen "papers" dargestellt sind.

Bei der Kernfrage der Konvergenz des LMS-Algorithmus zeigte Herr Dr. Strobach Verständnisschwächen im Grundlagenbereich, die man selbst von fortgeschrittenen Studenten nicht erwarten würde.

Um die asymptotische Stabilität der Lösung des Systems

$$c(t) = (I - \mu \overline{A}) c(t-1)$$

zu diskutieren, meinte er – trotz gegensätzlicher Vorschläge von den Zuhörern –, daß hier eine Transformation auf Diagonalform erforderlich und eine allgemeine Behandlung im Falle mehrfacher Eigenwerte in der Literatur nicht zu finden sei. Entsprechend zäh (und in einem weiteren Punkt ungenau) war die Herleitung der Konvergenzbedingung

$$0 < \mu \lambda_i < 2.$$

Beim Abschluß über adaptive Filter vom Levinson-Schur-Typ führten Konzeptionsschwächen von Dr. Strobach über den Begriff eines linearen, zeitvarianten Filters einerseits und unnötige Forderungen an Signaleigenschaften bei der inversen Modellierung andererseits zu Irritationen der Zuhörer; auch bei der Anwendung der z-Transformation auf eine einfache Differenzengleichung mußte man eine Unsicherheit des Vortragenden vermuten. Zur Vorbereitung auf die nächste Vorlesung wurde den Zuhörern ein Abdruck einer zur Veröffentlichung eingereichten eigenen Arbeit von Herrn Dr. Strobach ausgehändigt.

Zusammenfassung und Schlußfolgerung

Die besuchte Vorlesung hat Aufschluß darüber gegeben, daß Herr Dr. Strobach gut vorbereitet und mit großer eigener Erfahrung in dem behandelten Bereich eine anspruchsvolle und in keinem Stadium langweilige Vorlesung halten kann. Eine erkennbare Neigung, den schrittweisen Ablauf und die praktische Umsetzung gegenüber der zugrundeliegenden Idee zu betonen, erweist sich dem Vorlesungsinhalt durchaus als angemessen.

Leider waren auch gravierende Mängel im Grundlagenbereich erkennbar, die auch nicht durch ein vielleicht etwas zu stark herausgestelltes Selbstbewußtsein verdeckt werden konnten.

Die Frage, ob Herr Dr. Strobach die Voraussetzungen erfüllt, einen Lehrauftrag auf dem Gebiet der adaptiven digitalen Signalverarbeitung zu übernehmen, könnte bejaht werden, weil dabei davon ausgegangen werden kann, daß die Studenten eine zufriedenstellende Ausbildung im Bereich der Grundlagen dieses Wissensgebiets von anderer Seite erhalten. Die Frage nach der eigenverantwortlichen Lehrbefähigung für ein

Abbildung A.16 Gutachten Unbehauen, Seite 3.

A.8 Die Stellungnahme des Rechtsvertreters der Universität vom 20.07.1990 199

> - 4 -
>
> Fachgebiet sollte jedoch gerade im Bereich der Grundlagen an deutlich höhere Maßstäbe gebunden werden, und gemessen an solchen Maßstäben erscheint eine positive Feststellung der Lehrbefähigung aufgrund obiger Überlegungen fragwürdig.

Abbildung A.17 Gutachten Unbehauen, Seite 4.

Diese diffusen und unterschiedlichen Ablehnungsgründe wurden dem Rechtsvertreter der Universität vorgetragen, mit der Bitte um Prüfung auf Rechtsverträglichkeit.

Der Rechtsvertreter antwortete darauf mit seinem Schreiben vom 20.07.1990, von dem uns der gezeigte Entwurf Abb. A.18 - Abb. A.21 vorliegt.

In dieser Stellungnahme weist der Rechtsvertreter zu allererst darauf hin, dass der von Dieter Seitzer favorisierte Ablehnungsgrund der "mangelnden Gesamtpersönlichkeit" nicht tragbar ist.

Um die Ablehnung für den Kandidaten rechtlich schwer angreifbar zu machen, empfiehlt der Rechtsvertreter, sich bei der Ablehnung alleine auf den Mangel an pädagogischer Eignung zu berufen.

Hier trägt der Rechtsvertreter akribisch alle Negativpunkte zusammen, die seiner Ansicht nach gegen den Kandidaten sprechen. Dies beginnt unter Punkt 2. auf der 2. Seite der Expertise mit dem Hinweis auf die beiden Vorträge des Kandidaten vom 09.02.1990 und vom 13.07.1990. Doch dies waren wissenschaftliche Fachvorträge, die weder von ihrem Ziel noch von ihrem Ablauf her mit Lehrveranstaltungen vergleichbar sind. Daher kann aus solchen Veranstaltungen *nicht* auf die pädagogische Eignung geschlossen werden, obwohl dies oft unzulässigerweise so praktiziert worden ist!

Für die Beurteilung der pädagogischen Eignung ist *alleine die Vorlesung* heranzuziehen, in der die pädagogische Eignung durch den Gutachter Rolf Unbehauen auch hinreichend umfänglich positiv beschieden worden ist.

Am 16.07.1990 hat Rolf Unbehauen sein Gutachten an den Rechtsvertreter übermittelt. Dieses Datum findet man auf Seite 2, 4. Zeile von unten in Abb. A.19. Dies wird bestätigt durch die handschriftliche Datumsnotiz in der rechten oberen Ecke des uns vorliegenden Unbehauen-Gutachtens. Siehe Abb. A.14. Somit ist eindeutig bewiesen, dass der Rechtsvertreter der Universität sich im Besitz dieses Gutachtens befand, als er die hier vorliegende Expertise verfasste.

Dieses Gutachten übermittelte Rolf Unbehauen aber zusammen mit weiteren äußerst abträglichen Bemerkungen über den Kandidaten, die durch die Auseinandersetzung mit dem Kandidaten im Anschluss an den Vortrag vom 13.07.1990 geprägt sind. Zu diesem Zeitpunkt war der Gutachter Rolf Unbehauen deshalb massiv *befangen* und unternahm alles, um den Kandidaten zur Ablehnung zu bringen. Er hatte ja ohnehin nichts anderes als das vorgehabt.

Aufgrund des Konflikts mit dem Gutachter und Prüfer sind alle Stellungnahmen, die *nach* dem 13.07.1990 entstanden sind, nicht verwertbar im Sinne einer

Entwurf

FRIEDRICH-ALEXANDER-UNIVERSITÄT
Erlangen-Nürnberg

Nr. I/1-277-60

8520 Erlangen, den 20.7.1990
Schloßplatz 4
Postfach 3520
Zentrale: 09131/85-1
Tel. 09131/85-609

1. Herrn
Prof. Dr. D. Seitzer
Cauerstr. 9

8520 Erlangen

Habilitationsverfahren von Herrn Dr. Strobach

Ihr Schreiben vom 17.7.1990

Sehr geehrter Herr Professor,

zum Entwurf der Stellungnahme der Fachvertreter der Elektrotechnik zur Gesamtpersönlichkeit, insbesondere zur pädagogischen Eignung gem. § 4 der Habilitationsordnung äußere ich mich auch nach Durchsicht der übrigen beiliegenden Unterlagen wie folgt:

1. § 4 der Habilitationsordnung der Technischen Fakultät bringt die Feststellung der pädagogischen Eignung in einen Zusammenhang mit der Gesamtpersönlichkeit des Bewerbers. Dies ist nicht unproblematisch. Als die Habilitationsordnung vor mehr als 13 Jahren erlassen wurde, hat man die Dinge anders gesehen, als man sie heute sehen muß. Die Gesamtpersönlichkeit hat mit der pädagogischen Eignung nichts zu tun. Die Habilitation ist eine Prüfung, die Leistungen, nicht aber die Beurteilung des Charakters des die Habilitation anstrebenden Prüflings zum Gegenstand hat. Wie Art. 91 Abs. 4 Satz 1 BayHSchG in den Nrn. 1 - 3 zeigt, werden im Habilitationsverfahren
    - die pädagogische Eignung festgestellt,
    - die Befähigung zu selbständiger Forschung aufgrund einer Habilitationsschrift oder wissenschaftlicher Veröffentlichungen geprüft und
    - eine wissenschaftliche Aussprache durchgeführt.

    Die Habilitation dient nach der Legaldefinition des Art. 91 Abs. 1 Satz 1 BayHSchG der förmlichen Feststellung der wissenschaftlichen und pädagogischen Eignung zum Professor in einem bestimmten Fachgebiet an Universitäten. Sie wird erfolgreich mit der Verleihung eines akademischen Grades abgeschlossen. Die Befähigung zum Professor

versandt am: 2 3. Juli 1990 S

Abbildung A.18 Stellungnahme des Rechtsvertreters, Seite 1.

A.8 Die Stellungnahme des Rechtsvertreters der Universität vom 20.07.1990

ist von der Eignung zum Hochschullehrer zu trennen. Das Bayerische Hochschulrecht trägt dem ganz formal Rechnung: die Verleihung der Lehrbefugnis ist nicht die automatische Folge der Erteilung der Lehrbefähigung. Die Erteilung der Lehrbefugnis folgt, wie Art. 92 BayHSchG deutlich macht, eigenen Regeln. Dies wird in der Praxis nicht immer so deutlich gesehen; teilweise will man es auch nicht so sehen. Die Eignung zum Hochschullehrer ist mit Sicherheit ein Kriterium, das bei der Erteilung der Lehrbefugnis, nicht aber bei der Verleihung der Lehrbefähigung zum Tragen kommen muß. Im Verfahren der Erteilung der Lehrbefugnis ist es deshalb nicht ausgeschlossen, eine negative Beurteilung der Persönlichkeit eines Habilitierten zum Anlaß zu nehmen, ihm deswegen die Lehrbefugnis zu verweigern.

Nachdem sich im Fall Dr. Strobach eine gerichtliche Auseinandersetzung abzeichnet, wenn ihm die Lehrbefähigung verweigert wird, sollte man die vorstehend beschriebenen Gesichtspunkte bei der Beurteilung der pädagogischen Eignung beachten und sich in diesem Rahmen einer Würdigung seiner Gesamtpersönlichkeit im Hinblick auf die erkennbaren Charakterschwächen enthalten. Andernfalls setzt man sich in einem Rechtsstreit möglicherweise dem Vorwurf sachfremder Erwägungen aus und riskiert deshalb eine Aufhebung der Entscheidung. Ich schlage deshalb vor, abweichend vom Wortlaut der insoweit mißverständlichen Formulierung des § 4 Ihrer Habilitationsordnung und angelehnt an die zweifelsfreien Formulierungen des Bayerischen Hochschulgesetzes in Art. 91 die Würdigung ausschließlich auf die pädagogische Eignung zu beschränken. Das heißt, die Formulierungen des Entwurfs der Stellungnahme bis zum 3. Punkt müßten entfallen.

2. Die Beurteilung der pädagogischen Eignung von Herrn Dr. Strobach stützt sich auf seine beiden Vorträge vom 9.2. und 13.7.1990 sowie auf den im SS 1990 wahrgenommenen Lehrauftrag. Positiv wird in den Vermerken und Stellungnahmen sein eloquenter und engagierter Vortragsstil hervorgehoben. Eine gute Rhetorik ist, wie Herr Prof. Brand in seinem Schreiben vom 19.2.1990 an Sie treffend bemerkt, eine notwendige, aber keine hinreichende Voraussetzung für Didaktik. Zum Lehrauftrag wird verschiedentlich die gute Erläuterung lobend erwähnt. Auf der anderen Seite gibt es zahlreiche Negativpunkte sowohl über die beiden Vorträge wie über den Lehrauftrag. In den Vorträgen hat Herr Dr. Strobach seine Zuhörer offensichtlich überfordert. Wie Herr Prof. Dr. Unbehauen am 16.7.1990 feststellt, war selbst für fachkundige Hörer die Dichte des gebotenen Stoffes zu hoch und die Menge der erörterten Formeln zu groß, so daß seine Bemühungen um zusätzliche anschauliche Erläuterung häufig ohne Erfolg blieben. Neben diesen pädagogischen Mängeln, die wohl auch den ersten Vortrag ausgezeichnet haben,

Abbildung A.19 Stellungnahme des Rechtsvertreters, Seite 2.

sind auch die Beobachtungen aus der Diskussion im Anschluß an beide Vorträge und das Verhalten von Herrn Dr. Strobach auf Fragen von Zuhörern während seiner Vorlesungen von Bedeutung. Wenn Herr Dr. Strobach nicht imstande war, elementare Fragen der Zuhörer zu beantworten, Verständnisschwächen im Grundlagenbereich offenbarte, die man selbst von fortgeschrittenen Studenten nicht erwarten würde, und wiederholt eine Unsicherheit des Vortragenden zu vermuten war - so die Beurteilung der 4. Vorlesung vom 26.6.1990 (ohne Namensnennung) - oder Herr Dr. Strobach durch unangebrachte Bemerkungen Fragende verprellt, statt den Weg von der Frage zu einer zufriedenstellenden Antwort ruhig und sachlich aufzuzeigen und vorübergehend sogar aggressiv wird - so Prof. Dr. Unbehauen in seiner Feststellung vom 16.7.1990 -, so läßt dies über eine mangelhafte fachliche Qualifikation hinaus auch auf das Fehlen einer pädagogischen Eignung schließen. Positiv wäre zum Beispiel anzumerken gewesen, wenn es Herrn Dr. Strobach gelungen wäre, eine fachliche Schwäche geschickt zu überspielen. Sein unsicheres Verhalten in der Diskussion und sein ungeschickter Umgang mit fragenden Zuhörern sind eindeutige Mängel seiner pädagogischen Eignung. Dabei muß die pädagogische Eignung vor einer sicheren Beherrschung des Faches, die nach den Feststellungen der beobachtenden Hochschullehrer offensichtlich auch nicht immer gegeben war, gesehen werden. Von einer Überbetonung der fachlichen Mängel im Rahmen der Feststellung der pädagogischen Eignung würde ich allerdings abraten, nachdem die fachliche Qualifikation über die Habilitationsschrift hinaus Gegenstand einer eigens dafür vorgesehenen wissenschaftlichen Aussprache ist.

Die im Entwurf der Stellungnahme unter 3. enthaltene Würdigung der pädagogischen Eignung ist in ihrer Abwägung der positiven und der überwiegend negativen Gesichtspunkte in sich schlüssig. Sie ist im einzelnen in bezug auf beide Vorträge und den Lehrauftrag mit Beurteilungen kompetenter Beobachter belegbar. Die Verneinung der pädagogischen Eignung ist in sich schlüssig begründet; sie dürfte einer Prüfung vor Gericht standhalten.

3. Die im Entwurf der Stellungnahme unter 4. enthaltenen Ausführungen zur mangelnden Selbstkritik haben mit der pädagogischen Eignung nichts zu tun. Die offensichtliche Selbstüberschätzung der wissenschaftlichen Bedeutung der eigenen Person steht m.E. nicht in Zusammenhang mit einer pädagogischen Eignung; sie ist eher ein Argument, das entweder in der wissenschaftlichen Aussprache oder später bei der Erteilung der Lehrbefugnis zum Tragen kommt. Die Selbsteinschätzung von Herrn Dr. Strobach kann allenfalls insoweit herangezogen werden, als sie seine pädagogischen Mängel zu erklären vermag. In diesem Zusammenhang spielt sie gewiß eine untergeordnete Rolle. Es bedarf

Abbildung A.20 Stellungnahme des Rechtsvertreters, Seite 3.

A.8 Die Stellungnahme des Rechtsvertreters der Universität vom 20.07.1990

> ihrer Erwähnung nicht unbedingt zur Erklärung des negativen Votums. In diesem Zusammenhang möchte ich erwähnen, daß die Rechtsprechung keine übertriebenen Anforderungen an die Begründung einer Prüferentscheidung stellt. Eine summarische Beurteilung, wie in Punkt 3 des Entwurfs der Stellungnahme enthalten, dürfte die für die Entscheidung tragenden Gründe in sich schlüssig dargestellt enthalten.
>
> Zu Rückfragen stehe ich gern zur Verfügung. Einen Abdruck dieses Schreibens sende ich dem Dekan Ihrer Fakultät.
>
> Mit vorzüglicher Hochachtung
> Im Auftrag
>
> (M e r k e r)
> Ltd. Regierungsdirektor
>
> Abdruck mit der Bitte um Kenntnisnahme
> an den
> Dekan der Technischen Fakultät
> Herrn Prof. Dr. Kuhn
>
> 8520 Erlangen

Abbildung A.21 Stellungnahme des Rechtsvertreters, Seite 4.

Beurteilung des Kandidaten, da sowohl der Gutachter Rolf Unbehauen, als auch alle anderen Mitglieder der Habilitationskommission unter dem Eindruck der von Rolf Unbehauen im Anschluss an den Vortrag vom 13.07.1990 provozierten Auseinandersetzung mit dem Kandidaten standen und von daher *vollumfassend befangen* waren.

Insbesondere ist die folgende, in unmittelbarem Zusammenhang mit dem Gutachten gebrachte Passage (siehe erneut Abb. A.19, 4. Zeile von unten) nicht verwertbar, da sie *nach* dem Zerwürfnis mit dem Kandidaten entstand:

> "...war selbst für fachkundige Hörer die Dichte des gebotenen Stoffes zu hoch und
> die Menge der erörterten Formeln zu groß, so daß seine Bemühungen um
> zusätzliche anschauliche Erläuterung häufig ohne Erfolg blieben."

Diese Bemerkung zielt auf den *wissenschaftlichen Fachvortrag* vom 13.07.1990 und ist daher nicht verwertbar im Sinne der Beurteilung der pädagogischen Eignung, denn wissenschaftliche Fachvorträge sind keine Lehrveranstaltungen. Man findet eben *nichts dergleichen* in dem einzigen hier vorliegenden und verwertbaren Gutachten des Rolf Unbehauen über die *Vorlesung* vom 26.06.1990.

Die obige Negativaussage hat Rolf Unbehauen auch unter dem unmittelbaren Eindruck des Zerwürfnisses mit dem Kandidaten am 13.07.1990 in einem Zustand der *vollkommenen Befangenheit* formuliert. Trotzdem rückt der Rechtsvertreter diese Negativpassage hier in die Nähe des Gutachtens und unterschlägt gleichzeitig die im krassen Gegensatz dazu stehenden eindeutig positiven Aussagen zur pädagogischen Eignung, wie sie aus dem Gutachten über die Vorlesung vom 26.06.1990 hervorgehen.

Dies ist als *wissenschaftskriminelles Handeln* des Rechtsvertreters zu werten, denn er rückt Negativaussagen des Rolf Unbehauen, die *nach* der Auseinandersetzung mit dem Kandidaten im Anschluss an den Vortrag vom 13.07.1990 entstanden, in die Nähe der einzig haltbaren gutachtlichen Beurteilung des Kandidaten, während er die wahren Verhältnisse betreffend der pädagogischen Eignung des Kandidaten, wie sie aus dem Gutachten zweifelsfrei zu entnehmen sind, *unterschlägt*. Damit unterstützt und befördert der Rechtsvertreter die von den befangenen Professoren geplante rechtswidrige Handlung einer Ablehnung dieses befähigten Kandidaten.

Dies setzt sich auch auf der 3. Seite der Expertise, (vgl. Abb. A.20) fort. Das geht soweit, dass sich der Rechtsvertreter sogar zu einer Äußerung *in der Sache* hinreißen lässt, indem er hier ausführt (Seite 3, Zeile 10 von oben):

"...so lässt dies ...... auf das Fehlen einer mangelnden pädagogischen Eignung schließen."

Damit fällt der Rechtsvertreter ein Urteil über die pädagogische Eignung des Kandidaten. Aber dies steht dem Rechtsvertreter in keiner Weise zu, denn der Rechtsvertreter ist *kein Prüfer*.

Im weiteren Verlauf seiner Expertise lässt sich der Rechtsvertreter zu immer abstruseren Schlussfolgerungen hinreißen. Beispielsweise liest man hier auf Seite 3, 3. Zeile von unten:

"Die Selbsteinschätzung von Herrn Dr. Strobach kann allenfalls insoweit herangezogen werden, als sie seine pädagogischen Mängel zu erklären vermag."

Man reibt sich die Augen angesichts dieser Beflissenheit, mit der dieser Rechtsvertreter hier seine Spekulationen in der Sache anstellt, was wohl die Gründe für die angeblichen pädagogischen Mängel bei diesem Kandidaten, den dieser Rechtsvertreter ja nicht einmal kennt, sein könnten! Damit hat der Rechtsvertreter völlig den Boden unter den Füßen verloren, denn es steht ihm nicht zu, hier Spekulationen in der Sache anzustellen. Das ist ein Bild von einem deutschen Juristen, wie man es lange suchen muss!

Rolf Unbehauen verfolgte ursprünglich den Plan, den Kandidaten wegen fachlicher Mängel im Grundlagenbereich abzulehnen. Doch der Rechtsvertreter erteilt diesen Plänen eine Absage. Siehe dazu ebenfalls auf der 3. Seite seiner Expertise, Zeile 18 von oben:

"Von einer Überbetonung der fachlichen Mängel im Rahmen der Feststellung der pädagogischen Eignung würde ich allerdings abraten, nachdem die fachliche Qualifikation über die Habilitationsschrift hinaus Gegenstand einer eigens dafür vorgesehenen wissenschaftlichen Aussprache ist."

Abschließend zeigt sich der Rechtsvertreter noch davon überzeugt, dass der Kandidat wohl kaum Aussichten hätte, einen ablehnenden Bescheid erfolgreich vor Gericht anzufechten, denn (vgl. Seite 4, ganz oben):

"Abschliessend möchte ich erwähnen, daß die Rechtsprechung keine übertriebenen Anforderungen an die Begründung einer Prüferentscheidung stellt.".

A.9 Pädagogisch ungeeignet! - Der Ablehnungsbescheid vom 03.08.1990

Dieser Ablehnungsbescheid Abb. A.22 und Abb. A.23 wurde von Günther Kuhn persönlich verfasst. Dies haben Vergleiche des Latex-Stils mit anderen Dokumenten aus dieser Zeit ergeben, die ebenfalls von Günther Kuhn stammen.

Dieser Bescheid ist eine Verunglimpfung des Kandidaten und nicht ist es eine Beurteilung. Die Darstellungen sind maßgeblich geprägt von den Ereignissen um meinen Abschlussvortrag vom 13.07.1990, in dessen Anschluss der Gutachter Rolf Unbehauen den Kandidaten gezielt provoziert hat, um dessen Vortrag und auch die Person des Vortragenden in das Licht des wissenschaftlich Unseriösen zu rücken, um auf diese Weise eine Ablehnung der Habilitation durchsetzen zu können.

Vor dem Hintergrund der Auseinandersetzung des Gutachters mit dem Kandidaten haben die Professoren jeden Blick für die Realitäten verloren. So lässt sich ein Satz wie:

"...war selbst für fachkundige Hörer die Dichte des gebotenen Stoffes zu hoch und die Menge der erörterten Formeln zu groß, so daß seine Bemühungen um eine zusätzliche anschauliche Erläuterung häufig ohne Erfolg blieben."

direkt aus der Expertise des Rechtsvertreters entnehmen. Günther Kuhn hat diesen Satz, den ihm der Rechtsvertreter in seiner Expertise Abb. A.19 vorgegeben hat, einfach nur direkt abgeschrieben.

Dieser Satz lässt sich nicht zur Deckung bringen mit den wahren Verhältnissen in den Vorlesungen des Kandidaten, wie sie Rolf Unbehauen in seinem Gutachten über den Besuch der Vorlesung vom 26.06.1990 beispielsweise mit dem folgenden Passus:

"Die besuchte Vorlesung hat Aufschluß darüber gegeben, daß Herr Strobach gut vorbereitet und mit großer eigener Erfahrung in dem behandelten Bereich eine anspruchsvolle und in keinem Stadium langweilige Vorlesung halten kann."

oder auch mit der Aussage

"Die Frage, ob Herr Dr. Strobach die Voraussetzungen erfüllt, einen Lehrauftrag auf dem Gebiet der adaptiven digitalen Signalverarbeitung zu übernehmen, könnte bejaht werden, ..."

zum Ausdruck gebracht hat. Die Professoren um Günther Kuhn haben diese einzig zutreffenden, noch vor dem Zerwürfnis entstandenen Einschätzungen *komplett unterschlagen*, obwohl sie davon Kenntnis hatten.

Sie waren außer sich vor Wut und Zorn über diesen befähigten jungen Menschen, der aus dem Nichts gekommen war und von dem sie den Eindruck hatten, dass er ihnen weder besonders huldigt noch dass er sie besonders würdigt. Deshalb waren sie besessen von dem Gedanken, diesen eloquenten Menschen um jeden Preis zu vernichten.

Ein Zeugnis der besonderen Entrücktheit der Professoren stellt auch der folgende Satz dar:

"Es können Ihnen zwar ein eloquenter und engagierter Vortragsstil sowie eingehende Kenntnisse in einem fachlich engen Spezialgebiet bescheinigt werden..."

Wer hat schon jemals einen Menschen erlebt, dem selbst die größten Feinde einen eloquenten und engagierten Vortragsstil bescheinigen, und der auf der anderen Seite pädagogisch ungeeignet sein soll? Einen solchen Menschen gibt es ja gar nicht! Dies ist ein weiterer Beweis der kompletten Stupidität, welche diesem Bescheid anhaftet.

Des Weiteren soll der zweite Teil dieses Satzes, nämlich *...sowie eingehende Kenntnisse in einem fachlich engen Spezialgebiet...* bei dem Leser den Eindruck erwecken, es handele sich bei diesem Kandidaten um einen *wissenschaftlichen Schmalspurritter*, der nichts anderes kennt, als dieses Spezialgebiet (und eben auch keine Grundlagen und auch sonst nichts).

Dies steht in krassem Widerspruch zur Wirklichkeit. In dieser Zeit hat der Kandidat in der Industrie zwei Wissenschaftsgebiete gleichzeitig verfolgt, nämlich in hauptamtlicher Verpflichtung das Wissenschaftsgebiet der Bildverarbeitung und der Bewegtbildcodierung und parallel dazu das Wissenschaftsgebiet der adaptiven Filter und der Parameterschätzung, über das er in Erlangen vortrug.

Die Professoren kannten diese wahren Verhältnisse auf Seiten des Kandidaten, da der Kandidat auch umfangreich auf dem Gebiet der Bildverarbeitung und der Bewegtbildcodierung veröffentlicht hat und diese Professoren die Veröffentlichungsliste des Kandidaten vorliegen hatten.

Die Professoren versuchen hier dennoch, die wahren Verhältnisse ins Gegenteil zu verkehren und den Kandidaten auch noch als wissenschaftlichen Schmalspurritter hinzustellen.

Dabei besaß gerade dieser Kandidat aufgrund seines gesamten Werdegangs und seiner vielfältigen Aktivitäten eine wissenschaftliche Breite und Tiefe, wie man es bei einem Menschen in diesem Alter lange suchen muss.

Man konnte aber kaum erwarten, dass dieser Kandidat darüber hinaus auch noch den gesamten Lehrstoff einer Elementarvorlesung als Präsenzwissen mit sich herumträgt, wie ein Rolf Unbehauen das hier verlangen wollte. Schließlich hat dieser Kandidat in dieser Zeit keine elementaren Lehrveranstaltungen durchgeführt. Er hat allerdings diese Grundlagen hinreichend studiert, da er ja sogar zwei Ingenieurabschlüsse besaß. Wenn er dieses Elementarwissen benötigte, würde er es sich sehr schnell wieder vergegenwärtigen können, wie sich im Rahmen der späteren langjährigen Tätigkeit des Kandidaten als Professor an der Fachhochschule auch gezeigt hat.

Es gehört schon eine gehörige Portion Vermessenheit dazu, diesen Sachverhalt anders sehen zu wollen. Diese Vermessenheit wächst vielleicht in einem Menschen wie Rolf Unbehauen, der in seinem ganzen Leben nichts anderes von innen gesehen hat als das Gymnasium, die Uni und schließlich noch das Institut, das man ihm zur Leitung übertrug.

Die gesamte Konfliktsituation am Ende des Vortrags vom 13.07.1990 wurde von Rolf Unbehauen *gezielt* und *gewollt* herbeigeführt, um sich entrüsten zu können, um die Ablehnung des Kandidaten nach außen hin plausibel erscheinen zu lassen. Rolf Unbehauen hat den sehr guten Vortrag des Kandidaten auf infame Weise zerstört.

Die wahren Verhältnisse waren den Professoren nachweislich bekannt. Sie haben die relevanten Aussagen in dem Gutachten über die Vorlesung vom 26.06.1990 *vorsätzlich unterschlagen*, weil sie nur noch ein Ziel verfolgten: Diesen befähigten Kandidaten aus niedrigen persönlichen Beweggründen um jeden Preis zu vernichten. Damit handelten diese Professoren *wissenschaftskriminell*, denn die vorgegebene Begründung der mangelnden pädagogischen Eignung war nichts anderes als nur ein billiger Vorwand.

A.10 Die Versetzung der Habilitation in den "Schwebezustand".

Gegen den ablehnenden Bescheid hat mein damaliger Rechtsanwalt Widerspruch eingelegt. Auf diesen Widerspruch reagierte die Universität allerdings nicht wie in solchen Fällen üblich mit einem Widerspruchsbescheid, der das Verfahren beendet hätte.

Stattdessen sandte uns die Universität am 17.12.1990 ein informelles Schreiben, in dem der Rechtsvertreter uns vorschlug, den endgültig ablehnenden Widerspruchsbescheid nur dann zu versenden, wenn wir eine Vorabgebühr entrichten. Siehe dazu den in Abb. A.24 gezeigten entscheidenden Passus in diesem Schreiben.

Dabei handelte es sich um eine vollkommen ungewöhnliche Wendung. Mein Anwalt hat mich daraufhin umgehend informiert. Siehe Abb. A.25. Mein Anwalt erkannte darin die Chance, *die Angelegenheit in der Schwebe zu halten, um keine bestandskräftige Ablehnung der Fortsetzung des Habilitationsverfahrens im Raum stehen zu haben.*

Mein Anwalt erläuterte mir darüber hinaus, dass uns hier keine Fristen entgegenstehen würden. Insbesondere keine Verjährungsfristen. Somit sei genügend Raum gegeben, um die angezweifelte pädagogische Eignung an neutraler Stelle erbringen zu können um danach zurückzukehren, um das Habilitationsverfahren zu beenden.

Aus dieser Überlegung heraus haben wir die geforderte Gebühr nicht entrichtet und das Verfahren blieb "in der Schwebe", d.h., ohne bestandskräftige Ablehnung. In Abb. A.24 rechts unten sieht man sogar den Vermerk der Universität der bestätigt, dass wir die Gebühr nicht fristgerecht bezahlt haben.

FRIEDRICH-ALEXANDER-UNIVERSITÄT
ERLANGEN-NÜRNBERG

8520 ERLANGEN, den
ERWIN-ROMMEL-STRASSE 60
FERNRUF VERMITTLUNG 09131/
DURCHWAHL 09131/85 70 44

Prof.Ku/ku   3. August 1990

TECHNISCHE FAKULTÄT, ERWIN-ROMMEL-STRASSE 60, D-8520 ERLANGEN

An Herrn
Dr.-Ing. Peter Strobach
Josef-Maria-Lutz-Anger 32

8000 München 83

Anschrift ab 16.8.1990
Bahnsteig 6
8391 Röhrnbach

Vollzug der HabilO für die Technische Fakultät vom 22.3.1977, zuletzt geändert mit der Dritten Änderungssatzung vom 31.3.1987;

hier: Nichtfortsetzung des Verfahrens

Beilage: 1 Rechtsbehelfsbelehrung

Sehr geehrter Herr Dr. Strobach,

die Technische Fakultät erläßt auf Grund von Art. 91 BayHschG in Verbindung mit §4 Abs. 2 HabilO und §35 VwVfG folgenden

Bescheid:

1. Die Fortsetzung Ihres Habilitationsverfahrens wird abgelehnt. Das Verfahren gilt damit als erfolglos beendet.

2. Für diesen Bescheid werden keine Kosten erhoben.

Gründe:

Zu 1.) Mit Schreiben vom 1.4.1989 haben Sie bei der Technischen Fakultät ein Habilitationsgesuch eingereicht, über das nach Klärung einiger formeller Fragen am 6.12.1989 durch die Habilitationskommission die Eröffnung beschlossen wurde (§3 HabilO). Mit dem Eröffnungsbeschluß wurde gleichzeitig der erste Abschnitt des Habilitationsverfahrens (§2 Abs. 1 in V.m. §4 HabilO) eingeleitet, bei dem die pädagogische Eignung festzustellen ist. Dazu wurden gem. §4 Abs. 1 S. 1 HabilO die Fachvertreter beauftragt, sich verantwortlich zu Ihrer Gesamtpersönlichkeit und insbesondere zu Ihren didaktischen Fähigkeiten zu äußern.

Abbildung A.22 Ablehnender Bescheid vom 03.08.1990, Seite 1.

Bescheid vom 3. August 1990 an Herrn Dr.-Ing. Peter Strobach   Blatt 2

Da Sie den Fachvertretern persönlich unbekannt waren, wurden Sie zunächst zu einem Vortrag gebeten, der am 9.2.1990 stattgefunden hat. Dabei konnte Ihre pädagogische Eignung nicht zweifelsfrei festgestellt werden. Die Fachvertreter beschlossen deshalb, Ihre pädagogische Eignung entsprechend §4 Abs. 1 S. 3 HabilO im Rahmen eines Lehrauftrages zu prüfen. Aus diesem Grunde wurde Ihnen für das SS 1990 ein Lehrauftrag über „Methoden der Adaption Digitaler Signalverarbeitung" erteilt. Außerdem wurde Ihnen am 13.7.1990 abschließend nochmals die Gelegenheit gegeben, Ihre didaktischen Fähigkeiten durch einen weiteren Vortrag im Rahmen des Elektrotechnischen-Kolloquiums unter Beweis zu stellen.

Nach dem übereinstimmenden Urteil der Fachvertreter ließen Sie bei der Ihnen eingeräumten Lehr- und Vortragstätigkeit die geforderte pädagogische Eignung nicht erkennen. Es können Ihnen zwar ein eloquenter und engagierter Vortragsstil sowie eingehende Kenntnisse in einem fachlich engen Spezialgebiet bescheinigt werden, Sie erwiesen sich aber demgegenüber nicht in der Lage, den zu vermittelnden Stoff anschaulich darzustellen. So war selbst für fachkundige Hörer die Dichte des gebotenen Stoffes zu hoch und die Menge der erörterten Formeln zu groß, so daß Ihre Bemühungen um eine zusätzliche anschauliche Erläuterung häufig ohne Erfolg blieben. In den Diskussionen im Anschluß an die Vorträge zeigten Sie sich nicht imstande, elementare Fragen der Zuhörer zufriedenstellend zu beantworten. Darüber hinaus waren Ihre Antworten u.a. von unangebrachten und unsachlichen Bemerkungen gekennzeichnet. Sie demotivierten damit Fragende, anstatt ihnen den Weg von der Frage zu einer zufriedenstellenden Antwort ruhig und sachlich aufzuzeigen.

Aus diesen von den Fachvertretern gewonnenen Eindrücken ist eindeutig auf das Fehlen der pädagogischen Eignung zu schließen. Die Habilitationskommission hat sich auf ihrer Sitzung am 25.7.1990 nach ausführlicher Diskussion dem Urteil der Fachvertreter angeschlossen und wegen mangelnder pädagogischer Eignung einstimmig die Fortsetzung des Habilitationsverfahrens gem. §4 Abs. 2 HabilO abgelehnt.

Zu 2.) Die Kostenentscheidung beruht auf dem Kostengesetz in der derzeit geltenden Fassung.

Die beiliegende Rechtsbehelfsbelehrung ist Bestandteil dieses Bescheides.

Hochachtungsvoll

Prof. Dr. G. Kuhn
D e k a n

Abbildung A.23 Ablehnender Bescheid vom 03.08.1990, Seite 2.

Doch was war die wahre Intention hinter diesem Schachzug der Universität? Wollte sie dem Kandidaten damit wirklich die Möglichkeit eröffnen, seine angezweifelte pädagogische Eignung an anderer Stelle unter Beweis zu stellen?

Sicherlich nicht. Schließlich befand sich der Kandidat zu diesem Zeitpunkt in der Industrie und hatte an diesem Ort ohne Vorlesungsgelegenheit überhaupt keine Möglichkeit, seine wahren pädagogischen Fähigkeiten nochmal zu zeigen.

Der Vorgesetzte des Kandidaten war außerplanmäßiger Professor an der Universität Erlangen. Dieter Seitzer hatte direkten Kontakt zu diesem Vorgesetzten. Obendrein war der Kandidat mit dem Stigma des pädagogisch Ungeeigneten gebrandmarkt, auch wenn die Entscheidung nicht rechtskräftig geworden war.

Unter diesen Umständen hatte der Kandidat keine realistische Chance mehr, noch jemals in eine Position zu gelangen in der es ihm gestattet oder ermöglicht würde, nochmals eine Vorlesung zu halten. Die Universität konnte sich also ziemlich sicher sein, dass der Kandidat die Lüge von seinem Mangel an pädagogischer Eignung niemals würde widerlegen können.

Denn zu diesem Zweck musste der Kandidat heraus aus der Industrie auf eine Professorenstelle wechseln. Unter diesen Umständen war dies aber nahezu so unmöglich wie ein Ausbruch aus dem Kessel von Stalingrad im Januar 1942.

Damit war sich die Universität sicher: Dieser Kandidat würde das Schlupfloch, das sich ihm hier im Prinzip auftat, in der Wirklichkeit mit höchster Wahrscheinlichkeit niemals nutzen können. Man würde ihn nach bekannter Manier in der Industrie "verbringen" und langsam und allmählich zu Tode sekieren[1].

Was war also die wahre Intention der Universität gewesen? Die wahre Intention hinter diesem scheinbar kandidatenfreundlichen Schachzug war die *Klagevermeidung*. Denn der Rechtsvertreter wusste natürlich genau, welche Aussagen der Gutachter in seinem Gutachten über den Besuch der Vorlesung vom 26.06.1990 zur pädagogischen Eignung des Kandidaten zu Papier gebracht hatte. Der Rechtsvertreter wusste, dass diese Aussagen in einer noch unvergifteten Atmosphäre zustande gekommen waren. Der Rechtsvertreter wusste, dass dies die einzigen Aussagen waren, die einer nachträglichen rechtlichen Überprüfung standgehalten hätten. Und gerade diese Aussagen hatten die Professoren vorsätzlich unterschlagen.

Der Rechtsvertreter wusste um die Folgen, die sich daraus ergeben hätten, wenn der Kandidat geklagt und das Gutachten des Rolf Unbehauen vor Gericht gelandet wäre. Um vor Gericht bestehen zu können, hätte man dieses Beweismittel vernichten müssen. Aber das damit verbundene Risiko wäre für alle Beteiligten enorm gewesen.

Daher wählte der Rechtsvertreter diesen absolut teuflischen Schachzug, um den Kandidaten davon abzuhalten, den Klageweg einzuschlagen. Denn wenn die Ablehnung rechtskräftig geworden wäre, dann hätte der Kandidat auf jeden Fall klagen *müssen*.

---

[1] schikanieren, drangsalieren, mobben

> Ich gebe Ihnen Gelegenheit, sich zu überlegen, ob Sie an Ihrem Widerspruch festhalten oder ihn zurücknehmen wollen. Wenn Sie am Erlaß eines Widerspruchsbescheides interessiert sind, so teilen Sie das bitte schriftlich mit. Nach Art. 15 des Bayerischen Kostengesetzes kann die Behandlung Ihres Widerspruchs von der Zahlung eines angemessenen Kostenvorschusses abhängig gemacht werden. Davon macht die Universität Gebrauch. Sie wird über Ihren Widerspruch nur entscheiden, wenn Sie einen Kostenvorschuß in Höhe von 106,-- DM (davon 6,-- DM für Portokosten) unter Angaben des o.a. Aktenzeichens und des Vermerks "Kostenvorschuß zum Widerspruchsverfahren Dr. Strobach" auf das Konto der Universität Erlangen-Nürnberg Nr. 2510 bei der Stadtsparkasse Erlangen einzahlen. Wenn Sie das nicht innerhalb von 4 Wochen getan haben, gehe ich davon aus, daß Sie am Erlaß eines Widerspruchsbescheides nicht interessiert sind. In diesem Fall würde ich die Angelegenheit nicht weiterverfolgen. Das heißt, es ergeht kein Widerspruchsbescheid. Die Höhe des Kostenvorschusses entspricht der im Widerspruchsverfahren bei Erlaß eines Widerspruchsbescheides vermutlich anfallenden Widerspruchsgebühr einschließlich der Portokosten. Sollten Sie den Widerspruch zurücknehmen wollen, so bitte ich Sie, dies umgehend zu erklären. In diesem Fall würde die Universität Sie von den Kosten freistellen.
>
> Mit vorzüglicher Hochachtung
> Im Auftrag
>
> (M e r k e r)
> Ltd. Regierungsdirektor
>
> WV zwecks Prüfung, ob der Kostenvorschuß entrichtet ist: 20.01.1991

Abbildung A.24 Auszug aus dem Schreiben des Rechtsvertreters der Universität vom 17.12.1990.

A.11 Die Weihnachtsgrüße von Alfred Fettweis (Dezember 1990)

Im Herbst 1990 bat mich Alfred Fettweis um eine Begutachtung eines Konferenzbeitrags für das bevorstehende International Symposium on Circuits and Systems in Singapur 1991. Abb. A.26 zeigt einen Ausschnitt aus dem Antwortschreiben mit persönlichen Weihnachts- und Neujahrswünschen.

R. PETER RICHTER
WOLFGANG BURNHAUSER
MICHAEL BURNHAUSER
STEPHAN RICHTER

RECHTSANWÄLTE

Destouchesstraße 14 · 8000 München 40

Herrn
Dr. Peter Strobach
Josef-Maria-Lutz-Anger 32

8000 München 83

Fernruf (089) 39 80 48
Telefax (089) 34 27 05

Postgirokonto München 157 59-806
Bayer. Hypotheken- und Wechselbank
Zweigst. Kurfürstenplatz
Kto.-Nr. 6 470 066 669
BLZ 700 200 01

Bürozeiten
8–12 Uhr,
13.30–17.00 Uhr
Sprechstunden
nach Vereinbarung

Ihre Zeichen | Ihre Nachricht vom | Unser Zeichen | 8000 MÜNCHEN 40
4420/90 SR/Sch | 21.12.90

Betreff: Habilitationsverfahren

Sehr geehrter Herr Dr. Strobach,

wir übersenden Ihnen in der Anlage ein uns am 19.12.90 zugegangenes Schreiben der Friedrich-Alexander-Universität Erlangen-Nürnberg vom 17.12.90.

In der Sache sind die im hier vorliegenden Schreiben angestellten rechtlichen Überlegungen teilweise zutreffend, zum großen Teil jedoch aber auch angreifbar.

Vom taktischen her betrachtet, ist die letzte Seite des Schreibens wohl für Sie als wesentlich anzusehen. Die hier vorliegende Wendung entspricht in keiner Weise dem üblichen Procedere.

Obwohl uns Ihre Intentionen nicht im Detail bekannt sind, sehen wir die hierin enthaltene Wendung als Chance an, die Angelegenheit in der Schwebe zu lassen und keine bestandskräftige Ablehnung der Fortsetzung des Habilitationsverfahrens im Raum stehen zu haben.

Wir bitten um Ihre Stellungnahme und verbleiben mit den besten Wünschen für das bevorstehende Weihnachtsfest und die Jahreswende,

mit vorzüglicher Hochachtung!

Rechtsanwalt

Abbildung A.25 Schreiben meines Anwalts vom 21.12.1990.

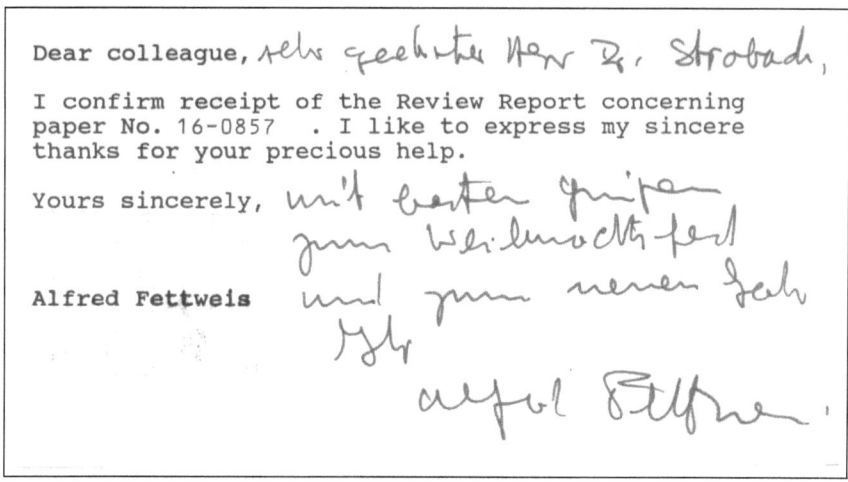

Abbildung A.26 Weihnachtsgrüße von Alfred Fettweis (Dezember 1990).

A.12 Die Bewerbung um den Lehrstuhl für Nachrichtentechnik der TU München (August 1991)

Ausschreibungen von neu zu besetzenden Lehrstühlen erscheinen nicht nur in der Zeitung, sondern sie werden auch an die einschlägigen Forschungsabteilungen in der Industrie gesandt. Der Bereichsleiter gibt diese Ausschreibungen dann an die zuständigen Fachabteilungen weiter und diese wiederum an Mitarbeiter, die das Potenzial haben, sich um eine solche Stelle zu bewerben.

In meiner Zeit bei Siemens ZFE erhielt ich viele dieser Bewerbungsaufforderungen und habe eine ganze Reihe von Vorträgen gehalten.

Wie das abläuft wird hier am Beispiel der Neubesetzung des Lehrstuhls für Nachrichtentechnik der TU München gezeigt. Zunächst das typische Anschreiben mit den handschriftlichen Notizen woraus hervorgeht, dass ich persönlich angesprochen war Abb. A.27. Schließlich mein Schreiben Abb. A.28 vom 28.08.1991, mit dem ich mich um diesen Lehrstuhl bewarb.

A.13 Die Ernennung zum Senior Member IEEE (August 1991)

Gezeigt wird die Ernennungsurkunde der zum Senior Member IEEE (Institute of Electrical and Electronics Engineers) Abb. A.29.

LEHRSTUHL FÜR DATENVERARBEITUNG
FAKULTÄT FÜR ELEKTROTECHNIK UND INFORMATIONSTECHNIK
TECHNISCHE UNIVERSITÄT MÜNCHEN
Prof. Dr.techn. J. Swoboda

München, den 19. Juli 1991

Herrn
Prof. Dr. H. SCHWÄRTZEL
Siemens AG - ZFE F 2
Otto-Hahn-Ring 6
W-8000 MÜNCHEN 83

Betreff: Wiederbesetzung des Lehrstuhls für Nachrichtentechnik an der TU München

Sehr geehrter Herr Prof. Schwärtzel,

zum 1.4.1993 soll in der Fakultät für Elektrotechnik und Informationstechnik der TU München der Lehrstuhl für Nachrichtentechnik wiederbesetzt werden (Nachfolge Prof. Marko). Der in der Anlage beigefügte Ausschreibungstext wird in Kürze in der DUZ, DIE ZEIT, den Mitteilungen des Hochschulverbandes, in der ntz sowie in dem AEÜ veröffentlicht werden.

Wir hoffen, einen Kollegen gewinnen zu können, der die Gebiete der Nachrichtentechnik, der Nachrichtentheorie und der Übertragungstechnik aus industrieller oder industrienaher Erfahrung heraus beherrscht. Die Wahl der Teilgebiete soll dem zukünftigen Lehrstuhlinhaber vorbehalten bleiben. Beispiele für diese Teilgebiete sind: System- und Informationstheorie, statistische Signal- und Estimationstheorie, Modulation und Codierungstheorie, digitale Übertragung über Lichtwellenleiter oder über Funkkanäle, Kybernetik, Bildverarbeitung und Mustererkennung.

Als Vorsitzender der Berufungskommission wäre ich Ihnen sehr dankbar, wenn Sie mir geeignete Namen nennen und möglicherweise auch einige Angaben über Lebenslauf und Arbeitsgebiet beifügen könnten.

Für Ihre Bemühungen danke ich Ihnen schon im voraus recht herzlich.

Mit freundlichen Grüßen

(Prof. Dr.techn. J.Swoboda)
-Vorsitzender der Berufungskommission-

Abbildung A.27 Mitteilung des Bereichsleiters betreffend die Neubesetzung des Lehrstuhls für Nachrichtentechnik an der TU München.

```
SIEMENS                 Zentralabteilung Forschung und Entwicklung

                        Dr. Peter Strobach, ZFE IS INF, Otto-Hahn-Ring 6
                        8000 München 83

                                            München, den 28. August 1991

An den
Dekan der Fakultät für Elektrotechnik
und Informationstechnik
der Technischen Universität München
Arcisstraße 21

8000 München 2


Betr: Wiederbesetzung des Lehrstuhls für Nachrichtentechnik an der TU München



Sehr geehrter Herr Dekan:

Hiermit bewerbe ich mich um die ausgeschriebene Stelle eines ordentlichen
Professors (C4) für Nachrichtentechnik an der Technischen Universität München
(Nachfolge Prof. Dr.-Ing. Dr.-Ing.E.h. H. Marko).

Mit freundlichen Grüßen



Dr.-Ing. P. Strobach




Anlage: Bewerbungsunterlagen
```

Abbildung A.28 Mein Bewerbungsschreiben vom 28.08.1991.

A.14 Die Vertretung des Abteilungsleiters (05.06.1992)

Hier wird ein Element der "Geheimsprache" vorgestellt, mit dem man einem Mitarbeiter andeutet, welche Aufstiegsmöglichkeiten ihm offenstehen könnten. Es geht um die Urlaubsvertretung des Abteilungsleiters Domann. Diese wird einer Person aus der darunterliegenden Fachgruppenleiterebene übertragen. Derjenige, der hier

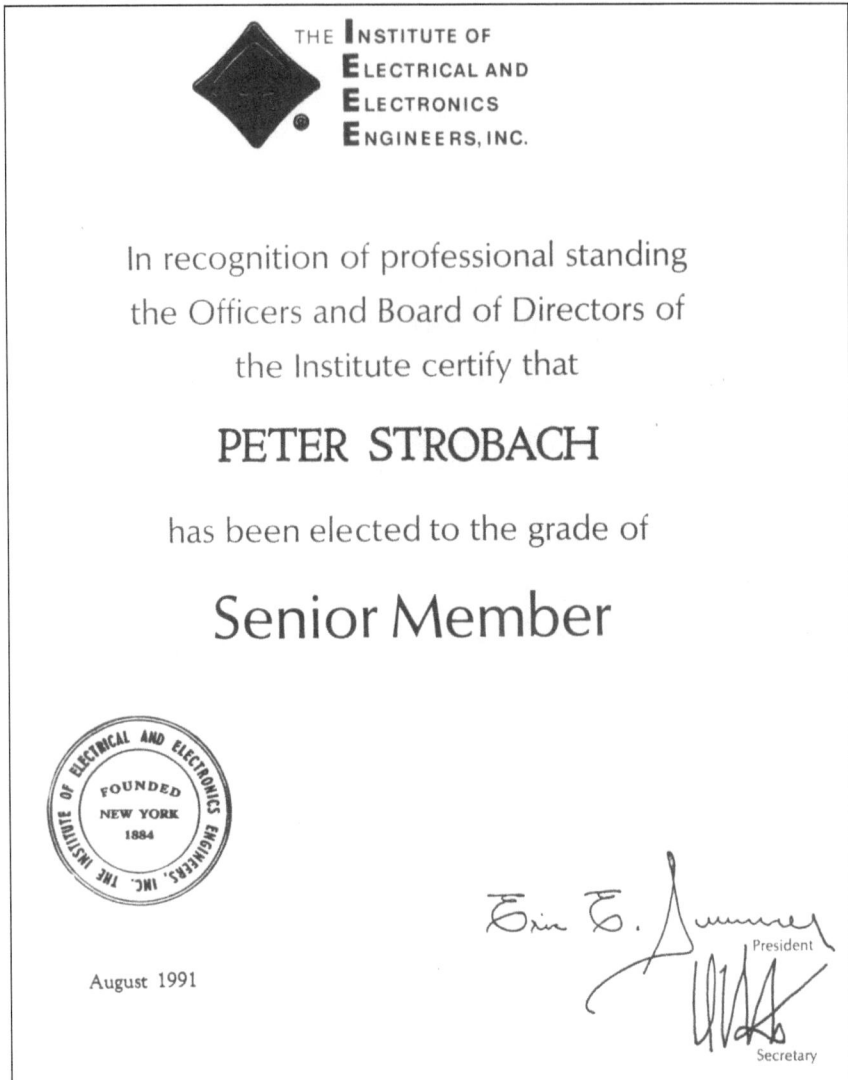

Abbildung A.29 Ernennungsurkunde Senior Member IEEE.

vom Bereichsleiter für die Urlaubsvertretung eingeteilt wird, gilt als "Kronprinz" und kann sich (im Regelfall) entsprechende Hoffnungen machen Abb. A.30.

A.14 Die Vertretung des Abteilungsleiters (05.06.1992)

AN Verteiler	VON ZFE ST SN 6	Eingangsvermerke
	Bearbeiter Fr. Tiitinen	
	Telefon 47281	
Ihre Zeichen und Ihre Nachricht vom	Unsere Zeichen	Ort und Datum Mch P, 5.6.92

Vertretung

Herr Dr. Domann ist vom 9.6. bis zum 23.6.92 in Urlaub. Seine Vertretung übernimmt Herr Dr. Strobach, Tel. 48348.

Fr. Ostgathe	ZFE RefPers PB	Mch P
Hr. Düppe	ZFE ST KA	Mch P
Hr. Dr. Kämmerer	ZFE ST WR	Mch P
Prof. Müller-Stoy	ZFE ST SN	Mch P
Prof. Schütt	ZFE ST SN	Mch P
Hr. Schmitter	ZFE ST SN 1	Mch P
Hr. Kober	ZFE ST SN 2	Mch P
Hr. Dr. Sandweg	ZFE ST SN 3	Mch P
Hr. Dr. Küpper	ZFE ST SN 4	Mch P
Hr. Dr. Peuckert	ZFE ST SN 5	Mch P
Hr. Dr. Strobach	ZFE ST SN 61	Mch P
Hr. Dr. Hundt	ZFE ST SN 62	Mch P
Hr. Dr. Sauerwein	ZFE ST SN 63	Mch P
Hr. Dr. Raffler	ZFE ST SN 7	Mch P
Hr. Dr. Möckel	ZFE ST SN 7	Mch P

Abbildung A.30 Siemens interne Anweisung zur Urlaubsvertretung des Abteilungsleiters Dr. Domann vom 05.06.1992.

A.15 Dokument einer verlorenen Schlacht - Das Siemens-Zeugnis vom 31.12.1992

Nach meinem Durchfallen in der Habilitation bestand meinerseits keinerlei Interesse mehr, meine Tätigkeit für Siemens noch weiter fortzusetzen. Dieses Ergebnis in dem Habilitationsverfahren war gemessen an der vorliegenden Qualifikation des Kandidaten inakzeptabel und musste zu einem großen Teil auch der fehlenden Unterstützung durch die Firma zugeschrieben werden. Vielleicht gab es im Leitungskreis der Firma sogar Personen, die sich von einem Scheitern der Habilitation einen Vorteil versprachen.

Dieter Schütt hat es mir gegenüber einmal auf den Punkt gebracht, als er mir direkt ins Gesicht sagte: *"Sie können ja nicht gehen - Sie haben ja keine Habilitation!"*. Dabei übersah er allerdings, dass noch die Möglichkeit bestand, auf eine Professur an einer Fachhochschule zu wechseln. Doch ein solcher Schritt wurde enorm erschwert durch das Stigma des pädagogisch ungeeigneten, das mir nun anhaftete. Ich befand mich damit in einer extrem schwierigen, existenzbedrohlichen Lage.

Die Firma versuchte immer, eine solche Situation auszunutzen, indem man zunächst bemüht war, die "heiße Phase" unmittelbar nach der Demontage eines sehr guten Mitarbeiters geschickt zu überbrücken. Einerseits, indem man den Mitarbeiter hoch auslastete (damit er keine Zeit hat, über seine Lage nachzudenken). Auf der anderen Seite werden aber auch Beförderungen und andere Vergünstigungen gewährt, wie z.B. die Ernennung zum Fachgruppenleiter, die Urlaubsvertretung des Abteilungsleiters, die Bewerbung um einen hochrangigen Lehrstuhl, oder ein Ticket erster Klasse für die nächste Dienstreise.

Dadurch sollen Illusionen geweckt werden. Diese Strategie ist nicht abwegig, denn in einer solchen Notlage neigt man sehr dazu, solche Illusionen zu entwickeln. Nicht umsonst lautet ein Sprichwort: *Die Hoffnung stirbt zuletzt.*

Ich hatte allerdings hinreichend Zeit in der Industrie verbracht um diese Rechnung genau zu kennen. Die Ablehnung meiner Habilitation in Erlangen musste daher gleichzeitig die Unterschrift unter die Kündigung meiner Siemens-Stelle bedeuten. Auch wenn Siemens alles daran gesetzt hat, um das zu verhindern.

Die heiße Phase nach der nicht bestandenen Habilitation konnte man daher schon als eine Schlacht bezeichnen, die Siemens allerdings nicht mehr gewinnen konnte. Denn mit dem ablehnenden Bescheid aus Erlangen war die Siemens-Stelle für mich gestorben. Die Kündigung war nur noch eine Frage der Zeit, die ich benötigte, um den erforderlichen Ruf als Professor an eine Fachhochschule einzuwerben.

Siemens hatte sich das selbst zuzuschreiben, denn zu einem Ausgang wie erlebt in Erlangen, hätte es bei einem derart qualifizierten Kandidaten auf keinen Fall kommen dürfen. Das war als direktes Versagen oder sogar als Vorsatz auf Seiten der hier verantwortlichen Vorgesetzten zu werten.

Schließlich war bei meinem entscheidenden Vortrag am 13.07.1990, bei dem es zu der Provokation durch den Professor Rolf Unbehauen gekommen war, kein einziger Vertreter der Firma Siemens in Erscheinung getreten. Dies empfand ich damals und empfinde ich auch heute noch als extrem illoyal gegenüber einem Mitarbeiter. Die Firma hat dem Treiben tatenlos zugesehen, obwohl es vielfältige Kontakte zwischen Siemens und der Universität Erlangen gab.

Vielleicht waren einzelne Personen aus dem Leitungskreis der Firma sogar derart naiv gewesen, dass sie glaubten, einen solchen fatalen Vorgang wie die "Abkanzelung" eines befähigten und firmenintern bereits ausgezeichneten Mitarbeiters, der sogar ITG-Preisträger war, am Ende zu ihrem eigenen Vorteil nutzen zu können!

Ich kann mich heute noch gut an meine Gefühlslage bei der Nachhausefahrt an jenem Nachmittag des 13.07.1990 erinnern und an die abgrundtiefe Enttäuschung, die ich gegenüber Siemens empfand. An diesem Tag war die Firma Siemens für mich gestorben.

Das gezeigte Zeugnis Abb. A.31, das man mir zum Abschied ausstellte, zeugt von der Atmosphäre, die sich unter solchen Umständen bildet. Wenigstens ist die Tätigkeitsdarstellung korrekt. Ebenso erstaunen die wahrheitsgemäßen Einschätzungen im 5. Absatz, beginnend mit dem zweiten Satz, während der erste Satz die in solchen Fällen immer vorherrschende Bitterkeit zum Ausdruck bringt. Diese Bitterkeit spiegelt sich besonders auch im vorletzten Absatz wieder.

A.16 Die "Didaktik Hitline" und das Inversionsgesetz der deutschen Habilitation

Das Sommersemester 1993 war mein erstes Semester an der Fachhochschule Furtwangen. Es waren mir die Vorlesungen "Elektrotechnik 1" und "Nachrichtentechnik 1" im Fachbereich Mikrosystemtechnik übertragen worden.

Bald animierte man den AStA (Allgemeiner Studenten Ausschuss) der Fachhochschule, eine Evaluation aller Lehrveranstaltungen im Fachbereich Mikrosystemtechnik durchzuführen. Dabei sollte die Didaktik im Vordergrund stehen. Die Studenten sollten sich insbesondere zu den pädagogischen Fähigkeiten der Professoren äußern.

Anlass dazu hatten die massiven studentischen Proteste gegeben, die sich in den zurückliegenden Semestern an der Vorlesung "Elektrotechnik 1" des habilitierten Professors Dr.-Ing. habil. M.J. Hamouda entzündet hatten. Diese Vorlesung "Elektrotechnik 1" war nun mir übertragen worden.

Das Ergebnis dieser ersten jemals an der Fachhochschule Furtwangen durchgeführten Evaluation erhielten wir in Form des gezeigten Ergebnisbogens Didaktik "Hitline" Abb. A.32 mitgeteilt, da eben die Didaktik besonders in den Vordergrund gestellt worden war. Zu sehen sind die Einzelwertungen aus den befragten Kursen, sowie die Durchschnittsbewertung und die damit jeweils erreichten Platzierungen. Hier ist die erste Spalte "mindestens 3 Noten" von Interesse. Gezeigt werden hier die Wertungen, sowie die erreichten Platzierungen von 12 Professoren des Fachbereichs Mikrosystemtechnik.

SIEMENS

Zeugnis

Otto-Hahn-Ring 6
8000 München - 83

31. Dezember 1992

Herr Dr. Peter **S t r o b a c h**, geboren am 6. Februar 1955 in Passau, war vom 1. Mai 1986 bis 31. Dezember 1992 in der Hauptabteilung Systemtechnologien unserer Zentralabteilung Forschung und Entwicklung als Fachreferent beschäftigt.

Als wissenschaftlicher Mitarbeiter war er zunächst mit Vorfeldaufgaben auf dem Gebiet der Informations- und Kommunikationstechnik betraut. Er entwickelte ein neuartiges Codierverfahren für niedrige Datenraten (QSDPCM) einschließlich des Hardwarekonzepts. Anschließend hat er auf dem Gebiet der digitalen Signalverarbeitung eine neue Klasse von adaptiven Filtern (Schur-RLS-Lattice-Filter) eingeführt und die theoretischen Ergebnisse in die Praxis umgesetzt. Aufbauend auf einem von ihm vorgeschlagenen theoretischen Ansatz hat er ein neues Verfahren zur Störsignalfilterung biomagnetischer Signale entwickelt, das sich aufgrund der hohen Entstörleistung und des geringen Rechenaufwandes gegenüber konkurrierenden Verfahren durchgesetzt hat.

Seit dem 1. November 1991 war Herr Dr. Strobach mit der Leitung einer Fachgruppe mit 10 Mitarbeitern und mehreren Diplomanden, Doktoranden und Gastwissenschaftlern betraut, die sich mit den Themen Signalverarbeitung, videobasierter Szenenanalyse, Dokumentanalyse und Schrifterkennung beschäftigte.

Zu seinen Aufgaben gehörten neben der strategischen Planung der Forschungsarbeiten die Akquisition und die Vertretung der Arbeiten bei den Geschäftsbereichen und die Vorstellung der Ergebnisse auf internationalen Forschungskonferenzen.

Mit den Leistungen von Herrn Dr. Strobach waren wir in jeder Hinsicht sehr zufrieden. Er erfüllte die ihm übertragenen Aufgaben mit großem Engagement, hoher Kreativität und Eigeninitiative. Seine hervorragende wissenschaftliche Qualifikation ermöglichte es ihm, wesentliche Forschungsrichtungen zu erkennen, durch eigene Ideen weiterzuentwickeln und in eine für die Praxis verwendbare Form umzusetzen. Seine Forschungsergebnisse hat er in einer Vielzahl von Vorträgen, wissenschaftlichen Veröffentlichungen, in Patentanmeldungen und Fachbüchern dargestellt. Für seine wissenschaftlichen Leistungen wurde er mit zwei Preisen der Siemens AG, dem ITG-Preis des VDE und der Ernennung zum Senior Member des IEEE ausgezeichnet. Hervorzuheben ist seine zielsichere, kritische Bewertung der Forschungsansätze und seine Entscheidungskraft bei deren Umsetzung.

Sein Verhalten Vorgesetzten, Kollegen und Mitarbeitern gegenüber war jederzeit einwandfrei. Wegen seiner vorbehaltlosen Bereitschaft zur sachlichen Zusammenarbeit war er allseits sehr geschätzt.

Herr Dr. Strobach scheidet auf eigenen Wunsch aus unseren Diensten, um einen Ruf der Fachhochschule Furtwangen anzunehmen. Wir bedauern sein Ausscheiden sehr und wünschen ihm für seine weitere Tätigkeit viel Erfolg.

Siemens Aktiengesellschaft

Abbildung A.31 Siemens Zeugnis vom 31.12.1992.

Der habilitierte Kollege erscheint in dieser Auswertung auf dem 11. und damit auf dem vorletzten Platz in dieser Liste, während ich auf Anhieb den 2. Platz (den "vorletzten" Platz von der Spitze) erreicht hatte und das, obwohl ich die Vorlesung zum ersten Mal hielt und das Umfeld noch gar nicht kannte.

Dieses Ergebnis ist ganz charakteristisch und zeichnete ein erstes Mal ein Bild von der Wirklichkeit. Der in der Habilitation wegen mangelnder pädagogischer Eignung durchgefallene Professor erreichte den 2. Platz von oben, während der habilitierte Professor mit seiner bestätigten pädagogischen Eignung den 2. Platz von unten erreichte.

Dieses Resultat war der empirische Nachweis des "Inversionsgesetzes" der deutschen Habilitation: Der pädagogisch Geeignete wird für pädagogisch ungeeignet erklärt, während umgekehrt der pädagogisch Ungeeignete mit dem Instrument der Habilitation für pädagogisch geeignet erklärt wird, um seine Verbringung und lebenslange Unterbringung im deutschen Hochschulsystem zu ermöglichen. Denn wer würde es schon wagen, an der pädagogischen Eignung eines Habilitierten zu zweifeln, wo diese doch durch die akademischen Inquisitoren des deutschen Universitätssystems im Rahmen einer Habilitation ausdrücklich bestätigt worden war?

A.17 Das Trojanische Pferd - Die Ernennung zum Professor auf Lebenszeit (29.10.1993)

Nach einem halben Jahr Probezeit musste ich schließlich unter Berufung in das Beamtenverhältnis auf Lebenszeit zum Professor ernannt werden. Gezeigt wird die der Ernennungsurkunde Abb. A.33.

Damit hatte ich mein erstes Ziel erreicht, das darin bestand, in eine wesentlich weniger angreifbare Position zu gelangen, von der aus ich gegen die Praktiken der deutschen Habilitation, wie sie in Erlangen gegen mich angewandt worden waren, langfristig und nachhaltig vorgehen konnte. In allem was ich tat verfolgte ich nur noch ein Ziel, nämlich den Fall Erlangen vollständig aufzuklären und dafür zu sorgen, dass die Verantwortlichen zur Rechenschaft gezogen würden.

Allein aus diesem Grund hatte ich eine Stelle als Professor an der Fachhochschule angenommen. Innerhalb des Fachhochschulsystems spielte ich nun die Rolle eines Trojanischen Pferdes. Mit der Ernennung zum Professor unter Berufung in das Beamtenverhältnis auf Lebenszeit hatten sie sich dieses Trojanische Pferd in die Stadt geholt.

A.18 Mein Antrag auf unbefristete Freistellung von den Lehraufgaben (15.04.2012)

Mit dem Urteil AN 2 K 11.02205 des Bayerischen Verwaltungsgerichts Ansbach vom 29.03.2012 wurde ich nach 19 Jahren Dienstzeit als Professor für pädagogisch

DIDAKTIK - "HITLINE" ALLE									1993	mind 3 Noten PLATZ	⌀	PLATZ
BUMÜLLER	2,42	2,50	2,16						✱	4.	2,36	10.
OERNER	3,81	3,62									3,71	24.
GUTENBERG	2,00	1,50									1,75	3.
HAMOUDA	4,08	4,00	3,50	4,00	4,33	3,50			✱	11.	3,90	25.
HIGELIN	2,07	2,16	2,66	2,40					✱	3.	2,32	9.
HÖFER	1,80										1,80	4.
HÖNL	2,65	2,14									2,39	11.
KLEIN	1,87										1,87	5.
LANGE	2,75	2,27	2,66	3,50	3,50	3,00	3,00		✱	7.	2,95	15.
LASCHINGER	2,50	2,50									2,50	12.
MESCHEDER	2,66	2,16	4,33	3,75	3,83				✱	10.	3,54	22.
MÜLLER-MARK.	1,62										1,62	1.
NIELINGER	2,57	2,12	3,28	2,60					✱	6.	2,64	14.
OPPELLÄNDER	2,60	2,00									2,30	3.
RINGWALD	2,81	2,53	2,33	2,25	3,00	2,20	2,66	3,50	2,0✱	5.	2,58	13.
RÜLLING	2,16	1,69	1,66	1,50	1,69	1,66	2,16	1,42	✱	1.	1,74	2.
SCHLEICHER	2,54	3,75	3,66	3,00	3,00	2,42	2,62	2,76				
	3,16	3,25	3,50	3,50					✱	8.	3,09	16.
SCHMIDT	3,00	2,23	3,83	3,50	4,12	4,12	3,87		✱	9.	3,52	21.
STOFFEL	3,75	3,87	4,25						✱	12.	3,95	26.
STROBACH	1,58	2,00	2,28	2,00					✱	2.	1,96	6.
TUSCAN	3,33										3,33	20.
WENTWORTH	3,40	3,16									3,28	19.
GAUCKLER/TUSCAN	4,50	2,66									3,58	23.
VARKONY	2,00										2,00	7.
KSMM	3,00	3,50									3,25	18.
SCHMIDT P.P.	3,41	3,00									3,20	17.

Abbildung A.32 Didaktik - "Hitline": Ergebnisse der Evaluation der Vorlesungen im Fachbereich Mikrosystemtechnik an der Fachhochschule Furtwangen im Sommer 1993.

BADEN-WÜRTTEMBERG

URKUNDE

Ich ernenne

Herrn Dr. Peter Strobach

Professor im Angestelltenverhältnis

unter Berufung in das Beamtenverhältnis auf Lebenszeit

zum

Professor

Stuttgart, den 29. Oktober 1993

In Vertretung

Dr. Bläsi

Ministerialdirektor

Abbildung A.33 Ernennungsurkunde zum Professor auf Lebenszeit vom 29.10.1993.

ungeeignet erklärt. Und zwar indem man den ablehnenden Bescheid der Universität Erlangen vom 03.08.1990 als rechtskräftig und bestandskräftig erklärte. Dies entsprach der Inversion der Wirklichkeit, was meine pädagogische Eignung betrifft.

Dieses Urteil wurde sowohl vom Bayerischen Verwaltungsgerichtshof in München, als auch vom Bundesverfassungsgericht in Karlsruhe im Rahmen der Verfassungsbeschwerden 1 BvR 2862/11 sowie 1 BvR 2046/12, sowie vom Europäischen Gerichtshof für Menschenrechte (Beschwerde Nr. 17941/13) vollumfänglich bestätigt.

Somit war der gesamte Rechtsweg ausgeschöpft worden und ich war rechtskräftig und bestandskräftig pädagogisch ungeeignet, was den wahren Verhältnissen, die in den 19 Jahren meiner Dienstzeit als Professor ja mehr als deutlich zu Tage getreten waren, natürlich eklatant widersprach.

Die Hochschulgesetze aller Bundesländer in Deutschland verlangen als oberste Voraussetzung für den Professorendienst die pädagogische Eignung. Nachdem ich nun rechtskäftig und bestandskräftig pädagogisch ungeeignet war, hätte ich konsequenterweise aus dem Hochschuldienst als Professor entfernt werden müssen.

Um die Perversion dahingehend zu komplettieren, wandte ich mich deshalb mit dem gezeigten Schreiben Abb. A.34 vom 15.04.2012 an den Kanzler der Hochschule Furtwangen. Ich klärte ihn darin über die nun entstandene Rechtssituation auf und verlangte meine unbefristete Freistellung von allen Lehraufgaben wegen mangelnder pädagogischer Eignung. Denn bei bestätigter mangelnder pädagogischer Eignung darf ein Mensch nicht länger als Professor im Hochschuldienst beschäftigt werden. Das Schreiben war an das zuständige Ministerium weiterzuleiten.

A.19 Die letzten Evaluationen

Mittlerweile sind Evaluationen der Lehrveranstaltung obligatorisch und werden regelmäßig durchgeführt. Hier zeige ich beispielhaft die Evaluationsergebnisse meiner Vorlesung im Fach Systemtheorie Abb. A.35 und Abb. A.36. Sehr ähnliche Bewertungen erhielt ich auch in allen anderen Fächern.

Die Ergebnisse dieser Evaluationen sind erfahrungsgemäß relativ unabhängig von der betrachteten Vorlesung. Dies bedeutet, ein Professor erhält in der Regel in allen seinen Vorlesungen nahezu die gleichen Bewertungen. Diese verändern sich auch kaum von Semester zu Semester. Deshalb ergibt es auch keinen Sinn, diese Evaluationen bei bereits mehrfach evaluierten Professoren ständig zu wiederholen, denn daraus können keine neuen Erkenntnisse mehr gewonnen werden. Irgendwann weiß man nach einigen Jahren schlicht "wie einer ist" und das wird sich auch nicht mehr nennenswert ändern. Das Fazit lautet daher:

- Ein guter Professor wird in allen seinen Fächern annähernd gleich gut bewertet. Ein schlechter Professor wird in allen Fächern schlecht bewertet.
- Die Bewertungen sind weitgehend *zeitinvariant*. D.h., ein guter Professor ist von Anfang an gut. Ein schlechter Professor ist von Anfang an schlecht - und bleibt schlecht bis zum Ende seiner Laufbahn. Die pädagogische Eignung ist somit eine *Persönlichkeitseigenschaft*, die sich infolge äußerer Einflüsse kaum beeinflussen lässt. Somit gibt es hier erfahrungsgemäß auch kaum einen Lerneffekt.

Im Rahmen dieser Evaluationen haben die Studenten auch die Möglichkeit, sich individuell zu den Vorlesungen zu äußern. Abb. A.37 zeigt eine Sammlung von Kommentaren zu meinen Vorlesungen. Weitere Kommentare findet man auch auf der bekannten Internet-Plattform *meinprof.de*.

A.19 Die letzten Evaluationen

Dr.-Ing. Peter Strobach
Bahnsteig 6
94133 Röhrnbach

15. April 2012

Herrn
Gerd Kusserow
-Kanzler-
Hochschule Furtwangen

<u>Antrag auf unbefristete Freistellung von sämtlichen Lehraufgaben</u>

Sehr geehrter Herr Kusserow,

hiermit beantrage ich meine sofortige und unbefristete Freistellung von allen Aufgaben in der Lehre.

<u>Begründung:</u> **mangelnde pädagogische Eignung**

Mit Bescheid vom 3.8.1990 (Anlage 1) bestätigt die Universität Erlangen meinen Mangel an pädagogischer Eignung. Mit Urteil vom 29.3.2012 (Anlage 2) erklärt das Verwaltungsgericht Ansbach diesen Bescheid als rechtskräftig.

Damit sind in meinem Fall die Voraussetzungen für eine Beschäftigung als Professor in der Lehre wegen mangelnder pädagogischer Eignung nicht mehr gegeben (§46 Abs. 1 Satz 2 FHG vom 1. Feb. 2000).

Wer aufgrund mangelnder pädagogischer Eignung lebenslang vom Zugang zur Habilitation ausgeschlossen wird, kann auf der anderen Seite auch nicht die Dienstaufgaben eines Professors in der Lehre wahrnehmen.

Dieser Antrag ist an das zuständige Ministerium weiterzuleiten.

Mit freundlichen Grüßen

P. Strobach

Abbildung A.34 Antrag auf unbefristete Freistellung von allen Lehraufgaben vom 15.04.2012.

EVA - Ein Projekt der Fakultät IN an der HS Furtwangen

WS/2013 - 09.12.2013 - Systemtheorie - Strobach Peter   Seite 1 / 2

Evaluationsbogen Statistik
(Typ: Evaluierungsbogen_Neu)

-> [N || MW | SA || MEDIAN | 25% | 75%]

Box-Plot D)   Bar-Chart Diagramm:

Veranstaltung: Systemtheorie
Dozent: Peter, Strobach
Datum: 9.12.2013

A. Didaktische Aufbereitung ...

Die Lehrveranstaltung ist gut strukturiert, der rote Faden ist sichtbar
-> [30 || 1,7 | 0,7 || 2 | 1 | 2]

Die Unterlagen (Skripte, Übungsblätter, Materialien etc.) sind gut gestaltet und aktuell
-> [30 || 2,4 | 1 || 3 | 1 | 3]

Medien und Beispiele werden in sinnvoller Weise in die Lehrveranstaltung eingebaut
-> [30 || 2,2 | 0,9 || 2 | 2 | 3]

Die Lehrveranstaltung empfinde ich als abwechslungsreich und motivierend
-> [29 || 2 | 0,8 || 2 | 1 | 2]

Das Tempo und das Niveau der Lehrveranstaltung ist angemessen
-> [30 || 1,8 | 0,6 || 2 | 1 | 2]

Das Praktikum/die Übung/das Tutorium zur Lehrveranstaltung finde ich
-> [27 || 2 | 0,7 || 2 | 1 | 2]

B. Die Dozentin/der Dozent ...

... macht einen kompetenten Eindruck auf mich
-> [30 || 1,1 | 0,3 || 1 | 1 | 1]

... wirkt gut vorbereitet
-> [30 || 1,2 | 0,4 || 1 | 1 | 1]

... spricht dynamisch und verständlich
-> [30 || 1,7 | 0,8 || 2 | 1 | 2]

... hält guten Blickkontakt und regt zu Fragen an
-> [29 || 1,9 | 0,9 || 2 | 1 | 2]

... ist für Anregungen und Kritik offen
-> [29 || 1,7 | 0,7 || 1 | 1 | 2]

... ist für Fragen auch über die Veranstaltung hinaus erreichbar
-> [30 || 1,7 | 0,7 || 2 | 1 | 2]

Abbildung A.35 Evaluationsbogen im Fach Systemtheorie Wintersemester 2013, Blatt 1.

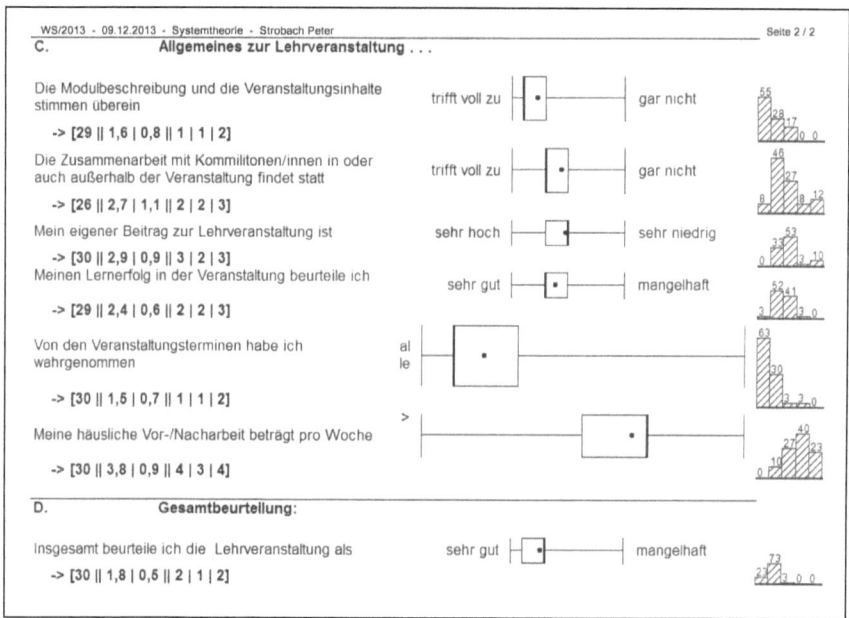

Abbildung A.36 Evaluationsbogen im Fach Systemtheorie Wintersemester 2013, Blatt 2.

A.20 Der Brief an einen Toten (18.05.2015)

Die Gedanken an meinen rechtskräftig und bestandskräftig festgestellten Mangel an pädagogischer Eignung ließen mich nicht los und bewegten mich schließlich im Mai 2015 dazu, dem Richter Dr. Roland Voigt, welcher meine Verhandlung um den ablehnenden Bescheid der Universität Erlangen vom 03.08.1990 geleitet hatte, den hier gezeigten Brief Abb. A.38 und Abb. A.39 zu schreiben.

Am 21. Mai 2015 erreichte mich die ebenfalls gezeigte Antwort Abb. A.40 des Präsidenten des Bayerischen Verwaltungsgerichts Ansbach, in dem dieser mir mitteilt, dass der Richter Dr. Roland Voigt bereits im Jahre 2012 verstorben ist.

Das beiliegende Bild Abb. A.41 (fotografische Wiedergabe eines Schwarz-Weiß-Ausdrucks mit Quellenangabe) zeigt den Richter Dr. Roland Voigt (Zweiter von links) anlässlich der Verleihung einer silbernen Ehrennadel an der Universität Erlangen im Jahre 2003. Dies beweist die ständigen Kontakte, welche dieser Richter mit der Universität Erlangen pflegte.

Diesem Richter, der ein Kind der Universität Erlangen war, hatte man am Bayerischen Verwaltungsgericht in Ansbach die Leitung der Kammer übertragen, die sämtliche gegen die Universität Erlangen eingereichten Klagen verhandelte.

Diese Kammer konnte man damit getrost als eine Außenstelle der Universität Erlangen bezeichnen. Dieser Richter Dr. Voigt hat alles unternommen, um die gegen die Universität Erlangen eingereichten Klagen zu Abweisung zu bringen. Alle nachfolgenden Instanzen auf dem Rechtsweg einschließlich des Bundesverfassungsge-

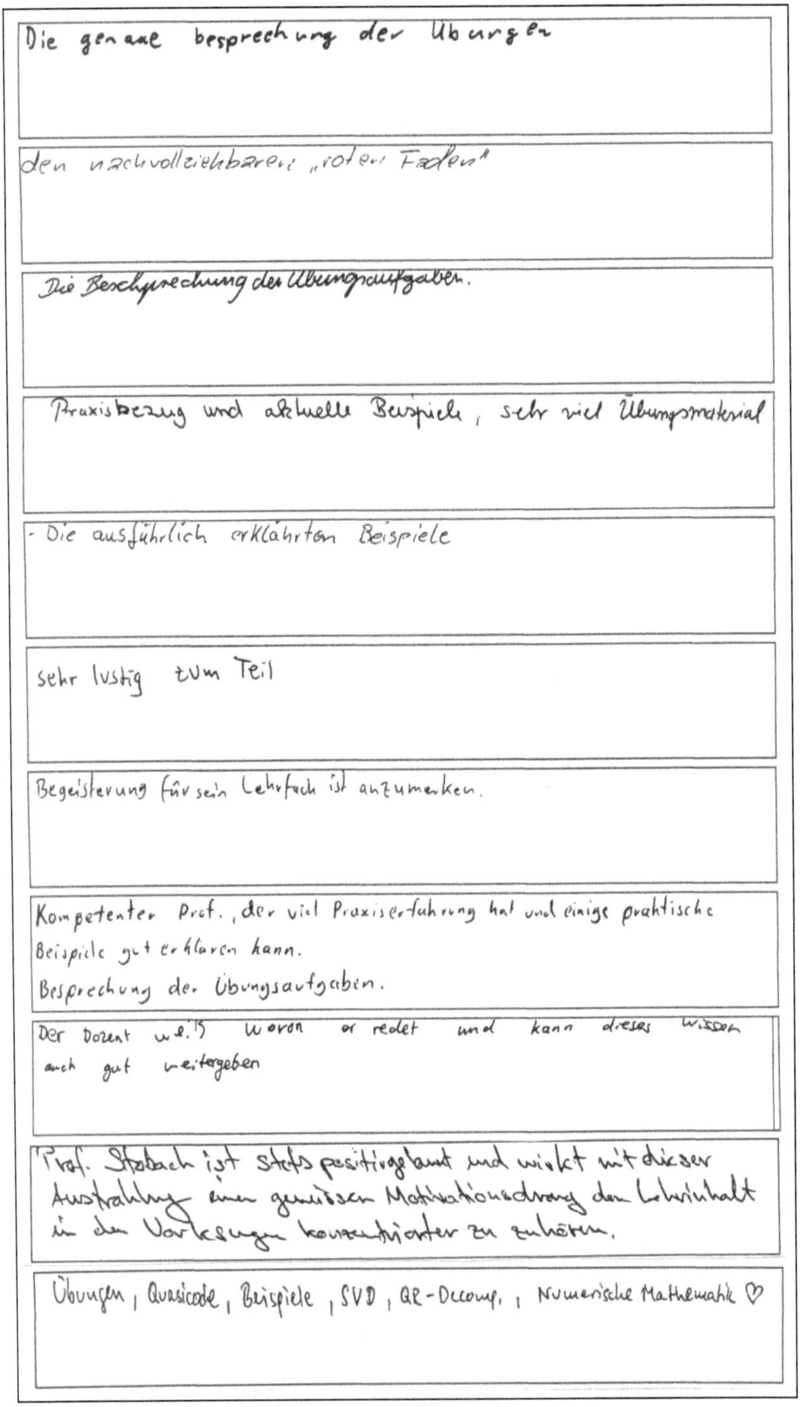

Die genaue besprechung der Übungen

den nachvollziehbaren „roten Faden"

Die Besprechung der Übungsaufgaben.

Praxisbezug und aktuelle Beispiele, sehr viel Übungsmaterial

- Die ausführlich erklährten Beispiele

sehr lustig zum Teil

Begeisterung für sein Lehrfach ist anzumerken.

Kompetenter Prof., der viel Praxiserfahrung hat und einige praktische Beispiele gut erklären kann.
Besprechung der Übungsaufgaben.

Der Dozent weiß wovon er redet und kann dieses Wissen auch gut weitergeben

Prof. Stobach ist stets positiv gelaunt und wirkt mit dieser Ausstrahlung einen gewissen Motivationsdrang den Lehrinhalt in den Vorlesungen konzentrierter zu zuhören.

Übungen, Quasicode, Beispiele, SVD, QR-Decomp., Numerische Mathematik ♡

Abbildung A.37 Studentische Kommentare zu meinen Vorlesungen.

richts haben diesem Richter weitgehende Entscheidungs- und Handlungsfreiheit bei seiner Urteilsfindung eingeräumt.

Damit wurde der Rechtsweg zur Makulatur. Mit diesem Richter erlangte die Universität Erlangen absolutistische Gewalt, denn der Rechtsweg war praktisch ausgehebelt worden. Das gezeigte Bild wurde inzwischen von der Webseite der Universität Erlangen entfernt, im Zuge von Säuberungsmaßnahmen, welche die Löschung von potenziellem Beweismaterial zum Ziel hatten.

A.21 Die letzte studentische Mail (19.05.2015)

Im Januar 2015 beantragte ich meine unbefristete Beurlaubung von Hochschuldienst und verließ die Hochschule Furtwangen am 4. Februar 2015 für immer. Meine Studenten waren sehr traurig darüber und schrieben mir viele Mails. Hier zeige ich die letzte dieser Mails Abb. A.42, geschrieben von meinem ehemaligen Studenten Robert Vöhringer.

Prof. Dr.-Ing. Peter Strobach
Bahnsteig 6
94133 Röhrnbach

18. Mai 2015

an den
leitenden Verwaltungsrichter Dr. R. Voigt
Verwaltungsgericht Ansbach
Promenade 24 - 28
91511 Ansbach

AN 2 K 08.02209

Guten Tag Herr leitender Verwaltungsrichter Dr. Voigt,

ich komme zurück auf die Verhandlung vom 18.01.2011 (s. o.g. Aktenzeichen).

In dieser Verhandlung haben Sie mich unerwartet scharf gerügt wegen meines Verhaltens gegenüber dem Professor Schüssler. Dabei haben Sie in Ihren Ausführungen zu diesem Vorgang ein Mass an Detailkenntnis an den Tag gelegt, das weit über die Darstellungen in den zugrundeliegenden Schriftsätzen zu diesem Verfahren hinausging. Und in der Verhandlung selbst war das zuvor ja gar kein Thema gewesen.

Daher mussten Sie, um in Besitz dieser Detailkenntnisse zu gelangen, sich mit den beklagten Professoren der Universität Erlangen unterhalten und *abgesprochen* haben. Nachdem diese Professoren nicht im Rahmen des Verfahrens aufgetreten sind heisst das: Sie haben sich *ausserhalb des Verfahrensrahmens* mit diesen beklagten Professoren unterhalten und haben neben den Details des Vorgangs auch deren persönliche Einschätzung und Wertung meines Verhaltens gegenüber dem Professor Schüssler übernommen und in das Verfahren eingebracht, auf das Sie als Vorsitzender Richter massgeblichen Einfluss ausübten.

Sie wurden von den beklagten Professoren als Instrument benutzt, um die Abweisung meiner Klage zu erreichen und Sie haben sich als Instrument benutzen lassen, denn Sie kommen selbst von der Universität Erlangen und Erlangen ist die Hand, die Sie füttert.

Mein Verhalten gegenüber dem Professor Schüssler kann man als nachvollziehbar oder als ruppig bewerten, je nachdem, von welchem Blickwinkel aus man diesen Vorgang betrachtet. Aber ganz gleich wie man das auch werten mag, es ist hier völlig ohne Belang. Denn in diesem Verfahren, dem Sie vorstanden, ging es um meine pädagogische Eignung und die Begebenheit mit dem Professor Schüssler hat mit meiner pädagogischen Eignung nun reine gar nichts zu tun.

Ihre Rüge fällt daher in den Bereich der sachfremden Erwägungen. Indem Sie mein Verhalten scharf rügend dargestellt haben, rechtfertigten Sie auf der einen Seite implizit das Verhalten der Beklagten, und entzogen mir auf der anderen Seite den richterlichen Schutz. Genau zu diesem Zweck hatten die Beklagten Ihnen gegenüber diese sachfremde Erwägung hochgespielt, um so die Beurteilung der mangelnden pädagogischen Eignung rechtfertigenswert erscheinen zu lassen.

In Wirklichkeit jedoch haben die beklagten Professoren die "mangelnde pädagogische Eig-

Abbildung A.38 Mein Brief an den Vorsitzenden Verwaltungsrichter Dr. Voigt vom 18.05.2015, Blatt 1.

A.21 Die letzte studentische Mail (19.05.2015)

nung" als Vorwand benutzt, um das Habilitationsverfahren des Kandidaten zum Scheitern zu bringen, denn aufgrund der genannten Begebenheit mit dem Professor Schüssler waren die beklagten Professoren dem Kandidaten von Anfang an äusserst zurückweisend gegenüber gestanden und haben allein schon deshalb die Ablehnung des Kandidaten seinerzeit gezielt betrieben. Dazu hat einer der Professoren den Kandidaten am Ende des Frageteils seines Abschlussvortrags gezielt provoziert, um auf diese Weise ein Zerwürfnis zu generieren, um sich auf dieser Grundlage entrüsten und das Habilitationsverfahren zum Scheitern bringen zu können.

Als Begründung wollte man zunächst "mangelnde Gesamtpersönlichkeit" angeben. Erst nach einem Einspruch des Rechtsvertreters der Universität verständigte man sich schliesslich darauf, als Vorwand für die Ablehnung "mangelnde pädagogische Eignung" anzugeben. Diese Wahl des Vorwands entbehrt nicht einer gewissen teuflischen Genialität, denn erstens befand sich der Kandidat damals in der Industrie und verfügte in dieser Lage überhaupt nicht über die Möglichkeiten, den Vorwand zu entkräften. Zweitens war er nun mit dem Stigma des "pädagogisch Ungeeigneten" behaftet und hatte in dieser Situation praktisch kaum noch Chancen, jemals in den Hochschulbereich zu wechseln, was aber nötig war, um das Gegenteil zu beweisen und die Wirklichkeit ans Licht zu bringen.

Aber selbst die vollständige und lückenlose Aufklärung dieses Falles, wie sie heute vorliegt, hilft dem Opfer herzlich wenig, wenn die Vertreter des Rechtssystems in diesem Staat mit den Beklagten von der Universität Erlangen unter einer Decke stecken.

zeichnet,

Prof. Dr.-Ing. Peter Strobach
Vertrauensdozent der
Friedrich-Ebert-Stiftung

Abbildung A.39 Mein Brief an den Vorsitzenden Verwaltungsrichter Dr. Voigt vom 18.05.2015, Blatt 2.

**Der Präsident
des Bayerischen Verwaltungsgerichts
Ansbach**

_{Bayerisches Verwaltungsgericht Ansbach, Postfach 616, 91511 Ansbach}

**Herrn
Prof. Dr.
Peter Strobach
Bahnsteig 6
94133 Röhrnbach**

Ihre Nachricht vom, Ihr Zeichen	Unser Aktenzeichen	Datum
18. Mai 2015		21. Mai 2015

Ihr Schreiben 18. Mai 2015 an Herrn Vorsitzenden Richter Dr. Voigt

Sehr geehrter Herr Prof. Dr. Strobach,

Ihr Schreiben vom 18. Mai 2015 ist heute bei uns eingegangen.

Hierzu muss ich Ihnen leider mitteilen, dass Herr Vorsitzender Richter am Verwaltungsgericht Ansbach Dr. Voigt bereits im Jahre 2012 verstorben ist.

Mit freundlichen Grüßen

Adolph

Abbildung A.40 Schreiben des Präsidenten des Bayerischen Verwaltungsgerichts Ansbach vom 21.05.2015.

A.21 Die letzte studentische Mail (19.05.2015)

Abbildung A.41 Der Vorsitzende Verwaltungsrichter Dr. Voigt (zweiter von links) im Jahre 2003 an der Universität Erlangen.

Gesendet: Dienstag, 19. Mai 2015 um 08:56 Uhr
Von: "Robert Vöhringer (robert.voehringer@hs-furtwangen.de)" <robert.voehringer@hs-furtwangen.de>
An: "Peter Strobach" <peter_strobach@gmx.de>
Betreff: Re: Aw: Bachelor-Abschlussarbeit | Nachrichtentechnik

Sehr geehrter Herr Strobach,

vielen Dank für Ihre herzliche Antwort.

Ihre Vorlesungen waren nicht nur informativ, sondern auch immer sehr unterhaltend.
Die Hochschule verliert mit Ihnen nicht nur einen kompetenten, sondern vielleicht auch den sympathischsten Professor.

Ihnen auch noch viel Glück auf Ihrem Weg!

Freundliche Grüße
Robert Vöhringer

Abbildung A.42 Die letzte studentische Mail.

Index

Abhärtungsprozess, 12
Ablehnung, 46, 71, 81, 93–97, 107, 128, 151, 170, 172, 194, 199, 204, 205, 207, 210, 218
Ablehnungsgrund, 94, 95, 151, 171, 177, 199
Abschiedsurkunde, 178
Abschlussvortrag, 86
adaptives Filter, 39
AEG, 20, 47, 48, 51, 56, 59, 72, 80
akad. Inquisitionsverfahren, xiv
akad. Oberinquisitor, xiii
Akteneinsicht, 84, 85
Albuquerque, 82
Altersgrenze, 173
Alu-Koffer, 178
Ansbach, 168, 169, 173, 174, 221, 227, 232
Antreich, Kurt, 21–23, 28, 29, 35, 47, 48
Appel, Ulrich, 33, 35, 36, 38–49, 51, 64, 71, 72, 74, 102, 114, 186
Assessment-Center, 111, 112
AStA, 137, 150, 219
asynchroner Reset, 30, 112, 135
AT&T Bell Laboratories, 25
Atomwaffen, 96
Aussprache, 49, 80, 101, 126, 204
Ausstiegsoption, 116
Autobahn, 148

Böhme, Johann F., 77, 117, 118, 120–125
Bölkow, Ludwig, 190
badische Küche, 141
Bafög, 7
bananenartige Körper, 118
Bauer, F.L., 14
Bauer, Peter H., 23, 161
Bayerischer Innenminister, xi, 171
Bayerischer Verwaltungsgerichtshof, 172, 223
Beckurts, Karl Heinz, 55
Berkeley, 19, 113, 115
Berufungsantrag, 172
Berufungskommission, 85, 86, 100, 101, 118, 120, 128
Betreuer, 3, 15, 41, 44, 46, 79, 83, 114, 120, 144, 190
Beurlaubung, 177
Bewegungsschätzung, 60
Bildverarbeitung, 56
Bildverstehen, 85
Billy the Kid, 156
Biomagnetismus, 106
Bitrate, 58
Bitterkeit, 219
Blindenanstalt, 158
BMW M3, 148
Bocker, Peter, 68
Boston, 45

Braunschweig, 80
Breitbeil, 6
Brezen, 129
Bulirsch, R., 14
Bundesnachrichtendienst, 105
Bundesverfassungsgericht, 173, 223, 229
Bundesverwaltungsgericht, 172

Cadzow, James, 87
Camenish, Carl, 105
Campingmatraze, 147
CERN, 2, 3, 5, 7, 9, 10, 30
Cham, 6, 27
Code Red, 136
CORDIC, 121
Crash, 17, 106, 111, 112, 114, 120, 135
Crochiere, Ronald, 25
Cumani, Aldo, 42

Dahms, 19
Datenkompression, 58
DCT, 58–60, 63
Delinquent, xiv
Demontage, 95, 186, 218
Denker, 122
Detektoren, 2
Detlefsen, Dr., 15, 167
deutscher Bundestag, 126
deutscher Jurist, 204
DFG, 51
Dichter, 122
Dickinson, Bradley, 63
Didaktik "Hitline", 137, 150, 219
Dienstbesprechung, 134
Dienstvertrag, 131–133
Differentialgleichungen, 13
Differenzbild, 60
digitale Signalverarbeitung, 43
Diplomarbeit, 24–28, 37, 41, 144
Document #1, 65
Document #10, 120
Document #11, 120
Document #12, 131
Document #13, 138

Document #14, 142
Document #15, 144
Document #16, 147
Document #17, 150
Document #18, 155
Document #19, 161
Document #2, 66
Document #20, 162
Document #21, 178
Document #3, 77
Document #4, 88
Document #5, 93
Document #6, 98
Document #7, 102
Document #8, 109
Document #9, 118
Doktor"vater", 48, 56, 71, 73, 74, 78, 95, 186
Doktorarbeit, 39, 43, 44, 46, 47, 52, 62, 71, 167, 186, 189
Doktorgrad, xiii, 3, 50, 173
Doktorprüfung, 43
Donner, Klaus, 162
Dozent, 6

Echtzeit-Testumgebung, 62
Editor, 93
Editorial Board, 152
Einäugiger, 157
Einsele, Prof., 28–30, 35, 48
Eisdusche, 93
Eisernes Kreuz, 50
Eisnacht, 147
Eitrippeli, 155
Elektrotechnik, 3, 135
Eliteschmiede, 6, 28
EPFL, 152, 153
Erfindungsmeldung, 190
Erlangen, 61, 75–79, 81, 82, 86, 87, 89, 98–102, 105–108, 115, 118, 120, 122, 124, 126–128, 134, 135, 138, 141, 147, 150, 156, 168, 171, 174, 190, 206, 218, 219, 221

INDEX 237

Erlangen-Crash, 100, 118, 126, 135, 147
Erlangen-Dreck, 115, 116
Ernennung, 108, 111, 112, 115, 140, 218, 221
Ernennungsurkunde, 140, 213, 221
EUSIPCO-88, 98
EUSIPCO-92, 123
Evaluation, 21, 22, 83, 113, 137, 138, 157, 191, 219, 222, 224
Expertise, 199

Färber, Prof., 28
Fachgruppenleiter, 57, 70, 108–114, 116, 125, 215, 218
Fachhochschule Deggendorf, 166
Fachhochschule Furtwangen, 127, 131, 133, 134, 137, 150, 156–159, 165, 167, 193, 219, 222
Fachhochschule Kiel, 126, 159
Fachhochschule Regensburg, 1, 127
Fachoberschule Passau, 181
Fachreferent, 108
FC Bayern, 27
Fermi, Enrico, 21, 74
Fernstudium, 8
Fettweis, Alfred, 65, 73, 75–78, 80, 82, 89, 93, 95, 109, 115, 117, 118, 120, 125, 211
FFT, 40, 127
Fischer, Georg, 6, 27
Fischer, Hans Dieter, 120
Fischer, Joschka, 126
Florenz, 80
Fonda, Peter, 35
Fortbildungssemester, 161
Freislerscher Volksgerichtshof, 171, 174, 176
Friedlander, Benjamin, 93
Friedrich-Ebert-Stiftung, 18, 19, 28, 34, 153, 154, 186

Gartenhaus, 179
Gefechtsposition, 140
Geheimsprache, 215

General, 106
General Chairman, 152, 154
Genf, 2, 3, 164
Gesamtpersönlichkeit, 94, 135, 199
Gesellschaft fur Informatik, 69
Gesetz der Prärie, 154
Girod, Bernd, 63
Golf GTI, 148
Gonauser, 99
Google Scholar, 62
Goryn, Daniel, 115
Granit, 147
graue Eminenz, 129
Groll, Horst, 15
grunzen, 101, 126
Gumrak, 97
Gutachten, 18, 24, 83–86, 96, 107, 108, 116, 134, 138, 162, 184, 190, 193–199, 203–205, 207, 210
Gymnasium, 6

Hölzlwimmer Herbert, 57, 58, 70
Habilitation, xi–xiv, 26, 30, 37, 72, 74–80, 85, 93–97, 102, 104, 106, 114, 115, 117, 121, 122, 134, 138, 142, 151, 169, 170, 172, 190, 194, 196, 205, 207, 218, 219, 221
Habilitationsantrag, 77–80, 173, 174
Habilitationskommission, xiii, xiv, 81, 92, 94, 203
Habilitationsordnung, 76
Habilitationstäter, 168
Habilitationsverfahren, xi, xiii, 77, 79, 81–83, 92, 95, 96, 124, 132, 138, 150, 151, 168, 171–174, 207, 218
Haggenmiller, Lenz, 23, 55, 116
Hamburg, 69
Hammer, Bernard, 57, 58, 71
Hamouda, Jamel M., 135–137, 219
happilitiert, 149, 155, 162
Hauske, Gerd, 17, 36

heim ins Reich, 116, 128, 133–137, 141, 175
Hein, Soren, 115
Heinhold, Josef, 10–12, 18–20, 24, 36, 38, 43, 184
Heinzl, Prof., 20
Hentrich, Günter, 131
Herzinterferenz, 106
Hess, Wolfgang, 24–26, 30, 33, 37, 41, 46, 74
Hetzjagd, xv, 156
Higelin, Gerald, 137, 138, 141, 164
Hilbert-Transformation, 26
Himmelfahrtskommando, 114, 115
Hochstapler, 100
Hofer-Alfeis, J., 21, 22, 41
Hohnerkamp, Josef, 125, 126
Holzfällerjunge, 41, 42, 44
Horray-Gebäude, 147, 159, 160, 166
Hu, Y.H., 122
Huber, Johannes, 64
Hundt, Eckart, 57, 66, 71, 108–110
Huss, Sorin, 23

Iacocca, Lee, 102
IBM Rüschlikon, 22, 64, 71, 72
ICASSP-84, 41
ICASSP-86, 51
ICASSP-90, 82
ICASSP-97, 154
ICIP-96, 152
IEEE, 17, 45, 46, 71, 87, 89, 93, 106, 122, 152, 154, 156, 160, 213
INF-Panel, 113
Ingenieur (grad.), 1
Inquisition, xiii, xiv
Inversionsgesetz, 221
ISR, 2
ITG, 64
ITG-Preis, 23, 189

Johann-Philipp-Reis-Preis, 67
Junkers, Hugo, 97

Kämmerer, Bernd, 70, 104, 109, 110, 129

Kübler, Prof., 59
Küken, 125
Kündigung, 89
Küpper, Wolfgang, 113, 114
Kailath, Thomas, 152
Karlsruhe, 46
Katamaran, 159
Kaunzner, 6
keltische Ritter, 100, 116, 129
Kernspaltung, 122
Kessel von Neuperlach, 97, 102, 104, 116, 125, 126, 128, 132, 133
Kesselschlacht, 97
Ketzerei, 93
KFZ-Technik, 149
Klage, 133, 151, 168, 170, 171, 173–175, 177, 210, 227
Kleinste-Quadrate-Fehlerkriterium, 43
Knurren, 126
Kopfwäsche, 112, 120
Krakau, Gunter, 2, 3, 10
Krematorien, 95, 122
Kriegszustand, 97
Kronprinz, 216
Kroschel, Kristian, 46
Kuhn, Günther, 95, 205, 206
Kummert, Anton, 93
Kung, Sun-Yuan, 45
Kunt, Murat, 152, 153, 163, 164
Kuny, 16
Kunz, Walter, 156–158
Kuttka, Robert, 57
Kybernetik, 17

Lacroix, Arild, 52
Lang, Manfred, K., 57, 72, 98, 109, 154
Lange, Martin, 14, 33, 41, 167
Lange, Prof., 33
Lankl, Berthold, 64
Laplace-Transformation, 101
Lappus, 30, 58
Laryngograph, 25
Lattice-Filter, 52

Lausanne, 152
lebendiger Vortragsstil, 191
Lee, Daniel Tai Lik, 52, 53, 152
Lehmann, Prof., 85
Lehrauftrag, 84, 158, 193
Lehrwerkstatt, 181
Leufer, Konrad, 13, 18
Levinson, 62, 74, 87, 89, 90, 122
Linear Prediction Theory, 74, 142
lineare Prädiktion, 25
Liu, Bede, 63, 104
Ljapunov, 89

Möckel, Peter, 98, 109–113
Müller-Stoy, Peter, 66, 104, 112, 129
Magnetowiderstandseffekt, 122
Majestätsbeleidigung, 93
Makhoul, John, 25
Mannheim, 65
Marionette, 80, 86, 98, 99, 109, 112
Marko, Hans, 17, 21, 22, 27, 36, 38, 41, 59, 64, 65, 71, 99, 128, 164
Maske, 125
Master-Kurs, 165
Masur, 37
mathematisches Institut, 11
May, 59
MBB, 7
MBB-Personalleiter, 112
MBB-UF, 16, 182
medizinische Technik, 144
Meindl, Franz, 7
Meng, Teresa, 53
Merker, 151
Mikroprozessortechnik, 38
Ministerpräsident, 159
MIT, 19
Mobbing, 102
Musmann, H.G., 63

Nachrichtentechnik, 17, 21, 33, 36, 64, 65, 114, 117, 120, 123, 126, 128, 164, 176, 213, 214, 219
Nagel, Hans-Hellmut, 59, 113
Neubiberg, 14, 15, 33, 35, 41, 162

Neuburger, Prof., 33
Neukirch, 146, 147
Neuperlach, 50, 56, 57, 69, 77, 81, 97, 99, 101, 102, 104, 113, 114, 116, 125, 126, 128, 129, 132, 133, 179
New York Academy of Sciences, 142
Nicolaus-Fonds, 18, 186
Nielinger, Horst, 128
Niemann, Heinrich, 61, 77, 81, 109, 153
Nobelpreisträger, 109
Normalengleichungen, 26
Nossek, Josef, 73

Oberschnee, 41
Osterhase, 125
Ottobrunn, 7
Outbacks, 146

Pädagogikpabst, 142
pädagogische Eignung, xii, xiii, 13, 26, 72, 73, 80, 81, 83, 84, 96, 102, 122, 134, 138, 141, 144, 147, 150, 151, 170, 171, 175, 176, 190, 196, 199, 204, 207, 210, 223, 224
PAST, 123
PDP 11, 25
Personalabteilung, 108
Pfaff, Prof., 80
Picture Tel, 59
Piech, Ferdinand, 111
Pilzweger, Prof., 36
Polizeibeamter, 105
Prüfer, 83
Prüfungsausschuss, 140
Praxissemester, 2
Princeton, 19
private Ermittler, 105
Promoter, 63, 64, 72
Promotion, 3, 27, 28, 34, 115
Promotionsrecht, 3
Psychologen, 98

Q-Matrix, 84, 88

QSDPCM, 60–63, 67
Quadtree, 61

Röhrnbach, 148, 155, 164
Rülling, Wolfgang, 137, 164
Rabiner, Larry, 25
Rauner, Hans, 37
Realschule Freyung, 181
Rechtssystem, 151
Rechtsvertreter, 94, 199
rechtswidrige Handlung, 204
Regelschmidt, 30, 58
Regensburg, 6, 7, 14
Rektor, 133, 134, 138, 140, 141, 150, 159, 160, 162, 166, 178
Residualsignal, 39
RLS, 49
Rohling, Hermann, 80, 81
Romano, Jordi, 25
Ruf nach Furtwangen, 128
Ruf nach Kiel, 127, 132
RWTH Aachen, 21

Saal, Rudolf, 20, 21, 23, 24, 29, 47, 48, 73, 128
Saddlepoints, 123
San Francisco, 99, 105
Schüßler, Hans Wilhelm, 75–78, 82, 157, 170
Schürmann, Jürgen, 47, 48, 80
Schütt, Dieter, 57, 61, 66, 69, 75, 81, 86, 97, 99, 101, 104, 106–109, 111–114, 121, 129, 133, 138, 149, 162, 218
Schachspiel, 128
Scheiterhaufen, 95
Scherl, 61
Schielein, Michael, 57, 104, 105
Schildbürgerprofessor, 159
Schillinger, Jakob, 46, 50, 167
Schmidt, Prof., 28
Schorschi, 6, 27
Schroeder, Manfred Robert, 75
Schulmädchen, 117
Schur, 62, 74, 87, 89–91, 122, 124
Schwärtzel, Heinz, 23

Schwärtzel, Heinz, 57, 62, 66, 68, 69, 75, 99, 106, 108, 109, 111–114, 117, 128, 129, 133
Seebald, Georg, 64
Seerecht, 159
Seidel, Dr., 14
Seitzer, Dieter, 79, 80, 82, 83, 85–88, 94, 99, 107, 135, 138, 162, 190, 195, 196, 199, 210
sekieren, 102, 210
Selbsteinschätzung, 94, 95, 151, 186, 204
Selbstschutz, 128
Selbstwertgefühl, 114, 122
Senior-Member IEEE, 115
Siemens, 20, 22, 38, 55–64, 68–73, 77, 79, 81–83, 85, 86, 89, 98, 99, 101, 102, 104, 105, 107–109, 111, 112, 114–116, 120, 121, 125, 127, 128, 133, 135, 137, 138, 141, 147, 165, 175, 186, 190, 191, 213, 217–219
Siemens-"Chef", 154
Siemens-"Denkfabrik", 56, 97, 179
Siemens-Art, 128
Siemens-Beratervertrag, 63, 105
Siemens-Bereich, 120
Siemens-Bereichsleiter, 105, 117
Siemens-Clown, 112
Siemens-Direktor, 99
Siemens-Erlangen, 55
Siemens-Führung, 107, 108, 138, 162
Siemens-Führungskräfte, 55
Siemens-Gelände, 97
Siemens-Hauptabteilung, 69
Siemens-intern, 107, 134, 138
Siemens-Kanonenfutter, 19
Siemens-Laboringenieur, 137, 142
Siemens-Leute, 98, 99
Siemens-Mensch, 110
Siemens-Menschen, 57
Siemens-Methoden, 128
Siemens-Mitarbeiter, 62, 107

INDEX

Siemens-Neuperlach, 133
Siemens-Partner, 135
Siemens-Sklave, 116, 132, 133, 141
Siemens-Sportclub, 114
Siemens-Sprache, 108
Siemens-Stelle, 81, 128, 218
Siemens-System, 111
Siemens-Vergangenheit, 144
Siemens-Vertreter, 81
Siemens-Zeiten, 153
Siemens-Zeugnis, 218, 219
Siemens-Zirkus, 112
Signal Processing, 152
Signalprozessor, 35, 38–43, 46, 102
Simulationsmodell, 87
SPIE, 105
Spielwiese, 159
Staelin, David, 59, 63
Stalingrad, 97, 109
Stanford, 19, 29, 51–53, 63, 99, 107, 152, 161
Steckbrief, 156
Steckenbiller, Johann, 1, 2, 5
Steinsee, 179
Stigma, 210
stochastischer Prozess, 39
Studentenleben, 158
Studentenwohnheim, 1
Studentenzeitung, 12
Subbandcodierung, 58
Subspace Tracking, 14, 123
Systemtheorie, 17, 21, 26, 101, 158, 176, 224, 226, 227

Tafelanschrieb, 80, 81, 83, 118
Technische Universität München, 6, 7
Tengler, Walter, 57, 58, 61
Theoriefüße, 89, 92
Theoriepäbste, 89, 92, 93
Tokio, 51
Tornado, 16
Toronto, 114
Tränkler, Prof., 33, 46, 49, 50
Tröndle, Prof., 33

Transactions, 45, 46, 51, 62, 65, 71, 76, 79, 93, 106, 127, 154, 156, 159, 160
Tribunal, xiii, xiv
Trojanisches Pferd, 128, 221
TU Clausthal, 100
TU, TUM, 6–10, 12, 14–20, 22–24, 27–30, 33–39, 41, 49, 57, 58, 64, 72, 73, 93, 98, 102, 110, 114, 120, 128, 154–156, 161, 163, 164, 167, 182, 184, 186, 213, 214
Tuningwerkstatt, 149

UB-MED, 106, 121, 144
Ueberreiter, Birgit, 66, 70
Ulm, 47
Unbehauen, Rolf, 83–85, 87–89, 92–94, 96, 97, 117, 118, 120, 141, 156, 190, 193–199, 203–207, 210, 218
Unbehauensches Betragen, 89
Ungerboeck, Gottfried, 71
UniBw, 33–38, 41, 44, 45, 48, 50, 55, 56, 62, 64, 83, 118, 129, 162, 167
Universität Bonn, 121
Universität Erlangen, 61
Universität Freiburg, 125
Universität Passau, 161
Universität Stuttgart, 123
Unterschnee, 41

Vöhringer, Robert, 229
Vektorquantisierung, 58
verallgemeinerten Residualenergien, 42, 43, 62
Verfassungsbeschwerde, 55, 173
Verfassungsschutz, 105
Versicherungsmathematik, 36
Vertrauensdozent, 19, 153
vertrottelt, 149
verunglimpfen, 47, 71, 162
Verwaltungsgericht, 96, 133, 168–174, 176, 221, 227, 232

Voigt, Roland, 168, 171, 227, 230, 231, 233
von Brandt, Achim, 38, 57, 70

Würstchen, 36, 93
Walnut Creek, CA, 101
Wegweiser, 7
Weißwurstessen, 162
Weihnachtsgrüße, 211
Weinbuch, 7
Wellendigitalfilter, 65, 127
Weltumsegelung, 160
Werner-von-Siemens-Ring, 68
Who's Who in the World, 153
Widerspruch, 95
Widerspruchsverfahren, 174
Willsky, Alan, 39
Wissenschaftler, 136
Wissenschaftskriminalität, 141

wissenschaftskriminelle Vereinigung, 151
wissenschaftskriminelles Handeln, 204
Wissenschaftsmensch, 111
Wissenschaftsreferat, 66
Wolf, Werner, 36, 37, 41, 45, 102, 114
Woodbury-Identität, 63
Wurst, 126

Yang, Bin, 123

Zahradnik, Walter, 134
Zakhor, Avideh, 115
Zerwürfnis , 203
ZFE, 55, 57, 62, 66, 68, 70, 72, 99, 106, 110, 111, 114, 117, 129, 133, 144, 186, 190, 213
zurückmobben, 141